哲学家2014
PHILOSOPHER

中国人民大学哲学院　编
姚新中　主编

人民出版社

龙润集团（中国）有限公司特别赞助

总　　序

冯　俊

哲学就是爱智慧，对智慧的追求和探索；哲学家就是爱智者，智慧的追求者和探索者。

哲学不仅要思考自然、大宇宙，它也关注人的心灵、小宇宙；哲学家既观天、考察灿烂的星空，也察地、关注市井和人生。哲学家要有把天地想得透彻的能力。哲学是一门自由的学问，为了知而求知，求知爱智不受任何功利的驱使，不被任何权威所左右。哲学家任思想自由驰骋，任智慧自由翱翔；同时哲学家又对真理异常执着，愿意为坚持真理而死，就像“夸父”去追赶太阳。

哲学是时代精神的体现，是一个时代的精神桂冠或精神旨归。哲学家既是一个时代的呼唤者，又是一个时代的批判者。哲学家是一个守夜者、一个敲钟人，哲学家又是一只牛虻、一只猫头鹰。一个时代不能没有哲学，更不能没有哲学家，一个没有理论思维的时代和一个没有理论思维的民族是可悲的、是荒芜的；一种哲学和一个哲学家也不能离开他的时代、他的民族，离开了时代和民族的哲学和哲学家是空洞的、没有生命力的。一个时代能够产生哲学家是这个时代的幸运，一个哲学家能遇上一个好时代那是他的福气。

哲学家不像文学家、艺术家那样被大众所熟知和喜爱，哲学家是寂寞的、孤独的，甚至被大众视为异类；哲学家不能像企业家、政治家那样享受现世的荣华，哲学家成为贫穷、寒酸的代名词，他们常被金钱和政治所忽视；但是，哲学家是幸福的，因为他们在理智的沉思中得到了常人无法理解的快乐，哲学家的幸福是思辨之幸福。哲学家虽然不是预言家，但是他们更多地是为了未来而活着，为了整个人类而活着。

《哲学家》是哲学家们的家，中国人民大学哲学院创办《哲学家》是为哲学家寻找一个精神家园，建设一个学术家园。中国人民大学哲学院（系）创办五十多年来，为马克思主义哲学的传播和教育、研究和发展，为中西哲学的继承和弘扬、挖掘和批判做出过巨大的贡献，在这里诞生过许多第一本教材，在这里曾经产生过不少新的学科，在这里出现了国内的第一批硕士点、博士点、博士后流动站、一级学科授权点，在这里走出了千百位哲学教授，这里培养出国内最多的哲学博士生和硕士生，这里产生出数百部学术专著和数以万计的学术论文。它曾被人们誉为哲学教育的重镇、哲学探索的前沿、哲学家的摇篮。进入新世纪，我国哲学社会科学的研究和教学空前繁荣，许多院校哲学学科异军突起，哲学领域出现了诸侯割据、群雄并立之势。哲学家们驰骋疆场、逐鹿中原之日，定是中国哲学社会科学发展繁荣之时。中国人民大学哲学系组建成了哲学院，哲学家们也找到了《哲学家》，《哲学家》既是哲学家们角逐的原野、比武的疆场，也是以武会友的会馆、交流心得的茶坊。

《哲学家》既要展示人民大学哲学院的学术成果，又要展示国内外同行们的真知灼见。稿件不分领域，不论长短，重在有新意、合规范；作者不讲身份，不论出处，贵在求真理，有创见。欢迎国内外的学者、同行们踊跃赐稿，让我们共同建设好哲学家们的家园。

目　录

☞【佛教研究】

☞【中外会通】

☞【书评与报告】

哲学与中国哲学(代序)

姚新中

在当下语境中,“哲学”和“哲学家”均具有一定模糊性,而“中国哲学”作为一个概念更是存在诸多问题。从狭义上来说,“中国哲学”主要是指“传统中国的哲学”(Traditional Chinese Philosophy);从广义上来说,“中国哲学”实际上指的就是“哲学”,是“现代中国的哲学”(Modern China's Philosophy)或“在中国的哲学”(Philosophy in China)。“前者指以中国传统为底子或本位的哲学,后者指在现代中国发生的或用现代汉语写作的一切哲学形态。”[①]然而,经历了西方哲学思潮的渗透和马克思主义哲学作为意识形态的改造,纯粹的“传统中国哲学”基本上已经成为一个历史性概念,即使那些纯粹的以传统哲学为内容的研究也在方法论上或研究视角上不可避免地受到其他哲学体系的影响和左右。

当代中国“哲学”包含众多分支和领域,既有按地域或性质划分的中国哲学、西方哲学和马克思主义哲学,也有西方哲学自古就有的分支如认识论、逻辑学、伦理学、美学,还包括日益昌盛的应用哲学如管理哲学、政治哲学、科技哲学、宗教哲学等。这些分支、领域或互相交叉或相隔甚远,但都涵盖于哲学这个总概念之中,使得哲学成为中国现有教学科研体系中内涵最丰富、外延最广阔、也最难定义的学科之一。

哲学的丰富内涵和无限扩展空间使得其研究方法必然呈现出交叉和融合的问题。最普遍也是颇具学术价值的是哲学史的方法,由此成就了众多哲学领域如“中国古代哲学史”、“中国现代哲学史”、“西方哲学史”、“现代西方哲学史”、“马克思主义哲学史”等。即使那些没有冠以“史”的课程,也常常是从“史”的进路来展开的,如西方伦理学、中国美学理论、中国逻辑思想等。虽然在某种意义上可以说,“哲学就是哲学史”,因为它“昭示给我们的,是一系列的高尚的心灵,是许多理性思维的英雄们的展览”[②],哲学并不简单地等同于哲学史。哲学史的研究为我们提供了基础,但这样的研究只有在当代语境下才具有活力。哲学史也不是简单地还原哲学在历史上的形态,而更多地是寻求过去哲学在今天的合法性和适用性。而要做到这一点,就需要新的诠释、新的解读和新的建构。这样的研究之所以能为“新”,在于它们在哲学问题上的创造性提问和

---

① 赵敦华:《“大哲学”视野中的现代中国的哲学》,《云南大学学报(社会科学版)》2005 年第 3 期。

② 黑格尔:《哲学史讲演录》第一卷,贺麟、王太庆译,商务印书馆 1959 年版,第 7 页。

创造性回答。哲学从来不是知识的简单积累，正如海德格尔所说："学术之知(scholastic learning)在某种程度上与哲学无法分离，但它从不构成哲学的本质。"①哲学总是包含着对已有知识结构和思维方式有所突破，而这样的突破成就了哲学家和新的哲学理论。

在这个意义上，哲学作为"爱智慧"不仅仅是一个状态，而且更重要的是一个过程和行动，或者用我的同事周濂博士的话来说，"哲学是一个动词"。哲学学人在追求智慧中其思想得以升华，其思考得以深化，其影响得以扩展。《哲学家·2014》所收录的24篇文章在内容上涵盖面很广，既有中国、外国、马克思主义哲学史的研究，也有跨学科的探索，更有从比较视角出发对历久弥新问题的分析。这些文章按照内容大致分为了如下栏目，"易学研究"、"传统新论"、"政治哲学"、"马哲研究"、"佛教研究"、"中外会通"等。它们可以看做是我们这一代哲学学人对古今中外部分哲学问题的新探索，在一定意义上也可以说是对古今中外哲学家思考的延续和发展。在其即将与读者见面之时，写下这个短序，以表示对本期作者、编者以及所有在哲学探讨中付出努力的学者的敬意。

① M.Heidegger: *What is a thing*? Translated by W.B.Barton, Jr.and Vera Deutsch, Gateway Edition, Ltd., South Bend, Indiana, 1976, p.3.

【易学研究】

从“绝地天通”到“天人合一”

——周易人文化成的意义及其价值

黄忠天[①]

内容提要:《易经》是中国现存最古老的经典,其为卜筮之书的原始本质,理应继承夏商崇神祀鬼的精神,然而从《易经》的卦爻辞,我们隐约可见西周初年在位者有意识地“绝地天通”,使《周易》回归人与自然素朴的关系,此一人文化成现象,正可呼应西哲雅斯培(Karl Jaspers,1883—1969)“轴心突破”的说法。本文分别从人文化成的时间意义,比较东西方的哲学突破,并从《周易》经传中类宗教用语的使用,来探究《周易》人神地位的消长,最后从《周易》所强调道德的主体性、天人合一的思想、原始宗教陷溺的救赎等,来见证《周易》在西周初年人文化成重大文化工程上的意义与价值。

关键词:人文化成　绝地天通　轴心时代　易经　经学

人类的文化虽来自于宗教。但当文化发展至某个程度,人类开始懂得反思有了自觉,于是人文精神亦逐渐孕育发扬。人文精神在中国先秦经典中随处可见,见证了中国文化由原始宗教解放的轨迹。如《尚书·召诰》:“我不可不监于有夏,亦不可不监于有殷。……唯不敬厥德,乃早坠厥命”,[②]可见朝代的兴衰不可依恃天命,完全系乎人的自身之德。再如《诗经·小雅·十月之交》:“下民之孽,匪降自天。噂沓背憎,职竞由人”,[③]已有灾祸由人不由天之意。《尚书·泰誓》亦云:“天视自我民视,天听自我民听”,[④]虽然此篇向来被视为伪书,但确也真实反映出周初将天命转化为以人的德性民情为依准的事实。

《易经》与《尚书》、《诗经》同为现存先秦典籍中最古老的三部经典。

《诗经》、《尚书》收录的内容,大约从西周初年至春秋中叶;《易经》撰成约在西周初年,其书写的内容,则集中于商周之际至西周初年之间。《周易》哲学的根本思想,在揭示宇宙自然界与人类社会间的规则,藉阴阳爻所构成的繁复象征符号体系,阐述其中的自然哲学与人生哲学及其相互间的关系。《易经》卦爻辞的作者,旦有一人说(文王

---

① 作者为台湾高雄师范大学经学研究所教授。

② 孔颖达:《尚书正义·召诰》卷15,台北:艺文印书馆十三经注疏本,第10页。

③ 孔颖达:《诗经正义·十月之交》,台北:艺文印书馆十三经注疏本,第409页。

④ 孔颖达:《尚书正义·泰誓》卷11,台北:艺文印书馆十三经注疏本,第10页。

所作)、二人说(文王作卦辞,周公作爻辞)与多人说(周代卜官所作)等。然而上述无论何说为是,其为庙堂文献,应毋庸置疑,亦即所反映的主要为上层在位者的思想与立场。

《易经》的原始本质,如朱熹所云:"此圣人所以作《易》教人卜筮",[①]然而筮者之职,既为沟通人神之间的媒介,按理应最具原始宗教之氛围。因此,在西周宗教人文化的过程中,从《易经》卦爻辞中与卜筮之官所表现的态度与趋向,较诸《尚书》与《诗经》,更能反映西周初年的时代背景与文化氛围。本文撰写之目的,即拟藉由《周易》一书,并辅以先秦经典,观察周初宗教人文化过程中所透露的信息与意义。

一、人文化成的时间意义

雅斯培(Karl Jaspers,1883—1969)在《历史的起源与目标》(*The Origin and Goal of History*)一书曾提过"轴心时代"、"轴心突破"的说法,他指出大约从公元前 8 世纪到前 2 世纪之间,世界上主要宗教背后的哲学都同时发展起来。在这期间,不论是中国、印度及西方,都有革命性的思潮涌现。轴心世纪中国的圣人是孔子,西方在这个时期则是亚里士多德,而印度文明则对应的是释迦牟尼。雅斯培德文原书于 1949 年出版,唯在 1975 年以前,此一"轴心"概念尚未普遍流行。其后,帕森斯(Talcott Parsons,1902—1979),于韦伯《宗教社会学》(*Max Weber*,*The Sociology of Religion*,1964)作序,提出"哲学的突破"概念,认为在公元前第一个千纪(the first millennium BC)之内,"哲学的突破"以截然不同的方式分别发生在希腊、以色列、印度和中国等地,人类对于宇宙、人生等认知均跃升一个新的层次。20 世纪 80 年代以后,经以色列社会学家艾森斯塔(Shmuel Noah Eisenstadt,1923—2010)等人的大力推动,"轴心文明"(axialcivilization)遂引起了人文与社会科学界的广泛的讨论,迄今而未衰。虽然雅斯培的"轴心"说,普遍为东西学者所接受,但由于"轴心时代"是一个遥远而复杂的历史文化现象,以致对于现象的发生,存在许多不同的看法。本文不拟一一就诸家看法提出评论,仅试从中国现存最古的经典——《周易》,观察中国在此轴心时代的"哲学突破"现象,并说明其背后所反映的意义。

中国文化亦如世界诸文明古国均源自宗教,唯在文字的发明后,更加速了文化的积淀,有如春风以时而至,万物以时而成,中国文化亦由原始宗教一步一步地走向人文化。原始宗教的人文化是一条渐进的历程,即从人神不分的传说时代,到人神相分、上下定位的崇神时代,再进化至诸神退位、人神冲突的理性时代。试以《尚书·吕刑》所载:"乃命重黎,绝地天通,罔有降格"来看,《孔传》云:"重即羲,黎即和。尧命羲和世掌天地四时之官,使人神不扰,各得其序,是谓绝地天通。言天神无有降地,地祇不至于天,

① 见朱熹:《易本义·乾·卦辞》卷 1,台北:老古文化事业公司影印清同治十一年山东书局本,1984 年,第 56 页。

明不相干。”①意谓使天地神人各得其所，不相往来。《尚书·吕刑》一文，旧说为周穆王命吕侯为司寇所作，②其时代距今已三千年，本篇记录了吕侯追述上古帝尧命羲、和二人绝地天通的史事，约在距今四千年以上。可见中国天（神）人相分的传说，由来久矣。

类似中国“绝地天通”，由人神不分到人神相分的状况，其他文明古国亦有类似的记载。如《旧约圣经·创世纪》曾谈到亚当夏娃因贪食善恶树上的果子而犯罪，被上帝逐出人神共处的极乐家园——伊甸园，于是人神的关系亦从此分为两途。现代西方学者认为《创世记》是由《耶和华文献》、《伊罗兴文献》和《祭司文献》三本书合并而成，是公元前950年左右的产物，迄今约有三千年，《创世记》所述亚当夏娃事，自然是远古的传说，其时代亦应在距今四千年以前。再如源于古希腊文学的希腊神话，其中人神相混的浪漫故事与人神冲突的描写，亦可视为人与神的关系由合而分的历程。此古希腊文学作品中荷马的叙事史诗《伊利亚特》、《奥德赛》等，约作于公元前8世纪，迄今亦近三千年，亦同为追述远古人神不分的传说时代，可见这三大文明在时间上的进展颇为相近。套用《旧约圣经·传道书》的说法：“神造万物，各按其时成为美好”，可见以文字的发明为基础，只要因缘俱足，人类的文明亦可遍地开花。

二、《周易》人神地位的消长

《易经》约撰于西周初年，《易传》一书虽定型于西汉，然其内容主要仍撰于战国，《周易》经与传的撰成时代虽相距近千年，但由于两者书写内容同在先秦，今通行本《周易》，又几合经传为一书，因此，在观察《易经》同时，不妨连同《易传》一并观察，更可完整呈现先秦的神鬼思想的变迁，并藉此观察《周易》人文化成的现象。

（一）《易经》类宗教用语的书写

1. 宗庙

成书于西周初年的《易经》，迄今三千余年，正值崇神祀鬼的殷商过渡至众神退位的西周理性时代，《易经》卦爻辞中所显示的宗教氛围极其淡薄，仅保留了殷商以来祖宗神的信仰，兹胪列如下：

---

① 《尚书正义·吕刑》卷19，台北：艺文印书馆十三经注疏本，第19页。另传说自盘古开天辟地以来，天地虽相距九万里，然人仍可沿着天梯登天，天上的神仙也可以由天梯下到人间。唯后来有恶神蚩尤来到人间，蛊惑苗民，祸乱人间。黄帝为使生民免于涂炭，于是与蚩尤展开规模巨大、历时长久的战斗。最后，终于战胜蚩尤。其后尧（一说颛顼）领受蚩尤变乱的教训，觉得神与人畛域不分，相互往来，弊多利少，于是命重、黎二人将天地间的通路隔断，从此人神两分。

② 如郑玄谓吕侯为穆王相，《伪孔传》则谓吕侯为穆王司寇。见《尚书正义·吕刑》，台北：艺文印书馆十三经注疏本），第16页。

《观卦》观，盥而不荐，有孚颙若。

《困卦》九二：困于酒食，朱绂方来，利用享祀，征凶，无咎。

《困卦》九五：劓刖，困于赤绂，乃徐有说。利用祭祀。

《震卦》震，亨。震来虩虩，笑言哑哑；震惊百里，不丧匕鬯。

《既济》九五：东邻杀牛，不如西邻之禴祭，实受其福。

《萃卦》萃，亨。王假有庙，利见大人，亨利贞。用大牲吉，利有攸往。

《萃卦》六二：引吉，无咎，孚乃利用禴。

《涣卦》涣，亨。王假有庙，利涉大川，利贞。

《升卦》九二：孚乃利用禴，无咎。

从上述卦爻辞中有关宗教用语，如"盥"、"荐"、"享祀"、"祭祀"、"匕鬯"、"杀牛"、"禴祭"、"王假有庙"、"用大牲"等，几无不与宗庙祭祀有关。所涉及七卦五爻在整部《易经》64卦384爻当中所占比例相当低，即便使用宗庙祭祀用语，亦大多只是藉宗庙之庄敬肃穆，以论述人事之理，亦即论述的主体在人而不在鬼神，一切均以人为依归，见证了西周初年宗教人文化的重要工程。

2. 鬼神

正如朱熹所言《易经》的原始本质为卜筮之书，是人与鬼谋，按理鬼神字眼应处处可见，唯事实上并不如此。不仅《易经》卦爻辞中未见"神"字，连"鬼"字亦颇为罕见，经文中仅出现三处，分别如下：

《睽卦》上九：睽孤，见豕负涂，载鬼一车，先张之弧，后说之弧。

《既济》九三：高宗伐鬼方，三年克之，小人勿用。

《未济》九四：贞吉，悔亡；震用伐鬼方，三年有赏于大国。

在上述三则中，扣除"鬼方"一词，所指为殷商时期的强大外患外，仅剩《睽卦》上九"载鬼一车"一例。"鬼"字，依《说文》："鬼，人所归为鬼。从人，象鬼头。鬼阴气贼害，从厶。"本指已死的祖先，亦引申为阴气贼害人之物。但在爻辞中只是藉以譬喻可厌弃的对象，并未见有明显的宗教义涵。一部原应为占筮交鬼的卦爻辞中却绝少论及"神"、"鬼"二字，颇令人匪夷所思。

3. 天

在中国古代的典籍中，对于天的义涵，学者析论虽有种种不同的说法，然若简要归纳，约可分为两种：一为宇宙客体存在的"自然天"，其以天作为一形上学意义的实体观念，故或曰"形上天"。此形上意义之天，与人格天（意志天）最大的差别，即是形上天只表一实体，只有理序或规律，而无意愿性。如《论语·公冶长》所载："子贡曰：'夫子之文章，可得而闻也。夫子之言性与天道，不可得而闻也。'"又如《论语·阳货》载："子曰：‘予欲无言。’子贡曰：‘子如不言，则小子何述焉？’子曰：‘天何言哉？四时行焉，百物生焉，天何言哉？’”孔子所言之天即指自然规律。二为天具“主宰意义”具有意志、道德，可以施行赏罚的“人格天”或称“意志天”。如《诗经·商颂·玄鸟》：“天命玄鸟，降而生商”，又如《尚书·大诰》：“天明畏，弼我丕丕基”，意谓天的明命，甚可敬畏，将辅助我伟大的基业。此“天”即是具有意志的“天”。

正如前文所言，作为与鬼神交谋的卜筮之书，《易经》的撰者似乎有意识地避谈鬼神，但作为决疑之书，又不得不在“鬼神”之上，更往上寻求一个可以取代“鬼神”的名词，以作为最高的主宰，于是“天”在《易经》中遂出现具主宰性的意志天，与纯粹书写自然的自然天两种义涵。观察《易经》中的“天’字，前后出现8次，兹依六十四卦次序，条列如下：

《乾卦》九五：飞龙在天，利见大人。

《大有》九三：公用亨于天子，小人弗克。

《大有》上九：自天佑之，吉无不利。

《大畜》上九：何天之衢，亨。

《明夷》上六：不明，晦；初登于天，后入于地。

《睽卦》六三：见舆曳，其牛掣，其人天且劓。无初有终。

《姤卦》九五：以杞包瓜，含章，有陨自天。

《中孚》上九：翰音登于天，贞凶。

在此八例中，单用“天”字者有五次，用“天子”、“天佑”、“天衢”一词者各一次。其中《大有》九三：“公用亨于天子，小人弗克。”文中“天子”指人间的君王，与作为大自然的“天”无涉；《睽卦》六三：“见舆曳，其牛掣，其人天且劓。无初有终。”其中“天”字，依胡瑗《周易口义》：“天当作而，古文相类，后人传写之误也。然谓而者，在汉法，有罪髡其鬓发曰：而。”①按胡氏之说颇足参考，盖“而”为髡耏之“耏”的本字。“天”字依泰山刻石作，“而”字石鼓文作，盖形近而讹。虽然，唐代李鼎祚《周易集解》引虞翻曰：“黥额为天”，唯此“天”字仍作为刑法的名称，而非指一实体观念的“天”。因此，在上述八例中，真正作为天（大自然）的义涵者，仅有六例，而且此六例均在各卦的第五爻与第六爻，合于三才的天位，经文中对于“天”字书写安排如此得当，恐非一句“巧合”足以解释。六例中的“天”，明显作为意志天者有两例，即《大有》上九：“自天佑之”与《姤卦》九五：“有陨自天”，其余四例均作自然天解。可以说《易经》中的“天”主要以“自然天”为其基调，但何以不强调“意志天”，其中蕴藏的意义，诚颇耐人寻味。

① 胡瑗：《周易口义》，台北：台湾商务印书馆影印文渊阁四库全书本，1986年，第342页。

（二）《易传》类宗教用语的书写

1. 宗庙与上帝

《易传》中宗教书写用语，大致与《易经》相同，并与宗庙祭祀有关。主要原因是《易传》为疏释经文而作，故所涉宗庙用语，不出《易经》上述诸卦，唯其中较大的不同者，《易传》多了“上帝”一词，而且不在上述诸卦中。如：

> 《涣卦》象曰：风行水上，涣；先王以享于帝立庙。
>
> 《豫卦》象曰：雷出地奋，豫；先王以作乐崇德，殷荐之上帝，以配祖考。
>
> 《鼎卦》象曰：圣人亨以享上帝，而大亨以养圣贤。

按：“上帝”一语，非自《易传》始用之。虽然在《易经》中未见，然而与《易经》同为中国最古的典籍——《尚书》，却随处可见。如《尚书》中《汤誓》、《盘庚》、《大诰》、《康诰》、《召诰》、《多士》、《君奭》、《顾命》、《立政》、《文侯之命》、《吕刑》、《汤诰》、《伊训》、《太甲》、《泰誓》、《武成》、《微子之命》、《舜典》、《康王之诰》、《益稷》等篇，均曾出现“上帝”一辞。足见早在西周初年以前，“上帝”一辞已被广泛使用在指称上天的主宰。虽然带有意志天色彩的“上帝”一辞，[①]在《易经》中并未出现，但不代表西周初年的人不用此一词语，唯《易经》可以用，也应该用，却选择不用，自有其背后存在的意义。或许《易经》中已藉由“天’来取代西周士人常使用的“上帝”，不过，话虽如此，但其中仍有两个问题亟待解决：其一，《易经》中真正作为“天”者，为何仅有六例？其二，六例中为何作“自然天”解有四例，作为“意志天”者仅有两例？以上疑点，以及何以至《易传》又恢复使用带有意志天的“上帝”？相关问题的解惑，容一并分解于后。

2. 鬼神

不同于《易经》中鬼神字眼的罕见，《易传》则出现较多，除了在《系辞下传》：“天地设位，圣人成能；人谋鬼谋，百姓与能”，单独用一“鬼”字，主要说明作《易》和用《易》的问题，及其与天地、圣人、百姓三者的关系外，余则以“神”与“鬼神”字词来呈现，因此，以下谨就此二语进行考察。

（1）《易传》的神

《说文·示部》：“神，天神，引出万物也。”《说文》对“神”的本义，主要是指天地万物的创造者和主宰者，即“上帝”。不过，由于古代原属泛神论，以致山川草木动植等均无不有神灵存在，故《诗经·卷阿》云：“百神尔主矣”。由此可见，“神”字在古人的理解中，可作为大自然主宰（上帝）的代称，亦可指山川草木动植等精灵。由于先民对大

---

① 孔颖达：《尚书正义·汤誓》王曰：“格尔众庶，悉听朕言。非台小子，敢行称乱；有夏多罪，天命殛之。……夏氏有罪，予畏上帝，不敢不正。”卷 8，第 2 页。

自然现象往往无法理解，“神”字遂渐渐成为对神秘现象，或使这些现象发生的神秘力量的概括性表述，或对某些神秘力量被偶像化后的一个指称。

《易经》中未见“神”字，唯《易传》则广泛使用“神”字，其中约有34例，扣除作为人名的“神农氏”及下文以“鬼神”合称的形式之后，尚余26例。此26例，大致上可归纳为两种义涵：一指大自然（天），一指天地万物的创造者（上帝），如《系辞上传》第九章：

乾之策，二百一十有六；坤之策，百四十有四。凡三百有六十，当期之日。二篇之策，万有一千五百二十，当万物之数也。是故四营而成《易》，十有八变而成卦，八卦而小成。引而伸之，触类而长之，天下之能事毕矣。显道神德行，是故可与酬酢，可与佑神矣。子曰：“知变化之道者，其知神之所为乎？”

上文中“显道神德行”的“神”，固可解为神灵、神妙之意，然下文“佑神”、“知神”，则非人之所为，宜与“人”相对而做名词用，指大自然的主宰，有人格天的况味。《易传》的“神”字，除上述“佑神”、“知神”二字，带有人格天的义涵外，其余大部分主要在表达神奇奥妙之意。如：

《说卦》：神也者，妙万物而为言者也。

《观卦.彖传》：观天之神道，而四时不忒；圣人以神道设教而天下服矣。

《系辞上传》：非天下之至神，其孰能与于此？夫《易》，圣人之所以极深而研几也。唯深也，故能通天下之志；唯几也，故能成天下之务；唯神也，故不疾而速，不行而至。

《系辞上传》：是故蓍之德圆而神，卦之德方以知，六爻之义易以贡。圣人以此洗心，退藏于密，吉凶与民同患。神以知来，知以藏往，其孰能与于此哉？古之聪明睿知，神武而不杀者夫。是以明于天之道，而察于民之故，是兴神物以前民用。圣人以此齐戒，以神明其德夫。是故阖户谓之坤，辟户谓之乾；一阖一辟谓之变，往来不穷谓之通；见乃谓之象，形乃谓之器；制而用之谓之法，利用出入、民咸用之谓之神。

《易传》中出现的“神”字虽多，除了论述揲数占蓍之法的《系辞上传》第九章，尚残留人格天外，其余各传各章出现的“神”字，宗教意义已极其淡薄，可见《易传》基本上仍延续了《易经》素朴的自然天色彩。至于“神”字的作用，只是藉以形容大自然中万事万物的神奇奥妙，不可测度与理解的状态，有如《荀子・天论》所说的：“不见其事而见其功，夫是之谓神”，①或《系辞上传》第五章所说：“阴阳不测之谓神”。

① 《荀子・天论》卷11，台北：世界书局1976年版，第206页。

(2)《易传》的鬼神

《易传》中除了上述分别单独使用“鬼”“神”二字外,另有五例“鬼神”二字连用者,如:

《系辞》上传第四章:精气为物,游魂为变,是故知鬼神之情状。

《系辞》上传第九章:凡天地之数五十有五,此所以成变化而行鬼神也。

《谦卦》彖曰:天道亏盈而益谦,地道变盈而流谦,鬼神害盈而福谦,人道恶盈而好谦。谦尊而光,卑而不可踰,君子之终也。

《丰卦》彖传:日中则昃,月盈则食,天地盈虚,与时消息,而况于人乎?况于鬼神乎。

《乾卦》文言:夫大人者,与天地合其德,与日月合其明,与四时合其序,与鬼神合其吉凶。先天而天弗违,后天而奉天时。天且弗违,而况于人乎?况于鬼神乎?

上述五例中,除前两例“鬼神之情状”可指天地的良能;而“成变化而行鬼神”则可理解为神奇奥妙而不可测度,两者似未明显具有宗教性鬼神的义涵外,余三例中的“鬼神”,则显然保留宗教性及意志天的色彩。

3. 天

《易传》中的“天”字,前后出现了198次,兹依其出现频率多寡排列如下:

天下	61次
天地	51次
天	44次
天道	6次
天佑	5次
天行、顺天	各4次
天文	3次
天数、天命、天德、应天、承天	各2次
天宠、天衢、天险、天际、天则、天造、乐天、天位、天子、天施	各1次

在此198例中,其中“天下”主要指人间,而“天子”为人间的君王,“天位”指的是九五的尊位,[①]均与大自然无涉,故上述三者可暂且搁置,以下就其余135笔来析论。

① 如《需卦》彖辞:“需,有孚,光亨,贞吉,位乎天位,以正中也”,其中“天位”乃指九五之德位,赞其具中正之德,故能安于酒食以俟天命。

由《易经》卦爻辞中以“天”字书写者仅有6例，对比于《易传》135例来看，两者落差甚大，其中原因之一，固然与《易传》本为解经之作，故《易经》中出现凡有关“天”的字词，《易传》中也必然出现，如“天佑”、“天衢”即为其例。[①] 唯《易传》中除“天佑”、“天衢”二词外，另大量出现《易经》中未曾出现过的字词，如“天地”、“天道”、“天行”、“天文”、“天数”、“天命”、“天德”、“天宠”、“天险”、“天际”、“天则”、“天造”、“天施”、“顺天”、“应天”、“承天”、“乐天”等，大多侧重“自然天”的书写，“自然天”“人格天”两者比例的悬殊，诚有天壤之别。可见《易传》除继承《易经》自然天的基调外，从《易经》撰作时代到《易传》撰作时代，相距近千年，古人对“天”的理解，亦有了更具深度与广度的进展，远较《易经》撰作时代，无论在内容或形式上，均更为多元与繁富。

从《易经》到《易传》对于“天”的义涵，基本上差异不大，亦即大致上，保持自然天的书写。《易传》中《彖传》、《文言》、《系辞》、《象传》开始出现不少“鬼神”、“上帝”用语，[②]从表面上看来，《易传》对于自然的书写，似有一反西周以来周人在人文精神提升上的努力。不过，《易经》中未谈鬼神并不代表西周初年先民不相信鬼神。其实在科学未见昌明的时代，先秦对于鬼神的观念，单从《易经》一书，并未能完全呈现历史的真相。试以先秦典籍观察，如《尚书·汤誓》：“有夏多罪，天命殛之。……予畏上帝，不敢不正。……致天之罚。”《左传·庄公十年》：“（庄）公曰：‘牺牲玉帛，弗敢加也，必以信。’（曹刿）对曰：‘小信未孚，神弗福也。’”而孔子亦曾就王孙贾所问：“与其媚于奥，宁媚于灶”，答曰：“获罪于天，无所祷也”（《论语·八佾篇》），如果上述商汤、鲁庄公、曹刿、王孙贾等人这些在社会上具有影响力的君王与知识分子，尚具神鬼思想，则对于大多数未享有教育机会的百姓，又当如何看待神鬼？因此，与其谓《易传》在人文精神的滑落，毋宁说《易传》较《易经》更忠实反映当时社会部分的写实面貌。不过《易传》虽出现不少“鬼神”、“上帝”用语，然而在书写上，《易传》仍继承《易经》而将“天”视为一具理序的自然规律，唯在自然理序（天）与人之间，《易传》则安置了“鬼神”层级，甚或俨然可代替天来实行赏罚。[③] 如《谦》彖传：“天道亏盈而益谦，地道变盈而流谦，鬼神害盈而福谦，人道恶盈而好谦”，文中在叙述一谦而四益时，于“天道”、“地道”与“人道”之间，多了“鬼神”层级；另《丰卦》彖传：“天地盈虚，与时消息，而况于人乎？况于鬼神乎？”与《乾卦》文言：“天且弗违，而况于人乎？况于鬼神乎？”，两卦在论述天地之后，均分别用“而况于人乎？况于鬼神乎？”来说明。其中“人”→“鬼神”→“天”三者层递关系鲜明可见。此种现象或继承周初以来，周人在宗教生活上仍受祖宗神的影响有

---

① 如《大有》上九：“自天右之，吉无不利。”象曰：“大有上吉，自天佑也。”

② 如《豫》象曰：“雷出地奋，豫；先王以作乐崇德，殷荐之上帝，以配祖考。”《鼎》彖曰：“鼎，象也。以木巽火，亨饪也。圣人亨以享上帝，而大亨以养圣贤。”

③ 在《周易》经传中“天”几已淡出于赏罚，仅残存“天右”、“天宠”、“天德”之语，略具人格天的意义，而且仅有正面的表述，而无有像《尚书·汤誓》：“天命殛之”，如此负面的表述。

关，他们与上帝（大自然主宰）的关系，似乎是透过祖先为中介，间接求祷于天。①

三、《周易》人文化成的意义

（一）强调道德的主体性

《周易》原为占筮之用，按理宜通贯天（神）人，富含"意志天"的色彩；而其成书于西周初年，去殷未远，按理应继承商人崇神祀鬼的精神，唯于卦爻辞中却一反上述情事，相对地，在《周易》经传中道德的主体性，却随处可见。如：

> 《恒卦》九三：不恒其德，或承之羞，贞吝。
>
> 《益卦》九五：有孚惠心，勿问元吉，有孚惠我德。
>
> 《讼卦》六三：食旧德，贞厉，终吉。或从王事，无成。
>
> 《系辞》上传第七章：子曰：《易》其至矣乎！夫《易》，圣人所以崇德而广业也。知崇礼卑，崇效天，卑法地。天地设位而《易》行乎其中矣！成性存存，道义之门。
>
> 《系辞》下传第七章：《易》之兴也，其于中古乎？作《易》者，其有忧患乎？是故履，德之基也；谦，德之柄也；复，德之本也；恒，德之固也；损，德之修也；益，德之裕也；困，德之辨也；井，德之地也；巽，德之制也。履和而至，谦尊而光，复小而辨于物，恒杂而不厌，损先难而后易，益长裕而不设，困穷而通，井居其所而迁，巽称而隐。履以和行，谦以制礼，复以自知，恒以一德，损以远害，益以兴利，困以寡怨，井以辨义，巽以行权。
>
> 《说卦》第一章：昔者圣人之作《易》也，幽赞于神明而生蓍，参天两地而倚数，观变于阴阳而立卦，发挥于刚柔而生爻，和顺于道德而理于义，穷理尽性以至于命。

由上述诸例，可见《易经》卦爻辞中所透显的道德性，到了《易传》更在儒家的推阐下，充分地展开，尤以《系辞》下传第七章，更三陈九卦论述反身修德以处忧患之事，可说将《周易》道德意识发挥至极。我们可说整部《易经》六十四卦，一言以蔽之，唯"中正"二字而已。正如《无妄卦》所云："其匪正有眚，不利有攸往"。《易经》一书避谈鬼神，而强调道德的主体性，颇值得吾人省思。或许周人在鉴于即使以杀牛盛祭崇神祀鬼的大商，依旧无法获得上天的佑助，反遭以孚诚从事禴祭而实受其福的周人所剿灭，从中得到"皇天无亲，唯德是辅"、②"得众则得国，失众则失国"的结论，③体悟出"天聪明，

---

① 如孔颖达：《尚书正义·金滕》载周公请求太王、王季、文王三位祖宗神向天帝请求，愿以自身代武王之死。

② 孔颖达：《尚书正义·蔡仲之命》卷17，台北：艺文印书馆十三经注疏本，第3页。

③ 孔颖达：《礼记正义·大学》卷60，台北：艺文印书馆十三经注疏本，第10页。

自我民聪明;天明畏,自我民明威”的道理。[①] 从中亦可看出西周初年人文精神高度发展的时空背景。于是在此氛围之下,周公制礼作乐,创造前所未有,郁郁乎文的周朝礼乐文明,亦成为顺理成章之事。

(二)形塑天人合一的思想

“天人合一”是《易经》中相当重要的概念,也是中国传统文化中重要的概念。在一定范围内,它已经被视为《易经》乃至整个中国传统文化的核心概念。它不仅是一种人与自然关系的学说,而且也是一种关于人生理想、人生价值的学说。唯欲达到“天人合一”的境界,非一蹴可及,《周易》中明白地揭示了两者相合的历程。在“天人合一”思想的理路下,将人视为是自然界的一部分,自然界具有普遍理则,人也应当服从这种理则。唯欲服从此一理则,首先宜了解此一理则(即“知天”),欲了解此一理则,必先从“大自然”的观察开始(即“观天”)。此即《周易·系辞下传》所谈到的“仰观象于天,俯则观法于地,观鸟兽之文,与地之宜。近取诸身,远取诸物”之意,以便于进行“通德类情”的工作。

“观天”是天与人得以相合的第一步,“知天”则是“观天”之后对大自然(天)体悟的心得。《系辞上传》第十一章谈道:“圣人以此洗心,退藏于密,吉凶与民同患。神以知来,知以藏往,其孰能与于此哉?古之聪明睿知,神武而不杀者夫。是以明于天之道,而察于民之故,是兴神物以前民用。”文中说明圣人所以“兴神物以前民用”,仍须先借助于“明于天之道”,而后能“察于民之故”,先明于“天道”,即是“知天”的功夫,方能有随顺于后的“法天”的作为。

法天的观念可说是中国传统思想中极为重要的特质,道家藉以崇尚无为,复返自然;儒家藉以制定礼乐制度,[②]以达顺天应人。正如《礼记·丧服四制》所说:“凡礼之大体,体天地、法四时、则阴阳、顺人情,故谓之礼”。盖一切礼法不能违背天理人情,能顺乎天者则能应乎人。观《周易》一书,其法天思想,尤显见于《大象传》,其上半句论述八经卦所象征的八种自然现象,及其重卦后所显示的天道变化,引出下半句人事所当遵循的准则,[③]更符应于《四库全书总目提要》所云:“《易》之为书,推天道以明人事者也。”《系辞上传》第七章亦谓:“《易》其至矣乎!夫《易》,圣人所以崇德而广业也。知崇礼卑,崇效天,卑法地。天地设位而《易》行乎其中矣!成性存存,道义之门。”因此,一部《周易》,即在说明效天法地的思想而已。

顺天应天是法天后的必然结果,藉由“效天法地”进而与天地合其德,达于天人合

---

① 孔颖达:《尚书正义·皋陶谟》卷4,台北:艺文印书馆十三经注疏本,第23页。

② 如《易经·观卦·彖》云:“观天之神道,而四时不忒。圣人以神道设教,而天下服矣。”

③ 如《观卦·大象》:“风行地上,观;先王以省方,观民设教”上半句既论述《观卦》乃八经卦的巽(风)与坤(地)所组合而成,及其组合后《重卦》,所显示的风行地上,遍触万物的概念,引出下半句,说明古代先王亦效法如此精神,来省视四方,观察民情风俗,以设立教化。六十四卦《大象》的释经方式,大体均可作如是观。

一的境界,这也是中国传统哲学中所追求人与人、人与自然的和谐统一的基本精神。天人的关系盖可分为四部曲,即观天→知天→法天→应天。《周易》揭示了"天"为万物藉以创始生命的根源,不仅大地宜顺承于天,包括大地所滋生的一切万物及其衍生而来的事物,亦应服膺此一自然的规律,人虽为万物之灵,固不能自外此一律则,各卦论及吉凶,亦大多系乎是否能"顺天应天"、"与时偕行"而已。

(三)救赎原始宗教的陷溺

司马迁有言:"文史星历,近乎卜祝之间。"在原始宗教氛围浓厚的先民社会,卜祝为沟通人神之间的灵媒,被视为最具智慧的人,也是先民求助仰赖的对象。《易经》的作者若非相传的文王、周公,便很有可能为职有专司,世守其业的卜官,这批西周初年知识分子中的精英,在鉴于殷商的灭亡,从中得到"唯不敬厥德,乃早坠厥命",①了解遇有大疑,宜"谋及乃心,谋及卿士,谋及庶人,谋及卜筮",②先心而后人,先人而后鬼,人本思想的抬头显而可见。从卦爻辞所呈现出的避谈鬼神、道德取向、自然天的基调等特质来看,或许可说《易经》是由西周初年知识菁英在理性的自觉下,依据前代易学,如《连山》、《归藏》等所建构蕴育的作品。先秦卜官有意识的以道德取向作为人事鉴戒的作用,借着带有神秘主义的《易经》,及其原有的卜筮作用,将道德义涵融入卦爻辞中,使位高权重的君王有所警惕,将神权与人权作最巧妙的结合,成为中华文化最为璀璨的一部经典,从三千年影响迄今,盖可谓人类文明史上的奇迹。西周初年筮者对《周易》的理性自觉,与后世装神弄鬼的江湖术士者流,诚不可同日而语。果非作如是观,诚无以解释一部原本应该带着神秘主义色彩的典籍,却竟然自动褪去其神秘主义的面纱。因此,《易经》从某个角度来看,亦是另类的"绝地天通",上层在位者,似有意以德性救赎原始宗教残留于当代人心之人神不分的陷溺。

四、结 语

《易经》是现今所存中最古老的经典,其原始本质是卜筮之书,原本应继承夏商崇神祀鬼的易学体系,然而藉由西周初年的知识精英,有意识地因革损益,竟褪其神秘的面纱,而代之以宇宙的秩序与人类道德规范的缩结,回归人与自然素朴的关系。从本文撰写中,吾人应可观察《周易》从"绝地天通"以来,从鬼神崇拜时代原始宗教的陷溺,提升人类的高度文明,进而倡导天人合一的精神。从中亦反映出西周初年人文精神高度发展的时代背景。一部经典,竟能穿越千年的时空,为中国传统文化开拓出一条既博厚又高明的境界,相信亦能继续在未来的时空,为人类文明绽放其璀璨而永恒的智慧之光。

---

① 孔颖达:《尚书正义·召诰》卷15,台北:艺文印书馆十三经注疏本,第10页。

② 孔颖达:《尚书正义·洪范》卷12,台北:艺文印书馆十三经注疏本,第17页。

从“心物一元论”看《易道宇宙观》

温海明[①]

内容摘要：马宝善《易道宇宙观》一书明确提出“心物一元论”，对于阐发易道哲学和周易象数逻辑研究作出了独到的理论贡献。本文从心物一元论的角度，对《周易》从太极到阴阳、四象、八卦和六十四卦的心物关系进行了分析和诠释，说明了基于心物一元的时空统一、时空相互转化的关系，阐释了心物一元论下心如何认识物的问题，分析了本体论上有与无的关系，演绎了河图洛书和“精、气、神、道、阴阳”五大本体展开的象数逻辑系统。文章强调了心物融通的几微是融合心物的根本状态，是认识心物不分的根本起点，基于心物一元论的哲学思想有助于突破今天周易研究界象数与义理两分的状态，开创周易哲学研究的新局面。

关键词：易道　心物一元　宇宙观　对应统一　象数逻辑

马宝善先生在他的《易道宇宙观——中华古老的象数逻辑》一书中建立了独特的“易道宇宙观”和“象数逻辑”思想体系。在今天研究易经哲学的成就当中，能够深入阐发“易道”，尤其从象数逻辑的角度加以阐发的著作少之又少，马先生的“易道宇宙观”独树一帜，在继承和发扬传统易道学说方面作出了重要的理论贡献，得到了当世大儒李学勤先生和成中英先生的高度肯定，如成中英先生认为马著“将是一本稀世而传世之作”[②]。马先生在书中提到“如果你以‘心物一元’的思维方式去阅读本书，那就会产生一通百通的效果。”[③]本文主要由此出发，从书中贯穿始终的“心物一元”论[④]的角度，对其象数逻辑的理论体系做一个分疏和评论，以期说明我理解的马先生“易道宇宙观”的

① 温海明，中国人民大学哲学院教授，副院长，美国夏威夷大学哲学博士，主要研究领域：周易哲学、中国哲学、比较哲学。此文曾发表于第五届中国国际易道论坛，谢谢与会师友指教。

② 成中英：“序二”，见马宝善：《易道宇宙观——中华古老的象数逻辑》，人民日报出版社2014年版，“序”第17页。

③ 马宝善：《易道宇宙观——中华古老的象数逻辑》，人民日报出版社2014年版，第7页。以下页码皆源自此版本。

④ 关于心物关系，我第一次跟马宝善先生讨论的时候，就提出我认为宇宙是“心物一体”的，我倾向于使用“一体”而不是“一元”，讨论这个说法时董规容先生在座，他也认可“心物一体”的说法，而且据说跟马宝善先生关于这个问题已经有多年的交流，我后来在翻译和开研讨会的过程当中，跟马宝善先生还多次讨论这个问题，当然马先生坚持“心物一元”论有他的道理，本文也继续使用他的说法。

重要理论贡献和创造所在。

今天马先生在学界重提周易的象数逻辑研究,对于推动象数作为周易研究的基础有着重要意义。众所周知,周易自古就有象数与义理之学之分,但真正像今天学界这种象数与义理之学剑拔弩张的状态,历代少有,因为古人学习周易,通常都是既学习象数,又学习义理,很难把象数和义理截然两分。可是,像今天易学界一些学者那样,或者从象数易学的角度否定义理之学,或者从义理研究的角度否定象数思维的合理性,都不是历代易学研究的主流。当前这种局面的形成,跟近代以来疑古派兴起导致穿凿附会之学大盛有关,致使传统象数与义理各学派合理的解释得不到继承和发扬,而一些易学研究者虽不继承传统的易学进路但掌握了易学问题讨论的话语权,对于自己不了解、不欣赏的易学研究方法,一概以象数或者术数之学否定之,这是导致近代以来象数易学与义理易学对立的主要原因。马宝善先生从象数逻辑出发,重建象数易学研究系统,指出象数易学为易学研究的基础和根基,对于提醒易学界重新重视长久被忽略的象数之学非常重要。

最为重要的是,马先生提出了他对宇宙"心物一元"论的看法,对于长期把心物两分的哲学思维的主流话语中存在的问题,可以说起到正本清源的作用。马先生很多年前就指出,也一直坚持"宇宙是一个有灵感的统一体"(第 1 页),这就是不把宇宙单纯看做一个物质实体,而是指出,宇宙是心物一元的,是心物交融的,心与物的关系不是分裂的,而是融合和统一的。人心与宇宙之心是贯通的,在天地之间有天地自然之心,人心不过是天地自然之心的一种表达方式,所以人心与宇宙之心是贯通的。古代创制周易的圣人理解"心物一元"这一点,为了克服一种无言的话语困境,不得不通过易学符号系统加以表达,形成太极图、河图、洛书、先天八卦、后天八卦以及 64 卦方圆图,这些图都是为了说明心物融通一元之易道。这一易道本身有着严密的象数逻辑,而马先生的著作就是对这一演化过程的象数逻辑的具体逻辑论述,这一象数逻辑不是一般意义上的宇宙物质运动的客观外在的逻辑系统,也不是心灵事件活动的主观规律,而是涵盖心灵与物质运动的、主客合一的共同逻辑系统。也正是因为这种象数逻辑既是心灵的,也是物质的,所以特别难以为一般的、心物二元的哲学思路所理解。

正是在"心物一元"的基础上,马先生讨论了宇宙的生成论发展逻辑,也就是所谓太极—阴阳—四象—八卦的象数生成变化的发展逻辑,而每一步都不仅仅是简单的物质宇宙的演化过程,而且同时也是心灵宇宙的展开过程,这是理解"易道宇宙观"最难的核心要点。在易道宇宙论看来,宇宙不是一个对象化的宇宙,不是我们通常所谓的时空对象化的外在宇宙,而是一个时空内化的、心灵与宇宙同时展开的时空演化系统,这个系统不遵守单纯的时间逻辑(如没有过去、现在、未来这种机械式的时间划分,也就没有简单的时态区分),也不遵守简单的空间逻辑(如说明物质在空间当中前后左右上下的运动状态),不可以简单通过空间的划分和变化来了解运动的过程。在心物一元的宇宙论看来,人们需要通过心物一元的象数逻辑,也就是心灵与物质同时处于一个特殊的时空能量场域来理解时空与运动,时间不是单纯的古往今来之宙,空间不是简单的上下四方之宇,而是一种特殊的时空一体的形式,这种时空系统当中,时间与空间可以相互转换,时间可以转换为空间,而空间也可以转换为时间,时间必须通过空间得以展现,而空间必须通过时间得到表达。同理,心灵要借助物质来实现广延,而物质需要通过心灵得到存在的生气和力量。心灵不可能离开物质形式而存在,物质也不可能离开心灵力量而独存。

这种"心物一元"的力量,简之又简的表达方式是"无"或者"无极",但它们不是纯粹的虚无,因为天下万物都从"无"当中产生,而"无"是无法言传的,可是"无"却要成为一切"有"的开端和根源。这样看来,"无中生有"必须借助最为简单的表达方式,那就是数字的产生与演化的过程,在易道宇宙论看来,数字的产生就是为了表达易道的运作。心物感通,数字就产生了,而且数字一直都是表征心灵与物质运动基本存在状态的基石。从这个意义上说,数字就是本体论上的有无交融之境的根本表达,数字之"有"的另一面就是本体之"无",本体之"有"可能把数字虚无化,在有无交融之境中,数字激荡而生,而且成为人生存于宇宙的基本存在方式。人的一生不可能离开数字而生活,这是人面对自己存在于宇宙之中的根本领悟之智慧,亦即马先生"悟生"(第 9 页)[①],也就是意识到数字是"有无相生"的边界性表达,不可能有更好的、更抽象的、更有信息量的表达方式了。马先生的象数逻辑是以"数"为基础的,他对于"数"作为宇宙论的基石的领悟是精准而深刻的。

这样一来,"道"的主客一元性质就确定了,这是对于"道"的理解的一个根本性突破。在当今易学研究领域里,言"易道"者不知"易道",对"易道"了无心得,这几乎是讨论易经哲学的普遍情况,而这种情况的发生,最主要的根本问题在于把"道"作为意识的客体,而不知"道"本身就是意识的主体,主体认识客体而与主体同一,这是"道"的主客同一性的根源。马先生指出,为了理解易道,就必须在"心物一元"的根本上来理解和体会"道"的存在状态,只能通过"悟"而不可能通过简单的理性思考来达到。康德的哲学为知性与理性的运思划定了边界,近现代西方哲学一直希望突破康德,尤其是现象学对主客一体的突破,都可以作为理解心物互动的参照。但在易道宇宙观当中,"道"的运行,从来都是心物一元的。

但单纯的心物一元不可能形成对于世界的认识,所以哲学运思的第一步,就是要区分心物和主客,否则我们的心思与宇宙不分,就从逻辑上不可能形成认识的过程。所以心物相分是一种基本的逻辑存在状态,而认识的目的,是通过心对物的了解,达到心物一元的本体性认识。心把自己对象化为物,再通过对物的理解和领会实现对心物一元的整体理解,从而实现对自身的同一性的认识,这是心物一元认识论的根基所在。这里面有一个诠释学的圆环:心物不分—心认识作为对象的物—心认识物为心物一元的本

---

① 参见《思道篇:悟生态——有无相生》。

体性存在是三个不同的认识阶段。这就是心物一元的认识系统对于宇宙运行与分化的诠释学圆环。这个圆环,体现在认识的所有步骤当中,也体现在从太极图到八卦六十四卦的展开过程当中。

马先生的易道体系以分析和阐发这个展开过程的逻辑系统为主,他向世人说明,心物一元而有分是人认识世界的根本逻辑存在状态,而象数逻辑的展开,就是这样一种矛盾性的逻辑演进。无论是"象"还是"数",在分化的过程当中,自始至终是一体(一元)的。这个一体而有分的状态,①最简洁的表达方式就是太极图,马先生认为是"'易道'的出发点和归宿"(第 27 页)。他的一个重大贡献是对"无极"做了具体的阐发,认为"无极是有形世界形成之前的原始状态"(第 33 页),并且提出"精、气、神、道、阴阳"五大本体(第 34 页),这也是他象数逻辑系统的重要创见,可谓是发历代前人所未发的新见。据此,他对于象数原则做了系统的发挥,结合《易传》关于生数与成数的说法,他发展出了一系列象数公式(第 38—45 页),也对每一个自然数的特殊功能与作用做了阐发(第 49—52 页),通过数理建立了天道的原生态(第 52 页)。一般来说,如果对于自然数的数理的理解不能够领悟"心物一元"道理的智慧,就很难达到阐发数理的理论高度。天地自然之数合乎心灵运作之数,这是对于天道运作的根本性领悟之后加以阐发才是可能的。

伏羲、文王、孔子等历代创制易经的圣人,都是在这种一体万分的逻辑矛盾当中展开他们的象数逻辑思路。马先生指出,老子对于易道的发展也有卓越的贡献,老子的"道"的哲学体系有助于人们理解事物发展运动的道,而且与易道系统可以说是相合拍的。马先生对孔子向老子学习易道这一哲学发展的逻辑环节做了发挥(第 20—22 页),应该说逻辑上是可行的,而马先生关于孔子问老子学习易道的说法,得到了李学勤先生的肯定,他认为马先生的这种说法是融合儒道的,比那种认为《易传》属于道家的说法要客观,也更加"直截透彻"("序"第 7 页)。可以这样说,马先生认为易道是儒道融合的产物,这和他融合象数与义理的心物一元观是一致的。由于易经作为六经之首和儒家的根本经典,所以易道通常来说被看作儒家的,但道家的创始人老子不应该不知道易道,而且他的《道德经》蕴藏的道理跟易道应该是相通的,应该说老子对于易道宇宙观的发展是有其理论贡献的。

马先生的一大贡献是对河图与洛书做了象数形态的考察。河图与洛书是易道的根源,历代大儒多有论述,虽然怀疑者有之,但历代大儒关于河图洛书的系统逻辑讨论不容否定。可是近代以来,疑古日盛,导致从文物、文字、考据之学出发全面否定历代大儒的讨论的倾向,而且延续至今,在当代仍然有相当影响,这是一种对古往今来的易道缺乏了解,却从学理上随意怀疑古人的风气,近年来越来越多的有识之士意识到这样理解

---

① "一体"与"一元"的区分也就在这里,"一体"是逻辑上可分的,也是必须分的,但"一元"就带有难以分离的意义,"一元"基本上是从无差别的意义上来说的。

易道是非常偏颇的。马先生认为，如此不了解易道的道理而随意否定古人对于周易研究的贡献的倾向是不可取的，他明确从象数逻辑的角度，对河图与洛书的合理性做了阐发，这对于挖掘易道的象数逻辑非常重要，可以说有着正本清源的关键作用。

马先生指出，河图的地道顺生逻辑体现出整齐划一的数控法则；主次分明的信息法则，对应统一的辩证法则（第 60—61 页）；等等。其中，他对于对应统一而非对立统一特别强调，认为对立了就无法统一，而对应方能统一（第 144 页）。这一理论说法对于突破所谓的“对立统一规律”作为斗争哲学的遗毒的贡献也是很大的。河图作为地道的数理之图，体现出来的数理法则历代多有讨论，而对于河图之为地道数理的运作方式，也只能用心物一元的方式悟入，不可单纯作为地理对象来理解，否则就会觉得荒诞，因为地理的对象不需要特别加以抽象，而抽象则是为了说明地理运行的数理与太极八卦延伸出来的数理，尤其是生数与成数发展的数理一致。这种一质性不是为了强求一致而一致，而是天道自然意义上的一致性。洛书结构体现出来的是人道的善生逻辑，因为人是天地之间灵动的存在，能够给世界的运动注入灵魂，也在此认识过程当中力图揭示出认识的逻辑结构，而此逻辑结构必须与天道与地道的数理相和谐（第 70 页）。河图与洛书是数理结构的精准展示，也是数理逻辑的存在样态。在高度抽象的图示当中，历代易学家都发掘出天地自然之数运行变化的道理，而这种领悟只能够从心物一元的角度才能够悟入的。

也是从心物一元的角度，马先生把先天卦结构分析成为“符号转化逻辑”（第 76 页），把后天卦结构分析成为“适应自然逻辑”（第 82 页），认为先天状态是“精、气、神、道、阴阳”五大本体的“无形存在方式”（第 76 页），而后天状态是五大本体的“显象变化的存在方式”（第 82 页）。马先生指出，先天卦显示地道刚柔对应统一，人道男女对应统一，天道阴阳对应统一（第 80—81 页），说明先天卦是一个天地人对应统一的平衡和谐体系。而“后天八卦与洛书九宫图的象数逻辑，反复证明唯变恒稳是一切事物发展的根本规律。”（第 88 页）相比来说，后天八卦通过运动和变革达到事物根本上的和谐统一。先后天八卦是心物一元的象数逻辑的形象化展开，马先生最明显的理论贡献是对于五大本体的深入阐发。五大本体是“无形”而“显象”，本身就有强烈的有无相生的意味，是非有非无的有无相生境界的特殊本体性存在。宇宙之间的五大本体“精、气、神、道、阴阳”都是心物一元的，也是主客合一的，“精”既是精气，也是精神；“气”既是物质之气，也是心灵之气，所以不是心物可以区分的；“神”既是物质世界的神妙运化作用，也是心灵对于神妙变化的神秘理解；“道”既是物质的运动变化之道，也是心灵存在与运行的“道”；“阴阳”既是物质世界存在对应与统一的必要区分，也是认识论上理解世界不得已由两分而统一合二为一的认识进路。所以五大本体都是心灵与物质的统一体。

把马先生的先后天逻辑系统进一步推演，我们或许可以得出这样一些推论：先天八卦象数逻辑的核心来自邵雍“加一倍法”，即八卦与先天数的对应与运用，成为先天卦的数理基础，也是后天运算的根基。而先天八卦按照天道左旋，地道右旋的方式排列成为先天八卦图，从逻辑上是要说明天地阴阳顺逆的根本原则，天阳动而顺行，地阴动而逆行，天地阴阳顺逆有别，而何以如此？只能说天地自然之道运行如此，非人力所能为，正如阳动阴静的数理运动法则能够揭示先天世界运动之原初形态，不得不令人惊叹。后天八卦象数逻辑的核心来自五行，“文王拘而演周易”对八卦方位之根本调整是把先天八卦的方位重新加以排列，跟当时已经明确的五行观念相配，使得八卦排列与天时、地理、方位、时令等完全一致，加上五行生克制化之天然逻辑，使得后天八卦的运行逻辑显得天衣无缝。无论是先天八卦还是后天八卦，都是心物一元根本原点的逻辑展开。每一卦每一爻的生成与演变，都是心物一元形态的体现，无论卦爻系统如何发展演变，心物一元的根本点如太极一样如如不动，心物一元的状态保持在所有事物运动变化与演化的过程之中。

在通过别卦方圆结构讨论天人合一逻辑的时候，马先生特别指出：“人的意识与意识反馈，来源于宇宙本原存在‘精、气、神、道、阴阳’五大本体的优遗传，这是‘天人合一’的唯一根源。”（第 92 页）应该说，心物一元的根本展示，就是人的心灵与意识活动，跟宇宙的本原相通，宇宙的运动之灵妙之处，没有人的精神意识活动，不可能得到揭示，而人的精神参与宇宙的运化，又提升了宇宙的运行机制，使之不再是简单客观外在的对象，而是心灵与物质不可区分的本体性存在，人也因为能够认识到宇宙运行的内在机理与心灵相通而成为“道通时空中的主人。”（第 94 页）可见，马先生对“心物一元”的坚持，与传统的天人合一思路是完全一致的，人只有通过对心物一元的理解，才能够真正具有宇宙意识，也真正成为宇宙的主人，这对于基于天人相分的“人定胜天”思想，是一种根本的否定。“人定胜天”作为一个应然判断的命题，表达的是一种推测的可能性，虽然用肯定的方式加以表达，但根本上还是说明人其实不可能真正征服作为自己根源的宇宙存在本身。从这个角度看，“天人合一”可以理解为一种实然判断，不是天人应该合一，而是天人本来合一，而且一直合一，只是人是否意识到而已。

在此基础上，马先生提出了象数逻辑的几种表现形式：立体精准的全生逻辑，主体通达的道体逻辑，客体互联的道用逻辑。这些逻辑的根基还是心物一元论，比如，“全生，是主体与客体及其相互关系的立体生成结构”（第 97 页），“道体决定道用，是道用的灵魂；道用是道体的活性衍生。”（第 106 页）“道用逻辑是在道体逻辑原则下衍生出来的生成逻辑系统。”（第 114 页）当然，这也可以理解为，从“心物一元”过渡到“有无一体”，最后还是归结为太极图的“阴阳一体”。或许可以说，太极阴阳的图示，已经道尽了心物与有无关系的根本，太极图既分别又融通的图示，说明了心物一元的全部真义。人认识宇宙的困境以及解决之道，尽在其中。

“易道”生生不息，而一个“道”字已经穷尽了多少不言之秘，因为“道”是无言的别名，而这种无言之境中，却有着深刻而颠扑不破的逻辑体系，马先生的象数逻辑体系做了非常有益的探索，使得今天人们重新认识到易道的象数逻辑与西方的形式逻辑、辩证逻辑不同，但同样精准深刻，不容在中西文化交流与中西哲学对话的时代当中被抹杀。中西文化交流以来，尤其是中国传统的哲学与文化被抛弃之后，古老的象数逻辑与传统文化一样被否定、被抛弃，导致中国人完全按照西方人的逻辑方式进行思维，而且以不能否定自身思维方式为不现代化、不进步等，造成了对传统文化思维方式的全面阉割，这种局面今天应该得到扭转，中国人必然还是要立足于传统文化的思维方式，尤其是象数逻辑的思维方式来思考人生和世界，而且这种象数逻辑的思维方式，作为人认识世界的一种方式，具有普适性的意义。

总而言之，马先生以象数逻辑为核心，建立了一个宇宙论的系统，这个宇宙论系统同时具有深刻的本体论与认识论的意义。他通过对五大本体的内涵的阐发，确立了人认识宇宙的本体性状态，而且，人对于宇宙存在的本体性实体是实实在在能够感受到的，这一点得到了成中英教授的肯定（“序”第14页）。只是这种本体性存在感如何通过哲学的语言加以表达，这是一个哲学需要不断面对和揭示的问题。马先生通过精微的逻辑系统，向世人证明，在西方的形式逻辑和辩证逻辑表达宇宙本体性存在的基础上，中国的象数逻辑其实毫不逊色。理解这种象数逻辑最为艰难的地方，不是这种象数逻辑可以作为客观的认识对象来理解，而是必须放在心物一元的状态当中，也就是主体性融入客体性的道体与道用融通的状态当中来理解。这种象数逻辑其实是一种生命逻辑，是灵魂注入宇宙的逻辑，是宇宙因为人的灵明而生生不息的逻辑，是天地阴阳因为人的参与而散发出活泼泼的气象的逻辑。这种逻辑生发之“几”，只能够通过活泼泼的仁心来得到体会，也就是只有通达生命灵妙之处的深刻体会才能够帮助人们意识到宇宙的象数逻辑。可见，象数逻辑揭示出宇宙本体的创造力展示的过程，也展开了人的生命力参与宇宙的根源性力量。这种象数逻辑比人与人沟通的思维逻辑、语言逻辑本体性强大太多了，而正是在这个意义上，象数逻辑因为其深刻与深层，所以往往不易为一般人所理解，而这恰恰是我们应该认真理解马先生的重要理论贡献的关键所在。

易经中的B-时间理论与变易概念

刘纪璐[①]/文　黄桢/译

内容摘要:本文以比较哲学角度重新阐释易经中的时间概念,并且由此开启中国哲学的时间概念崭新的思考方向。在近代西方分析哲学的潮流受到现代物理学的时间观冲击之下,时间哲学成为西方分析哲学的一个重大议题。当代的时间哲学基本上分成A理论以及B理论。A理论把时间分成过去、当下、未来。B理论则把时间用"先于","晚于"以及"同时"这些范畴来区分。对A理论者来说,时间的走向就有如一个单向而飞的箭,不断往尚未存在的未来前进。在A理论下,"实在性"是在时间之流中相对于"当下"来界定的。B理论的学者则相信时间是永恒存在的,而事件是根据其在时间的位置来界定其内容。不管时光如何流逝,事件先后的关系不改。

一般学者对中国的时间概念分析不外是说它不是线性前进,而是循环性的,阶梯性的,或是旋转性的。本文的主题则是申辩西方的B理论更适合用来阐释《易经》中的时间概念。B理论的时间概念容许宏观下的时间中立性之可能性,这正是易经中的时间观。其次,B理论把时间看做是没有现在式、过去式或未来式的绝对分划,很合乎《易经》的"时"的概念。本文最后探讨时与变易的关系。

关键词:易经　时间　B理论

马泰格(J.M.E. Mc Taggart)在1908年发表了讨论时间的真实性的文章,对近代分析哲学对时间的理论影响很大。由于他把有关时间的看法分成两类,A系列以及B系列,近代分析哲学的时间论也因此划分成A理论以及B理论。A理论把时间分成过去、当下、未来,而这个区分的出发点是"当下"。B理论则把时间用"先于","晚于"以及"同时"这些范畴来区分,而此种区分的出发点是相对于说者所在的语境。A理论跟B理论的争议重点在于"当下"这个时段是否在存有学上具有特殊地位,或者说"当下"事件是否比"过去"或"未来"更为真实。对A理论者来说,时间的走向就有如一个单向而飞的箭,不断往尚未存在的未来前进。在A理论下,"实在性"是在时间之流中相对于"当下"来界定的。B理论的学者则相信时间是永恒的,而事件是根据其在时间的位置来界定其内容。在这种分类法下,事件相互的关系是永远固定在

---

① 作者单位:加州州立大学富勒尔顿分校哲学系。译者:黄桢,中国人民大学哲学院研究生。

先发生,后发生,或是同时发生的。不管时光如何流逝,事件先后的关系不改。在B理论中,事件不会“流动”,并且每一个事件在其所属的时间系列中都拥有永远不变的固定位置。

一般学者对中国的时间概念分析不外是说它不是线性前进,不是一味往前的单向发展,不过刘述先跟 Michael Loewe 认为中国人的时间概念是循环性的,成中英认为是阶梯性的,唐君毅与 Wonsuk Chang 认为中国时间观是旋转性的。本文的主题则是申辩西方的B理论更适合用来阐释《易经》中的时间概念。本文的论证是,首先,B理论的时间概念容许宏观下的时间中立性之可能性,这正是易经中的时间观。其次,B理论把时间看做是没有现在式、过去式或未来式的绝对分划,很合乎《易经》的“时”的概念。马泰格认为B时间理论不能容纳变易的概念,因此本文也将分析“变易”这一概念如何与易经的B时间论相容。

一、A理论与B理论概述

鉴于A理论和B理论均有核心观点各异的表述方式[①],为叙述简明起见,我在接下来的分析中选用了 Dean Zimmerman 的A理论和 J.J.C.Smart 的B理论作为代表。

当代A理论拥护者 Dean Zimmerman 认为任何形式的A理论都拥有的标志性特征是把过去、当下、未来(范畴A)这些时间范畴看做是客观存在的,不是相对于说者、言辞或是叙述的语境而言的。Zimmerman 区分三种A理论:当下论、移动聚光灯理论以及宇宙增长论。当下论认为只有当下是真实的。一个事件(或一件事物)从过去发展到当下,只有在当下表现其存在性,当其离开当下时就失去了存在性。移动聚光灯理论否认当下的事件或事物拥有独特性,而认为事件或事物从过去发展到当下,就像被置于转瞬即逝的聚光灯下。不被聚光灯照亮的事件或事物仍然是真实存在的,但是只有被聚光灯照射的时段才是“当下”。所有事件永恒存在,只是轮流成为“当下”的事件。宇宙增长论类似聚光灯理论,但是这理论只肯定过去与当下的实存性,而否认未来事件或事物的真实性。换言之,宇宙增长论认为虽然过去的事是真实的,但未发生的事是不真实的,所以未来是空无一物的。美国时间论先驱 C.D.Broad 将此理论的特性解释如下:所谓当下事件,其本质不在于先于未来的事件,而在于其先于“空无一物”[②]。从 Zimmerman 的分析我们可以看出,A理论学者们是基于对“真实性”的不同理解而划分出不同的A理论,并不是基于对时间的不同理解。以上三种理论都认为过去、当下、未来这三个时间范畴是客观存在的。

① Williams 在1996的分析中指出,A理论和B理论均存在表述不清晰的问题,而且双方学者之间存在一定的误会。

② 参见 Zimmerman 2008,214,斜体原文。

然而，如果“当下”是客观的当下，那么A理论的共同预设是只有一个单一的时间系列，与人类历史相呼应。如此，言语的领域就被限制在现存的人类中。整个人类历史都包含于这个单一的时间系列，我们的过去成为客观的“过去”，而我们的当下成为客观的“当下”。Zimmerman本人接受当下论。他认为当下的确具有存有的独特地位，并且他认为当下论是最符合常识的时间论，而在哲学中，常识除非被证明是错误的，否则就应当被当做是可接受的结论。（Zimmerman 2007，211）A.N.Prior（1972）也认同当下论，他主张我们当下所处的时空是唯一真实的世界，过去和未来都是不真实存在的。此时、此处就是唯一真实存在的时空领域。

在J.J.C.Smart's（2008）为B理论所做的辩护中，他强调B理论是没有时态的时间体系，因而动词的时态变化是不重要的。同时，B理论不认为过去，当下，与未来具有任何内在固有的属性，而事件的变化也不是相对于过去或是当下的时段。Smart认为A理论的时间观念预设了一个狭隘的甚至人类中心主义的前提，从这个前提出发将时间划分为过去、当下、未来。像过去、当下、未来这样的时间范畴应该只是一个言语情境的索引，或是对应于讲者的某一个叙述而言，因此不能算是时间本身内在固有的范畴。在物理学理论中，只存在先于、同时、晚于这样的相对关系。Smart认为只有B理论才能与物理学的时空相对论相匹配。A理论预设了单一的时间系列，而单一的时间系列观与时空的相对性相抵触。Smart总结：“在相对论中，没有绝对的时空，也没有宇宙的当下。”（Smart 2008，232）。因此，A理论是错误的。

我们可以在这里简单总结一下A理论与B理论二者不同的时间构想：

A理论

1. 时光的流逝有如单向的隧道，而我们人类是穿过隧道的行人；

2. 时间有客观存在性，外在于我们人的认知或感知；

3. 时间内的每个片段都会有成为“过去”，“当下”，与“未来”的机会（但是，“过去”和“未来”的真实性在A理论中仍然有争议）；

4. 所有语词基本上都具有时态——它们的真假值要看说者的时间语境来定。

B理论

1. 世界上没有一个单一的时间系列，在宇宙的不同角落也许会有许多不同的时间系列，而其彼此之间不见得会平行发展；

2. 我们人类只占据某一个特定的时空定点，我们的时间系列只是相对于我们的存在，而且不会是宇宙中唯一的真实时间系列；

3. 没有任何时段具有存有上的特殊地位，所有时刻都是相对于其所在的时间系列，而所有事件是根据其在此时间系列中出现的先后而界定其特定意义；

4. 动词的时式（过去式、现在式、未来式）无关紧要，语句的命题是无时式的，能永远重复使用。①

马泰格从最终同时排斥AB两组的时间范畴，而总结时间是不真实的。他认为B理论无法解释变易，但时间必然包含变易，没有变易就没有时间。因而，B理论的时间范畴无法构成时间。另外，他认为A理论将一组自相矛盾的时间范畴（过去、当下、未来）分配给所有的事件，因为所有事件都在时间之中包含这三种时间范畴：都会是未来、当下、过去的。因而A理论是自我矛盾，不能成立的。②

笔者跟马泰格看法不同。笔者认为A理论之所以不能掌握时间另有其因。罗素在对马泰格的质疑中已经指出，过去、当下、未来从本质上讲不属于时间本身，而仅仅是相对于感知对象而言。即使感知对象是所有人类，仍然不能界定客观的时间本身。换言之，A理论所假设的客观时间系列只是一个人类中心主义中的主观时间系列。除非我们认为时间基本上可以化约为“时间的体验，”我们就不应该接受A理论。

我接受马泰格所说的“没有变易就没有时间”③的观点，但我不同意他认为B理论普遍无法包含变易的观点。在接下来的论述中，我将分析《易经》中的时间体系与变易概念，并且论证在《易经》的时间体系中变易不仅仅是可能的，而且是有重要意义的。在《易经》中，时的概念与变易的概念这二者不可分而论之。

二、以B理论来阐释《易经》中的“时”概念

笔者认为中国传统的“时”概念合乎B理论，而《易经》的“时”概念可作为最好的代表。首先，我们看中文基本上是个永恒性的语言，中文不分动词的时态，没有跟英文动词一样地区分过去式、现在式以及未来式。当然，中文有一些用来表示已经完成某事、正在做某事、将要做某事的副词性的修饰语，例如“了”、“还没有”、“就要”、“正在”等。但是，这些修饰语代表说者本身主观的时间感，是根据自己的语境来叙述的。动词本身则具有时间中立性，它们表达语句的真假值具有超越具体时间的永恒性。

学者吴光明（Kuang-ming Wu）认为中国人有个特殊的时空观。在中国人的思考模式中，时间具有空间性，而空间也具有时间性。时间与空间是交织在一起的，时间与空

① 一个能永远重复使用的句子是句子的真假值不随时间或说者改变而改变。

② C.D.Broad认为马泰格在反驳A理论时使用的时间的性质不明确。很多人认为一个时间点无法同时包含过去、当下、未来三个时间范畴，但是一个时间点可以相继包含这三个时间范畴。因此，A理论中的时间概念并不是自相矛盾的。本文暂且搁置对马泰格论证的严密性的讨论。Broad，C.D.（1933）.“McTaggart's Arguments against the Reality of Time.An Excerpt from Examination of McTaggart's Philosophy.”Reprinted in *Metaphysics：Contemporary Readings*.（Ed.）Michael J.Loux.Routledge，2001，pp.272-278.

③ McTaggart，J.Ellis（1908）.“The unreality of time.”Mind 17（68），pp.457-474.Reprinted in *Metaphysics：Contemporary Readings*.（ed.）Michael J.Loux.Routledge，2001，pp.260-271.

间结合成任何特定情境中的整体体验①。每个特定情境都处于时间与空间双重维度中,例如"这"即包含"当下"的意思,也有"这里"的意思,"从这到那"既是描述在空间中的移动,也包含时间的流逝②。吴光明对中国的历史性这一概念的分析似乎是基于A理论,因为他倾向于在中国人的思维方式中区分出过去、当下、未来:"我通过历史来理解其他时段……过去已成历史,未来则是可预料的、可展望的历史。在任何情境中,如果我处于当下,那么过去和未来对我而言是异于我的'另外的存在'。我用历史来譬喻那些异于我的存在。"③他这个说法把历史带进个人的当下观景。但是,一旦历史被主体化,融入每个个体的视域,历史就变成了一个多元的概念,拥有可以同时或者不同时发生的多样的视角和时间系列,彼此之间相互重叠或完全不相关④。这种多重时间系列恰好符合B理论。如果吴光明对中国人的时间观和历史观的分析是准确的,那么中国人的时间观就是B理论的一个典型代表。

根据Smart的解释,B理论能够包含多重时间系列的可能,而事件彼此之间的关系是定位在其所属的特定时间系列中。在《易经》中,每一卦代表了某一个具体情境,而在任何一个具体情境中,特定的事件发展状态是由环境的变化以及当事人此前的行为来决定。《易经》中的"时"代表事件的时机,而且"时"有着规范性的含义:"时"代表思想或行为的"正确时机"。换言之,《易经》的"时"不是只是历史流程上的一个记号,不是依据历史记录者的位置而定位为"现在"或是"过去的"。《易经》的"时"代表多重时间系列的动态结集,而事件彼此之间的关系是在其特定的时间流程中界定。个人的作为有何意义是相对于其特定的情境而言的,在特定情境之外的行为没有绝对意义。

成中英认为中国哲学中没有抽象的时间概念,中国哲学中的时间是具体的,是"基于事件或事件发展的特定开端或终结而言的"⑤。邵雍曾说:"元有二,有生天地之始者,太极也。有万物之中各有始者,生之本也"(《皇极经世》观物外篇衍义·卷九)。成中英认为:"我们可以做这样的结论:具有终极意义的时间事实上是融会贯穿时间本身

---

① Wu, Kuang-ming(1995)."Spatiotemporal Interpretation in Chinese Thinking." In Huang & Zürcher (1995a), p.17.

② Ibid.

③ Ibid., p.19.

④ 中国传统中一些叙事性的国画体现了这种时间观。根据艺术史学家陈葆真的分析,中国汉代的叙事性的国画有不同风格:有些采用同发式构图,有些用单景式构图,而有些则用连续式构图。同发式构图是指一个画面囊括了整个故事,"画面人物只出现一次,而他们的动作和特质表现了不同时段所发生的不同事件。这种同发式构图的典型代表是一幅石刻画《荆轲刺秦王图》"。Chen, Pao-chen(1995)."Time and Space in Chinese Narrative Paintings of Han and the Six Dynasties."In Huang & Zürcher(1995a): pp.239-86.笔者认为这种将不同时间段融合在同一画面中就体现了中国人的时间观:将过去、当下、甚至可能把未来都视为同时发生。

⑤ Cheng, Chung-ying(1983)."On the Hierarchical Theory of Time: With Reference to Chinese Philosophy." *Journal of Chinese Philosophy* 10(4), p.357.

演变出的所有特定时间的开端和终极。"①成中英的分析虽然与B理论并不完全一致，但非常契合B理论②。他所说的事件和事件发展的开端和终极与笔者在前文所讨的特定的时间系列相同。因为万事万物只有被放置在特定的时间流程中才能获得其意义，所以特定事物之间的关系只有在特定的时间系列中才能确定。

总体而言，《易经》的"时"有三种用法。第一种用法是指时历的分段，如"四时"、"治历明时"、"奉天时"。第二种用法指的是情境、时机，比如"与时偕极"、"时舍"、"时乘六龙"。第三种用法则是从第二种用法衍生而来，具有规范价值意味，比如"时中"、"失时"、"时用"等等。③ 第一种用法是对自然现象的描述，既包含变易（季节的更替），也包含不变（四季的模型）。但是，即使"时"的第一种用法只是指季节的更替，它还是隐含着观察时变以利万物的重要性。从第一种用法衍生出"时"的第二种用法："时"代表个人行为处事的适当时机。而从这第二种用法又导生第三种用法的规范义："时"代表当下"应该"采取的态度行为。"时"也带有评价意味：时宜就是处事合乎当下的情境。

接下来，我将对《易经》中"时"的三种用法进行具体分析。

（1）"时"在"四时"或"时变"中表示季节

在《周易》经传文中共出现了9次"四时"："夫大人者……与四时合其序"（乾卦）、"四时不忒"（豫卦、观卦）、"四时变化"（恒卦）、"四时成"（革卦、节卦）、"变通配四时"（系辞上）、"以象四时"（系辞上）、"变通莫大乎四时"（系辞上）。经传文中也多次出现表示四季更替的"时"，例如"奉天时"（乾卦）、"察时变"（贲卦）、"治历明时"（革卦）、"与时消息"（丰卦）等。即使"时"在这里只有"季节"的意思，它同时具有永恒与变易的双重含义。四季按照固定规律变化，从来没有差错，但是四季也具有一定的可变性。四季代表一个时间流程：每个季节都随前一个季节而至；每一次四季轮回都组成了一个时间系统。

（2）"时"表示"时机"或"时境"，代表行动的机会

在《易经》中有很多关于"时机"及其对个人行动之重要性的讨论："故乾乾，因其时而惕，虽危无咎矣"、"时成"、"时乘六龙"、"见龙在田，时舍也"（乾卦），"旧井无禽，时

---

① Cheng, Chung-ying (1983). "On the Hierarchical Theory of Time: With Reference to Chinese Philosophy." *Journal of Chinese Philosophy* 10(4), p.357.

② 成中英将《易经》当做是这种时间观的基本模式。他认为卦的四种德行——元、亨、利、贞——代表了"一个过程或一个事件"。成中英将其称之为时间的层级理论，因为矛盾发展的下一个阶段总比前一个阶段更和谐。鉴于我不设定任何目的论所谓的终点，我对中国时间B理论的分析不同于成中英。Cheng, Chung-ying (1983). "On the Hierarchical Theory of Time: With Reference to Chinese Philosophy." *Journal of Chinese Philosophy* 10(4), p.375.

③ Wonsuk Chang 认为："'时'可以表示'恰当的时刻'、'及时'、'利用天时'，在《易经》的哲学论述中无处不在。" Chang, Wonsuk (2009). "Reflections on Time and Related Ideas in the Yijing." *Philosophy East and West* 59(2), p.217.

舍也”(井卦),“与时偕行”、“与时偕极”(乾卦),“柔以时生”(升卦),“六爻相杂,唯其时物也”(系辞下)。史学家李亦园认为代表行动时机的“时”深深扎根于中国的主流文化中,“在个人时间与宇宙的自然时间中,有一些二者和谐统一的时点,人们相信这些时点是可以带来好运的吉时;也有一些二者不协调的时点,人们相信这些时点会招致祸患,是不吉利的”①。我们可以解释这种主流观点是受到《易经》中的“时”的影响。

(3)“时”指涉“及时”与“时中”,作为评价行为的标准

“时”的第三种用法带有规范价值意味。虽然这种用法衍生自第二种用法,在实用中这个意涵更为重要。学者林丽真解释在古汉语用法中,“讨论时间的语辞中有很多是表达人事变迁的时间词”②。我们可以在《易经》中看到很多这样的例子:“时中”(蒙卦),“时行”、“与时偕行”(困卦、大有卦、遯卦、小过卦、损卦、益卦),“时义”(豫卦、随卦、颐卦、大过卦、遯卦、节卦、姤卦、革卦、旅卦),“时用”(坎卦、睽卦、蹇卦),“损刚益柔有时”(损卦),“迟归有时”(归妹卦),“时止则止,时行则行,动静不失其时”(艮卦),“失时极也”(节卦),“待时而动”(系辞下),“变通者,趣时者也”。Wonsuk Chang 的分析指出,这些行为活动得到嘉许是因为行动者“能够随时机而动,在恰当的时机及时作出适当的行动”③。

上文逐一阐述了“时”的用法,现在我尝试以诠释学角度,用 B 理论对《易经》的“时”概念重新分析。

中国的时间不能独立于空间。中国的宇宙观可以从“宇宙”这两个字来看端倪:上下四方之谓宇,古往今来之谓宙。可见中国的宇宙是个时空连续体,密切联结。国学大家唐君毅指出,在中国哲学中,时间和空间不曾处于对立的位置,而是一个不可分割、互为补充的整体。中国哲学常用时间阐释空间,用空间阐释时间,例如汉儒将东南西北与春夏秋冬相对应。唐君毅也指出《易经》中的很多词语证明了时间与空间概念的互相转换:空间词语“通”、“天地际”常与时间词语“久”、“不息”、“复”、“往来”等一起连用。④

宇宙在《易经》的系统里是个不断动态发展的变化体,没有任何时段或任何人的指涉语境可以说是固定不变或确定而不可改的。如果我们把世界看做是不停发展、不停

---

① Li, Yih-yüan(1995).“Notions of Time, Space, and Harmony in Chinese Popular Culture.” In *Huang & Zürcher*(1995a), p.388.

② Lin, Li-chen(1995).“The Concept of Time and Position in the Book of Change and Their Development.” In *Huang & Zürcher*(1995a), p.89.

③ Chang, Wonsuk(2009).“Reflections on Time and Related Ideas in the Yijing.” Philosophy East and West 59(2), p.217.

④ 唐君毅(Tang, Junyi)(1988).“The Distinct Features of Natural Cosmology in Chinese Philosophy”(中国哲学中自然宇宙观之特质). *In Collected Essays on the Comparison between Chinese and Western Philosophical Thought*《中西哲学思想之比较论文集》. Taipei, Taiwan: Xuesheng Shuju. Reprinted in Minguo Congshu Diyibian(民国丛书第一编), Shanghai: Shanghai Shuju, 1989, p.96.

出现新的事态的时间长流，那么每一个事态都只能被象征地或定语描述式地点出，而无法被我们的指涉定位[①]，因为事态不断变迁，就在我们要指涉它时，它已经成为过去。借用近代哲学家麦考（McCall）的词语，我把世界事态的描述称作“世界的快照”[②]，因为我们一旦指涉描绘，我们所指涉描绘的对象就已经改变了。照本文的分析，《易经》中的每一个卦就是世界的“快照”——各个卦代表世界动态流动过程中的一个暂时的描绘。这种世界观把事态看做是不断变化，不停发展的流程，而卦象所掌握的只是一个对某一事态的象征性快照描述。虽然这些“快照”是描绘世界的全态，它们仍然有其焦点，焦点可以说是局部的事态。不过，当我们着重于某个特定的局部情境，我们同时必须记得它只是整个全体事态的部分焦点，所以在它外围的事态发展很可能会影响到它下一步的发展。也就是说，局部的事态不能从整体的世界事态完全孤立出来。每个局部事态所代表的是个人行动的范围。个人作为可以部分决定事态的发展，但是无法完全掌控，因为外在的事态发展也会影响到个人改变这个局部事态的程度。这就是为什么《易经》中的六十四卦有繁复的应、变、演以及其他相互关系。

进一步来说，《易经》的事件与事态是没有时态的，不能划分为过去、当下、未来。每个卦所代表的不是在人类世界之外独立存在的时间线的一个断面，而是在许多事件，事态层层相关中的某一“类”的相对性事态。这些事件的类型是可以重复，可以具有普遍性的，所以我们能在人类历史中观察到相似的世界情境。历法中的四季就是这种循环重复事件的典型代表，也是《易经》中“时”的第一种用法。四季标识了气候的变化，每一次四季轮回完成后都会有一次新的四季轮回。事态的重复出现有个模式，而有些情况下，哪种事态会出现是有规律性而可以预测的。这就说明了为什么《易经》可以用来指导占卜：一旦世界图景确定了，我们就可以认知事态在接下来一段时间会如何发展。因为每一种事件类型在不同时间系列中是很可能会重复出现，某一事件的出现就具有永恒性，在不同特定时间系列中获得不同的定位。没有事件可以被一成不变地确定为“已经发生”、“正在发生”、“将要发生”。每一个事件只有相对于其属时空区域内的其他事件才能有确定意义。

当然，不同的时间序列有不同的长度：飞蛾寿命的时间序列比人类的短，人类的时间序列比泰山的短。如此类推下去，整个人类历史的时间序列远比地球或宇宙的短。个别事件发生在特定的时间序列中，所以事件不仅依其时间序列而定位，事件的长短也依据其时间背景而确定。有的事件在较短的时间序列中持续了很长时间，有的事件在较长的时间序列中有如一瞬间。如此，我们就能理解《庄子・齐物论》中看似自相矛盾

---

① Keith Donnellan 区分了定语描述（attributive）和指涉定位（referential）。指涉定位用于说者有明确的对象，定语描述只用于说者挑选任何能适合定语描述的对象。Donnellan，Keith.（1966）.“Reference and Definite Description.”In A.P.Martinich（Ed.）*The Philosophy of Language*，*first edition*.1985，pp.236-248.

② McCall，Storrs（1976）.“Objective Time Flow.”*Philosophy of Science* 43，p.340.

的论述:“莫寿乎殇子,而彭祖为夭”①。在特定的时间体系外无所谓一定的时间长短。甚至,不同的时间序列也可能以不同的速度发展,因而有的人可能比其他人更快地衰老。人飞向太空就是很好的实例:飞行速度疾快时人的老化就减慢。心理学上亦然:对于老人而言,他们的时间序列将要结束,剩余时间非常有限了。这就解释了为什么老人常觉得“时间飞逝”,而幼童常觉得时间过得像蜗牛一样慢。但是,时间长度的度量与其所属的时间序列长短相关,而不是相对于有意识的存在者之心理观感。时间与时间体验相关,但并不能由其决定。

每一卦所代表的具有历时性的事件都是一个时间序列,林丽真称之为“卦时”②。我们用 B 理论可以把这种时间序列解释得很好。每一卦所代表的相对性事态可以用 B 理论中的“先于”、“同时”、“晚于”对其描述。换言之,卦中的每一爻标志着事件从前一个时间点至后一个时间点的转换。爻辞所描述的是以事件的发展顺序为基础的时间变化,而这些事件的发展部分是自然现象,部分是由人类行为所构成的。每一卦的六条爻辞在描述事件发展的时间序列时带有 B 理论所定义的时间属性。在易经的时间观下,时间不是一个单一的时间序列,而是由多个时间序列交织在一起所组成的整体宇宙之时间流逝。每一条个别的时间序列都有其特有的 B 理论性质的事件发生顺序(先于,后于,同时),每一个事件的意义也是相对于其所属的时间序列而确定。在两条相互独立的时间序列之间,可能没有另外一层统一的时间序列,把它们安顿为先后或同时。在宇宙的每一个时间断面中都可有众多时间序列,其中有的已经进行完,有的正在进行中,有的还没有开始。这样的分析有助于我们理解《易经》中“时”含义,特别是其第二义(时机)、第三义(及时)。我们已经看到在 B 理论下,事件或行为在时间纬度上的重要性是由其所在的时间序列来决定。我们可以用来解释为什么易经用“时机”来代表时间:如果一个事件是接续其所在的时间序列中的前一个事件而发生,那么这个事件就是符合时机的;如果这个事件引发了其所在的时间序列中的下一个事件,那么这个事件就是及时的。

用这种分析来理解《易经》中的“时”观,有人可能会质疑《易经》中有没有客观的时间,还是时间只是相对于观察者的兴趣或观点而言的时机。麦考对所有时间理论提出的质疑也可适用于《易经》:“究竟有没有独立于有意识的存在者之外的时间推移?还是说时间的存在必须依赖于有意识的存在者,就像洛克所说的颜色一样必须依赖于感知者?”③笔者认为《易经》中的确有客观的时间流逝,而这个时间流逝就是整个宇宙的时间序列。整个宇宙可以被视为一个拥有四维结构的时空合成体,涵

---

① Chan,Wing-tsit(ed.)(1973).*A Sourcebook in Chinese Philosophy*.Princeton University Press.Fourth printing,p.186.

② Lin,Li-chen(1995).“The Concept of Time and Position in the Book of Change and Their Development.” In *Huang & Zürcher*(1995a),p.104.

③ McCall,Storrs(1976).“Objective Time Flow.”*Philosophy of Science* 43,p.337.

括所有的个体事件和事态发展。不过,整个宇宙的时间序列不是唯一或垄断的,它只是所有具体时间序列的集合体,根据宇宙时间断面的不同位置,具体的时间序列可能已经发展完结,可能与某个宇宙时间断面同时进行,也可能在这个宇宙时间断面之后开始。众多时间序列中的每一条都拥有自己的连贯性与重要性,即使地球的时间序列也只是众多时间序列中的一条。假设有一个人以接近光速的速度离开地球,那么他将会拥有一条与地球时间序列不同步的自己的时间序列。[①] 这个理论当然也可以解释A理论之过去、当下、未来的区分:所谓"当下,"只不过是与说者或甚至人类世界的时间序列一致或同时发生。在这个理论下,事情的发展状态不可以独立地说成是过去、当下或未来,因为这种区分给予"当下"特殊的地位,而且是以说者所处的时间断面来作为参考准标。前面说过,A理论预设了只有唯一的时间之流,就时间中的某一点而言事情的发展状态可以被确定为过去或当下,但是《易经》的B理论设定了一条客观的事件流,由具有"先于"、"同时"、"晚于"的相对关系的多层个别事件综合组成,并且这些相对关系就如麦考所说的,"与是否存在有意识的存在者无关"[②]。我们可以借用麦考为他自己的理论所做的辩护:"只有宇宙本身是客观的。无论我们如何将宇宙分割成过去和未来,这种分割都是基于我们选定的某个特定的时间视角。"[③]因此可见,《易经》的时间B理论比任何A理论都更客观,尤其比当下论更客观。

总结来说,《易经》的时间概念完全可以用B理论来诠释。在这种诠释下,易经的时间概念是个很合理化,很具可信度的学说。时间不是靠观察者的指涉角度来定位;时间是依据事件陆续发生的次序来定位,而人类是否观察到这些事件不影响事件是否真实发生。每个时间流程都有其内在的发展逻辑,而时间发生的时机是相对于这个流程的其他事件来定义。一个时间流程可能会被另一个更大的时间流程所包含。世界的全体时间流程是个多元综合体,包含众多的局部时间流程;有些已经发生,有些尚未完成。不过,严格来说,这个全体的时间流程不是只是"时间"的流程,因为时间是透过事件的发生以及事态的发展而前进的。我们平时所说的昼夜、四季都是仅仅就因为地球公转而产生的日照变化而言。人类社会历史则是记载与社会发展相关的事件。在事件发生(变易)和事态持续(不易)之外没有单一的抽象时间流程。也就是说,时间不能独立于不断变化的世界事态之外;时间就存在于变化本身。由此我们转到下一部分的讨论:变易的概念。

---

① 一个建立在爱因斯坦相对论的思想实验表明,如果一对双胞胎中的哥哥以接近光速的速度出行,那么当他回来时,他仍处于青年,而他的双胞胎弟弟已经是位老人了。

② In McCall's terms.McCall,Storrs(1998)."Time Flow Does Not Require A Second Time Dimension." *Australasian Journal of Philosophy* 76(2),p.321.

③ McCall,Storrs(1976)."Objective Time Flow." *Philosophy of Science* 43,p.346.

三、《易经》B 理论的时间观念与变易概念之相容性

根据马泰格的批判，所有 B 理论都不能解释变易的存在，因为 B 理论的时间观把事件彼此之间的关系固定在先后或同时的范畴里。Smart 认为马泰格会持有这种观点，是因为“他把变易只运用在事件的改变，而没有考虑变易可就事物和历程而言”①。B 理论者则将变易定义为事物或是历程在不同时间阶段表现出不同的属性②。从 Smart 这样的分析可以看出，马泰格的本体论是建立在事件的存在，既然事件已经被限定于特定的时间段，所以事件不能在其他时间段发展，因而他会认为在 B 理论下，事件无法改变。但是马泰格这种对变易的界定，无法适用于《易经》的变易概念。

《易经》中的变易概念是建立在“历程本体论”上：世界的根本组成分子是事件与事态，而不是单一独立的个体。同时，所有事态与个体都不停转变，所以我们对它们最佳的描述是用“历程”的概念——历程就是一个不断前进，发展的事态系列。从分析角度，我姑且区分“单纯事态”与“复杂事态”。所谓单纯事态，所包括的是个体，其属性及个体之间的相互关系。所谓复杂事态，所指的是由众多单纯事态综合组成的事态。世界的整体事态可能是所有复杂事态中最复杂的，但是世界事态不是静止的，而是一种历程，其中包含处在不同时点发生的种种变易。

我们可以定义一个单纯事态的变易为以下两种情境中的任意一种：

(1)当个体(人或物)失去一部分特性，或者获得一些新的特性；

(2)当个体在同一事态中失去一些相互关系，或者获得一些新的相互关系。

一个复杂事态的变易则可以定义为以下两种情境中的任意一种发生：

(1)构成复杂事态的“子事态”之重新排列组合；

(2)该复杂事态与其他的事态(不管是单纯事态还是复杂事态)之间的关系改变。

换言之，对于复杂事态而言，变化有两种可能：一个是事态本身的内部结构改变，一是事态与其他事态之间的外部关系变化。现在变易的概念是定义于个别事物获得或失去属性及其相互关系，以及特定事态与其他事态的相互关系之转换。以 B 理论的时间范

---

① Smart, J.J.C. (2007). “The Tenseless Theory of Time.” In Theodore Sider, John Hawthorne & Dean W. Zimmerman (eds.), *Contemporary Debates in Metaphysics*. Blackwell Publishing, p.231.

② Ibid.

畴——先于、同时、晚于——可以更好地解释这种变易。

把这个分析用在易经上,《易经》里的每个卦都可以看做是对某一类复杂而且历时发生的事态之描述,而每一爻则可以看做是对某一类单纯事态的描述。六爻所象征的六种单纯事态不必然是线性或是前进性发展的;它们在整个卦所象征的复杂事态之内或之外有着多层相互对应的关系。变易可以表现在从一爻至另一爻,或是从一卦至另一卦的转移:下一个事态部分靠行动主体的作为决定,部分靠其他事态的外在因素决定。由此可见,变易不是时间流逝的必然结果。事态在时间流程中也不是隔绝于"过去"、"当下"、"未来"的固定时段,不是纯粹由限制在时空中的个人观察点来界定。我们对卦的象征意义的更正确了解是把卦看做表达不限时间性的永恒事态;它们代表个体、属性、事件与行动彼此之间没有特定时间限制的B关系(亦即"先于"、"同时"、"晚于")。

在《易经》的世界观中,世界事态的不断变易源于不断流动的阴气和阳气。阴阳二气是构成万物的基本元素。Wonsuk Chang 指出:"《易经》中时间的一个重要特性是由阴阳体现的不断变易,无终无极。"①气本身是流动不止的,不断扩展、收缩,盈满上下四方。因为组成个体事物的气是流动的,所以个体事物的特性及其彼此之间的相互关系也不可避免地持续变化。因此不管是个体事物的事态,个体事物的特性,还是其间的相互关系,都无法一直保持不变。无论从物理学角度、形上学角度、甚至逻辑学角度出发,我们都无法像马泰格将单一事件限定在单一时点一样,把事态的发展限定在单一时点。我们一旦指涉出一个单纯事态,它就已经向前发展到了下一个事态。复杂事态则包含多个处于变化中的事态,每一层事态都有自己的B系列时间范畴。换言之,我们所说的不断变化的事态与西哲赫拉克利特关于河流的名言相似:当吾足踏入河水时,河水已经向前流动。因此,人不能两次踏入同一条河流。

如果我们用"走道"、"飞矢",甚至"时空四维度"来譬喻时间,我们可以说变易是发生在时间中。但是最终来说,时间其实是依赖变易才能存在:是变易创造了时间。假使宇宙中空无一物,那么宇宙将会是绝对的真空。在这种情况下,我们既可以说宇宙是无限大,也可以说它是无限小,因为这种宇宙没有边际、没有距离、没有延伸,也没有内外的区分,就像一句后秦描述"道"的名言:"其大无外,其小无内"②。由此类推,如果无物变易,那么世界将只是永恒的静止,没有时间、没有运动、没有创生也没有消亡。时空结构必须是在万物存在、群分类聚之后才能出现的——万物的存在分异制造了空间;万物的生灭变易则成就了时间。时空结构是因为万物变易才成为可能。

以上的分析是从形上学的角度阐释变易和时间的联系。黄俊傑以及 Zürcher 从人本主义的角度也论证时空是因人类活动而存在:"中国的时空观念不同于柏拉图式的

① Chang, Wonsuk (2009). "Reflections on Time and Related Ideas in the Yijing." *Philosophy East and West* 59(2), p.225.

② 道家文献《关尹子·八筹》、法家文献《心术》和《吕氏春秋·下贤》中也有这个说法。

抽象化理念架构，而是在人世沧桑的不断变化中发展而成的。”①换言之，中国人的时空观不认为时间超越隔离于人类对时间的体验之外；时间密切地跟人类世界相关，而且人类的活动是使时间成为可能的基础。成中英也指出：“时间的确是等同于变易与物化。因此，要体验时间，也就是要体验具体事件的变化；要观察时间，就是要观察世界中实际发生的事件。”②更进一步来说，变易不仅仅在现象学或认识论意义上使时间成为可能，也在形上学意义上使时间成为可能：“对于中国哲学家而言，时间即是世界的实有，囊括了世界上所有变易万象，是最终极，无所不包的实存”③。综合以上这些看法，我们可以得出如下结论：变易不仅仅与《易经》中的时间 B 理论相容；变易是时间本身之所以可能的基础。在《易经》中，变易的概念与时间概念完全相容。

四、结　论

刘述先认为相比于西方的时间概念，中国传统的时间观有三个显而易见的缺陷：

(1)中国没有类似牛顿所提出的绝对时间概念；
(2)中国也没有用线性前进方式纪年的体系；
(3)中国似乎缺少一种内在驱动力来超越突破受限于时间和短暂性的领域。④

刘述先将这些特点当做“缺陷”，并声称这些缺陷揭示了“中国人的精神状态和思维方式”⑤。但是西方对时间的思维方式是受 A 理论主导，就像 Zimmerman 用“合乎常识”来为当下论辩护。西方描绘时间的譬喻都是来自 A 理论的思维：时间有如直线，有如飞矢，有如长河，有如走道，有如飞驰；等等。总而言之，时间是被看做单向，线性前进的，永远朝向未来。刘述先准确地把握了中国的时间概念跟此不同，因为中国时间观不是线性的。⑥ 他认为：“中国哲学的理论基石是变易、时间和短暂性等概念。但是因为

---

① Huang, Chun-chieh & Erik Zürcher(1995b). "Cultural Notions of Time and Space in China." In *Huang & Zürcher*(1995a):9, original italics.

② Cheng, Chung-ying(1974). "Greek and Chinese Views on Time and the Timeless." *Philosophy East and West* 24(2), p.156.

③ Ibid., p.158.

④ Liu, Shu-hsien(1974). "Time and temporality: The Chinese Perspective." *Philosophy East and West* 24(2), p.145.

⑤ Ibid.

⑥ According to Derk Bodde, the *Yijing* 's conception of time is cyclic rather than linear and such a conception "dominated traditional China" (See Chang 2009, p.223). Joseph Needham, on the other hand, argues against such a cyclic interpretation and claims that a linear concept of time dominated both Confucian scholars and Daoists alike(Ibid.p.224). Finally, in Tang Junyi's analysis, time in the *Yijing* is conceived as progressing in spiral motion (Tang 1988, Section 4).

缺乏线性的时间观，中国人的世界图景和人生图景都不同于西方。"①本文以新的诠释学方法对中国时间观进行比较分析，并且总结西方的B理论是最佳比较模型。中西并没有截然不同的思维方式。笔者希望通过这个分析，我们可以看到中国时间观实际上是很具现代(B理论和爱因斯坦相对论)意义的。中国时间观不是不足的，或有缺陷的。以中国时间观为理论基础，我们可以建构出一套现代的时间哲学。

参考文献：

1. Broad, C.D. (1933). "McTaggart's Arguments against the Reality of Time. An Excerpt from Examination of McTaggart's Philosophy." *Reprinted in Metaphysics: Contemporary Readings*. (Ed.) Michael J. Loux. Routledge, 2001, pp.272-278.

2. Chan, Wing-tsit (ed.) (1973). *A Sourcebook in Chinese Philosophy*. Princeton University Press. Fourth printing.

3. Chang, Wonsuk (2009). "Reflections on Time and Related Ideas in theYijing." *Philosophy East and West* 59(2), pp.216-229.

4. Chen, Pao-chen (1995). "Time and Space in Chinese Narrative Paintings of Han and the Six Dynasties." In *Huang & Zürcher* (1995a), pp.239-286.

5. Cheng, Chung-ying (1983). "On the Hierarchical Theory of Time: With Reference to Chinese Philosophy." *Journal of Chinese Philosophy* 10(4), pp.357-383.

6. Cheng, Chung-ying (1974). "Greek and Chinese Views on Time and the Timeless." *Philosophy East and West* 24(2), pp.155-159.

7. Donnellan, Keith. (1966). "Reference and Definite Description." In A. P. Martinich (Ed.) *The Philosophy of Language*, first edition. 1985, pp.236-248.

8. Huang, Chun-chieh & Erik Zürcher (1995a). *Time and Space in Chinese Culture*. Leiden, New York: Brill.

9. Huang, Chun-chieh & Erik Zürcher (1995b). "Cultural Notions of Time and Space in China." In *Huang & Zürcher* (1995a), pp.3-14.

10. Li, Yih-yüan (1995). "Notions of Time, Space, and Harmony in Chinese Popular Culture." In *Huang & Zürcher* (1995a), pp.383-398.

11. Lin, Li-chen (1995). "The Concept of Time and Position in the Book of Change and Their Development." In *Huang & Zürcher* (1995a), pp.89-113.

12. Liu, Shu-hsien (1974). "Time and temporality: The Chinese Perspective." *Philosophy East and West* 24(2), pp.145-153.

13. Loewe, Michael (1995). "The Cycle of Cathay: Concept of Time in Han Chain and Their Problems." In *Huang & Zürcher* (1995a), pp.305-328.

14. McTaggart, J. Ellis (1908). "The unreality of time." *Mind* 17(68), pp.457-474. *Reprinted in Meta-*

① Liu, Shu-hsien (1974). "Time and temporality: The Chinese Perspective." *Philosophy East and West* 24 (2), p.152.

physics: *Contemporary Readings*. (ed.) Michael J.Loux. Routledge, 2001, pp.260–271.

15. Parsons, Josh (2002). "A-theory for B-Theorists." *Philosophical Quarterly* 52(206), pp.1–20.

16. Prior, Arthur N. (1972). "The Notion of the Present." In J.T.Fraser, F.Haber & G.Muller (eds.), *The Study of Time*, Springer-Verlag., pp.320–323. *Reprinted in Metaphysics*: *Contemporary Readings*. (ed.) Michael J.Loux. Routledge, 2001, pp.289–293.

17. Smart, J.J.C. (2007). "The Tenseless Theory of Time." In Theodore Sider, John Hawthorne & Dean W.Zimmerman (eds.), *Contemporary Debates in Metaphysics*. Blackwell Publishing, pp.226–238.

18. McCall, Storrs (1998). "Time Flow Does Not Require A Second Time Dimension." *Australasian Journal of Philosophy* 76(2), pp.317–322.

19. McCall, Storrs (1976). "Objective Time Flow." *Philosophy of Science* 43, pp.337–362.

20. Tang, Junyi 唐君毅 (1988). "The Distinct Features of Natural Cosmology in Chinese Philosophy"《中国哲学中自然宇宙观之特质》. In *Collected Essays on the Comparison between Chinese and Western Philosophical Thought*《中西哲学思想之比较论文集》. Taipei, Taiwan: Xuesheng Shuju. Reprinted in Minguo Congshu Diyibian 民国丛书第一编, Shanghai: Shanghai Shuju, 1989.

21. Williams, Clifford (2003). "Beyond A-and B-time." *Philosophia* 31(1–2), pp.75–91.

22. Williams, Clifford (1996). "The Metaphysics of A-and B-time." Philosophical Quarterly 46(184), pp.371–381.

23. Wu, Kuang-ming (1995). "Spatiotemporal Interpretation in Chinese Thinking." In *Huang & Zürcher* (1995a), pp.17–44.

24. Zimmerman, Dean (2007). "The Privileged Present: Defending an 'A-Theory' of Time." In Theodore Sider, John Hawthorne & Dean W.Zimmerman (eds.) *Contemporary Debates in Metaphysics*. Blackwell Publishing, pp.211–225.

【传统新论】

墨学研究的国际化与现代化

杨武金[①]

内容摘要：墨学国际学术研讨会促进了现代墨学研究的兴起，海内外墨学研究者正是通过墨学国际研讨会相互认识、相互了解，进而不断开展墨学的合作研究的，墨学研究的国际化同时也是墨学研究现代化进程中的一个重要而必不可少的组成部分，墨学的国际化和现代化研究是历史发展到今日的必然表现。

关键词：墨学研究　国际研讨会　国际合作　国际视野

比利时戴卡琳教授的博士研究生李廷棉，曾经在2011年6月6日给我来信"询问会议的一些资料"中说，在山东召开的墨学会议是国际化的，而且2011年8月份在包头召开的墨学会议也是国际化的，请问这两个会议到底有什么区别？有什么不同？我告诉他，这两个会议的区别其实只是主办单位不同而已。至于这两个会议都是国际化的，我说一点也不假。事实上，近代以来的墨学研究，从一开始就是国际化的。而且这个趋势还处在不断加快的过程中。海内外墨学研究者互相切磋和交流，相互交换研究成果和方法，有利于墨学的更深入研究和墨学在新的时代获得巨大发展的新契机。本文所概述和分析的情况具有一定的复杂性，诚恳希望学术界能够提出意见，批评指正。

一、墨学研讨会的国际化

墨学研讨会的国际化，是墨学研究国际化在近20年来的重要表征。此前的墨学研究，虽然大都有国际化的视野，但基本上都是单兵作战，自说自论，缺少最直接的思想交流和交锋。但近20年来，随着中国改革开放政策的深化，一系列墨学国际学术会议的召开，墨学研究的国际化进程进一步加快。

山东墨子学会是举办墨学国际研讨会的开始者和首要阵地。1992年在滕州举办了首届墨学国际研讨会，1994年、1997年又在山东大学举办了第二届和第三届墨学国际研讨会。1999年在滕州、2001年、2004年在北京，又相继举办了第四、五、六届墨学

---

① 杨武金（1964—　），男，侗族，贵州天柱人，中国人民大学哲学院教授、博士研究生导师、哲学博士。主要研究墨学和逻辑。有《墨经逻辑研究》、《辩证法的逻辑基础》、《逻辑的力量》（译著）等著述出版。

国际研讨会。当然，2006年、2008年、2010年在滕州还举办了第七、八、九届墨学国际研讨会。台湾学者王讚源、史墨卿、张尚德、李贤中、孙长祥，美国学者李绍崑，日本学者冈本光生、原孝治、谷中信一，韩国学者李云久、尹武学、朴文铉，都积极前来参加学术会议。

山东墨子学会通过大量举办墨学国际研讨会，先后通过齐鲁书社和北京图书馆出版社至少八次出版了论文集《墨子研究论丛》，还组织编辑并在北京图书馆出版社出版了《墨子大全》共100本，这是继严灵峰所编辑出版的《墨子集成》之后，又一大部头的墨子著作出版事件，大大增加了墨学研究的国际化影响力。山东墨子学会也涌现出了许多重要的墨学研究专家，如张知寒、杨尚奎、李广星、姜宝昌、郑杰文等。中国人民大学的孙中原教授曾经对我说："正是在山东墨子学会所组织的墨学国际研讨会的影响和感召下，我才有丰硕的墨学研究成果。"孙中原教授近20年来，积极参加山东墨子学会所组织的各类学术活动，写作并出版了《墨子及其后学》、《墨学与现代文化》、《墨者的智慧》、《墨学通论》、《墨子今注今译》等重要学术著作，成为墨学研究的泰斗级人物，对墨学研究作出了重要贡献。

河南墨子学会于2004年9月、2008年11月分别在河南鲁山召开"墨学与现代社会"和"墨学与和谐世界"等国际墨学研讨会。会后出版论文集《墨学与现代社会》(大象出版社2005年版)、《墨学与和谐世界》(河南人民出版社2009年版)等。台湾学者有王讚源、李贤中，美国学者李绍崑，日本学者冈本光生等参加学术讨论。河南墨子学会也涌现了一些重要的墨学研究者，如赵保佑、高秀昌、萧鲁阳、郭成智等。到2012年4月在河南鲁山召开的墨子文化国际学术研讨会，河南墨子学会共举办了四次墨子国际学术研讨会。

《职大学报》在贵阳学院齐瑞端校长的积极主导下，自2002年以来专辟"墨学研究"专栏，发表墨学研究方面的学术成果，为推动墨学的深入研究发挥了重要作用。基本情况是每年学报的社会科学版都至少要有两期专门发表墨学论文，其中每期发表5篇左右，到目前为止总共发表了一百多篇的墨学研究论文。在该学报上发表过文章的有海外学者王讚源、李绍崑、史墨卿、李贤中、邱建硕、孙长祥、吴进安、孙丽娟、李哲贤、萧宏恩、刘焕云、戴卡林、尹武学、朴文铉、冈本光生、谷中信一、吉永慎二郎、尚金锁、邓育仁、潘树仁、金镇凤等，大陆学者孙中原、周才珠、齐瑞端、孙以楷、秦彦士、钱永生、赵保佑、姜宝昌、张忠义、张斌峰、张晓芒、刘邦凡、李永铭、关兴丽、刘刚、张幼林、宋赛花、许锦云等。

为了推动墨学发展，加强墨学研究，《职大学报》于2003年8月在贵州省贵阳市召开了首届国际墨学研讨会。海外学者王讚源、李贤中、吴进安等都前来参加学术研讨会。2011年8月在内蒙古包头召开的"墨学的现代价值"国际学术研讨会，是《职大学报》主持召开的第二次国际墨学研究会。本次会议最初拟邀请30名学者参加，但最后来参加会议的学者达到了80多人，其中海外学者20人左右，他们分别来自比利时、巴西、美国、韩国、日本、中国台湾和中国香港等，是一次空前的国际墨学盛会，会议经过认真组织、深入研讨，取得了一些重要成果。

需要特别指出的是，经过台湾学者王讚源、李贤中、吴进安等的努力筹划，“墨学现代化”国际学术研讨会于 2005 年 8 月在台湾东吴大学和云林科技大学得以胜利召开。这在墨学的国际化研究方面是一次重大事件。这次会议除了大陆的 16 位学者外，还有来自韩国、日本、美国等国家的学者，加上台湾本地的学者，总共有约 50 人参加了学术讨论，本次会议提交和研讨的重要学术论文基本上都公开发表在《职大学报》“墨学研究”专栏上，对海内外墨学研究起到了重要的推动作用。2014 年 10 月 17 日到 19 日，在李贤中教授的努力下，“墨家思想研究的国际视野”国际学术研讨会，在台湾大学哲学系召开，总共邀请了比利时鲁汶大学的戴卡琳、日本秋田大学的吉永慎二郎、香港中文大学的方克涛、国立新加坡大学的黎惠杰、中国人民大学的杨武金，以及台湾云林科技大学的吴进安等共 10 人参加会议，对墨家研究的国际化问题进行深入全面探讨。

综上所述，目前的墨学研究大致形成了四个研究阵地或中心。它们是山东墨子学会、河南墨子学会、《职大学报》“墨学研究”专栏、台湾墨学研究。除此而外，世界许多国家和地区也都有呈现出墨学研究的重要成果，如比利时、韩国、日本、美国等，墨学研究的国际化是墨学未来发展的必然趋势。记得有一次，有学者提出希望墨学的国际会议能够在韩国或者日本召开，这也反映了墨学研究国际化的一种呼声和愿望。

二、墨学研究的两岸及国际化合作

在墨学国际学术会议的影响和推动下，墨学著作整理和墨学研究都呈现出国际化合作的趋势。

首先，由任继愈、李广星主编并于 2004 年在北京图书馆出版社出版的《墨子大全》共 100 册，可以说是墨学国际合作尤其是海峡两岸合作的重要成果。如李广星先生所说：“《墨子大全》的编辑出版，得到了社会各界有识之士的大力支持。海内外有关专家学者及其亲属、有关出版社，慷慨转让有关著作的权益，给予了无私的帮助”。①

其次，由台湾师范大学中文系王讚源先生主编，大陆和台湾两岸学者合作的《墨经正读》，是墨学研究的两岸合作的重要体现。该著作由台湾学者王讚源、王冬珍，大陆学者孙中原、齐瑞端、姜宝昌、周才珠、杨武金等，亲密合作，从 2005 年在山东大学召开首次“墨经研讨会”，到 2011 年由上海科学技术文献出版社正式出版，经过六年时间，多次开会研讨、进行学术争鸣，反复修改，又通过学术界杨俊光、谭家健、李广星、刘大钧、韦正通等学者亲自审核和见证的重要墨学研究成果。韦正通先生曾对墨经研究的这样一种突出创新模式发自内心地感叹说：“王讚源教授召集《墨经》研究团队，共同探

① 任继愈、李广星主编：《墨子大全》（第一百册），北京图书馆出版社 2004 年版，第 680 页。

讨《墨经》的旨意，并且撰写《墨经正读》一书，这是空前绝后的创举。把那么多专家召集在一起，共同研讨《墨经》，这是史无前例的，每一位专家都在解释《墨经》，从诠释学看，这一工作在'《墨经》的诠释学'上已经向前跨了一大步。"①

中国人民大学哲学院孙中原教授主编《墨学与现代文化》一书，除了大陆墨学研究者参加编写外，特别邀请了时任台湾东吴大学的李贤中教授写作"台湾地区墨学研究"部分，台湾中国思想史专家韦正通教授写作了墨家的"侠义精神"，韩国学者黄晟主编写"韩国墨学研究"、"墨学与逻辑"，韩国学者李善瑛写作"墨学与科学"，日本学者山边进写作"日本墨学研究"，在一定程度上加强了墨学研究的国际化合作。该著作由中国广播电视出版社在1998年出初版，2007年又出第二版，这在一定程度上表明了该合作成果的成就和影响力，目前韩国东义大学的朴文铉教授正着手将该著作翻译为韩语出版。

中国人民大学哲学院孙中原教授、中国社会科学院文学所谭家健研究员，与美籍华人墨学研究专家美国宾州爱丁堡大学李绍崑教授合作，从1997年开始共同完成《墨子》今注今译的研究。该研究由孙中原教授负责完成墨经和墨家的军事思想部分，谭家健研究员负责完成《墨子》全书的其余部分的现代汉语今注今译工作，成果中文部分已于2009年由商务印书馆出版，而《墨子》全书的英译工作则全部由李绍崑教授完成，此成果将对墨学的未来研究具有重要的指导性作用。

中国人民大学哲学院杨武金、台湾辅仁大学哲学系邱建硕，在2010年8月合作主编《哲学与文化》(A &HCI 收录)第435期"中西逻辑比较研究专题"，邀请比利时学者Thierry Lucas 写作"The Logic of Mohist Reasoning: Lei and Structured Sorts"《墨子推理的逻辑:类与结构化种类》一文，美国学者 Walter Benesch 完成"Thinking about the Unthinkable: A Comparison of Chinese and Greek-European Philosophies and Logics"《思考其不可思考:比较中国与希腊—欧洲的哲学与逻辑》一文，台湾学者邱建硕写作《从"侔"式推论考察墨辩逻辑的有效性意义》一文，大陆学者孙中原写作《中西智辩派比较》一文，杨武金写作《中西逻辑比较》一文，王克喜写作《过程性语言与关联性思维之推类》一文，等等。上述研究专门从中西比较的角度着重考察了以墨家逻辑为主体的中国古代逻辑的基本思想，以及它和西方逻辑相区别开来的基本性质。这些研究应该看做是以墨家逻辑为重要阵地的中国古代逻辑研究中所取得的突出成果。

三、墨学研究的国际化视野

近代以来的墨学研究之所以从一开始就是国际化的，是因为墨学和中国其他诸学不同的地方，就是墨学自秦汉到清代的两千年中，长期被埋没，没有人去研究，直到近代

① 王讚源主编:《墨经正读》，上海科学技术文献出版社2011年版，第7页。

以后，随着西学东渐，学者们通过比较西学，才发现墨学中的逻辑和科学精神、民主和博爱思想，是中学中与西方思想最相接近者和契合者。

《墨子·经上》说："化，征异也。""化"意味着事物对象有根本性质上的改变。近代以来的墨学研究国际化，也同样意味着与过去的墨学研究相比有了根本性的变化。诚如香港学者潘树仁先生所言，"墨学从民国开始才受重视，因为中国受西方科技压迫才看到墨家的重要性，而且墨家具有丰富的逻辑学、诠释学思想，能够增加中西方思想了解的深度，增加中西交流与合作"①。

墨学研究的国际化从一开始就同时具有现代化的特征。2004 年河南鲁山墨学国际研讨会的主题是"墨学与现代社会"，2005 年台湾墨学国际研讨会的主题为"墨学现代化"，2011 年《职大学报》墨学国际学术研讨会的主题为"墨学的现代价值"，都体现了现时代墨学研究的现代化特征。

根据孙中原教授的观点，自 20 世纪初近现代以来，由梁启超、胡适主导的墨学研究，呈现崭新的范式，用现代语言和科学方法，吸取西方科学研究方法，古今中外融会贯通，推陈出新，阐发出墨学的微言大义，这种研究就是墨学的现代化，从而也是新墨学所需要做的工作。中西比较研究本身就是一种具有国际性视野的研究。像梁启超、胡适、沈有鼎等学者，都对西方学术有深厚背景，又对墨学有强烈的兴趣，他们的墨学研究显然属于中西贯通的具有国际化视野的现代学术研究。

在孙中原教授看来，墨学现代化趋势，有其理论根源，同时也存在历史根源。首先，墨学是中国传统学术中最富于科学和人文精神的优秀文化遗产，具有众多的普世价值，遇到合适的条件必然会获得它的发展；同时，当今时代是全球化时代，信息社会，受到地球村意识的冲击，作为中华民族优秀传统文化一部分的墨学，必须对现实问题作出回答。上述原因决定了墨学研究的现代化势在必行。② 孙中原教授特别指出了他的《墨学通论》（辽宁教育出版社 1993 年版）、台湾学者李贤中的《墨学——理论与方法》（台北扬智出版社 2003 年版）、台湾学者吴进安的《墨家哲学》（台北五南出版社 2003 年版）等，都是推进墨学现代化研究的尝试，其实，立足于墨学现代化的研究又哪里仅限于这些呢？

清华大学哲学系刘奋荣、中国人民大学哲学院杨武金，运用现代逻辑观点，分析以墨家逻辑为主要内容的中国逻辑思想及其发展与研究，与国外学者 John van Benthem 和 Gupta 等开展合作研究，写作"A Brief History of Chinese Logic"《简明中国逻辑史》一文，发表于国际刊物 *Journal of Indian Council of Philosophical Research*（Vol.27，N0.1，Jan～Mar.2010），对于推动墨家逻辑在国际上的研究产生了一定的作用。北京师范大学哲学与社会学学院郭佳宏博士，2012 年在阿姆斯特丹大学逻辑、语言和计算机学院

① 杨武金：《2011 年墨学国际研讨会纪要》，《职大学报》2011 年第 4 期。

② 参见孙中原：《古今转型、中西合璧——墨学的持续发展和比较研究》，《职大学报》2011 年第 4 期。

做交流学者，他于2012年3月19日抄送我一个邮件告诉我说，海外有一位叫Reinhard的学者，对中国古代逻辑很感兴趣，想向郭佳宏学习了解情况，但由于他本人缺乏研究，不便多说，最后也就将我与刘奋荣合作的“简明中国逻辑史”这篇文章转发给他去学习研究，还让他如果有兴趣可直接和我们联系。整个邮件内容是这样的：

Dear Reinhard,

It was an unforgettable in Tiburgh University last Thursday. Thank you very much for your interesting talk and warmly host.

You mentioned that you are interested in ancient Chinese logic. I know that Fenrong (Professor Liu from Tsinghua University, actually she graduated from ILLC OF UvA) and Wujin (Professor Yang from China Renmin University) have published a paper on this issue. I just got a copy from the website and the file is attached here. I think its good to have a look at this article to know what's going on of the ancient Chinese logic. And you may contact those two colleagues directly in Beijing or detailed clues if you like.

With best wishes,

Jiahong①

我这里还想说一说的是，在荷兰首都阿姆斯特丹举办的“中国逻辑史”海外国际学术研讨会的情况。2010年11月24—26日，来自中国大陆、中国台湾、中国香港，以及新加坡、新西兰、荷兰等国家和地区的共30名学者，在荷兰首都阿姆斯特丹举行了关于中国古代逻辑的国际学术研讨会，主要研讨了中国古代逻辑的基本内容、基本特征和中国逻辑史研究的基本方法等问题。比如关于中国古代逻辑的基本内容方面，比利时鲁汶大学的Lucas教授认为，墨家学派的文本是非常神秘而令人不可思议的，同时也包含非常深刻的逻辑理论。新西兰奥克兰大学的Jeremy Seligman，阿姆斯特丹大学的John van Benthem，中国清华大学的刘奋荣合作研究，认为运用现代逻辑技术，来构造一些由中国古代逻辑尤其是墨家逻辑中的核心概念构成的模型，这些模型有些可能被最终证明是有用的，而有些则将被证明是无用的。参加这次会议的台湾学者包括李贤中、李哲贤和邱建硕，大陆学者包括刘奋荣、杨武金、翟锦程、曾昭式等，都在大会上发表了自己的学术观点，参加了学术讨论。② 杨武金在会上提交和宣读的学术论文Valid Reasoning in Ancient China from the Perspective of Modern Logic（从现代逻辑的观点看中国古代的有效推理），在得到海内外多位学者帮助和修改之后，最终成果发表于Studies in Logic

---

① 这段话中文大意是：亲爱的Reinhard：您好！上周四在Tiburgh大学的见面是令人难忘的。您的热情和友好令我非常感激。关于您说到的，您对中国古代逻辑感兴趣。就我所知，清华大学的刘奋荣教授（她曾经就读于ILLC OF UvA）和中国人民大学的杨武金教授已经就这个问题发表过一篇论文。我刚从网上下载了这篇文章并转发给您。我想您看一看这篇文章对于您进一步认识中国古代逻辑是有好处的。而且您如果希望的话还可以直接和在北京的这两位同行联系。美好的祝愿。佳宏。

② 参见杨武金、刘奋荣：《“中国逻辑史”海外国际学术研讨会综述》，《哲学动态》2011年第8期。

(Vol.4,No.3,October,2011),中文成果发表于《职大学报》(2011 年第 1 期),文章认为,运用现代逻辑工具来研究中国古代逻辑,既要看到中国逻辑的普遍性,更要看到中国逻辑思想的特殊性质,对中国逻辑思想的准确理解和把握需要以全面深入理解现代逻辑的思想为基础。我认为,阿姆斯特丹举办的这次中国逻辑史国际学术研讨会,使以墨家逻辑为主要阵地的中国古代逻辑研究第一次在海外得到真正的讨论,对于今后的墨家逻辑研究将产生重要影响,它预示着墨家逻辑将逐渐成为世界范围内学者们感兴趣的重要研究课题。

值得注意的是,2013 年 4 月 26—29 日在天津南开大学举办了第二次中国逻辑史国际学术研讨会,有来自海外的学者 20 多人,加上国内学者约 60 人参加了大会,具体讨论了《中国逻辑思想史手册》的章节目和具体内容写作等问题,其中决定墨家逻辑思想部分由杨武金负责主持编写。2014 年 4 月 26—29 日在天津南开大学又举办了第三次中国逻辑史国际学术研讨会,来自海外的学者 20 余人,加上国内学者 60 余人参加了大会,专门讨论《中国逻辑思想史手册》各个章节的初稿,提出修改意见,进一步完善写作。可以预见,即将由中外学者合作编写和出版的《中国逻辑思想史手册》,对于宣传和弘扬墨家逻辑思想,扩大其国际化的影响力,将产生重要作用。①

---

① 几年以来,在中国人民大学学术研究国际化的倡导和推动下,我的墨学研究逐步国际化和现代化。我的论文"The Way of Mankind's Existence and Development in Mohist Perspective"《墨学视野中的人类生存和发展之道》,得到 2013 *International Conference on Advances in Social Science, Humanities, and Management* (ASSHM2013)盲评通过,论文集已由 Atlantis Press 出版,我也参加了该国际学术会议,并在会上做了学术报告,论文目前已进入 ISSHP 检索。我的另一篇论文"The Real Intention of Mohist Universal Love and Its Important Role to Resolve Today's Social Issues"《墨家兼爱的真实内蕴及其对解决当今社会问题重要作用》,得到 4th *International Conference on Applied Social Science* (ICASS2014)盲评通过,论文集由 Advances in Education Research 出版,我也参加了在新加坡举行的这次国际学术会议并在会上做学术报告。

综论儒家之“为己之学”(己学)及其圆教可能

麻尧宾①

内容摘要:儒家素讲为己的学问。其精义盖在一个“己”字。儒家亦云“圆融”,故亦未尝不云“圆教”。只是此“圆教”的疏解,必以“己”字为底,以“仁”字为的。其与佛家云“圆教”固有迥别。是文所通篇条理者,故念兹在兹。

关键词:己　己学　圆教

从传统的视角看,儒家哲学乃可称做“为己之学”,基本是一种对人伦日用生活的论说。而从现代的视角看,儒学亦可称做“己学”,若它要获得一种新的生存面貌,辄须从人伦日用之间挺拔出来,将自身置身于宇宙形上学的位置上来对待。故,亦复可看做宇宙日用主义的论说。具体些讲,当我们就“道德”、“价值”诸命题做研究,已不仅仅囿于人伦世界的范围中,而是要超离于人伦世界之外在整个宇宙世界的宏大建构中来照察。亦即,当我们试图对日常生活的轨迹进行某种规划时,需从日常之人伦日用面突破出来而进至宇宙境界中去。这种视野是“己学”应有的视野。

儒家讲“为己之学”亦一贯重视“圆融”,故而有“圆教”义之铺陈的可能。“圆教”义最初来源于佛家,华严宗、天台宗等皆有大量有关“圆教”和“判教”的论述,最后都把自己的教派判作最终极的上乘圆教。儒家并没有发展出如佛家般鲜明的圆教意识,但却有潜在的圆教工作。

以下的文字辄拟分四个部分:(1)穷通宇宙的“圆教”;(2)三如一贯的“圆教”;(3)自我的条理的“圆教”;(4)主客实存为侧重的“圆教”,即,从儒家为己之学,或者说,大抵从己学论者的根底着眼,来就儒家之潜在的圆教义,做粗略之探讨。

一、己学论者所讲的穷通宇宙的“圆教”

己学论者的根底,在儒家的为己之学;儒家为己之学的根底,辄在返本与开新。《礼记·乐记》云:“故知礼乐之情者能作,识礼乐之文者能述。作者之谓圣,述者之谓

① 作者:麻尧宾,浙江金华人。四川大学哲学系教授、中国哲学专业博士生导师,国际新儒学学会执行主席。

明。明圣者,述作之谓也。乐者,天地之和也;礼者,天地之序也。”“作”乃创造、构造义,“述”乃描画、传承义。如果我们将“作”之创造义作开新的理解,而将“述”之传承作返本之理解的话,则此一“作”一“述”的统合便是返本开新的统一。《论语》描述孔子是“述而不作”,这种看似“无为”的做法与返本开新之“述且作”好像有所不同。“述而不作”表面的意思是“只传承而不创造”,若照此理解孔子,恐怕非是。古人云“圣人立教,化民成俗”“为天地立心,为生民立命”,这些德业的建立岂非以孔子为代表之古圣先贤的作为?《易传》云:“神而明之,存乎其人;默而识之,不言而信,存乎德行”,卦爻所以变通者在人,人之所以能神而明之者在德(朱子本义)。孔子及以后之圣贤亟亟用心于实践仁德而不放诸空言,此言甚可当之,其与魏晋清谈一流之分别亦为后世公认。

返本而开新的条贯,譬如两汉儒之对应于先秦儒,宋明儒之对应于先秦儒与两汉儒,现代新新儒之对应于先秦儒、两汉儒及宋明儒,乃必因应于诸时代之现实性的问题。儒家面向人伦日用的倾向,即便在孔子时代,也已然有无法解决的困惑。当孔子大力提倡主体性精神时,这种精神在人伦日用生活中究竟怎样方能面对世间种种罪恶、困境和磨难,是一个亟需了明的问题。《中庸》所云:“肫肫其仁!渊渊其渊!浩浩其天!”,恰是就上述境况的描画:那何其深不可测的深渊!何其廓大浩渺的苍穹!这是伟大的仁德所要面对的啊!“仁”与主体性的精神为一体,而这种主体精神必然是道德性的朗现。但道德性究竟如何得以建立却存在全幅的困难在内。故后来罗近溪云:“真正仲尼临终不免叹一口气”,“大人者连属家国天下而为一身者也”(《盱坛直诠》),又大程子曾言:“医书言手足萎痹为不仁,此言最善名状。仁者,以天地万物为一体,莫非己也。认得为己,何所不至?若不有诸己,自不与己相干。如手足不仁,气已不贯,皆不属己。”“若夫至仁,则天地为一身,而天地之间,品物万形,为四肢百体。夫人岂有视四肢百体而不爱哉!”(《河南程氏遗书》卷二语录上)

打通人伦界与宇宙界的悬隔,确立一种穷通宇宙世界的圆成的生活(此当为儒家的“圆教”义之一种),既是返本所得,亦是开新所得,此是大程子、罗近溪等宋明儒家以来,接续《中庸》的努力,而成就的一大贡献。他们都讲到个人与天地万物的相通相感,其用心无非是希望个人之人格得以挺立,使生命本体在忠恕之道的意义上得以扩展,并由此成己成物、成圣成贤,主张从人伦日用而过渡至宇宙日用。由此出发,我们无妨认同“一己立则一切立,一切立则一己立”之论说的成立。即,放眼望去,宇宙世界中无不是“己”(自我),有万殊个“己”(自我)之生命在其中洋洋显发,这些万殊之生命又在更大的宇宙大生命中得以彰显,而此个宇宙大生命亦无非是个“己”(自我),因此宇宙与万殊生命的关系,乃是浑然一体,而谓之“仁者”。此“仁者”,故可以概括为“万殊一体,一体万殊”。在这样的意义上,一个大宇宙之建立便是万殊个宇宙之建立,一个“己”(自我)之建立便是万殊个“己”(自我)之建立。可见,所谓“一己万殊”说,主要是从明道“仁者,以天地万物为一体,莫非己也”所自然条贯出来,而根于“一本万殊”之讨论。

“一本万殊”之“本”是生命,是生生不已的创造性之本体。这个本体或生命其实就是“己”(自我),所以“一本万殊”也就是“一己万殊”。

需要注意的是,儒家的从穷通宇宙世界的圆成的生活出发而建立起来的“一己万殊”的观念,与讲上帝(God)启示之耶教有很大不同。上帝可以化身为人,这就是所谓的“道成肉身”:

> 道成了肉身,住在我们中间,充充满满的有恩典有真理。(《圣经·约翰福音》第1章第14节)

若将上帝视作“一本”,而将世俗世界视作万殊之肉身世界的话,此虽可与儒家之“一己万殊”之论于貌略似,然于理上则绝不同。儒家“己”(自我)之生命本体是立足于道德性和主体性的,而非具有全幅的宗教性的意义(吾人云“圆教”义,故亦非是在全幅的宗教意义之上,而只是部分地肯认儒家的某些宗教性的表征。其侧重仍在“圆”字)。宗教之本质在于信仰,在于其宗教力的体现。耶教之上帝可以笼罩一切,其管辖的臣民无限渺小,这绝非儒家所追求的境界。儒家之“天”未尝高高在上,与人隔绝。《诗经·商颂·玄鸟》尝讲:“天命玄鸟,降而生商,宅殷土芒芒。”商汤虽由上天降命而生,然则圣贤亦认为“人能弘道,非道弘人”:道者,寂然不动,行之由人。人可适道,故曰人能弘道。道不适人,故曰非道弘人也(皇侃注疏)。这是传统儒家的观点,强调人的主体性生命张力的彰显。现代儒家则更加主张要在人伦世界之内以平等的眼光看待其他生命个体,而不能将一方划分为统摄的主体,另一方划分为决然被统摄的客体。故,耶教式的“神—人”架构,在儒家看来,是绝对应加以批判而不可接受的。

二、己学论者所讲的三如一贯的“圆教”

是故,以返本开新为底,亦以仁者(宇宙万物之一体)境界为的,儒家从“一本万殊”说乃转出“一己万殊”说,但此说辄迥别于耶教所讲的“道成肉身”。但己学论者既然着重是从穷通宇宙世界的圆成的生活(或谓穷通宇宙的“圆教”义)着手,其所讲的每一作为个体的“己”(自我)的本质(或谓之“性”)究竟怎样?其间所着眼者又究竟有着怎样的与经典儒家的性论的关联,以及其所展示的别开生面的特殊的面貌?且俟进步讨论。

儒家性论由先秦时期的一层肌理论发展为宋明时期的二层肌理论,再到清代戴东原、颜习斋的一层肌理论,这样由一层到二层再到一层的性论肌理发展历程,凸显出了儒家的鲜明的生命性格。戴、颜二人的性论主张可略见如下:

> 于义外之说必致其辨,言理义之为性,非言性之为理。性者,血气心知本乎阴阳五行,人物莫不区以别焉是也,而理义者,人之心知,有思辄通,能不惑乎所行也。

"孟子道性善,言必称尧、舜",非谓尽人生而尧、舜也,自尧舜而下,其等差凡几?则其气禀固不齐,岂得谓非性有不同?然人之心知,于人伦日用,随在而知恻隐,知羞恶,知恭敬辞让,知是非,端绪可举,此之谓性善。于其知恻隐,则扩而充之,仁无不尽;于其知羞恶,则扩而充之,义无不尽;于其知恭敬辞让,则扩而充之,礼无不尽;于其知是非,则扩而充之,智无不尽。仁义礼智,懿德之目也。孟子言"今人乍见孺子将入井,皆有怵惕恻隐之心",然则所谓恻隐、所谓仁者,非心知之外别"如有物焉藏于心"也,己知怀生而畏死,故怵惕于孺子之危,恻隐于孺子之死,使无怀生畏死之心,又焉有怵惕恻隐之心?推之羞恶、辞让、是非亦然。使饮食男女与夫感于物而动者脱然无之,以归于静,归于一,又焉有羞恶,有辞让,有是非?此可以明仁义礼智非他,不过怀生畏死,饮食男女,与夫感于物而动者之皆不可脱然无之,以归于静,归于一,而恃人之心知异于禽兽,能不惑乎所行,即为懿德耳。古贤圣所谓仁义礼智,不求于所谓欲之外,不离乎血气心知,而后儒以为别如有物凑泊附着以为性,由杂乎老、庄、释氏之言,终昧于六经、孔、孟之言故也。孟子言"人无有不善",以人之心知异于禽兽,能不惑乎所行之为善。且其所谓善也,初非无等差之善,即孔子所云"相近";孟子所谓"苟得其养,无物不长;苟失其养,无物不消",所谓"求则得之,舍则失之;或相倍蓰而无算者,不能尽其才者也",即孔子所云习至于相远。不能尽其才,言不扩充其心知而长恶遂非也。彼悖乎礼义者,亦自知其失也,是人无有不善,以长恶遂非,故性虽善,不乏小人。孟子所谓"梏之反复","违禽兽不远",即孔子所云"下愚之不移。"后儒未审其文义,遂彼此扞格。《孟子》曰:"如使口之于味也,其性与人殊,若犬马之与我不同类也,则天下何耆皆从易牙之于味也!"又言"动心忍性",是孟子矢口言之,无非血气心知之性。孟子言性,曷尝自岐为二哉!二之者,宋儒也。(戴震:《孟子字义疏证》"性"字条)

若谓气恶,则理亦恶;若谓理善,则气亦善。盖气即理之气,理即气之理乌得谓理纯一善而气质偏有恶哉?譬之目矣,眶、皰、睛,气质也,其中光明能见物者,性也;将谓光明之理专视正色,眶、皰、睛乃视邪色乎?余谓光明之理,固是天命,眶疱睛皆是天命,更不必分何者是天命之性,何者是气质之性,只宜言天命人以目之性光明。能视即目之性善,其视之也,则情之善,其视之详略远近,则才之强弱,皆不可以恶言。盖详且远者固善,即略且近亦善,第不精耳,恶于何加?唯因有邪色引动,障蔽其明,然后有淫视而恶始名焉。然其为之引动者,性之咎乎?气质之咎乎?若归咎于气质,是必无此目而后可全目之性矣,非佛氏六贼之说而何?(颜元:《存性篇》卷一)

以"性"论的角度打量,历史上的经典儒家所讲者(所谓自我涵养的学问,或谓"为己之学"),素来有着理想主义的道德感诉求的表征。而综合起来,莫过于此三性:"善性"、"仁性"和"中性"。"善性"是一种"幽明"之性,"仁性"是一种"生明"之性,而"中性”则是一种“圆明”之性。以幽微义、明照义观“善性”则见“幽明”之善性；以“生生”之德行与明照之特性相谐一之视角观“仁”，则可见“生明”之“仁性”。譬如，程子有“仁”是“种子”之喻：

子曰：“阳气所发，犹之情也。心犹种焉。其生之德，是为仁也。”

“心譬如谷种，生之性便是仁也。”（《河南程氏遗书》卷十八）

此显然是取种子蕴生发之机，生意盎然之象，“仁”之如种子可知。由“圆融”“明照”义观“中性”，则可见“中性”具圆明之德性。“圆融”说明其是一而二，二而一，非一非二，非二非一，即“不落于两边”。“幽明”、“生明”之“明”之意涵与吾人倾向于将“己学”系统中的“己”（自我）视作“照体”有关。“照体”为浑然光明向外照彻之本体。“己”（自我）是此一种本体，它不仅照彻周围人伦世界，亦且照彻整个宇宙世界，而宇宙本身亦为一个浑然光明向外照彻之本体，万物生生不息，明照无尽，故而称之为“明”。所以，“善”、“仁”、“中”吾人可喻之为水。水极寒时凝而成冰，遇光热则化而为水，再热则成“气”矣。若本体是水，则其“善”则为水之“冰”态，“仁”为水之液态，“中”为水之气态。如下所示：

冰（善性）→水（仁性）→气（中性）

然而各种状态之间的不同并不影响“己”（自我）之为生命本体的存在，毅然坚固者为本体，释然腾跃者为本体，氤氲消散者亦为其本体，此本体即为大生命旨趣之挺立。

又，“善性”、“仁性”和“中性”亦可称作“善如”、“仁如”和“中如”，是以性论面向上之不同为前提的。“善如”、“仁如”、“中如”之“如”具有“谛义”，表明此三如亦是“一实谛”、“一真谛”、“第一义谛”。此处的讲法，形式上乃与佛家论说略相近似，内涵上辄有迥别。佛家认为，所谓“一实谛”、“一真谛”、“第一义谛”乃是“缘起”、“性空”，缘起而性空。“缘起”即是“性空”，故而是“谛”：

舍利子，色不异空，空不异色，色即是空，空即是色，受想行识，亦复如是。（《心经》）

如来藏中，性色真空，性空真色，清净本然，周遍法界，随众生心，应所知量，循业发现。（《楞严经》）

而己学论者此处所讲，此“谛”谓之“真实”，所以为“实谛”；此相谓之“真实”，所以为“实相”。“谛”与“如”所指向的无非是一种真实性和永恒性，一种生命之不朽的意义，强调“己”（自我）的真实性格。

又,“如”字之最简略解释可说为“真如”。“真如”在佛家可解作“真性”、“真体”、“本体”:

> 真如者,依言说分别有二种义。云何为二?一者、如实空,以能究竟显实故。二者、如实不空,以有自体,具足无漏性功德故。所言空者,从本已来一切染法不相应故,谓离一切法差别之相,以无虚妄心念故。当知真如自性,非有相、非无相、非非有相、非非无相、非有无俱相,非一相、非异相、非非一相、非非异相、非一异俱相。乃至总说,依一切众生以有妄心念念分别,皆不相应故说为空,若离妄心实无可空故。所言不空者,已显法体空无妄故,即是真心常恒不变净法满足,故名不空,亦无有相可取,以离念境界唯证相应故。心生灭者,依如来藏故有生灭心,所谓不生不灭与生灭和合,非一非异,名为阿梨耶识。此识有二种义,能摄一切法、生一切法。云何为二?一者、觉义,二者、不觉义。所言觉义者,谓心体离念。离念相者,等虚空界无所不遍,法界一相即是如来平等法身,依此法身说名本觉。何以故?本觉义者,对始觉义说,以始觉者即同本觉。始觉义者,依本觉故而有不觉,依不觉故说有始觉。又以觉心源故名究竟觉,不觉心源故非究竟觉。此义云何?如凡夫人觉知前念起恶故,能止后念令其不起,虽复名觉,即是不觉故。如二乘观智、初发意菩萨等,觉于念异,念无异相,以舍麁分别执着相故,名相似觉;如法身菩萨等,觉于念住,念无住相,以离分别麁念相故,名随分觉;如菩萨地尽,满足方便一念相应,觉心初起心无初相,以远离微细念故得见心性,心即常住,名究竟觉。是故修多罗说:“若有众生能观无念者,则为向佛智故。”又心起者,无有初相可知,而言知初相者,即谓无念。是故一切众生不名为觉,以从本来念念相续未曾离念故,说无始无明。若得无念者,则知心相生住异灭。以无念等故,而实无有始觉之异,以四相俱时而有皆无自立,本来平等同一觉故。(《大乘起信论》卷1)

“如”原与“如来”之“如”有所牵涉。佛家称释迦佛为“如来”,“如来”即是所谓“如是而来,如是而去,无如是来,无如是去”,此“如”乃是一种“恒定”,意味着生命之永恒不朽。故“真如”用现代语言表述乃即是“真理”。当我们用儒家“一以贯之”之态度观解“善、仁、中”时,亦需将此个“善、仁、中”视作对我们生命中恒定的自我本体的描画。“善如”之显现是一种生命自我的本体之幽微状态,而“仁如”则表现为人伦生活中之自我的道德感的建立,即作为人之廓然大公的生命气象的显现过程,当个人的生命能够意识到人伦世界、宇宙世界乃至自我生命之间是“非一非异、非二非一”的存有,吾人便可以唤它作“中”。此“中”比较接近于佛家大空般若中观之“中”,但二者又不可等同(“中观”之“中”简要说可以作如下理解:不生亦不灭,不常亦不断,不一亦不异,不来亦不出,能说是因缘,善灭诸戏论。见《中论》)。“般若中观”说到底是要吾人之生命由“有执”进入“无执”状态。“无执”乃是般若中观之“中”之最精要义:

以有空义故，一切法得成；若无空义者，一切则不成。

众因缘生法，我说即是空；亦为是假名，亦是中道义；未曾有一法，不从因缘生；是故一切法，无不是空者。（《中论·观四谛品》）

但由“中如”观念铺陈开来的“非一非异、非二非一”，在己学论者的阐释中，乃是要我们辩证看待周围的大千世界和自我生命之“生”，意识到此个宇宙世界之真实面目绝非单个之“己”（自我）可以穷尽，而是无数个同心同理之“己”（自我）所共同建构的一个网络世界，这是所谓的“非一”义；然而，处于此网络世界中的各个个体之“己”（自我）又存在千丝万缕的联系，彼此间相互依靠，相濡以沫，而更重要的是，他们之间又表现出存在相互共通的一般性特征，这就构成了所谓的“非异”或“非二”义。合而言之，此“中”既是显现境（显现的宇宙世界）意义之“中”，又是关联境（关联的宇宙世界）意义之“中”。“非一非异”与“非二非一”又可以作一种连续性与断裂性相结合的理解，“非一”是断裂性的，彼此间区隔清楚，界限分明；“非二”则是连续性的，彼与此虽各不相同，但二者间却存在一种联系和依靠。“非一”与“非异”，这两种相反又相合的特性，在寰宇世界（即上文所言之“境”）中有许多生动的表现。

又，“中如”所讲的“非一非异、非二非一”的连续与断裂之理，展现于时空之“境”（指宇宙世界，侧重讲彼此的关联）中便是历史，而对它有极佳之阐释的则是历史哲学。华夏民族自肇始到夏商周以来的历史展开和演进，实即是生生之本体精神的发用流行，是中华文化精神本体的向下衍生铺展。从历史哲学的角度来说，这种发用流行是一种“非一非二”的显现，即既存在连续性的方面又存在断裂性的方面，在连续性中有断裂性的特性，而断裂性中同时存在连续性的特点。用《三国演义》中的一句老话形容，便是“分久必合，合久必分”。放眼整个中国历史，亦是此理。秦汉是华夏大一统的时代，之后便是魏晋南北朝之百余年大分裂，王船山对这种“非二非一”之“中”有极精彩的描述：

隋之得天下也逆，而杨广之逆弥甚，李氏虽为之臣，然其先世与杨氏并肩于宇文之廷，迫于势而臣隋，非其所乐推之主也，则递相为王，惩其不道而代兴，亦奚不可？且唐公幸全于猜忌而出守太原以避祸，未尝身执朝权，狐媚以欺孤寡，如司马之于魏、萧氏之于宋也。奉词伐罪，诛独夫以正大位，天下孰得而议其不臣？然其始起，犹托备突厥以募兵，诬王威、高君雅以反而杀之，不能揭日月而行吊伐，何也？自曹氏篡汉以来，天下不知篡之为非，而以有所授受为得，上习为之，下习闻之，若非托伊、霍之权，不足以兴兵，非窃舜、禹之名，不足以据位，故以唐高父子伐暴君、平寇乱之本怀，而不能舍此以拔起。呜呼！机发于人而风成于世，气之动志，一动而不可止也如此夫！

自成汤以征诛有天下，而垂其绪于汉之灭秦；自曹丕伪受禅以篡天下，而垂及于宋之夺周。成汤秉大正而惧后世之口实,以其动之相仍不已也,而汉果起匹夫而为天子。若夫曹丕之篡,则王莽先之矣,莽速败而机动不止者六百余年,天下之势,一离一合,则三国之割裂始之,亦垂及于五代之瓜分而后止。金元之入窃也,沙陀及掠枭鸡先之也,不一再传之割据耳,乃互五百余年而不息,愈趋愈下,又恶知其所终哉?夫乘唐高之势,秉唐高之义,以行伐暴救民之事,唐高父子固有其心矣,而终莫能更弦改辙也,数未极也。非圣人之兴,则俟之天运之复,王莽、沙陀之区区者,乃以移数百年之气运而流不可止。自非圣人崛起,以至仁大义立千年之人极,何足以制其狂流哉?(《读通鉴论卷十九·炀帝》)

以上文字所讲的“善如”、“仁如”和“中如”,用四个字概括,便是“三如一贯”。而“如”所表达者,莫非在于彰显永恒义的自我生命的生生不已之本质(“性”),故“善性”、“仁性”和“中性”,亦用四个字概括,便是“三性一贯”耳。无论讲三如的圆教义,抑或三性的圆教义,这其间凌然挺立的所谓“一贯”,辄是那个不变之变(生生不已)的自我的生命。此是儒家讲“圆教”义所绝不能规避者,亦是新新儒家重新讲为己之学的一个核心要义的落定所在。

三、己学论者所讲的自我条理的“圆教”

前面着重从性论的角度以展开就自我的生命之所以成为“一贯”,乃有“善性”“仁性”和“中性”的打通,使得穷通宇宙世界的圆成的自我的生活能够做别样的呈现,但己学论者所讲的每一作为个体的“己”(自我)的条理(或谓之“理”)究竟怎样?其间所着眼者又究竟与经典儒家为己之学所秉持的“理”(或“道”)的观念,有着怎样的牵涉?所牵涉者固能从主观性与客观性、主体性与客体性之两方面的问题线索去沉潜地分辨,有否了了分明的可能,亦且俟进步讨论。

儒家所讲的“理”,首先是“圆具”义的。此“圆具”非是“挺拔”的“圆具”,却是“沉潜”的“圆具”。所谓“沉潜”的“圆具”,说得浅白些,便是明里去拒斥,暗里去收摄。此拒斥义,在儒家固有“判教”的意味,却绝不真正地影响“圆教”工作的展开。儒家的“判教”的进路固早在中唐的韩愈(退之)便已有所显明,他著《原道》、《原毁》①等来拒斥佛老,确立儒家的文化核心地位。此风绵延不绝,亦为朱子接续。下抵朱子弟子陈淳(北溪)著《北溪字义》,对佛道之主张亦复多有强烈批判的意味,如“性”字条云:

佛氏把作用认是性,便唤蠢动含灵皆有佛性,运水搬柴无非妙用。不过又认得个气,而不说著那理耳。达摩答西竺国王作用之说曰:“在目能视,在耳能闻,在手执捉,

① 韩愈在《原道》篇中说:……(佛老)其言道德仁义者,不入于杨,则入于墨;不入于老,则入于佛。入于彼,必出于此。入者主之,出者奴之;入者附之,出者污之。

在足运奔,在鼻嗅邑,在口谈论,遍现俱该沙界,收摄在一微尘,识者知是道性,不识唤作精魂。”他把合天地世界总是这个物事,乃吾之真体,指吾之肉身只是假合幻妄,若能见得这个透彻,则合天地万物皆是吾法身,便超出轮回。故禅家所以甘心屈意、枯槁山林之下,绝灭天伦,扫除人事者,只是怕来侵坏着他这个灵活底。若能硬自把捉得定,这便是道成了,便一向纵横放恣,花街柳陌,或奥猪霸鸠千都不妨。其寅多是把持募年暮氯襄时,那一切情臻自热退减,椰自唤作工夫至巍,便矜耀以为奇特,一向呵佛骂祖去。

但朱子系的“判教”丝毫未尝抵牾“圆教”的进行。譬如朱子讲“理”,不独是儒家先贤伊川、龟山等的一脉传承,还圆具地收摄了道家之“道”,佛家的“一即一切,一切即一”的理论资源,乃方有后来别开生面、焕然一新的“理一分殊”之观念的挺立。又,明代阳明系的“四句教”的提出,又何尝不是其圆教性格的朗然之呈现?他说“无善无恶是心之体,有善有恶是意之动,知善知恶是良知,为善去恶是格物”,表面看来是对“有”与“无”的本体、工夫、境界的统合,但实际上是阳明以儒家之“有”容摄佛、道的“空”和“无”,故而是“四有”、“四无”。

儒家所讲的“理”,其次是“日用”义的。此处所讲的“日用”,实是“圆具”义为前提的日用。是以对其他门类的学说广为收摄为先导的。譬如,要解决如斯的问题:拥有主体性和客体性双重身份的“己”(自我),作为一个主体性和客体性之统一的存在,如何具体面对人伦日用?也就是说,“己”(自我)如何在人伦日用的生活中建构其自身?这在先秦儒家以来固然已有一些较好的可以参详的案底,却亦在禅家“担水劈柴皆是妙道”那里得到某些豁然的通透。涵容禅家之说,圆教义为秉持的儒家也会认为人伦日用之中既是做工夫又是在建立自身,而不需要从红尘混沌中遁世而出做什么“逍遥客”和“打禅客”。具有现代意义的儒家根本不需要主张类似的遁世行为,而是需要大家直面活泼泼的人伦日用之生态,在生活中建立道德,在人伦日用中建立道德的“己”(自我)。亦即,吾人乃是主张去讲动中工夫的,最终要人在动中工夫里面去寻找一个定处(若大程子《定性书》所谓“动亦定,静亦定”者),唯在定处上面方能凛然挺立起那一个知善知恶、知是知非、知真知假的良知本体,此种良知本体的统绪非只是个体性的,乃也可以是集体性的,而成为转出政治、经济、法律、社会、文学、科学诸知识或观念的根本性的源头。此种良知本体,非若阳明以来所谓先验主义为前提的心学路数,却是以效验主义(效用主义与经验主义的综合)为前提的己学论者的路数。故,此处所讲的日用,必定是动中工夫的日用,是我们生活于斯、生长于斯、生生不已而命定于斯的点点滴滴的人伦日用。是我们作为人类自我,其所有的经验所根底的日用。但此日用又是穷通宇宙生活的,因为人伦界的自我本体,必是由宇宙界的自我本体遍润所得。故此日用,又称宇宙日用。从宇宙日用上,讲人伦日用;从人伦日用上,讲动中工夫;从动中工夫上,讲定处显发;从定处显发上,讲良知本体;从良知本体上,见得道理朗现。此朗现的道理,辄无一时、无一处不在日用的生活当中。这样的日用就是“道”,这样的日用就是“理”,即所谓“日用即道,日用即理”。《中庸》云“道也者不可须臾而离也,可离非道也。是故君子戒慎乎其所不睹,恐惧乎其所不闻”,其不可离之“道”也就是“日用即道,日用即理”之“道”,即是“日用事物当行之理”,此“理”是性之德而具于心,无物不有,无时不然,所以不可须臾而离,若可离则非道(朱子:《中庸章句》)。引朱子所云“理”者,用于兹,亦未尝是错。

儒家所讲的“理”,复次是“自我”义的。此是在“圆具”义及“日用”义的铺陈上来讲。“圆具”义,讲的是“理”的综合面的观念来源;“日用”义,辄讲的是“理”的生活面的工夫路径。其下要展开的“自我”义,须是扭住“理”的实存面的本体定位。“理”译为“principle”或“absolute principle”,并非绝不可以。但“理”除了“规律”意涵还有“法则”意涵。朱子则称“理者,礼也”,在此意义上,西文就当译为“rule”或“law”。翻译规范性的问题一直令人困扰,这方面,安乐哲(Roger Ames)等西方汉学家已经充分重视了起来,这是很好的。比照言,在耶教,辄多讲客观实存的“道”。耶教在*Holy Bible*(《圣经》)中称上帝为“God”或“Word”,有所谓“太初有道,道与上帝同在”的说法,这里的“道”或“上帝”乃也是一种客观实存。我以前曾对耶教与儒家的“仁爱”之不同意涵加以讨论,如果“仁爱”称作“博爱”的话,则即是“universal love”,可参见以前有关内容。故,耶教中唯有“道可弘人”是站得住脚的,其以上帝(God)为绝对的中心。此“上帝”之观念比较接近于儒家之“天道”(或“天理”),但这种接近只是接近而已。因而在现代汉英双语转换之中仍将儒家之“天道”译为“heaven”或“God”可能会存在一些问题。耶教中的这两个观念都不能与儒家“天道”(或“天理”)之意涵等量齐观,但这么翻可能也是迫不得已之举。儒家固讲执着于道(在宋儒以后,辄主要是讲执着于“理”),乃有三层次:第一层,是千回百转,矢志于兹,所谓“颠沛必于是,造次必于是”(《论语・里仁》);第二层,是披荆斩棘而不获,转寻他途,所谓“道不行,乘桴浮于海”(《论语・公冶长》);第三层,是彻底放下,殉身于道,所谓“蹈火以仁”、“杀身成仁”(《论语・卫灵公》)。这些精神皆是一以贯之的。耶教也同样具有类似的精神。耶稣被钉死于十字架,以一种牺牲的姿态实现普遍的爱(universal love)。牟宗三先生于耶教之精神提拎出博爱姿态之两面:一是放弃不必要的物质拖累,甚至放弃生命;二是取消具体生活中的道德分际。儒家中“蹈火以仁”、“杀身成仁”的精神确然以最终放弃生命为价值实现之衡准,亦确然强调“亲亲而仁民,仁民而爱物”(《孟子・尽心上》)的精神旨趣,这一用心的确是儒家的永恒之追求。黑格尔宗教哲学中对基督教“三位一体”(Trinity)有独特解释,我们无妨借鉴这样一种理路来印证儒家之精神哲学。黑格尔的“神之在其自己”(God in itself)的观点十分重要,这说明“理”亦是“己”(自我),故称“理之己(自我)”。如果将“理”视作朱子之“天理”,则它是绝对超越的普遍存在之理,是外在的;但它同时又可以下贯到人的自我的生命之中成为“性理”。“性理”亦是“在其自己”,它亦是从“理之己(自我)”而来所探讨的亦是“理”之特性。我们可将儒家之“天理”在其自己而下落到人性中成为“性理”,“性理”内涵于我们的自我的生命之中,为天理之下贯。此可对应于耶教的“圣子”阶段,或称“耶稣”阶段,用朱子理学的术语可称之为

"性理"阶段。而耶教中的"圣父"阶段相对于朱子理学可称之为"天理"阶段。如对应于耶教中"神之为其自己"(上帝创生耶稣是为了表现自己)的法则,则我们也可说天理下贯而成为性理乃也是为了表现自己,也即是"理之为其自己"。总之,"理之在其自己"的乃是"天理","理之为其自己"的乃是"性理"。

故而,从"圆具"义、"日用"义,而抵"自我"义,皆讲"理",彼此间,非是悬隔而无干系,恰是紧密勾连。总括地说,耶教的"圣灵"在其语境中是指上帝(God)的父与子两个位格产生一种"不能言传的联结"(奥古斯丁语),以统合而构造出一个绝对的统一体。这一阶段被称作"在而且对其自己",对应于朱子理学系统,可以说是"理之在而且对其自己"。天理下贯而为性理,从而得到一种生发和舒展,落实为事理、物理、伦理等方面。朱子理学将事理、物理、伦理与"天理"一并打通而达到一种统一性,因此在朱子是"物之愈格,理之愈明,事之愈察,道之愈显"①,统一性就在这样一些面向上建立起来。那么,朱子之"理"与"己"(自我)的关系又是怎样的呢?朱子所讲,既是儒家的学问,必不能绕开"为己之学"去讲。"为己之学",即所谓自我涵养的学问,所盘衡与执着者,莫非是自我此一本体。朱子系只是侧重从"理"这一面向上去照察这一自我本体的。曾经提到的"己(自我)之理"和"理之己(自我)"的说法,亦即,"理"作为一种次序和条理,在彰显其自身的同时也彰显了"己"(或谓"自我本体")的一个面向,从这个角度说,理即是己,己即是理(或谓"条理就是自我,自我就是条理"者)。同理,心(言自我的活动的一面)、物(言自我的材质的一面)也同样是"己"(或谓"自我本体")的两个面向所在。换言之,自我这一本体,乃是一个"一体三面"的实存,三面者,理、心、物,一体者,自我耳。这就好似每一个人展示给别人的只可能是不同的侧面而不可能是全部,但无论是哪个侧面,都是其本身(本体)的呈现无疑。所以,不管是就"理"言"己"(自我),还是就"心"、"物"言"己"(自我),都是殊途同归。

四、己学论者所讲的主客实存为侧重的"圆教"

己学论者讲自我的条理,其实终不能隐没此条理究是做客观的实存解,抑或做主观的实存解,以及在此主观性法则与客观性法则的分辨之下,究竟当就自我本体做怎样的主体性原则与客体性原则的分疏。"圆教"义者,圆其成说,即不只是将问题提出来,还需圆通地解决它。新新儒家的"圆教"义的进路,意亦在兹。

总体的意义上,儒家讲"天命"或"天道"(在宋儒以下,更多的乃以朱子所讲的"天理"的面目呈现),乃可对应西方耶教之"神"或"上帝",这或可对应于"客观性法则",抑或可称为"在其自己"。但以儒家哲学为代表的中国哲学所讨论的"仁"、"知"、"诚"等诸多范畴,更多的是属于心性之理路,也即是"天道对其自己",这就凸显了"主观性"

① 此与朱子"知之愈明,则行之愈笃;行之愈笃,则知之益明"(《朱子语类》卷十四)一语可做一解。

法则。《中庸》、《孟子》讲“践仁知天”(“尽其心者,知其性也。知其性,则知天矣”,见《孟子·尽心上》,“致中和,天地位焉,万物育焉”,见《中庸》首章),以主客观之统一的面貌呈现出来,在这样的意义上,可以称之为“在而且对其自己”。以上分疏虽主要是为了理解之方便,却也在一定意义上承续了牟宗三先生的相关观点。当然这种分疏也并非绝对。如果将一个单个的人的自我看做一个本体,那么他这一自我也只是整个宇宙的自我本体的巨大发用面的一小部分,本体之发用还需要对应于落实之具体面向来确定,而不可机械僵化。

《中庸》、《易传》和程朱一系所主张的乃是道之客观实存的属性。如周子讲“太极”,张子讲“太和”,程朱讲“理气二元”等解释这一系路的表现。而孟子至象山阳明以及近代的熊十力先生《新唯识论》一系,则注重“道”之主观实存的精神。孟子云“万物皆备于我矣,返身而诚,乐莫大焉”,“万物皆备于我矣”之“本心”既是道德心又是宇宙心。熊十力先生《新唯识论·唯识上》曾有论孟子一段云:……孟子也说道:“万物皆备于我矣。”孟子盖以为万物都不是离我底心而独在的。因此,所谓我者,并不是微小的、孤立的、和万物对待着,而确是赅备万物,成为一体的。这种自我观念的扩大,至于无对,才是人生最高理想的实现。如果把万物看做是自心以外独存的境,那就有了外的万物和内的小我相对待,却将整个的生命无端加以割裂。这是极不合理的。孟子这句话,至可玩味。程明道说“仁者浑然与万物同体”,也和孟子的意思相通……①如果我们做一个界定的话,则《庸》、《易》程朱一路乃是“天命即性”之一路,而孟子象山一路则是“即心即天”之一路。如果就“己学”的判教立场来说,会认为还存在一路,也就是“道德即性”一路。此“道德”既可以在宇宙层面上讲,亦可以在人伦层面上讲。在宇宙的层面上谓之“宇宙道德论”,在人伦层面上则可称之为“人伦道德论”。一个是从宇宙的自我本体为侧重讲道德,一个是从人伦的自我本体为侧重讲道德。宇宙界的“天道”“天命”是自我之本体,人伦界的“心”“性”观念亦何尝不是自我之本体,在穷通宇宙与人伦之周遍的一贯而为自我本体的限定之下,客观实存便是主观实存,主观实存亦便是客观实存。

那么,在上述主观性法则与客观性法则的分辨之下,究竟当就自我本体做怎样的主体性原则与客体性原则的分疏呢?己学论者以为,无论就主体性去讲,还是客体性去讲,皆能在一理论系统中觅见其当有的地位之落定,而在“己学”系统的里面,亦复是并行不悖而得圆具义的统一。己学讲的“己”(自我),既可以是主体意义的“己”(自我),也必可以是客体意义的“己”(自我);客体性之“己”(自我)可以作为“他者”而实存,此“他者”既可以是大千世界中的芸芸众生,也可以是“天德、地德”之“他者”(此“他者”未尝不可以是若“天命”“天道”或“天理”的客观实存)。佛家说“一花一世界”,一叶一木皆是生命。也许这种万物有灵论在其他一些学问系路看来需要加以批判,但我们还

① 参见熊十力:《新唯识论·唯识上》,湖北教育出版社 2001 年版,第 48 页。

是认为山川大地皆是一种宇宙生命，鸢飞鱼跃皆是活泼泼的宇宙生命的自我之体现。这样一些"他者"的存在就是客体性之"己"（自我）。同样的，大千世界中芸芸众生之"他者"也会作为主体去"照察"（体贴）他周围的平常的他者世界，这样，他同时就又是主体性之"己"（自我）。这样的世界，也就称为"照常的世界"。如此一来，主体性之"己"（自我）就获得了客体性之"己"（自我）的身份，客体性之"己"（自我）亦然。问题在于，当"己"（自我）作为主体主宰着这一个（或谓"某一个"）自我的同时也主宰着其周围的他者世界，而他者世界也凭借主体性的身份控制着我（这一个，或谓"某一个"）的存在。

如此，在己学中，通过互为主客、主客统一的了明，乃得圆教义之另一侧面的实现。

孔子的阴阳五行观及荀子批判思孟五行说新探①

王菊英　赵建功

内容摘要：多方面的文献互相印证，说明孔子已经可以熟练地运用传统的阴阳五行思想阐发自己对天道、人道的感悟，足见其对阴阳五行思想是非常熟悉的，并以之为天道、人道的基本内容。孔子虽然常讲仁、义、礼、智、圣，但他并没有将这五者连在一起讲，没有将其与五行相比附，更没有直接称其为五行。而子思之《五行》以仁、义、礼、智、圣为人事之“五行”，明显是将仁、义、礼、智、圣和传统五行说相比附，这在荀子看来是牵强附会、歪曲孔子原意的，所以斥之为“甚僻违而无类，幽隐而无说，闭约而无解”。

关键词：孔子　阴阳　五行　思孟五行　荀子

由于在通常认为记载孔子言论最可靠的文献《论语》中未见“阴阳”和“五行”，孔子的得意高弟子贡又说：“夫子之文章，可得而闻也；夫子之言性与天道，不可得而闻也”（《论语·公冶长》），因此，人们普遍以为孔子没有天道观方面的思想，更没有提到过“阴阳”和“五行”。而随着新出土文献的重见天日和研究的日益深入，学者逐渐认识到，孔子不仅对阴阳五行思想是非常熟悉的，而且可以熟练地运用传统的阴阳五行思想阐发自己对天道、人道的感悟。

孔子的阴阳五行观主要记载于通行本《易传》、帛书《易传》和《大戴礼记·曾子天圆》等文献中。本文主要以后者为主，来考察孔子的阴阳五行观，因为此篇的主体部分正是孔子晚年的得意门徒曾子引述孔子的言论。然后再对荀子批判思孟五行说的原因进行一些新的探讨。

一、孔子的阴阳观

阴阳的本义是指物体对于太阳光的向背，向日为阳，背日为阴。《诗经·大雅·公

① 本文获得华中科技大学自主创新研究基金项目资助（“先秦哲学的生态伦理研究”，项目批准号：2014AA041）。王菊英，哲学博士，武汉纺织大学马克思主义学院讲师，研究方向：先秦儒学；赵建功，哲学博士，华中科技大学哲学系副教授，研究方向：易学与先秦哲学。

刘》云:“既景既冈,相其阴阳。”这是在用阴阳二字的本义。

《周易》以“阴阳”为构成要素和思想主干,它首次较为系统地论述了“阴阳”,可以说,中国古典哲学中的“阴阳”思想成熟于《易传》,来源于《易经》。《周易·系辞上》云:“一阴一阳之谓道”,“阴阳不测之谓神。”《周易·说卦》曰:“立天之道曰阴与阳,立地之道曰柔与刚,立人之道曰仁与义。”其中的“阴阳”不仅指阴阳二气,也指两种相反相成的物质力量和性质。因此,《庄子·天下》准确地概括道:“《易》以道阴阳。”

西周末年,周太史伯阳父以阴阳二气的相互关系和力量对比的变化来解释地震的起因,他说:“夫天地之气,不失其序。若过其序,民乱之也。阳伏而不能出,阴迫而不能烝,于是有地震。”(《国语·周语上》)

《左传》僖公十六年有“阴阳之事”一词,用以指天地自然的运动变化。昭公元年以“阴阳”为“六气”之二,用以指两种气象状况。

老子开始明确以“阴阳”来说明宇宙万物的构成,主张宇宙万物皆是由阴阳二气共同构成,其云:“道生一,一生二,二生三,三生万物。万物负阴而抱阳,冲气以为和。”(《老子》四十二章)

孔子曾经请教过老子,晚年又对《周易》爱不释手,帛书《易传·要》曰:“夫子老而好《易》,居则在席,行则在橐。”《史记·孔子世家》云:“孔子晚而喜《易》,序《彖》、《系》、《象》、《说卦》、《文言》,读《易》韦编三绝。”他自己不无遗憾地说:“加我数年,五十以学《易》,可以无大过矣。”(《论语·述而》)因此,孔子对主要源于《周易》的阴阳观有所造诣就是情理中的事情。曾子就曾经对其弟子说:

> 参尝闻之夫子曰:天道曰圆,地道曰方;方曰幽,圆曰明;明者,吐气者也,是故外景;幽者,含气者也,是故内景。故火日外景,而金水内景。吐气者施,而含气者化,是以阳施而阴化也。阳之精气曰神,阴之精气曰灵。神灵者,品物之本也,而礼乐仁义之祖也,而善否治乱所兴作也。阴阳之气,各从其所,则静矣,偏则风,俱则雷,交则电,乱则雾,和则雨,阳气胜则散为雨露,阴气胜则凝为霜雪,阳之专气为雹,阴之专气为霰,霰雹者,一气之化也。①

曾子以严谨朴拙著称,《论语》称其“鲁”(《论语·先进》),其转述应该是可靠的。由此可见,孔子的阴阳观已经具有相当丰富而深刻的内涵。孔子认为,天道为圆、为阳、为明,地道为方、为阴、为幽。阳主吐气,阴主含气。阳之精气叫“神”,阴之精气叫“灵”,阴阳交融和合,从而化生天地万物,所以作为阴阳精气的“神灵”,即是万物之本源。其中,“神”、“灵”是指“阳之精气”、“阴之精气”,而不是通常所谓“神灵”。郑万耕先生指

① 《大戴礼记·曾子天圆》。清人周治平对此有详细解释,阮元肯定其说“甚明”。见阮元:《曾子注释·曾子天圆》。

出，在易学中，“神与变化是相联系的，它既表示阴阳变化的‘不测’，又表示万物变化的‘妙’。”①在此也一样。阴阳二气处于平衡，则呈现出平静状态。阴阳二气不平衡，则流动成风。二气激烈撞击即成雷电，紊乱成雾，和合成雨。阳气胜阴气就散发为雨露，阴气胜阳气就凝结而为霜雪，一切自然现象都是“一气之化”。

不仅风雨雷电等一切自然现象都是“一气之化”，而且天地万物也都是“一气之化”、阴阳交融的结果。在《曾子天圆》中，曾子接着转述道：

> 毛虫毛而后生，羽虫羽而后生，毛羽之虫，阳气之所生也。介虫介而后生，鳞虫鳞而后生，介鳞之虫，阴气之所生也。唯人为倮匈而后生也，阴阳之精也。毛虫之精者曰麟，羽虫之精者曰凤，介虫之精者曰龟，鳞虫之精者曰龙，倮虫之精者曰圣人。龙非风不举，龟非火不兆，此皆阴阳之际也。兹四者，所以圣人役之也，是故圣人为天地主，为山川主，为鬼神主，为宗庙主。

宇宙万物都是由“一气之化”、阴阳二气交融和合而形成的，作为万物之灵的人也不例外，只不过人是由阴阳二气的精华和合而成的。因此，万物都须遵照天道运行，圣人也须“慎守日月之数”，须谨慎地遵守天道。《大戴礼记·易本命》曰：“鸟鱼皆生于阴，而属于阳，故鸟鱼皆卵。介鳞夏食冬蛰。龁吞者八窍而卵生，咀嚼者九窍而胎生，四足者无羽翼，有羽之虫三百六十，而凤皇为之长；有毛之虫三百六十，而麒麟为之长；有甲之虫三百六十，而神龟为之长；有鳞之虫三百六十，而蛟龙为之长；有倮之虫三百六十，而圣人为之长。此乾坤之美类，禽兽万物之数也。”此与《曾子天圆》可以相互发明。

《论语》所载孔子言论未见“阴阳”，孔子的得意高弟子贡又说：“夫子之言性与天道，不可得而闻也”，学者因此就怀疑《曾子天圆》所载孔子言论的可靠性。其实，有学者已经考证得出，《大戴礼记》之《曾子》十篇是反映曾子思想的核心文本，其记载渊源有自，当属可信，《曾子天圆》是《曾子》十篇之一，自然也不例外。② 因此，《曾子天圆》所载孔子“阴阳”学说应该是可信的。它源于《易》，实际上它和《易传》一样，都应当源于孔子所传《易》学。这样我们便可以解释《曾子天圆》与《易传》颇多相似的内在原因了。例如，《曾子天圆》“天道曰圆，地道曰方”与《易传·说卦》“乾为天为圆”、《坤·文言》“坤至静而德方”；《曾子天圆》“阳之精气曰神，阴之精气曰灵”与《易传·系辞上》“精气为物，游魂为变，是故知鬼神之情状”；等等。

可见，《曾子天圆》与《易》有着极深的内在关联。金德建先生曾经指出：“《曾子天圆》的内容沾染于易学之处颇深。”并一一指出二者的相关之处。其论甚是。但由于学者常常误解子贡所说“夫子之言性与天道，不可得而闻也”之意涵，不清楚先秦儒家是

① 郑万耕：《易学中的“神”妙观》，《中国文化月刊》第 183 期（1995 年 1 月），第 72 页。

② 参见王菊英：《曾子述论》第二章第一节，湖北人民出版社 2009 年版。

否研《易》,因而多将《曾子天圆》斥为晚出之书。[①] 如陈荣捷先生即认为:"《曾子天圆》篇说到天圆地方,更说幽明阴阳、神明、龙凤龟火,说'神灵者,品物之本也,而礼乐仁义之祖也。''圣人为天地主,为山川主,为鬼神主,为宗庙主。''圣人立五礼以为民望,制五衰以别亲疏,和五声之乐以导民气,合五味之调以察民情,正五色之位,'和第二代儒家其他的言论绝不相同,恐是后起时材料。"[②]

现在,先秦儒家研《易》已经为许多学者的研究所确证,尤其是帛书《周易》、郭店楚简《六德》和《语丛一》等文献的重现,又为先秦儒家研《易》提供了强证,《曾子天圆》的可靠性更加毋庸置疑。

孔子晚年而喜《易》,甚至达到"韦编三绝"的程度,作为已到晚年化境的伟大思想家孔子,他在学《易》时自然应该会常有心得。这绝不是没有根据的主观臆测,而是具备多方面文献依据的合理推论。《论语・述而》云:"子曰:'加我数年,五十以学《易》,可以无大过矣。'"《论语・子路》载:"子曰:'南人有言曰:"人而无恒,不可以作巫医。"善夫!''不恒其德,或承之羞。'子曰:'不占而已矣。'"帛书《易传・要》曰:"夫子老而好《易》,居则在席,行则在橐……子曰:吾百占而七十当,唯周粱山之占也,亦必从其多者而已矣……《易》,我后其祝卜矣,我观其德义耳也……史巫之筮,乡之而未也,好之而非也。后世之士疑丘者,或以《易》乎?吾求其德而已,吾与史巫同涂而殊归者也。"《史记・孔子世家》云:"孔子晚而喜《易》,序《彖》、《系》、《象》、《说卦》、《文言》,读《易》韦编三绝,曰:'假我数年,若是,我于《易》则彬彬矣。'"皆可以为证。牟宗三先生指出:"《易经》的中心就是性与天道,因此孔子对性与天道,确曾留下一番研究的心血。说孔子对于性与天道根本不谈,或根本无领悟,那是不对的。不过他不愿客观地空谈,而却开辟了仁、智、圣的领域。只要践仁成圣,即可契悟天道。"[③]

二、孔子的五行观

五行与阴阳密切相关,是中国先哲用以描述天道的另一思想体系。五行是五种物质—能量—信息的符号,五行之间生、克、乘、侮等各种关系,反映了天地之间各种物质、结构、能量、信息之间的内在联系和运化机制。

五行的观念起源很早,至迟在西周初年就已经成熟。"五行"一词最早出现在《尚书》的《夏书・甘誓》和《周书・洪范》[④]两篇中。《夏书・甘誓》所载相传是夏启讨伐有扈氏的誓词,其曰:"启与有扈氏战于甘之野……王曰:'嗟!六事之人,予誓告汝:有扈

---

① 参见罗新慧:《郭店楚简与〈曾子〉》,http://www.ckzl.net/Article_Print.asp? ArticleID=109980。

② 陈荣捷:《中国哲学论集》,台北:"中央研究院"中国文哲研究所 1994 年版,第 86 页。

③ 牟宗三:《中国哲学的特质》,上海古籍出版社 1997 年版,第 28 页。

④ 关于这两篇的年代,学者众说纷纭。我们认为,《甘誓》成文不在夏启时代,而是出于后人追记,可能在西周初年;《洪范》大约作于西周初年。

氏威侮五行,怠弃三正,天用剿绝其命,今予唯恭行天之罚。'"《周书·洪范》是箕子与周武王的答问,其曰:"王访于箕子……箕子乃言曰:我闻在昔,鲧洪水,汩陈五行,帝乃震怒,不畀洪范九畴,彝伦攸。鲧则殛死,禹于嗣兴,天乃锡禹洪范九畴,彝伦攸叙。初一曰五行……一,五行:一曰水,二曰火,三曰木,四曰金,五曰土。水曰润下,火曰炎上,木曰曲直,金曰从革,土曰稼穑。润下作咸,炎上作苦,曲直作酸,从革作辛,稼穑作甘。"从文义上看,《夏书·甘誓》和《周书·洪范》所提"五行"之本义相同,皆指"一曰水,二曰火,三曰木,四曰金,五曰土。"只是《夏书·甘誓》之"五行"指以五行为代表的天道。《周书·洪范》以五行作为治国安邦的根本大法,并将五行列在第一位,足见以五行为核心的天道观体系在西周初年即已成熟,并成为普适性的常识,而不可能仅是《周书·洪范》所记之内容,否则,《周书·洪范》的记载令人费解,那点内容怎么就能作为治国大法的第一条呢?《虞书·大禹谟》曰:"水火金木土谷维修,正德利用厚生维和。"只提到五行名目,又有"谷"加入,而没有提到"五行"一词。

通行本《周易》没有明确提到"五行",学者据此多认为五行与《周易》代表的阴阳学说是在战国后期才合流的。帛书本《周易》的重现,为解决这个问题提供了很大的可能性。帛书《易传》多次提及"五行",而帛书本是一种比通行本更早或同时的《周易》版本,①因而以前简单地说《周易》不讲五行恐怕是难以成立的。

帛书《易传》提到"五行"一词有三次,《二三子问》提到两次,《易之义》提到一次。此外,《要》提到"水火金土木"一次。《二三子问》曰:"圣人之立正(政)也,必尊天而敬众,理顺五行,天地无菑,民□不伤,甘露时雨骤降,剽风苦雨不至,民也相酉易以寿,故曰番庶……德与天道始,必顺五行,亓孙贵而宗不傰。"《易之义》云:"子曰:五行□□□□□□□□□□□□□□,不可学者也,唯亓人而已矣。"《要》曰:"故易又(有)天道焉,而不可以日月生(星)辰尽称也,故为之以阴阳;又(有)地道焉,不可以水火金土木尽称也,故律之以柔刚……又(有)人道焉,不可以父子君臣夫妇先后尽称也,故为之以上下……又(有)君道焉,五官六府不足尽称之,五正之事不足以至之……"

在对帛书《易传》"五行"的理解上,有不同观点。邢文先生认为,《二三子问》和《易之义》中的"五行"并不是指《要》的"水火金土木",而是指"天地民神时",理由主要是"水火金土木"在《要》中是讲"地道"的,而"五行"在《二三子问》中每与"顺"连用,是讲天道、人道的,因而两者并不相同。② 此说似可商榷。我们认为,水火金土木"五

---

① 学者多认为帛书《易传》成书于战国时期,是不同于通行本《易传》的另一传本。朱伯崑先生认为,帛书《易传》成书于战国中期以后至战国末年,或成于秦汉之际或汉初;张立文先生认为,帛书《易传》六篇大体成书于战国初期至中期或中期稍后,《二三子问》成书于春秋以后,战国初期到中期,帛书《系辞》及《易之义》成书于战国中期,《要》成书于战国中期稍后;陈鼓应先生认为,《二三子问》是秦初作品,《易之义》和《要》作于秦末汉初。参见朱伯崑主编:《国际易学研究》第1辑,华夏出版社1995年版,第59、76—80、90—93页。

② 参见邢文:《帛书周易研究》第九章,人民出版社1997年版;邢文:《马王堆帛书〈周易〉与五行说》,见《中国古代思维模式与阴阳五行说探源》,江苏古籍出版社1998年版,第330页。

行”在战国及以前不仅指地道，而且也指天道、人道。五行指地道，如《史记·天官书》所说“天有五星，地有五行”，《左传》中更有大量记载，如《襄公二十七年》：“天生五材，民并用之。”《昭公二十五年》：“则天之明，因地之性，生其六气，用其五行。”《昭公三十二年》：“故天有三辰，地有五行，体有左右，各有妃耦。”《国语》也有多处记载，如《鲁语》说：“及地之五行，所以生殖也。”《郑语》说：“先王以土与金木水火杂，以成百物。”“五行”也可指天、人，甚至可以说“五行”原本就是出于定星历、正天时的需要而创立的，如《史记·历书》：“盖黄帝考定星历，建立五行。”《管子·五行》：“昔黄帝以缓急作五声……然后作立五行，以正天时。”而《左传·昭公二十九年》“故有五行之官，是谓五官”，则是指人事而言。可见，先秦水火金土木“五行”框架已经很广大，涵盖天、地、人三才之道。

《二三子问》中的“理顺五行”、“必顺五行”前面各有“尊天而敬众”、“与天道始”，显然“五行”是就天道、人道而言的，《易之义》虽阙字过多，但从后句“不可学者也，唯其人而已矣”，似可推测也是言天人之道的。这也正体现了该两篇“顺天应人”的思想，其中的“五行”应当就是《要》篇中的“水火金木土”，而不是从文中抽取出来的“天地民神时”。这一点还可从《要》中得到证明，《要》在讲“君道”时，用了“五官六府”、“五正之事”，其“五官”当指“五行之官”，“五正”当指“五行之正”，即《左传·昭公二十九年》所谓“故有五行之官，是谓五官……木正曰句芒，火正曰祝融，金正曰蓐收，水正曰玄冥，土正曰后土。”“六府”亦与五行有关，即《左传·文公七年》所谓“水火金木土谷，谓之六府。”由此可见，帛书《易传》“五行”即指“水火金土木”。值得注意的是，帛书《易传》已开始出现以“五行”解《易》的倾向，虽然还没有达到以阴阳解《易》那样的系统性，但这种风气对汉代及其后易学家产生了重大影响，易学家最终成为汉以后中国学术史上五行学说的主要阐发者。

再回过头来看看通行本《易传》，虽然没有明言“五行”，但不能说没有五行的丝毫影响。如《系辞传》言“天数五，地数五，五位相得而各有合”，“三与五同功而异位，三多凶，五多功，贵贱之等也”，表明以“五”为贵的思想。再譬如《说卦传》在阐述八卦的取象时说：“乾为金”、“巽为木”、“坎为水”、“离为火”，已经明言这四卦的五行属性，至于其他四卦也隐含了五行属性，如“坤为地”、“艮为山”，“地”、“山”皆属土；“兑为毁折，为刚卤”隐含具有“金”的属性；“震为决躁，为蕃鲜”，隐含具有“木”的属性。另外，《说卦传》还将八卦作了八方的方位规定，从文献上考察，“五方”观念是“五行”的源头之一，五方早期即有了五行的规定性，由此推测，八卦依据其方位也可确立其五行属性，不过这一点通行本《易传》中并没有展开。

司马迁说：“《易》著天地阴阳四时五行，故长于变。”①明确指出《易》蕴含阴阳五行

① 《史记·太史公自序》。

之理。郑万耕先生就此指出，司马迁所说“与帛书《易传》，尤其是《要》篇的思想是一致的。”①

《易传》与五行的关系，应当引起我们的注意。当然，即便承认《易传》言五行，也不能由此将五行看成《易》的“专利”，更不能将《易传》看成五行的最早记载。②

其实，越来越多的证据表明，孔子对阴阳五行思想是有相当了解的。我们来看曾子在《曾子天圆》中的转述：

> 圣人为天地主，为山川主，为鬼神主，为宗庙主。圣人慎守日月之数，以察星辰之行，以序四时之顺逆，谓之历；截十二管，以宗八音之上下清浊，谓之律也。律居阴而治阳，历居阳而治阴，律历迭相治也，其间不容发。圣人立五礼以为民望，制五衰以别亲疏，和五声之乐以导民气，合五味之调以察民情，正五色之位，成五谷之名，序五牲之先后贵贱。

由此可以看出，孔子已经可以熟练地运用阴阳五行思想阐发自己对天道、人道的感悟，足见其对阴阳五行思想是非常熟悉的，并以之为天道、人道的基本内容。周桂钿先生指出：“《孙子兵法》、《墨子》都讲五行无常胜，说明在春秋时代，人们已经熟知五行相胜的道理，并且已经知道这个道理不是绝对的。”③联系到“夫子老而好《易》”，孔子对阴阳、五行思想非常熟悉便不难想见了。《礼记·礼运》有一段话可以帮助我们理解先秦儒家与阴阳五行思想的内在关联，其曰：“人者，天地之心也，五行之端也，食味别声被色而生者也。故圣人作则，必以天地为本，以阴阳为端，以四时为柄，以日星为纪，月以为量，鬼神以为徒，五行以为质，礼义以为器，人情以为田，四灵以为畜。”

三、荀子批判思孟五行说的原因

《荀子·非十二子》对子思、孟轲有一段措辞严厉的批判，其曰：

> 略法先王而不知其统，犹然而材剧志大，闻见杂博，案往旧造说，谓之五行，甚僻违而无类，幽隐而无说，闭约而无解。案饰其辞而祗敬之曰：此真先君子之言也。子思唱之，孟轲和之。世俗之沟犹瞀儒，嚾嚾然不知其所非也，遂受而传之，以为仲尼、子游为兹厚于后世。是则子思、孟轲之罪也。

---

① 郑万耕：《帛书〈易传〉散议》，见朱伯崑主编：《国际易学研究》第1辑，第131页。

② 参见张其成：《论〈周易〉与〈内经〉的关系：兼论帛书《周易》五行说》，http://www.dssy.net/bbs/dispbbs.asp? BoardID=85&id=1720&skin=1。

③ 周桂钿：《十五堂哲学课》，中华书局2006年版，第60页。

这一段批判给后人留下了一个难解的千古之谜，这个谜包括两个内容：其一，思孟“五行”具体何指？其二，荀子批驳“五行”原因何在？“如果说，前一个谜底随着马王堆帛书《五行》的出土已大白于天下的话，那么，后一个谜底至今仍然没有被真正揭开。”①

1973年，长沙马王堆汉墓出土的帛书本《五行》，篇首残缺。庞朴先生取名为《五行》，正确地指出被荀子所批评的思孟五行即是指“仁、义、礼、智、圣”五种德行。② 1993年郭店楚简《五行》篇的出土，确证了庞先生的洞见，同时也解开了困惑学者两千多年的何为思孟五行说的谜团。然而，简帛《五行》的重新面世也带来了新的困惑：思孟学派的“五行”是指仁、义、礼、智、圣，这五者实际上在《论语》所载孔子的言论中早已全部出现了，而且论及较多，既然如此，那么思孟五行说何以又被荀子斥为“甚僻违而无类，幽隐而无说，闭约而无解”？

于是学者们试图深入到孟荀思想的内部进行探讨。黄俊杰先生推想，荀子批判思孟五行绝不是学派门户之争，而实有其思想史的原因，这些原因都深植于孟学与荀学的根本差异之中，尤其是在“心”与“道”这两个重要概念的思想内涵之中。③ 廖名春先生指出：“所谓思孟五行说……是指仁义礼智圣这五种德行出于人性的性善论。荀子从其‘性恶则与圣王，贵礼义’的理论出发，认为‘性善则去圣王，息礼义’，危害最大。所以视其为‘子思、孟轲之罪’，予以空前激烈的批判。”④李景林先生认为：“荀子谓思孟不知‘先王之统’、‘无类’，其主要原因就在于当思孟以圣人知天道时，将天人看做本原上是统一的。荀子说圣人不求知天，圣人知人道，知统类，乃以他的天人之分的观念为前提……思孟以‘圣知天道’，而不知圣乃人道，‘错人而思天’，是为‘不知类’。不知礼义统类之道，天人混淆，无‘辨合’、‘符验’而不可行于天下，故言‘甚僻违而无类，幽隐而无说，闭约而无解’。”⑤梁涛先生以为，荀子批评思孟的原因，“根本原因在于荀子重视礼，而《五行》、孟子突出、强调‘形于内’的‘德之行’或仁，属于儒家内部的派别之争。《五行》仁义礼智圣概念体系与‘形于内’、‘不形于内’主张间存在矛盾，这是荀子批判思孟五行的另一个重要原因。子思、孟子在对‘五行’的理解上存在差异，荀子将其一视同仁，并不正确”⑥。陈来先生则提出：“荀子对子思五行说的批判，其‘案往旧造说，谓之五行’，当指子思利用了古代五行的观念形式；‘僻违而无类’，当指子思把‘圣智’和‘仁义礼’不同类的概念列属为同一德行体系；‘幽隐而无说’、‘闭约而无解’，则当指子思只作了《五行》的经部，没有充分加以解释。荀子也讲圣智，但荀子绝

① 梁涛：《荀子对思孟“五行”说的批判》，《中国文化研究》2001年第2期。

② 详见庞朴：《马王堆帛书解开了思孟五行说之谜——帛书〈老子〉甲本卷后古佚书之一的初步研究》，《文物》1977年第10期；庞朴：《帛书五行篇研究》，齐鲁书社1980年版，第1—22、124—141页。

③ 黄俊杰：《中国孟学诠释史论》，社会科学文献出版社2004年版，第100—101页。

④ 廖名春：《思孟五行说新解》，《哲学研究》1994年第11期。

⑤ 李景林：《思孟五行说与思孟学派》，《吉林大学社会科学学报》1997年第1期。

⑥ 梁涛：《荀子对思孟“五行”说的批判》，《中国文化研究》2001年第2期。

不把‘圣智’与‘仁义’混合并论，这应是他批判思孟的重要理由。”①诸位学者从孟荀思想的区别出发，其分析各有道理，而又似乎未尽其意，尤其是对“僻违而无类”的解释可能还有余地。

对于荀子所言“案往旧造说，谓之五行”，唐代学者杨倞注曰：“五行：五常，仁、义、礼、智、信是也。”近代国学大师章太炎先生从之，又疑曰：“五常之义旧矣，虽子思始倡之亦无损，荀卿何讥焉？”乃忆东汉大儒郑玄注子思所作《中庸》“天命之谓性”一段话说：“天命，谓天所命生人者也，是谓性命。木神则仁，金神则义，火神则礼，水神则知，土神则信。”章氏以之为“子思之遗说”，又以沈约所说取自《子思子》之《表记》为旁证。《表记》云：“……水之于民也，亲而不尊；火，尊而不亲；土之于民也，亲而不尊……”对此章氏评论道：“此以水火土比父母于子，犹董生以五行比臣子事君父。古者鸿范九畴，举五行傅人事，义未彰著，子思始善傅会。”②对于《表记》中的那一段话，章太炎先生的理解可能有误，我们且不去管它，但是章氏以五行配五常为“子思之遗说”，则可谓慧眼独具。《中庸》郑注也不能轻易否定，因为郑玄乃博学鸿儒，其学以儒家为宗主，且更主要的是，郑玄作《中庸注》时子思学术尚有传承，《子思子》一书极有可能尚在流传，因此章氏的说法未必尽可否定。③ 这样，我们要么干脆承认五行至少有仁义礼智圣和金木火水土两种，其中后者为旧传之说，前者为思孟新创之说，而在子思学术思想中二说并存是极有可能的；要么只把金木火水土看做是思孟新创五行说之旧据，而仁义礼智圣五行则因在《子思子》中找不到文本的具体依托而被迫与其划断干系。④ 我们倾向于前者。虽然思孟“五行”仁、义、礼、智、圣五者在《论语》所载孔子的言论中早已全部出现了，而且不是偶尔论及，但孔子并没有将这五者连在一起，更没有称其为五行。在《曾子天圆》中，曾子所述孔子言论也只是讲：“圣人立五礼以为民望，制五衰以别亲疏，和五声之乐以导民气，合五味之调以察民情，正五色之位，成五谷之名，序五牲之先后贵贱”，没有把传统的五行与人事中的五常相比附，而子思之《五行》以仁、义、礼、智、圣为“五行”，明显是将仁义礼智圣和木金火水土相比附，这在荀子看来是牵强附会、歪曲孔子原意的，所以严厉地斥之为“甚僻违而无类，幽隐而无说，闭约而无解”。

---

① 陈来：《竹简〈五行〉篇与子思思想研究》，《北京大学学报》（哲学社会科学版）2007年第2期。

② 《章太炎全集》（一），上海人民出版社1982年版，第169页。

③ 李学勤先生赞同章说，见李学勤：《帛书〈五行〉与〈尚书·洪范〉》，《学术月刊》1986年第11期。

④ 见丁四新：《郭店楚墓竹简思想研究》，东方出版社2000年版，第168页。

【政治哲学】

儒家视域中的正义与和合对重建国际秩序的意义

朱高正[①]

内容摘要：作者在本文以礼记礼运大同篇与周易比卦九五爻辞，阐释中国传统的王道政治，批评西方近五百年的强权政治，尤其是以赤裸裸追求国家利益为外交最高指导原则，罔顾自然法的约束，这是导致非西方国家近现代悲惨命运的根源。作者试图透过儒家的仁义之学与易传保合大和的思想，为重建一个更公平合理的国际秩序而努力。

关键词：儒家视域　正义　王道政治　礼记　周易

儒家视域中的“正义”，其实可以概括为“己所不欲，勿施于人”，也就是《大学》所提的“絜矩之道”：“所恶于上，毋以使下；所恶于下，毋以事上；所恶于前，毋以先后；所恶于后，毋以从前；所恶于右，毋以交于左；所恶于左，毋以交于右。”传统儒学虽然没有“正义”或“公平”这个词，但却有相应的词义，“正义”两字是从柏拉图、亚里士多德的“iustitia”转译过来，“正”有正直且不偏不倚的意思，“义”则是合宜、恰当的意思。在儒学中，仁、义、礼、智并重，而仁则为诸德之首，义乃仁的裁制，礼为仁的节文，智为仁的明辨。孔子以仁为主，而义、礼、智就涵括在“仁”之中；孟子则标榜“仁义”，强调“亦有仁义而已矣”，其实，礼、智也就涵括在“仁义”之中。“义”字中，自然包含“正”与“公平”的意思。至于“和合”则源自《周易·彖传》：“乾道变化，各正性命，保合大和，乃利贞。”“变”是“化”的完成，“化”是“变”的过程，物所受于天的为“性”，天所赋予的为“命”。“大和”，指阴阳合洽的冲和之气。“大”通“太”。“各正”，指受得于有生之初；“保合”，指保全于已生之后。也就是说，乾道变化，无所不利，而万物各得其性命以自全，这在解释“利贞”。“各正性命”，指各得其性命的正理。“保合大和”，指保合这个大和的生生之理。易言之，儒家视域中的正义与和合强调互相尊重，共存共荣。以此来检视当前的国际秩序，就饶富意义了。

事实上，西方殖民帝国主义主导了近现代世界最近五百年的发展。而近年中国崛起，意味着儒家价值观的复兴，也则意味着对“西方文化中心主义”的质疑与挑战，同时也给包括阿拉伯世界，以及相对穷困的亚、非、拉丁美洲等非西方国家对另类选项的期待。

---

① 作者为波恩大学博士，现任欧洲文教基金会会长。

其实,从15世纪末以来,欧洲的冒险家在一些王公贵族的支持下,开始了"大航海时代",随之而来的是,漫无限制的、赤裸裸的烧杀掳掠,竞相抢夺世界原材料供应与市场的控制权,这就是五百年来非西方世界悲惨命运的根源。伴随武力征讨之后的是天主教、基督教改革派的宣教活动,以强势文化的姿态散播"福音",宣传西方的意识形态,蛊惑非西方世界的知识阶层。

1624—1661年,台湾就是荷兰东印度公司口中的一块肥肉。而马六甲的历史,更是一页中国的王道政治与西方的强权政治的鲜明对比。想当年,1405年明成祖朱棣,册封流亡在马六甲的三佛齐(今印度尼西亚巨港)王子拜里迷苏剌为国王,使满剌加王国与满者伯夷(今爪哇)、暹罗(今泰国)平起平坐。15世纪可以说是马来亚历史上最为风光的时代,那正是正义与和合的落实。那时,马六甲海峡几乎成为满剌加王国的内海,其版图除了马来亚外,也拥有苏门答腊的一半,俨然与满者伯夷、暹罗鼎足而立。那时郑和率领世界最大规模的宝船舰队,一路从东海、南海,跨越印度洋,直到东非,所到之处,无不抑强扶弱,敦睦邦谊。当时大明王朝由于郑和七下西洋,维护了国际正义,肃清了整个广大水域的海盗,促进海上贸易,也增进区域的繁荣。

一、中国台湾、马来亚与菲律宾近五百年与西方殖民帝国主义的悲惨遭遇

后来由于明朝对外政策的转变,不再派遣宝船舰队敦睦西洋各国,也就意味着维护正义与和合力量的退出,这个广大的水域就沦为西方新兴的殖民帝国主义的俎上肉,而首先出现的就是葡萄牙人。1508年葡萄牙消灭了满剌加王国,于马六甲建立殖民政权,奴役当地人民。17世纪初,荷兰东印度公司在马六甲击败了葡萄牙人,取而代之。18世纪末,欧洲爆发了拿破仑战争,荷兰为了抵抗拿破仑的军队,抽调所有的海外兵力回国助战,遂将马六甲委托给英国代管,不料英国就把它据为己有。与当时英国窃占马六甲的丑行相比,美国殖民菲律宾的过程也不遑多让。

其实,美国出于战略考虑,一直想在西太平洋建立一个根据地,本来1853年就看上了台湾。因为台湾控制了台湾海峡,这是欧洲国家通往中国的主要水道,再加上台湾拥有丰富的煤矿,足可作为美军船舰在西太平洋的补给站。但后来因为国内的黑奴问题爆发了南北战争,无暇顾及远东的利益,美国乃调整其西太平洋政策。既然在现实形势下,美国不能占有台湾岛,却也不能坐视欧洲列强得手,所以就打算协助日本取得台湾。甲午战败之后,由李鸿章负责对日马关条约的谈判,而他所聘请协助谈判的美籍顾问,却是刚卸下美国国务卿职务的佛斯特,这个人正是主导协助日本取得台湾的政策执行者,这是何等的可悲!

中国台湾、马来亚与菲律宾,其实就是传统的正义与和合价值遭到漠视,而让典型的非西方世界与"现代化"浪潮第一次接触的惨痛经验。而如今中国的崛起,正给了这

些被西方国家蹂躏过的地区与民族一个崭新的希望。

二、中国自有一套极其宏伟的政治哲学

古希腊的柏拉图是主张极权、反民主的代表，从其经典性的著作《国家论》（*Politea*，通称为《理想国》）可以得知，他主张共产甚至共妻、反对不同阶级间的流动；他的门生亚里士多德也主张贵族政治、精英政治；中世纪的士林哲学也一向主张神权政治与后来“君权神授”的君主制。一直到18世纪，西方世界仍然盛行专制主义（Absolutism）。

而中国如果用历史的长镜头来看，先且把鸦片战争以来的屈辱搁在一旁，当中国再次以超级大国的姿态出现在世界舞台时，中国自有一套极其宏伟的政治哲学，这套国家哲学来自尧、舜、禹、汤、文、武、周公这些前古圣王，由孔子把它总结于《大学》之中，所谓“大学之道，在明明德，在亲民，在止于至善……古之欲明明德于天下者，先治其国；欲治其国者，先齐其家；欲齐其家者，先修其身；欲修其身者，先正其心；欲正其心者，先诚其意；欲诚其意者，先致其知；致知在格物……自天子以至于庶人，壹是皆以修身为本。”中国人自有一整套政治哲学的价值观，这套理论早就渗透进整个民族的骨髓里，郑和只是把《大学》的要求运用到现实的外交作为而已。

三、中、西双方对人性的了解大有不同

中国传统的政治哲学与西方的根本差别，在于双方对人性的基本了解有所不同。在传统儒家，孔子虽没直接主张人性本善，而且很少论及性、命与天道，但孔子作为儒家的创始人，他的确是性善论的奠基者。他所编撰的《六经》，无不根源于他上下与天地同流的胸怀，乃是就二帝三王以来足以为后人学习的重要文献、事迹、诗歌、礼乐，以及阴阳变易之道，精心采摭纂集而成。而在《六经》之中，就蕴含着大量关于人性本善的材料。如《尚书·尧典》就提到“克明峻德”，要我们发扬吾人不假外求的崇高德行；周公册封康叔时所作的文诰也说：“克明德”（《尚书·周书》），希望康叔能保有光明的德行。而《诗经》中的《关雎》则是歌颂文王后妃们幽娴贞静的美德；《麟趾》则是歌颂文王子孙们仁爱忠厚的家风。而《周易》的经、传更处处显示天人合一的观点，要人与天地万物为一体。而性善论最有代表性的莫过于复卦，真所谓“复，其见天地之心乎！”天地之心就是生生不已的仁德，仁德乃万善之本，仁德可以统贯仁、义、礼、智、信这“五常之性”。复卦初九的爻辞《象传》说：“不远之复，以修身也。”因为复卦为一阳处于五阴之下，最下面的初九是阳爻，阳爻则象征君子之道，凡事必先有所失，才有所复，当偏离正道未远、尚没有形显之过时，马上回复善道，就不至于后悔，此乃大善而吉的修身之道。孔子在《论语》中也说：“远乎哉？我欲仁，斯仁至矣。”又说：“为仁由己，而由人乎

哉?”可见,仁是每个人与生俱来的德行。孟子的性善与仁义理论其实是孔子仁说的继承与发展。

四、公平的契约关系是从不曾存在的

西方世界由于深受基督教文化的影响,因此“原罪”的观念浸灌到一切神学、伦理学、人性论与人生哲学之中。由于“原罪”的观念根深蒂固,使得性善论在西方很难发展,而人性本恶倒成为主流。如近代西方政治哲学的名家,即英国的霍布士(Thomas Hobbes,1588—1679)在其代表作《利维坦》(*Leviathan*)中就主张人性本恶,在所谓的“前国家状态”(pre-state),也就是“自然状态”(status naturalis),那是处在“一切人对一切人的战争”(bellum omnium contra omnes)之中,这与禽兽在丛林中的掠杀、抢食无异。

东方圣人,不论孔子或是朱子,一位是儒学的开创者,一位是集新儒学之大成者,他俩都主张人性本善。而西方的基督教世界向来就主张“原罪”,他们对人性的认识可总结为“信任固然好,但制衡更好”。这种思维深刻影响西方近现代的政治哲学,因此在西方社会向来崇尚“法治至上”。契约论之所以在西方深入人心,成为当代民法典债权的主要内容,与“法治至上”脱不了干系。契约论,其实是私法自治的体现,人与人之间不是像中国靠“仁、义、理、智、信”来维系,而是靠双方意思表示的合致来规范双方的外在关系,其结果是连国家的正当性到最后都要靠契约论来论述。然而契约论的背后,则隐藏着人与人之间的极度不信任。法治的流弊就是对契约文本拥有解释权的强者对弱者可以依法有据地任意欺凌与剥削,公平的契约关系是从不曾存在的。尤其是达尔文于1859年于英国发表《物种起源》之后,远在美国的史宾塞(Herbert Spencer)却硬要将达尔文的生物演化学说引进社会哲学的领域,从而发展出残酷无情的“社会达尔文主义”(Social Darwinism),反对以任何社会安全政策来保障弱者的生存权与工作权,认为这将妨碍社会演化的自然进程。这种“社会达尔文主义”对资本殖民帝国主义起了推波助澜的作用,从而也加深了西方世界的内部矛盾,也给非西方世界人民带来深刻的苦难。最近五百年西方世界内部的斗争史愈演愈烈,而其在非西方世界所犯下的种种罄竹难书的滔天罪恶,无不与这种西方的人性观、政治哲学与“社会达尔文主义”有关。

五、中国的崛起与改革开放是分不开的

马克思哲学,其实是对这种西方人性观与近代国家哲学的反思,主张以“科学的社会主义”取代资本主义,以团结全世界的无产阶级来消灭资产阶级,认为“国家”是阶级剥削的工具而主张消灭国家,主张“各尽所能,各取所需”,却低估了人性的自利心。马克思一方面代表着19世纪欧洲知识界的良心,另一方面其学说难免有其过激及其片面性。马克思的人性观与政治哲学,无疑是从否定资本主义着手的。当资本主义的政治

哲学是片面而不公正的,作为其对立面的马克思主义政治哲学自也难免是片面而不公正的。自 1989 年 11 月 9 日柏林围墙倒塌以来,社会主义国家就像骨牌效应一般,一一应声土崩瓦解。除了越南、朝鲜、古巴与中国之外,原来信奉马克思主义的社会主义国家就好像突然从人间蒸发似的。古巴因为向来就是美洲新大陆唯一的社会主义国家,因此没受到波及。而越南、朝鲜与中国则因都是深受儒家文明熏陶的社会主义国家,故独能幸免于难。

现代中国的崛起与改革开放是分不开的。要不是告别教条主义,就没有中国的崛起;要不是解放思想、实事求是,就没有中国的崛起。换言之,马克思主义不仅要中国化,而且我们要以当代的中国为主体,西为中用,古为今用。我们最为熟悉的传统优秀文化,一百多年来遭到过度的贬抑与诋毁,朱子学从 13 世纪一直是东亚文化圈的主流思想。但由于西方殖民帝国主义的冲击,朱子学随着整个传统文化淹没在“现代化”的洪流中。但由于东亚地区人民坚忍不拔的努力,从战后日本的复兴、亚洲四小龙的经济奇迹,紧接着中国这条超级大龙的崛起,这些让人对东亚文明刮目相看,而朱子学正是这个东亚文明的灵魂。显然,中国的崛起,意味着中国终于走出了自己发展的一条道路,这一条崭新的道路既不是资本主义的道路,也不是马克思主义的道路,而是一条有中国特色的道路。中国所走出的这条迈向全面复兴的道路,对包括俄罗斯在内的非西方国家都有极为深刻的意义。

六、中国特色社会主义要以优秀传统文化为基础

过去三百年来,由于殖民的资本帝国主义主导着西方世界,盲目追求经济成长,以致过度开发,严重破坏自然环境。而非西方国家,在第二次世界大战以后,也力求急起直追,一起加入破坏生态环境的行列,这使得地球暖化问题愈益严重,各种自然灾害频发,显示出人与自然环境和谐共生也出现了问题,已经成为全人类不得不严肃面对的重大课题。儒学在这方面也可以提供极其宝贵的意见,来调节资本主义、殖民主义、帝国主义带给生态环境的灾难。《易经》早就强调“天地之大德曰生”,天地有让万物各遂其生的仁德。所谓“大哉乾元,万物资始”,“至哉坤元,万物资生”。乾坤,也就是天地,其最伟大的作用在于创生万物,长养万物。依照儒学的观点,人与万物同样都是阴阳二气化生而成,“游气纷扰,合而成质者,生人物之万殊”(张载《正蒙·太和》)。只是人得气之正,而物得气之偏,不可说物与人不共有此天道、天命、天理。人只是得到气之全、气之正,所以才能成为五行之秀,万物之灵。诚如北宋大儒程颢所言“仁者,以天地万物为一体,莫非己也”,岂敢不爱惜物命啊!

而《礼记·礼运·大同》所描述的境界,自古以来,可说是中国知识分子的“理想国”。《大同篇》开宗明义说:“大道之行也,天下为公。”是指天理至道真正落实下来,天下乃天下人之天下,非一人、一姓、一族或某一阶级所得私有。“选贤与能,讲信修睦”,

要使有贤德、有才干的人各得其所，各尽其能，尊崇诚信，敦劝和睦。“故人不独亲其亲，不独子其子”，人际关系中最密切的莫过于亲子关系。务必要让每个人先从做到“亲其亲，子其子”之后，更进一步能做到“亲人之亲，子人之子”，由亲及疏，由近及远，而使“天下为一家，中国为一人”。“使老有所终，壮有所用，幼有所长”，让所有老年人皆能安享晚年，有工作能力的人都能有合适的工作，年幼的人都能得到充分的长养与适当的教育。“矜寡孤独废疾者，皆有所养”，让所有的鳏夫、寡妇、孤儿、没有兄弟的人，以及残废、有疾病的人都能得到照顾，不再孤苦无依。“男有分，女有归”，适婚年龄的男女都有合宜的婚配，使社会不再有痴男怨女。“货恶其弃于地也，不必藏于己。力恶其不出于身也，不必为己。”有用的财货只怕弃置于地，不必坚持要“藏于己”，而为己所有，如此财货就不可胜用了。多余的劳力只怕闲置于身，不必坚持“为己”，而为己所用，如此劳力就不患不足了。“是故谋闭而不兴，盗窃乱贼而不作。故外户而不闭，是谓大同”，这么一来，任何不良的图谋自然烟消云散，无由兴起，而盗窃财物、占山为王、落草为寇等悖乱做贼之事也无由而起。大家入夜之后，户外的大门也用不着关闭上锁，这就是大同世界。这种源自儒家的大同社会理想，与批判资本主义起家的社会主义理想一比，自有其自然从容、光明正大的一面。

七、《礼记·礼运·大同》与《周易·比·九五》的王道政治

把大同世界的思维模式推扩到整个世界，那将对改善目前的国际秩序起到醍醐灌顶的作用。事实上，《易经》第八卦“比”讲论的就是人与人亲比之道。“比”（䷇）卦由下坤（☷）上坎（☵）两卦组成。从卦象来看，坤为地，坎为水，流水行于地上，与地亲密无间，所以有亲密比辅之象。从爻象来看，九五（即一卦从下面算起来第五爻为阳爻，阳为九）为一阳统领群阴，且九五以阳刚居尊位（即上卦之中位），而为群阴所亲辅，而上亦亲下，故为比。九五的爻辞为“显比，王用三驱，失前禽，邑人不诫，吉。”“显”为显明之意。“显比”为显明人君亲比天下之道。“三驱”，古时天子狩猎不合围，只合左、右、后三面，而前开一路，舍逆取顺，以示天子仁民爱物之德。舍逆是指“前禽”上六（最上面的阴爻）任其逃离而不追捕；取顺是指九五以下四阴，来者不拒。藉田猎来显明人主亲比天下之道。前禽失而不追，邑人居而不诫。远去者若不知有王者之亲，乃所以为亲之至也。近附者若不知有王者之尊，所以为尊之至也。为人主能以此道亲比天下，理应得吉。程颐在其《伊川易传》中对显比之道有所发挥：

> 人君比天下之道，当显明其比道而已。如诚意以待物、恕己以及人，发政施仁，使天下蒙其惠泽，是人君亲比天下之道也。如是，天下孰不亲比于上？若乃暴其小仁，违道干誉，欲以求下之比，其道亦已狭矣，其能得天下之比乎？王者显明其比道，天下自然来比。来者抚之，固不煦煦然求比于物，若田之三驱，禽之去者从而不

追,来者则取之也。此王道之大,所以其民皞皞而莫知为之者也。非唯人君比天下之道如此,大率人之相比莫不然。

显比之道讲的是人主亲比天下之道,强调要以公心正道来显示其亲比之道,而忌讳"暴其小仁,违道干誉",想藉此以求百姓来与自己相亲比,这种心态私而不公,邪而不正,怎能得到天下兆民真心诚意前来亲比?将这种亲比之道正是儒家的正义与和合,推扩到敦睦邻邦的关系,则是王道政治在国际政治的体现。事实上,中国自古以来,与四邻的国家往来就是遵循"三驱,失前禽"的原则。简言之,国与国交往的原则就是先把自己的分内事做好,比如"诚意以待物"、"恕己以及人"。"诚意以待物"就是说先要以内积至诚的心意来对待邻邦,示天下以不欺;"恕己以及人"则是推恕己之心以及邻邦,示天下以无私。发于外交的政策施为无不出于仁心,使邻邦诸国无不蒙其恩惠福泽,如此邻邦焉有不来与中国相亲比的呢?这从郑和七下西洋,宝船舰队所到之处,无不望风披靡,中国非但未侵占任何一国的领土,而且还抑强扶弱,肃清海盗,主持国际正义。这种来自《大学》、《礼记》、《周易》等儒家经典的国际交往的王道政治比起近现代西方殖民帝国主义的强权政治要文明多了。

其实,从中国传统的王道政治,也就是立足于儒家正义与和合的普世价值,确实可以提供给未来建立一个更合理、更公正的国际秩序与维护世界各国和平相处的基本原则。

八、充分尊重各国的历史文化、现状与自主选择发展道路的权利

其一,要充分尊重各国的历史文化。凡是人无不是"天地储精",得到"五行之秀"。但由于出生在不同的经纬度,要适应各种不同的气候、地理与自然环境,因而各自发展出不同的风俗习惯、生活方式与社会、经济、政治制度。这都是身为五行之秀、万物之灵的人群在不同的自然条件下,为了生存,适应环境,自己创造出各色各样的历史文化。吾人相信,要是中国人自古出生在赤道非洲的话,那今天中国人所创造出来的历史文化不会比现在赤道非洲的民族高明多少;要是赤道非洲的民族自古出生在西欧的话,那今天赤道非洲的民族所创造出来的历史文化,也不会比现在的西欧民族差到哪里。因为不管肤色如何,大家同样是天父地母所生,同样具有仁、义、礼、智、信五常之德,同样具有恻隐、辞让、羞恶、是非之心。儒学中对人性本善的确信,无疑是未来大同世界的必要条件。只有这种确信,才能根治所谓"白种人负担"、"劣等民族"等充满罪恶的偏见。也只有这种确信,才能为各有特色的民族间创造互相尊重甚至互相欣赏的条件。

其二,要充分尊重各国的现状(status quo)。各国的现状无不是以各国的历史文化为基底,而在面临外来的刺激时,不断地作出反馈,在这个试错过程中,肯定是颠簸不

断，连带会打破原系统的平衡状况，如此内外交互作用、激荡不止，直到找到下一个平衡点为止。其实，任何一个文化系统不可能是封闭的。自从有人类以来，文化系统本身就不断在调整，也许是面临新的自然条件，也许是面临与别的文化系统互动。但更重要的是，不同文化系统之间，会一直不断地互动，不论是武力的兼并或自然的融合，这是一个漫长的过程，渐渐形成共同的语言、风俗、习惯、信仰。但不可否认的是，最近这五百年来，西方殖民帝国主义对非西方世界而言，是有史以来最强烈的外在刺激。当前非西方国家的现状，与它们和西方殖民帝国主义接触前的现状，毋宁是极其不同的。这段期间的殖民统治对非西方世界人民的自尊与自信的伤害是难以用笔墨形容的，大多数国家要到第二次世界大战之后才能摆脱殖民统治，争取到政治独立的地位。但是由于精英阶层仍深中“西方文化中心主义”的剧毒，而经济命脉大多仍掌控在殖民地母国的手中。因此，表面上政治独立，事实上殖民地母国及其代理人仍是牢牢在文化上、经济上控制着非西方世界。它们仍经常对非西方国家颐指气使，只不过是透过类似世界银行、亚洲开发银行提供贷款或经济援助的方式，用隐晦一点、文明一点的手法，继续操控非西方国家。要建立一个能长久和平共处的国际社会，就应尊重各国的现状，尤其西方国家应更自觉地对非西方国家当前的状况负有责任，应该尽快终止对非西方国家的操控，还给它们应有的尊严与自主决定的权利。

其三，要充分尊重各国自主选择发展道路的权利。依照儒家立场，孟子就说：“舜何人也，予何人也，有为者亦若是。”任何人只要下定决心，人人可成圣贤。其实，圣贤就是天下第一等人，就是能管得住自己的人，也就是自主的人。反之，管不住自己，那就要别人来管，他就不是自己的主人了。凡是人都希望能当自己的主人翁，而不愿当别人的奴隶。同样，每个国家都希望能当自己的主人翁，希望自己选择发展的道路，因为只有它最了解自己。就算选择错了，它也愿意自己来承担作出错误决策的后果。但长期以来，西方国家在它们国内懂得这个道理，尤其在启蒙运动期间，新兴资产阶级努力要打破的就是那种“家长式政权”。所谓“家长式政权”，套句康德的话，“就是我们所能想象的最为专制的政权。当权者老是把老百姓当成未成年子女一般，认为他们不知道什么是对他们好，什么是对他们坏。应该由当权者来替他们决定，什么是幸福。”西方国家近现代的民主化，从某个角度来看，其实就是唾弃“家长式政权”的过程。但何其荒唐的是，西方国家老是把非西方国家当成“未成年子女一般”。讲好听点是，我都为你们好；讲难听点是，我根本不相信你有能力辨别什么是对你好！中国的崛起是一个强有力的事实，证明一个非西方国家，是完全可以不要有西方国家这种“家长”的指导，走出自主发展的道路。中国可以做得到，意味着其他非西方国家也可以做得到。重要的是，千万不可以将中国的经验照搬，而是要实事求是，要针对各国各自的具体情况制定发展策略。非西方国家一方面，非但不可照搬西方国家的经验，也不可照搬中国经验；另一方面非但要借鉴中国的经验，也要借鉴西方国家的经验，尤其是应该努力在自己的历史文化传统中找出对现代化有利的新元素。

九、国际间真正平等的对话与交流

各国之间要保持良好的、平等的交流与对话。长期以来,国际间的交流,受到西方殖民帝国主义的影响,无不以维护国家利益为原则。其结果是,只有强国不断在扩大自己的利益,而且往往是以牺牲弱国的利益为代价。两次世界大战,其实就是西方世界内部势力消长的全面冲突而已,也就是后来居上的强国不满原来强国所安排的规矩。至于非西方国家则从来没有讨价还价的余地,只能默默承受强国的意志而已。其实依照儒学,孟子早就说了,"亦有仁义而已矣"。如果国与国的交往只讲"利",而不讲"义",其结果必然是强凌弱,众暴寡,两次世界大战的教训难道还不够吗?国与国的交往就像人与人交往一样,要依循普遍有效的道德法则,而不是依循赤裸裸的利益原则。孔子最高的理想就是"仁","仁"其实是指上应天理、下顺人心的"二人",亦即"人"与"人"的关系。儒家讲的就是"亲亲"、"仁民"而"爱物"的义理。所以"人各亲其亲,然后能不独亲其亲",还要推广到视别人的亲子犹如自己的亲子,做到"推父母之心于百姓","视四海之民如己之子",最后是要求仁者要"以天地万物为一体"。张载在《西铭》所发挥的"民吾同胞,物吾与也",就是这个义理。将这种思维推扩到国与国的关系,那就是视别国犹吾国,以天下为一家。中国自古以来,虽自视为"天朝上国",但对于四邻前来朝贡者皆赏赐有加。对于藩属的内政从不主动过问、干涉,只有基于对方的请求,才会提供相关的协助。中国也从不曾将中国的礼俗、文物、典章、制度强加在藩属之上。倒是很多藩属羡慕"天朝上国",自主派人前来学习,像日本的遣唐使与大化革新就是众所周知的例子。中国这套思维对重建一个更公平、更合理的国际秩序,无疑是极其珍贵的。只有依循这个思路,发展中国家与已开发国家间真正平等的对话才有可能,也唯有如此,双方之间真正平等的交流才能实现。

无政府与利维坦之间
——自由主义的国家观

龚 群①

内容摘要：自由主义是关于一定类型的国家权威的可辩护（证成）的学说。自由主义的国家学说一般以无政府的自然状态为起点，认为人类必然走出无政府的自然状态，而进入国家政治状态。自由主义认为只有保护其成员权利的国家才是在道德上可辩护（证成）的，因而反对霍布斯的专制主义和绝对主义的君主国。自由主义强调国家的证成，认为其可辩护性是合法性、正当性的前提条件。当代自由主义两种主要形态以罗尔斯（Rawls）和诺齐克（Nozick）为代表，前者强调康德意义上的公民平等的自由权利与尊严的实现，后者则强调洛克意义上的权利的至上性。罗尔斯的正义论内蕴的国家虽然不是最低限度的国家，但有着很强的可辩护性。

关键词：自由主义 无政府主义 权利 尊严

自由主义是关于一定类型的国家权威可辩护性的学说。国家权威的可辩护性（justification，又译为“证成”）和合法性（legitimacy，又译为“正当性”）是当代政治哲学的两个核心议题。这两个议题又是内在联系的：一个国家需要具有什么样的特质才是可辩护的？或道德上可证成的？对国家权威的证成也就隐含着对其正当合法性的证成。而如果在道德上不可为其辩护，那么，其合法正当性也就存在着合法性危机。国家权威的合法性、正当性，一般可定义为具有道德上可辩护的理由（justified）来进行它的统治，而它的公民也就有着服从的政治义务。自由主义的政治哲学肯定国家存在的必要性，因而在自由主义看来，这两个问题互为表里，对前一个问题的回答也就意味着对第二个问题的回答。并且认为，对前一个问题的回答即肯定国家存在的合理性与正当性，也就为公民服从提供了必要的前提和保障，并且强调可证成的国家也为公民自由提供了保障。与自由主义的国家理论形成对照的关于国家权威的不同理论有这样两类：一是关于无政府主义的理论，无政府主义否定国家权威存在的合法性；二是强调国家至上主义或权威主义国家的理论，这一理论则把公民的服从与公民自由对立起来。自由主义的国家权威理论是介乎这两者之间的理论。其次，自由主义内部关于国家权威的

---

① 作者为中国人民大学哲学院教授。

正当性也存在着严重的分歧，即有着强调公平平等倾向的罗尔斯的自由主义与强调个人权利至上性的诺齐克的自由至上主义。这里我们首先需讨论的是自由主义与无政府主义和国家至上主义的共同区别，然后再回到自由主义内部的争论上来。

一、无政府主义与自由主义

自由主义对正当国家权威的论证或证成，受到来自两个方面的挑战：无政府主义和霍布斯的国家至上主义。以葛德文（Godwin）、蒲鲁乐（Proudhon）和巴枯宁（Bakunin）为代表的18、19世纪的无政府主义，把任何形式的国家权威都看成是一种恶，而认为只有无政府状态才是人类真正美好的状态。霍布斯的国家至上主义则把国家的意志看得高于一切，强调专制君主的专制命令的正当合理性。在自由主义看来，这样两个方面的论证或辩护都是不成功的。

首先要看到，自由主义关于国家理论的起点是无政府状态。自由主义，无论是古典自由主义还是当代以罗尔斯为代表的自由主义或以诺齐克为代表的自由至上主义（libertarianism），都以无政府状态作为他们的政治哲学的起点。诺齐克指出："政治哲学的基本问题，即在有关国家应如何组织这一问题之前的问题，是任何国家是否应当存在的问题。"①关于无政府存在于国家之前的问题是政治哲学的一个基本问题。如果无政府状态是最好的人类状态，或好于任何一种人类社会的国家政治状态，那么，就没有合理的理由来为国家的正当性进行辩护。那么，怎样的无政府的自然状态应当是人们认为可取的最好状态？或者，有没有那种一个人能合理期望的最好的无政府状态？诺齐克指出，可以把无政府状态作这样两端的考虑：最大极小值（minimax）和最大极大值（maximax）。所谓最大极小值，即想象一种最坏的自然状态来与任何一种国家状态相比。如人对人像狼一样的霍布斯的自然状态与任何一种最坏的国家相比，那么，人们可能就有理由要走出自然状态。其次，可以像葛德文那样，想象一种最乐观可能的自然状态。但诺齐克认为，生硬而盲目的乐观主义是缺少说服力的。但无政府的自然状态也许没有像霍布斯所设想的那么坏，也可能没有像葛德文所想象的那么好，因而合理期望的最好的无政府状态是我们应当讨论的。"因此，探讨其性质和弱点，对于决定是否应当有一个国家而非无政府就具有关键的意义。"②诺齐克进一步指出："如果有人能展示国家甚至优于这一最可取的无政府状态，优于这一能合理期望的最好的自然状态；或者展示国家将通过一系列不违反任何道德约束的步骤产生，如果它的产生将是一种改善，这就提供了国家存在的一个合理基础，这一合理基础就将证明国家为正当的。"③诺齐

① Robert Nozick, *Anarchy, State and Utopia*, Basic books, Inc, New York, 1974, p.4.

② Ibid., p.5.

③ Robert Nozick, *Anarchy, State and Utopia*, Basic books, Inc, New York, 1974, p.5.

克的这些观点对于我们讨论无政府主义与赞成国家权威的正当合理性的自由主义的区别有着方法论的指导意义(虽然我们难以找到像诺齐克所说的那样具有最大极小值与最大极大值这样的典范)。

古典自由主义以洛克为例。洛克的自由主义学说的起点是自然状态。洛克的自然状态与霍布斯的不同,洛克的自然状态是一种没有政府的社会状态。洛克的自然状态可以看做两个阶段。在第一阶段,人们遵循自然法,相互之间仁爱、友善。但是,人们之间难免有利害冲突。而利害冲突必然会产生报复行为。然而,由于没有至上的仲裁者,人们总是从自我利益出发来运用自然法,从而使得人们相互之间的冲突得不到公正合理的解决,并因此更严重地损害人们的自然权利,这样就进入战争状态。因此,按照洛克的逻辑,如果人们之间的冲突没有一个大家都让渡惩罚和报复权利的政府来作为人们之间冲突的仲裁者,那么,人类的状态未免不永远处于一种悲惨的战争状态。质言之,如果人类永远处于无政府的状态,可能起初是美好的,但是,由于人们之间的利益冲突,则必然发生争斗,而争斗冲突如果没有一个公正地遵循自然法的仲裁者,则必然导致更悲惨的战争状态。结束自然状态也就是所有人都同意让渡自己的一部分权利,即惩罚与报复的权利,形成一个可以不偏不倚地按照自然法来行事的公共权力机构,即国家政府,而我们都在政府的保护之下。这就是人们放弃无政府状态而进入国家状态的理由。洛克的国家政府是这样一种"有限政府",即仅限于对同意进入国家政治状态的人们的权利进行保护,而没有更多的功能。归纳起来,从洛克的观点看,自然状态也许起初有其美好的一面,但其最终发展,则必然导致对人的自然权利的严重侵害,从而使得人类社会必然过渡到国家政治状态。因而从自然状态到国家政治状态不仅是自然状态发展的必然逻辑后果,同时也表明自然状态并非永远是人类的美好状态。

无政府主义者如葛德文等的论证方式则不同。葛德文从现实国家政权形式给人类社会产生的恶来进行否定性论证。他认为,各种形式的国家政府都是不同程度的恶,没有一种形式的政府不是恶,而是善的。他说:"政权,抽象地来看,是一种罪恶,是对人类自由判断和个人良心的侵犯。"①葛德文在考察了人类社会的君主政体、贵族政体和民主政体之后,说:"展望政治统治这个野蛮机器的解体啊!这个机器一直是产生人类罪恶的唯一的永久性根源。"②葛德文认为,社会利益冲突的根源在于国家政权的存在,他所提倡的,是没有国家政治统治的平等社会。在他看来,这样一个无政府的平等社会,是能够使得社会摆脱罪恶,摆脱人们之间的利益纷争,使所有人都得到最大幸福的社会。后来的无政府主义者蒲鲁东则强调,在私有制社会,财产(权)就是偷盗。因此,即要使得人类社会有真正的幸福,就必须废除一切现存的政治经济制度。蒲鲁东、克鲁泡特金等无政府主义者也提出了一种互助组织或团体作为他们无政府状态下的理

① [英]威廉·葛德文:《政治正义论》下卷,何慕李译,商务印书馆 1980 年版,第 314 页。

② 同上书,第 450 页。

想社会目标。洛克则认为,人类社会的罪恶横行,恰恰在于没有一个可以保护公民权利的国家权力机构。洛克之后的政治经验表明,民主政体尤其是现代民主政体,尽管也有不少缺陷,但它是人类社会迄今为止所能创立的最好的政体。

就罗尔斯的正义论而言,罗尔斯的原初状态隐含着一个无政府的状态。罗尔斯正义论的出发点,即是所谓"原初状态"(origin position)说。他的原初状态,是把以洛克、卢梭和康德所代表的契约论提高到一个抽象的水平。他说:"我的目的是要提出一种正义观,这种正义观概括了人们所熟悉的社会契约理论(比方说,在洛克、鲁索、康德那里所发现的契约论),使之上升到一个更高的抽象水平。"①这个更高的抽象水平,就是将古典的契约论所设想的自然状态,转换成并非是对真实历史描述的原初状态。即使如此,仍然可以把它看做是一种假设的无政府状态。这是因为,罗尔斯原初状态的设置是为了能够得到选择他所荐举的两个正义原则的条件。一旦选择了两个正义原则,原初状态下的无知之幕则被层层揭开,即进入制宪与社会基本制度的创建之中。因此,很显然,原初状态的设置就是理论化了的洛克等契约论者的自然状态。人们为什么要选择正义原则作为社会基本制度的首要原则?在罗尔斯那里,原初状态就是一个"正义的环境",即在社会合作的前提下存在着利益冲突从而需要正义原则来调节的环境。利益地位的不平等造成利益冲突也是现实社会的基本问题。不过,实际上,各种自由权利的平等保障是罗尔斯正义原则首要考虑的,这符合洛克以来的自由主义传统的要求。当然,罗尔斯没有像洛克等人那样,明确提出自然状态的缺陷进而指出进入国家政治状态的必要性。但罗尔斯的"正义的环境"这一说法实际上同样提出了进入正义国家状态的必要性。因此,罗尔斯的正义论有着无政府似的起点,但并没有在无政府状态中停滞下来。当原初状态中的各方代表同意选择了能够指导未来国家基本制度的正义原则时,就意味着与无政府状态告别了。不过,值得指出的是,在罗尔斯的基本理念中,几乎没有出现"国家"这一概念,如"社会基本结构"、"良秩社会"(a well-ordered society)、"社会基本制度"等,然而,他所说的"社会",实际上是公民社会,即现代国家的政治社会。因此,现代国家的概念在罗尔斯那里是不言而喻的。

诺齐克则明确地把一种无政府的自然状态看成是他的理论出发点。诺齐克的著名论著《无政府、国家与乌托邦》的第一编题名为"自然状态或如何自然而然地追溯出一个国家",即把无政府的自然状态理所当然地看成是他的国家理论的出发点。诺齐克从洛克对自然状态的论述出发,指出在自然状态人人具有生命权、自由权和财产权,可在自然状态中,则有人逾越自然法的界限来侵犯他人权利,而每个人都有权侵犯违反自然法的人,一个人可能自己去强行他的权利,保卫自己,索赔或进行惩罚,但自然状态有种种不便,可能导致无休止的报复或索赔行为,从而引发争端。这样个人之间可能就会联合起来,形成相互性的保护团体。只要涉及社团成员与非社团成员之间发生的冲突,

① John Rawls, *A Theory of Justice*, Harvard University Press, 1971, p.11.

社团之间就会采取某种联合行动来保护自己的成员。随着时间的推演，在一个地方可能会自发形成不同的保护性团体或社团。最后，从多个保护性团体中产生支配性的保护团体，即几乎所有居住在同一地区的人，都处于某种判断他们的冲突要求和强行他们的权利的共同体之下，人们向这类机构或团体缴纳一定的保护费，以求得这类团体或机构的保护，“从无政府状态中，就产生了某种很类似于最弱意义国家的实体，或者某些地理上明确划分的最低限度的国家(minimal state)”①。当然，诺齐克并不认为支配性保护团体就具有最低限度的国家性质，它不具有使用强力的独占权。然而，它却是社会进入国家状态的第一步。诺齐克形象地比喻这个变化为类似于市场经济的“看不见的手”，即通过类似于这种自发的过程，将产生最低限度的“守夜人式的国家”。从上述诺齐克对国家产生的论证逻辑来看，诺齐克把人类社会告别无政府的自然状态或国家的产生看成是自然进化或演进的结果。这是人们的利益冲突和寻求保护的产物。因此，自由主义理论中的无政府状态向国家政府状态转换过渡的根本原因，所强调的都是人们的利益冲突的不可避免性，以及保护的需要。

二、霍布斯主义与自由主义

自由主义从人的权利保护的基本观点出发，得出走出自然无政府状态的必然性结论。然而，这仅仅说明了人类不可能回到自然状态中去，但还不能说明国家政治状态在道德上就一定好于自然无政府状态。柏拉图在其《国家篇》中，依据他对理想国家政体的描述，对现存的五种政体都提出了批评。葛德文也对他所认为的三种主要政体提出了他的批判。以洛克为代表的自由主义也是在对霍布斯绝对君权的国家理论的批判中产生的。霍布斯是近现代以来第一个以契约理论系统地阐述世俗国家合法性的理论家。霍布斯国家理论的前提是自然无政府状态，然而，却得出了绝对君权高于一切的绝对主义君主国(Absolute monarchy)的政治结论。这在自由主义看来，是不可接受的。自由主义理论所论证的国家，不仅仅是必然走出自然无政府状态的国家，而且是在道德上可辩护的国家，即有道德上好的理由存在的国家。

应当看到，霍布斯与作为自由主义始祖洛克的国家理论起点的自然状态，从其所包含的自然权利说来看，没有本质的区别。虽然霍布斯的自然状态就是最坏的人类状态，而洛克的自然状态则不可一概而论；虽然霍布斯的自然状态说仅仅强调生命权，而自由主义的思想家洛克在强调生命权、自由权之外，还着力强调了财产权。然而，两者都认为，人类走出自然状态的根本原因在于，自然权利在没有一个个人之上的仲裁者的社会条件下，必然受到侵犯。因此，为了保障人的自然权利，必然在其社会成员都契约同意的前提下，让渡一部分权利，即惩罚或报复的权利，把它交给一个公共的权力机构。

① Robert Nozick, *Anarchy, State and Utopia*, p.17.

自由主义的洛克国家论与绝对君权专制主义的霍布斯国家论，从其前提来看，两者都强调对自然权利的保障。但在怎样看待这个公共权力机构以及对其共同体的成员行使权力的限度问题上，霍布斯与洛克分道扬镳了。从起点上看，两人都共有一个论证前提，即为了保全生命与权利，必须转让某些权利，离开自然状态。怎样离开自然状态？两人都以契约同意论来回答。但人们能够一致同意吗？在霍布斯看来，也许有些人的审慎理性没有意识到让渡某些权利来保全自己的生命与权利的重要，但只要多数人参与了这样一次性的转让行动，就可以看做是一次集体性的行动，从而也就形成了一个保护性的公共权力机构。那么，怎样对待那些还没有意识到这类契约行动重要性的人？霍布斯说："由于多数人以彼此同意的意见宣布了一个主权者，原先持异议的人这时便必须同意其余人的意见；也就是说，他必须心甘情愿地声明承认这个主权者所做的一切行为，否则其他的人就有正当的理由杀掉他。"①在霍布斯这里，保护惩罚权利的转让与专制恐怖行动是内外结合在一起的。洛克则鲜明地指出："任何政府都无权要求那些未曾自由地对它表示同意的人民服从。"②当人们是被威胁地进入一个国家政治社会状态时，那就意味着他们已经丧失了自由。洛克指出："作为被胁迫受制于一个政府的人们的子孙或根据他们的权利而有所主张的人民，总是享有摆脱这种政府的权利，使自己从人们用武力强加于他们的篡夺或暴政中解放出来。"③在如何进入国家政治社会的起点问题上，霍布斯就鲜明地表现出来他的专制主义倾向，洛克则鲜明地体现了他的捍卫个人权利的自由主义倾向。

霍布斯认为，当共同体的多数成员订立契约把相应的权利让渡给了一个公共权力机构，任何人都不得破坏自己的信约而不服从这个机构或这个人——君主，这个机构或这个君主就是一个高于众人之上的主权者（利维坦），因为人们已经将主权授予给他了。他的臣民"不能以取消主权为借口解除对他的服从"。④ 主权方的任何行为他的臣民都得服从。既然臣民们已经把权利交付给主权者了，那么，在霍布斯看来，主权者做什么都是对的，即使是主权者命令杀死臣民。他说："在一个国家中，臣民可以，而且往往根据主权者的命令被处死，然而双方都没有做对不起对方的事。"⑤霍布斯通过契约同意建立起来的国家，是一个臣民们一经把自己的权利交出，就不可收回的专制国家。在这样的国家中，自己只是处于任人宰割的地步。人们之所以愿意离开自然无政府状态，在于保全自己的生命，然而，人们现在处于国家政治状态，自己的生命却交付给了一个至上的主权者，而任人宰割，如同处于枷锁中一般。因此，在霍布斯看来，在通过契约

---

① ［英］霍布斯：《利维坦》，黎思复等译，商务印书馆1985年版，第135页。

② ［英］洛克：《政府论》下篇，叶启芳等译，商务印书馆1964年版，第117页。

③ 同上。

④ ［英］霍布斯：《利维坦》，黎思复等译，商务印书馆1985年版，第134页。

⑤ 同上书，第165页。

同意脱离自然状态而建立起来的国家中的臣民只有“相对于锁链而言的自由”[①],人们失去了自然自由,但换来的却是锁链。这无论如何也不符合建立政治国家的初衷。洛克针锋相对地指出:“使用绝对的专断权力,或不以确定的、经常有效的法律来进行统治,两者都是与社会和政府的目的不相符合的。如果不是为了保护他们的生命、权利和财产起见,如果没有关于权利和财产的经常有效的规定来保障他们的和平与安宁,人们就绝不会舍弃自然状态中的自由而加入社会和甘受它的约束。”[②]洛克认为,如果在国家政治状态中,人们受到他人的专断的干涉和生命财产得不到保障,还不如回到自然无政府状态中去,因为“如果假定他们把自己交给了一个立法者的绝对的专断权力和意志,这不啻解除了自己的武装,而把立法者武装起来,任他宰割。一个人置身于能支配十万人的官长的权力之下,其处境远比置身于十万个别人的专断权力之下更为恶劣。”[③]在自然无政府的状态中,他们还享有保卫自己的权利不受别人侵犯的自由。洛克在此提出了一个对于国家政治社会进行辩护的合理性问题,即仅仅从自利的自然人的利益冲突或从战争状态中走出就可以为建立国家进行合理性辩护吗?一个政治国家的证成不仅是必然性,而且是有着道德上的好的理由。这个理由不是别的,就是自由主义的国家观,即洛克所强调的,人们自愿参与政治社会的根本目的,在于能够在政治社会中更好地保护自己的生命、自由和财产权,和平安全地享有各种财产。他所放弃的只是保护自己和他的同类的权利,这同时意味着他已经处于公共权力的保护之下,但这绝对不意味着他处于他人的绝对专断的权力的支配之下。国家以及其立法机关,“在最大的范围内,以社会的公众福利为限。这是除了实施保护以外并无其他目的的权力。”[④]洛克所强调的政府的功能,除了保护它的共同体成员的各项权利以及谋利所有成员的公共福利之外,没有更多的权力。对于政府或国家政治权威的辩护,洛克给出道德上的好的理由,就是它应当是保护性与服务性的,并且必须是一种“有限”政府,而不是凌驾于公民之上的专制政府。

这里的问题是,霍布斯与洛克都有着同样的保护个人权利的起点,然而,为什么霍布斯不同于洛克,得出了具有君主专制主义倾向的国家权威说?这是霍布斯论证本身导致的结论。从战争状态的自然状态走出的关键在于人们之间的契约,或一致同意,这个契约是以每个人交出自己的攻击与惩罚他人攻击的自然权利为前提条件,其目的是为了保护自己的生命权或免于恐惧。然而,当人们一经交出自己的权利而建构一个超越于个人之上的利维坦,人们则处于这个绝对主权的宰制之下。因此,我们对于霍布斯不是要提出人们是怎样同意的,而是要问,人们同意的是什么。霍布斯契约的前提在于人们的理性告诉他们,要保护自己免受伤害,就要走出战争状态进入和平的公民社会,

① [英]霍布斯:《利维坦》,黎思复等译,商务印书馆1985年版,第164页。

② [英]洛克:《政府论》下篇,商务印书馆1964年版,第85页。

③ 同上。

④ 同上书,第83页。

而当人们交出了自己的先发制人的权利和惩罚报复的权利后,即“按约建立国家之后,每一个臣民便是按约建立的主权者一切行为与裁断的授权者……因此,抱怨主权者进行侵害的人就是抱怨自己所授权的事情。”①主权者的行为都是为他的臣民所授权,因此,臣民们没有理由对于主权者的行为不服从,哪怕主权者的行为是不正义的,霍布斯认为“这也不是不义,也不算是[对臣民的]伤害。”②依霍布斯的理论,人们所同意的,也就是同意政府对于人们所做的一切。我们每个人都授权给利维坦可对我们做任何性质的事情,而人们不能抱怨政府是非正义的。就是说,即使是政府伤害行为的受害者,也不能抱怨其行为的非正义。霍布斯提出这个理论的理据在于,我们每个人都是政府行为的授权者,而一个人根据另一个人授权所作出的事情,不可能对授权者本人构成侵害,即使是政府侵害了授权者,你也不能控告别人而只能控告自己。但人们是不能控告自己的,“因为一个人要对自己进行侵害是不可能的”③。霍布斯在这里的论证有着明显的逻辑空白,即把授权者的臣民与授权所建立的政府完全等同起来,并且,他忘记了自己的立论前提,即人们授权给一个主权者,是为了保护自己免受侵害。即使是我们所授权的政府,也不是不可以完全合理地说,它的行为构成了对授权者的侵害从而是不正义的——只要它确实侵犯了其辖下臣民的权利。而霍布斯恰恰是通过这样一种奇怪的逻辑论证导向了他的绝对君权的专制主义。在霍布斯看来,臣民们“如果主人由于他拒绝服从从而杀死他,或以刑具锁禁起来……这一切也都是由他自己授权的,不能控告主人侵害了他。”④因此,霍布斯认为,以契约即全体同意所立之国家政府与传统宗法的和专制的政府没有什么不同。他说:“宗法和专制的管辖权的权利与必然结果和按约建立的主权者的这一切完全相同,而且所根据的理由也相同。”⑤霍布斯在对民主制、贵族制和君主制政体进行比较分析后说:“最绝对的君主制对国家来说是最好的条件。”⑥因此,他实际赞同的是绝对专权君主制国家。而从专制君主可以为所欲为来看,霍布斯的政治社会或利维坦之下的社会成员仍然生活在自然状态,即人们的生存权仍然得不到保障。最基本的公民权得不到保障的国家权威,是得不到最起码的道德辩护的。从自由主义的观点看,这样的国家权威也丧失了其正当合法性。⑦

---

① [英]霍布斯:《利维坦》,黎思复等译,商务印书馆1985年版,第136页。

② 同上。

③ 同上。

④ 同上书,第157页。

⑤ 同上。

⑥ [英]霍布斯:《论公民》,冯克利译,贵州人民出版社2003年版,第113页。

⑦ Rex Martin说:“在霍布斯的公民联合体中,有一个没有解决的自然状况的残存物。在某种意义上,利维坦被看做是‘主的荣耀’,对于其主权者的意志,不允许它的臣民所有的抵制活动和不同意行为——霍布斯的理论是有着如此的缺陷。”(Rex Martin,“Hobbes and The Doctrine of Natural Rights:The Place of Consent in his Political Philosophy”,in *The Western Political Quarterly* ,Vol.33,No.3,(Sep.1980),p.392.)

三、哲学无政府主义的诘难

哲学无政府主义是20世纪70年代以来出现的一种哲学流派。自1970年罗伯特·沃尔夫发表《为无政府主义辩护》以来,无政府主义思潮在政治哲学领域里再度活跃。这一领域里有迈克尔·泰勒(Michael Taylor)、D.米勒(D.Miller)和罗伯特·拉迪生(Robert Ladenson)①等人。当代无政府主义主要是一种哲学思潮,它不反对任何现实的政府或政权,因而与传统的具有政治意义的无政府主义区别开来。囿于篇幅,这里主要讨论约翰·西蒙斯(A.John Simmons)对自由主义的国家观的诘难。②

在自由主义者看来,至少有那么一类自由主义所赞成的国家,是可以得到辩护或证成的。生活在自由主义的国家里,至少比在自然的无政府状态或霍布斯式的利维坦中更为可取。自由主义已经证明,生活在无政府的自然状态由于它的内在缺陷,因而必然走向国家政治状态;同时,自由主义也证明了他们所赞许的那类国家比霍布斯的利维坦在道德上更为可取,因此,我们有很强的道德理由来选择自由主义所赞许的国家。但西蒙斯认为,任何一类国家的一般质量和特性是一回事,(这决定了是否可为之辩护或证成),但某一特殊的国家(政府)与某个或某些社会成员的关系——即这些社会成员对它是否负有义务,因而意味着它的合法性、正当性——则是相当不同的一回事,这两者是两个独立的变量。拉迪夫也持有同样的观点。邻居认为,我家的树长高了,影响了他们家的阳光,要求我把它锯掉,这样的要求是可证成的,或可辩护的,但并不意味着我一定要服从。在他们看来,这恰恰类似于国家政治领域里的权威合法性问题。

在西蒙斯看来,以康德的基本立场为出发点的当代自由主义,都混淆了国家权威的

---

① 一般认为,对某人具有权威主要也就涉及对其有统治的权利,而相互关联的是,另一方则就有着服从其权威和统治的义务。拉迪生则挑战了这一传统的观点。政治权利是一种统治权,但他否定了相应的服从义务。拉兹说:根据拉迪生,权威有一种可证成的占有和实行权力的权利,一种可证成的权威与要求权相对照,因它不隐含任何义务。我的邻居和一种可得到辩护的声言威胁我的权利,这并不意味着我有责任来服从他。这仅仅意味着它威胁我没有错,而与我有权利抵制他是相容的。JOSEPH RAZ,"Authority and Justification",*Philosophy & Public Affairs*,Vol.14,No.1(Winter,1985),p.4.

② 西蒙斯把当代的无政府主义称之为"哲学无政府主义",将它与19世纪传统的无政府主义区别开来。哲学无政府主义与传统无政府主义无疑有着巨大差别,哲学无政府主义认为,"没有一个道德上具有合法性(正当性)的国家。这个哲学立场(与成熟的政治无政府主义不同)是与这一观点兼容的:政府是必要的,一定类型的政府应当得到支持。"(A.John Simmons,"The Anarchist Position:A Reply to Klosko and Senor",*Philosophy & Public Affairs*, Vol.16,No.3,1987,p.269)。哲学无政府主义主要质疑的是政府或国家权威的正当性或合法性。在哲学无政府主义看来,自由主义虽然对于他们所认为的那类国家的存在有着道德上的好的理由,是可辩护的(可证成),但并非意味着某些国家权威具有合法性或正当性,公民应当有政治服从的义务。在他们看来,对国家权威的证成与对国家权威的合法性、正当性的论证分析是完全不同的两回事,因而,对于国家权威的证成性分析不能说明国家权威的合法性、正当性,因而不能合逻辑地推出公民服从的义务(本文囿于篇幅,不准备展开公民政治义务的问题)。在西蒙斯看来,自由主义的论证混淆了这样两类论证,把对国家权威的证成就看成是对国家权威的合法性论证。

证成与国家权威的合法性、正当性这两类不同问题。西蒙斯指出，当代影响最大的罗尔斯的正义论，持有的是一种政治社会本体的观点，罗尔斯甚至没有提出为什么需要国家的问题，而他对国家权威的论证，是把对国家权威的证成与国家权威的合法性合并为一个问题，他以罗尔斯的话为证："[社会]基本结构和公共政策对于全体公民而言是可证成的(可辩护的)，正如政治合法性(正当性)原则所要求的那样。"①为什么会是如此？在西蒙斯看来，罗尔斯等人把国家的合法性(正当性)理解为自由[的问题]，并且不把它与其所属的成员的义务联系起来，"所以对国家的证成就被当做是隐含了对国家的合法性(正当性)论证，或者把它看做是对国家合法性论证的一部分；而合法性的问题仅仅看作是一种道德的许可"②。我们并不一定认同西蒙斯对罗尔斯的批评，但要看到，他与罗尔斯的区别就在于，强调对国家权威的证成与国家权威的合法性(正当性)问题不是一个问题。为什么这不是可归并的问题？我们从他对诺齐克的批评中可知道得更清楚。

西蒙斯认为，诺齐克以康德和洛克的权利说为基点的最低限度(minimal)的国家，这样的国家在一定的疆域内要求一种独占的统治权，这样的国家能够通过这一领域里的足够多的居民的同意因而获得它的合法性来实施它的统治，因而它有着最大的资格来对"错误行为"实施惩罚。西蒙斯认为这里实际上包含着这样两个不同的问题，他说："说明这样的国家具有合法性在于表明，它实际上与它所控制的居民有着道德上不可异议的关系。为反对无政府主义，为这样一个国家辩护，仅仅涉及它与它的臣民可能存在着这样一种关系，以及有这样的国家的所有好处，从而我们能够希望它们自然地从自然状态中产生。注意到，就这个范式而言，一个具体的国家显然是这种可辩护的国家，即在诺齐克的意义上，它是仅对疆域内的居民提供保护而没有再分配功能的国家，但它本身仍然不是一个合法性(正当性)的国家。例如，最低限度国家施加强力给它的人民而没有得到任何(或很多)同意的'顾客'。那就意味着没有比某些团体有着更大的施行正义的权利；那么，它就没有合法性，即使它为全体成员提供保护而没有再分配的功能。国家特殊的合法性产生于这个事实：它的同意的顾客给予它比任何它的竞争者享有集体性的'惩罚的权利'……一个最低限度的国家如果没有这种同意，那就只有强迫，而没有这样一种合法性，而只有事实上的对暴力使用的独占权。"③西蒙斯认为，诺齐克只做了一半，即为了反对无政府主义，它指出了保护性的最低限度的国家所具有的好处，从而可以有说服力地说服它的居民喜欢生活在国家政府状态中受政府的保护而不愿意再生活在无政府的自然状态中。质言之，以"看不见的手"来论证最低限度的国家从自然状态中产生的必然性，并没有说明具体国家与公民关系的合法性，以及它的

① John Rawls, *Political Liberalism* (New York: Columbia University Press, 1993), p.224; and A.John Simmons, "Justification and Legitimacy", *Ethics*, Vol.109, No.4(July 1999), pp.756-757.

② A.John Simmons, "Justification and Legitimacy", *Ethics*, Vol.109, No.4(July 1999), p.757.

③ Ibid., pp.744-745.

居民的正当服从义务——合法性产生于公民的同意。在西蒙斯看来，罗尔斯的正义论也是以对一般国家政府的证成（正义的基本制度）取代了另一个分离的任务，具体国家权威的合法性和公民服从的合法性问题。那么，自由主义的国家理论中确实存在这样的问题吗？

从自由主义的国家理论看来，既然我们证成了有着这样一般性质的国家在道德上具有好的理由值得我们拥护，那就意味着它有施行它的政治统治的合法性以及公民应当服从其统治的义务，即公民的同意就建立在这样的前提上。但西蒙斯认为，即使是具有一般意义上的这样好的道德理由，也并不意味着它的政治统治就是合法性，有着这样一般性质的具体国家的合法性、正当性取决于它的公民的自愿同意。在西蒙斯看来，对国家的道德证成与合法性、正当性（在他看来，决定国家权威合法性与公民服从的唯一决定因素是公民的自愿同意）是两个独立变量，不可把这两个问题合并为一个问题。那么，西蒙斯是如何论证的？

西蒙斯以一个模拟论证——商业服务说明他的观点。西蒙斯说，一家好的商业机构，它可以为顾客提供好的服务和货真价实的商品，但这并不意味着我就要买它的商品，为它付账单。因为这并不意味着我与这家商业机构之间有特定关系。它的服务和商品好不好是一回事，我愿意不愿意买它的商品和服务则是另一回事。两者之间没有必然联系。一个在道德上有好理由存在的商业机构并没有权利要我一定成为它的顾客，除非我自愿同意。道德上可辩护的国家（reasonable and just state）与商业机构一样，有道德上的好理由值得存在下去，并非意味着有权利要求我服从，“一个国家或商业机构为它的存在辩护（证成）需要诉诸其德性，而它有德性本身并不意味着它有特殊的权利来要求具体的个人”①。西蒙斯认为，尽管国家在很多方面不同于一个商业机构，尤其是国家权威机关是某一领域内的唯一的提供安全和保护以及对犯罪进行惩罚的机构，但是，无论是商业机构还是国家权威机关，都没有权利强制一个不愿意参与的人成为它的顾客，否则，就否定了洛克的人的自然自由的前提。

然而，服从一个在道德上的好理由的国家是需要强制的吗？如罗尔斯理论中的有着正义感的公民对正义国家制度的服从。即使是商业机构与某类国家一样好的存在理由，商业机构与国家机构仍然不同，因为不同的商业机构提供同样的商品，而国家则是某一疆域内唯一的供需者。因而这两者并非是像西蒙斯所说的那样，是两个独立的变量，实际上，前者是后者的必要条件，即前者的条件得不到满足，后者则不能成立。因此，这个问题可以从反面来看，即如果国家权威得不到有效证成或辩护，那它的合法性、正当性是否还存在，它对它的公民提出的义务要求是否是有效的。如果国家权威不能满足证成性条件，其对公民的义务要求也是无效的，那也就从反面论证了国家权威的证成性是公民服从义务的必要前提条件。前面已述，就霍布斯式的绝对君权的专制主义

① A.John Simmons,“Justification and Legitimacy”, *Ethics* ,Vol.109,No.4(July 1999),p.752.

国家而言，霍布斯虽然强调是人们所同意进入的政治社会状态，但实际上人们并不会同意把自己交给一个绝对专制的君主去任其宰割。因此，在霍布斯的理论前提与其理论目标所建立的国家之间存在着巨大的逻辑空白，霍布斯并没有证成自己所要建构的绝对君权的国家权威。就霍布斯的例证也说明，政治权威的可辩护性（证成性）与其正当性（合法性）是内在相关的。洛克的自由主义政治权威之所以是正当性（合法性）的，在于它是可以得到道德辩护的，或可以从其理论前提进行辩护的。并且，霍布斯的绝对君权的专制主义国家权威的不可辩护性，也表明了政治证成论证政治权威的重要意义。

毋庸置疑，一个在道德上得不到辩护或证成的国家权威也可能得到它的成员的"实际"支持，其义务要求也可能被认同。但是，这样的支持和认同是得不到理论辩护的。西蒙斯也承认，他所说的同意是在规范的意义上讲的："在不自主和不知情的情况下，不能作出有约束力的同意。"①即强制与不知情情况下作出的同意选择，不是真正有效的同意。正如我们认为那些打着童叟无欺旗号的商家，却在做着卖假货的生意，然而，我们却成为它的意愿的顾客，这样的同意或意愿是无效的。同理，政治机构或政治候选人出于宣传的目的为了赢得民心作出的承诺，但实际上却不可能那样做，然而，却博得了一些民众的同意，这样的同意也是无效的。既然我们认为，同意在道德上得不到辩护理由的政治安排不能产生有约束力的义务，那么，在道德上可得到辩护的国家权威，对它的证成也就成为其成员有效同意的必要条件。当然，这类同意也是应当在自由和知情的前提下作出的，正如罗尔斯所指出的，政治的正义观念是一种公共观念，即在我们知道他人也会同意的前提下我们选择了两个正义原则，并在这个原则之下形成政治的正义观念。如果没有在道德上可得到辩护的政治权威，公民的自愿同意也就失去了根本前提。因此，对于国家政治权威的证成较之于国家权威的正当合法性（要求公民的服从义务），必然具有逻辑上的优先性。因此，这两者并非是像西蒙斯所认为的那样，是两个不相干的独立变量。

另外，在历史经验中，也确实存在那种真正道德上具有可辩护理由的国家权威（理论上可证成），但却得不到其成员实际的同意。纵观全球，现代世界是一个多种国家政治制度并存的世界。尽管就全球意义而言，我们已经进入到了一个民主化的时代，但仍要看到，相当多的地区与国家的权威并不可能在道德上得到辩护。因此，并非是一个时代、一个社会的某种理性共识，就可以使得某个地区与国家的成员实际认同那种我们所认为是、迄今为止人类对政治制度认识所能达到的、最新成就指示给我们的、对那种最好的国家权威的认同。就实际社会成员的实际同意或认同而言，我们认为，这里的前提首先应当是其自愿同意者是一个不偏不倚的理性存在者，而不是一个还不具备理性或失去了理性的存在者。因为我们相信在现代社会，只要有足够的现代教育，

---

① A.John Simmons, "Justification and Legitimacy", *Ethics* , Vol.109, No.4 (July 1999), p.750.

不同文化传统的人类成员作为理性存在者的理性有足够睿智能够认识到这个关系到人类社会生活的重大真理，即哪一种类型的国家政治制度对于人类来说是真正的福音。因此，在这个问题上，我们还是必须回到康德在“什么是启蒙”这一著名论文中所说的，“敢用你的理性！”其次，这里有一个社会历史文化环境、民众的历史传统、社会心理的问题。即使是一个理性存在者，也可能受到历史传统、文化心理以及利益地位的影响，从而不实际认同一个已被理论证明为到目前为止为最好的国家，即由于自身的利益关涉而成为有偏倚观点者。在这里再次是一个启蒙的问题，但又不仅仅是一个启蒙的问题。最后，政治认同或对国家权威的同意、认同问题，是一个在历史中前进的问题。就马克斯·韦伯（Max Weber）的观点而言，人类历史上的合法性国家权威可归结为三大类型：神圣信仰的传统型、领袖个人魅力（charisma 又译为“卡里斯玛”）型以及现代法理型。不同的合法性权威都曾得到其社会成员的拥护，但在现代社会，世俗权威的合法性必须得到理性的认同，即诉诸那种在道德上可辩护的理由。

因此，对国家权威的证成是现代公民政治服从的必要前提条件，而公民的实际同意，其充分条件必须在历史的政治进步中来获得。因此，西蒙斯所提出的问题有意义，但毕竟没有抓住问题的要害。这样说并非要把两个密切相关的问题分离开来。自由主义之所以值得辩护，在于自由主义从根本上是要回答，人们政治义务的根本前提是什么。洛克以来的自由主义传统强调，政治服从的根本前提在于政府对于公民自由平等权利的保障。现代民主政府的道德基础或道德根基也就在于此。霍布斯式的绝对君权的专制政体，必然侵犯人的基本权利，从自由主义的观点看，也就必然丧失其可辩护的理由。在前现代社会，对于绝对君权的专制政体，由于人们还没有人人自由平等的权利意识，从其维持社会等级秩序的功能意义上强调其权威的合理性，因而具有一定的可辩护性；但在现代社会，失去了对于其公民基本权利的保护功能，也就丧失了其可辩护性（不可证成）。不过，在自由主义内部，怎样的国家权力才是对公民权利的最好保障或保护，仍然存在着内在的分歧。

四、自由主义内部对国家权威的证成（可辩护性）分歧

自由主义的国家观在于寻求一种道德上可辩护的国家。毋庸置疑，自由主义所寻求的是在无政府与利维坦之间的那种道德上可辩护的政府。但这并不意味着他们之间没有分歧。当代自由主义内部的重大分歧是罗尔斯式的坚持平等价值的优先性和诺齐克式的坚持资格权利的优先性的分歧。

罗尔斯的理论出发点虽然也是某种虚拟的原初无政府状态，但罗尔斯以及追随者没有考虑无政府主义者提出的问题，即怎样拒绝无政府主义者提出的非政府状态的合作问题，西蒙斯说：“罗尔斯派的证成原则上是对那些已经接受在某种国家中生活必要

性的人的强制的证成。"[1]罗尔斯不提及为什么需要国家的问题,而认为理所当然地是要证成需要什么样的国家的问题。因为我们"生入其中,而死出其外"的是国家政治社会。因此,这一社会基本制度的正义性问题就是罗尔斯理论的关注中心。罗尔斯把洛克、卢梭以及康德的契约论提升到了一个抽象的水平,从而提出他的原初状态说。这意味着罗尔斯在理论前提意义上承袭了洛克与康德的权利说。洛克强调个人的生命、自由以及财产权作为最基本的个人权利,是不可转让和让渡的。康德的权利说是建立在理性存在者这一本体前提上的。在康德看来,作为一个理性存在者的人类个体,相对于其他人而言,因其拥有理性(或能够成为有理性的存在者),因而是平等的。这一平等体现在我们作为人而言的人格尊严是平等而无价的,即任何人的人格尊严都应受到同等的尊重,只因为他或她是人。因而人永远是目的,而不仅仅是手段。所有人把人当人看待,也就意味着所有人的人格尊严都受到了尊重,这一所有人的人格尊严尊重实现的社会,就是一个目的王国的社会。洛克的权利说与康德的权利说都坚持了人类权利的不可侵犯性,但是,在这一共性前提下,洛克的权利说与康德的权利说尤其是尊严权利说存在着内在的张力。洛克的权利说所坚持的财产权,有着起点平等然而终点不平等的结果,这种结果的不平等无疑有碍于人的尊严的平等实现。罗尔斯要在他的理论中,不仅体现洛克式的自由权利(主要体现在政治权利上),更重要的是,他始终坚守着对于人类权利的康德式理解。罗尔斯把对国家权威制度的证成(辩护)牢牢地建立在这样一个康德式的基础上。如果说,洛克式的权利说与康德式的权利说有着内在区别,那么,罗尔斯偏重的是康德式的权利界说。1975 年,罗尔斯为回应诺齐克所发表的重要论文《一种康德式的平等概念》[2]就可看出罗尔斯的理论倾向。

从这样一种对人的平等理解的前提出发,罗尔斯的正义理论关注点在这样两个方面:一是政治制度方面的自由权利的平等,二是经济制度和社会安排方面如何体现平等的要求。这样两个方面的关注为正义两原则的内容所表述。第一原则:"每个人对平等的基本自由的完全充分的体系(fully adequate scheme)都拥有一种平等的权利,这种自由的体系是与对所有人而言的相似的自由体系兼容的。"第二原则:"社会和经济的不平等应当满足两个条件。第一,所有的社会官职和职位,必须在公平平等的机会条件下,向所有人开放,第二,它们必须是最大有利于社会最少受惠者。"[3](罗尔斯第二原则的表述前后有修正,这里是后期著作中的表述,但更清楚地表达了他的思想)第一原则又称为平等的基本自由原则,第二原则为社会和经济的平等追求原则,这一原则又可说是社会机会平等原则与经济分配的差别原则。在罗尔斯这里,第一原则有着词典式的优先性,并且,第一原则的平等精神应当体现在第二原则之中。第一原则主要关注的是

---

① A.John Simmons,"Justification and Legitimacy",*Ethics*,Vol.109,No.4(July 1999),p.758.

② See John Rawls,*Collected Papers*,Harvard University Press,1999,pp.254-266.

③ John Rawls,Political Liberalism,Columbia University Press,1993,p.291.

政治自由问题，它是指导国家宪法和基本政治制度的原则，第二原则涉及社会经济制度以及其他基本制度的安排。对于罗尔斯的第一原则，在自由主义以及当代西方思想界，应当看到有着巨大的理论共识，引起人们争论的主要是第二原则，并且主要是在经济领域里的平等追求问题。差别原则强调，社会和经济的不平等，只要它能够给社会中最少受惠者带来利益，那么，这种经济和社会的不平等的存在才是符合正义的。正因为罗尔斯的两个正义原则都体现了对于平等的追求，罗尔斯把自己的正义原则称之为“公平正义”原则。

实际上，公平正义是罗尔斯理论的核心所在，并且，罗尔斯认为，要实现社会的公平正义，也就不仅仅是在政治领域里的基本自由平等的实现，还有社会和经济领域的不平等问题必须进行调节。在罗尔斯看来，人们基于社会制度背景和家庭出身等社会的基本不平等是正义理论首先必须关注的问题。罗尔斯说：“这样，社会制度就使得人们的某些出发点比另一些出发点更为有利。这类不平等是一种特别深刻的不平等。它们不仅涉及面广，而且影响到人们在生活中的最初机会……假使这些不平等在任何社会的基本结构中都不可避免，那么它们就是社会正义原则的最初应用对象。”①罗尔斯指出，导致公民生活前景不平等的出发点因素有这样几个方面：出身背景的偶然性、自然天赋以及受公民社会地位影响的发展机会的偶然性，以及人生的幸运与不幸的偶然性。如果听任这些偶然性发生作用，那么，社会和经济的不平等必然加剧，从而必然影响到社会的公平正义。相比较传统的自由主义理论，罗尔斯的新贡献就在于他提出了调节经济和社会方面的不平等，使之趋向一个公平正义的社会的理论。在罗尔斯看来，坚持康德式的对人的理解，就不仅是在起点上意识到人是自由平等的，而且应当将这样的理解贯彻到整个社会政治理论中去，从而真正实现平等尊严的目的王国。然而，这样一个理论目标，也就赋予了国家更多的功能，即依据罗尔斯的正义论，也就显然把再分配的职能放在了民主国家的身上。国家的国民财富的再分配功能就成为罗尔斯正义论的必然内在要求。在罗尔斯看来，这是在民主国家中实现康德式的平等尊严这一目的的手段。就对国家的证成而言，如果一个民主国家，不能实现人人平等或趋于平等的要求，从而使得它的部分社会成员不能获得尊严实现的社会基础，那么，这样的国家或国家权威是不能得到辩护的。

罗尔斯的理论目标以及其国家模式遭到了自由主义内部的思想家、后起之秀诺齐克的责难。诺齐克坚守洛克的权利说，同时，对于国家的起源强调它的功能是保护它的成员不受侵犯。罗尔斯所坚持的是康德本体自我意义上的理性存在者的社会平等，而不仅仅是起点的权利平等。相反，诺齐克在坚持起点的权利平等的同时，则听任其所发展导致的社会财富占有的不平等，以及其他社会不平等的现状。那么，诺齐克是如何为自己的理论辩护的？

① John Rawls, A theory of Justice, Harvard University Press, 1971, p.7.

诺齐克的理论紧紧抓住的是作为一个在道德上可证成的国家,它的功能应当是什么这个问题。诺齐克论证道,只有守夜人式的最低限度的国家(the minimal state)是可以得到辩护的。前面已述,诺齐克认为从自然状态中走出,所产生的只是对其成员权利具有保护性功能的国家。换言之,这个最低限度的国家的职责与功能,只是防止暴力、偷盗、欺诈等违犯自然权利的事,除此以外,公共强力机构(国家)以强力来强制或强迫个人作的任何事都是得不到辩护的,在道德上国家不可超出仅仅出于保护性职责的需要而做任何事情。像罗尔斯那样,强调为了使得公民们之间趋于平等而实行差别原则,必然超出保护性的需要,履行再分配的职能,从而是得不到辩护的。那么,诺齐克的根据何在?

为最低限度的国家辩护,诺齐克提出一种资格理论(Entitlement theory)。资格理论提出关于持有正义的三个原则:一是关于获取正义;二是关于转让正义;三是关于矫正正义。所谓获取正义,即因其初始正当的获取而持有,其持有是有权利的;所谓转让正义,即其双方自愿出让(赠予)或交换的是正当的或符合正义的,因而对其持有是有权利的;所谓矫正正义,即依据前两个原则对持有中的不正义的矫正。[①] 在诺齐克看来,权利对于个人与国家确定了边际道德约束,即他人权利构成了对个人与国家行动的道德约束。在诺齐克看来,边际约束表明了他人的神圣不可侵犯性。最低限度国家的使命就在于保护所有人的自然权利,同时它的行动受到不侵犯人的权利的边际约束。那么,什么样的国家的行动就可看做是侵犯了人的权利?如果实行罗尔斯的差别原则(模式化分配),使得国家有一种财富再分配的功能,那就必然侵犯人的权利。这是因为,模式化分配(如通过累进税制)并非意味着人们的自愿同意,是对人们自愿选择权的干涉。因此,在诺齐克看来,任何超出最低限度国家功能的国家,都不可在道德上得到辩护或证成。

那么,面对诺齐克的诘难,何以为罗尔斯辩护?在罗尔斯的理念中,有一个强有力的支撑点,这就是罗尔斯正义论的基本理念之一:社会合作体系。在罗尔斯看来,社会是一个世代相传的合作体系,每个公民都能够终身自由平等的地参与其中。每个公民通过合作体系而分享利益,合作也必然产生需要分配的利益或利益冲突,正义原则也就是合作体系的公平合作的条款。我们在社会中所获得的一切,离不开社会这个合作体系,个人的获取有社会的成分。因此,对个人正当获得或持有的,在社会平等的目标下进行再分配调节,并不意味着对个人权利的侵犯。罗尔斯注意到,社会合作是为有着不同天赋和社会地位的人的合作,不仅处境差、天赋低的人愿意加入这一合作体系,而且处境好和天赋高的人也愿意加入,因为每个人的幸福都依赖于这个合作体系。合作产生的利益分配,则需要向天资差和处境最不利者倾斜。这是因为,由于社会合作,那些才智与天资高的人获利比那些才智较低者多,因此,需要以差别原则来进行调节。诺齐

① See Robert Mozick, *Anarchy, State and Utopia* , p.153.

克则认为，恰恰相反，社会合作非但没有使才智高者获利更多，反而由于才智低者的参加，他们的获得不是多了而是少了，并且，正是通过那些才智高者的参与，才使得才智较低者有了更多的收益。从直观上看，是诺齐克说得对，而从总体上看，是罗尔斯说得对，因为任何人，即使是一个天才，也离不开社会和他人的合作才可成功。罗尔斯又提出另一个辩护理由，即那些天资或才智高者的天资或才智，并非仅仅是天生或先天具有的，他们在很大程度上是社会教育或培训的产物，因此，天资是一种社会的“共同资产”，因此，差别原则的调节，并不侵犯人的权利，而是对于这类共同资产的社会调节。并且，即使是先天的因素，也是任意的偶然因素，社会公平原则也就是对这类偶然因素进行调节的原则。诺齐克对罗尔斯的这一理据的回答是，并非是偶然因素就有着进行社会调节的理由。如果说人生的偶然，每个人降生于世就是一个偶然事件。然而，罗尔斯的原初状态的设置就是排除所有个人的偶然因素，从而达到一种普遍正义。并且，罗尔斯强调，人生的出身、家庭、地位等，即人生最初的不平等或出发点的不平等，恰恰是正义原则所要应用的最初对象。

罗尔斯所提出的上述进行再分配调节的理由，无非是强调，依据差别原则进行社会财富占有的调节，并没有侵犯作为公民个人的权利，从而超出最低限度的国家仍然是可辩护的。诺齐克则强调，每个公民都是一个个分立的个体，每个人都是一个不可替代的个人。罗尔斯则强调个人与社会的相关性，指出每个人的存在都有赖于社会合作体系。罗尔斯的辩护受到了自由主义者以及社群主义者的相当多的批评。然而，即使是罗尔斯的辩护能够成立，强调国家的再分配功能必然强化国家机器和国家权力，超出诺齐克所辩护的最低限度的国家。那么，由此强化国家权力是可取的吗？会重蹈霍布斯式的绝对主义的国家的覆辙吗？

从理论上看，诺齐克坚持了洛克的个人权利不可转让、不可让渡的自由主义学说。然而，诺齐克自由至上主义所坚持的最弱意义的国家论，忽视了现代社会的一个最基本社会问题：自由市场经济所引发的社会贫富差别和两极分化的问题。诺齐克的国家论实质上是为现代社会的富有阶层辩护。毋庸置疑，强调国家的再分配功能有强化国家权力之虞，但以差别原则进行再分配，并不必然像沃尔泽所认为的那样，有走向权力垄断和专制的可能。① 这是因为，现代政治经验表明，权力垄断与政治专制主要在于权力没有有效的制约或制衡，古往今来，绝对的权力导致绝对的专制。而重视再分配的现代福利国家无一例外所实行的是民主政体。罗尔斯的正义论力图为自由市场经济下的所有公民提供一个最起码的平等起跑点，并且力图使社会最少受惠者受益，从而使得每个公民尤其是那些处境最不利者都享有自尊的基本前提。从诺齐克的最低限度的国家看，实行罗尔斯差别原则的现代国家确实做得太多了，因此，罗尔斯正义论内蕴着的肯

---

① 参见［美］迈克尔·沃尔泽：《正义诸领域：为多元主义与平等一辩》，褚松燕译，译林出版社 2002 年版，第 17—18 页。

定不是最弱意义（最低限度）的国家。罗尔斯意义上的国家可辩护性在于在坚持第一正义原则前提下的分配正义的实施。

五、结　论

为什么需要国家？人类需要什么类型的国家？我们在什么意义上有着服从国家的义务？这是自有政治哲学以来就一直追问的核心问题。自由主义是一类关于国家权威可辩护性与正当合法性的理论，国家权威的证成性与合法性问题在自由主义这里是内在关联的。哲学无政府主义虽然对自由主义的国家证成与合法性、正当性问题合并提出质疑，但无政府主义没有看到两者的密切关联，没有看到前者是后者的必要条件。不同的自由主义者都把某种无政府的自然状态（或假设）作为他们的起点，并且把自由权利的保护作为国家的主要功能。人类有着走出自然无政府状态的内在必然性，但组成政治共同体的人们不是要把自己置于一个专制君主的主宰之下，而是为了更好地保护自己的权利和尊严。然而，就当代两种主要的自由主义国家论而言，罗尔斯强调自由权利以及人的尊严权利的平等性，诺齐克则强调人的各项权利尤其是财产权的不可侵犯性。罗尔斯的差别原则必然导致的是国家权力的强化，然而诺齐克坚持洛克意义的权利论则无视了自由市场经济条件下的贫富差别。罗尔斯正义论虽然强化国家权力，但并不必然导致霍布斯式绝对专制权的国家。并且，恰恰是坚持罗尔斯的正义论，才可实现最大可能的社会正义平等。①

参考文献：

1. John Rawls, *A Theory of Justice*, Harvard University Press, 1971.

2. John Rawls, *Collected Papers*, Harvard University Press, 1999.

3. John Rawls, *Political Liberalism* , New York: Columbia University Press, 1993.

4. Robert Nozick, *Anarchy, State and Utopia*, Basic books, Inc, New York, 1974.

5. Joseph Raz, "Authority and Justification", *Philosophy & Public Affairs*, Vol.14, No.1 (Winter, 1985).

6. Peter G.Stillman, "The Concept of Legitimacy", *Polity* , Vol.7.No.1. (Autumn, 1974).

7. M.Stephen Weatherford, "Measuring Political Legitimacy," *The American Political Science Review*, Vol. 86, No.1, (Mar, 1992).

8. A. John Simmons, "The Anarchist Position: A Reply to Klosko and Senor", *Philosophy & Public Affairs*, Vol.16, No.3, 1987.

9. A.John Simmons, "Justification and Legitimacy", *Ethics*, Vol.109, No.4 (July 1999).

10. Rex Martin: "Hobbes and The Doctrine of Natural Rights: The Place of Consent in his Political Philosophy", in *The Western Political Quarterly*, Vol.33, No.3, (Sep.1980).

---

① 感谢台湾《哲学与文化》编辑室组织的匿名评审专家以及评审专家的宝贵意见。

11. [英]威廉·葛德文:《政治正义论》下卷,何慕李译,商务印书馆 1980 年版。

12. [英]霍布斯:《利维坦》,黎思复等译,商务印书馆 1985 年版。

13. [英]洛克:《政府论》下篇,叶启芳等译,商务印书馆 1964 年版。

14. [美]迈克尔·沃尔泽:《正义诸领域:为多元主义与平等一辩》,褚松燕译,译林出版社 2002 年版。

政治哲学视域中的“传统”

——对霍布斯鲍姆《传统的发明》的一个考察[1]

鲁绍臣[2]

内容摘要：本文主要借助霍布斯鲍姆（Eric Hobsbawm）的《传统的发明》一书，从发生学、政治向度和今日资本主义与传统等三个视角，全面审视了霍布斯鲍姆的重要学术贡献，同时通过指出他过于侧重于象征实践，忽略了马克思主义最重要的政治经济学品格和未来性的特征。

关键词：传统　发生学　传统的发明

一、“被发明的传统”：一个词源学的考察

按照学界流俗的共识，“传统”一词总是意味着一种源远流长的历史厚重感，而现代性或当代意识总是与持续的革新密切相关。传统与现代、历史意识与当代意识的二元结构成了研究历史社会学的经典范式：“现代性总是与传统相对立的，这似乎已经成为其定义。”[3]霍布斯鲍姆则一反学界的传统做法，通过“被发明的传统”这一概念消解掉了激进启蒙片面强调传统与现代性对立的话语。

这初看之下让人咂舌的观点，使得我们有必要从词源学上考察一下“传统”这一概念。首先，何谓“传”？《说文解字》与《尔雅·释言》的“传”蕴含着一站传一站的意思。《论语·学而》中的“传不习乎？”和韩愈《师说》的“师者，所以传道授业解惑也”则有传继与传授之义，陆德明在《经典释文》将“传”解释为“相传继续也”和“延也”，即代代相传之意。“统”在《说文解字注》中的解释是“众丝皆得其首，是为统。”《尚书·微子之命》的“统承先王，修其礼物”的“统”则指系统。而《孟子·梁惠王下》中“君子创业垂统，为可继也”的“统”指的则是国之“道统”。因此合乎“天命”、“天理”称之为正统，否则便是伪统。

---

① 本文受到复旦大学当代国外马克思主义研究中心自设项目“结构与主体”的资助。

② 作者单位：复旦大学哲学学院当代国马克思主义研究中心。

③ 吉登斯：《生活在后传统社会中》，见乌尔里希·贝克、安东尼·吉登斯、斯科特·拉什：《自反性现代化：现代社会秩序中的政治、传统与美学》，赵文书译，商务印书馆2001年版，第72页。

按照奥斯本(Peter Osborne)在《时间的政治》一书中所做的考据,英文 Tradition“通常的理解(来源于拉丁文 tradere,移交)指的是通过实践或者口耳相传之辞把某物一代代地传递(hand down)或者留传(transmit)下去的行动,它也指那个被传递之,无论其为学说实践还是信仰。传统在它的社会形式的层面上遮蔽了不同代际之间的生物学上的连续性。通过把伦理学和政治学系缚在自然,它建立了历史的观念与类的生活之间的联系。此外,在它的传统的诠释中,它自身就是一个准自然(quasi-natural)的形式。由于在起源上依赖于某个共同体中成员的体质接近以及依赖于作为一个社会权力的模型的亲密关系,它的主要媒介不是自我意识,而是阿多诺称之为预定的、未经反思的和有约束力的诸种社会形式的生存的那个东西。”①《西方哲学英汉对照辞典》中则这样理解传统:“作为一个社会所接受并形成其文化的现存的社会习俗、制度、信仰方式和行为准则。每个人至少从属于一个传统,并通过对他的传统所指示的东西的效仿或反抗而成长。传统是从前代继承下来的并可能以一种改变了的形式传到后代。它们体现了一种民族、文化或宗教的凝聚力和连续性。”②伽达默尔在《真理与方法》亦认为传统的“有效性不需要任何合理的根据,而是理所当然地制约我们的”。③

可见,东西方的“传统”概念都十分强调“统”,也就是合法性、象征和意识形态实践的方面,而非简单的“凡是代代相传的事物、信念、形象、行为和制度都是传统”,或者“人类创造的不同形态的特质经由历史凝聚而沿传着、流变着的诸文化因素构成的有机系统”④,或者“传统意味着许多事物。就其最明显、最基本的意义来看,它的含义仅只是世代相传的东西(traditum),即任何从过去延传至今或相传至今的东西”⑤。

《传统的发明》一书的重要之处在于它在讨论“传统”时,并没有陷入历史学或历史主义起源和还原论的窠臼之中,而是采用了马克思在《资本论》中所发展起来的“研究的起点”和“叙述的起点”相分离的发生学的方法。旗帜鲜明地把“传统”从不变的历史连续性叙述的神话中拯救出来。换言之,霍布斯鲍姆认为,并非所有的“传统”都拥有古老的起源和历史,许多都是近代的一种“发明”和“生产”。“那些表面看来或者声称是古老的‘传统’,其起源的时间往往是相当晚近的,而且有时是被发明出来的”⑥。“实际上……文化与传统的整套观念都是一种追溯性的发明(retrospective invention)”⑦。

或者如库尔珀(David Kolb)所说“实质性的传统生活可以是一种回溯性的建构,这

① 奥斯本:《时间的政治》,王志宏译,商务印书馆 2004 年版,第 180—181 页。

② 布宁(Nicholas Bunnin)、余纪元:《西方哲学英汉对照辞典》,人民出版社 2001 年版,第 1008 页。

③ 伽达默尔:《真理与方法》,洪汉鼎译,商务印书馆 2007 年版,第 382 页。

④ 张龙文:《传统学引论》,中国人民大学出版社 1989 年版,第 54 页。

⑤ Edward Shils, *Tradition*, London: Faber, 1981,参见希尔斯:《论传统》,傅铿、吕乐译,上海人民出版社 1991 年版,第 15—20 页。

⑥ 霍布斯鲍姆、T.兰格等:《传统的发明》,顾杭、庞冠群译,译林出版社 2004 年版,第 342 页。

⑦ 同上书,第 18 页。

一建构从没有像它被设想的那样存在过。"①通过这一概念的发生学的翻转,现代或当下的现实不再被看做是对"古典"的模仿,恰恰相反,古典离开了当代的光谱便不再能被认知。吉登斯对传统概念的理解可以说是对霍布斯鲍姆的策应,在他看来,"传统的起源不像人们想象的那样古老,而且人们最近经常证明传统是由于人类的介入新近产生的而不是古人发明的。关于'传统'的观点是伴随着现代性所产生的,有人认为传统就是教条,它对启蒙思想家所倡导的推陈出新熟视无睹。"②

在哈贝马斯那里,因为在启蒙的名义之下,现代性贬低并克服了传统,因此它必须根据自己所剩下的唯一的权威,即理性来"为自己建立起完备的规范"。但在霍布斯鲍姆那里,真正决定着传统内容的,并非抽象的现代性,而是现实的政治斗争。传统,就不是任意的,而只能是在政治斗争中获胜的那个新传统。传统并非不管我们愿意不愿意都不得不接受的先于我们的历史性留存物,或者是我们存在和理解的基本条件。恰恰相反,人们的当代意识决定了历史和传统的在场与否与地位。

换言之,过去并不只是作为无意识心理状态的结果被保存和传承下来的,传统是以现在为基础被不断重构的意识形态。记忆始终是一种具有当下性的活动的社会过程,非但不是过去的经验被召集到当前,反而是过去的记忆没有当下或者当代意识允许,就不可能被感知到。因此我们总是不断再生产着历史与传统,传统并不来自久远的过去,而是缘于当代不断的建构与诠释。

二、"传统"的政治哲学向度

"传统"在现代的政治时间意识中既被消解又被重构,而现代的政治秩序则成了传统进入时间意识的秘密通道,或者说现实权力政治的样式和价值尺度成了传统能否被意识到的关键光谱。因此,"传统并非是在世代延续当中相似的信仰、实践活动、制度和著作的在统计学意义上的反复出现。重复出现是要把传统呈现为并认作为是正规的一种正规后果(有时是正规的意图)的结果。在一个社会的构成当中,正是这种正规的转换才使得死去的那些时代与活着的时代之间有了连接。传统的正规核心是一种使得社会保持既定的形式而不随时间发生改变的惯性。"③在某种意义上,传统具有"人为性"(factitious),或者用阿尔都塞的语调来说,是意识形态的效果。

传统的发明中的"发明"这一概念,主要指明了政治意义上的传统,通常是"被发明、建构和正式确立的'传统'"④,在政治的意义上,"'被发明的传统'意味着一整套通

① 库尔珀:《纯粹现代性批判:黑格尔、海德格尔及其以后》,臧佩洪译,商务印书馆2004年版,第396页。

② 郑曦原、李方惠:《通向未来之路:与吉登斯对话》,四川人民出版社2002年版,第26页。

③ Edward Shils, *Tradition*, London: Faber, 1981, p.25.

④ 霍布斯鲍姆、T.兰格等:《传统的发明》,顾杭、庞冠群译,译林出版社2004年版,第1页。

常由已被公开或私下接受的规则所控制的实践活动，具有一种仪式或象征特征，试图通过重复来灌输一定的价值和行为规范，而且必然暗含与过去的连续性"①。与此同时，现实总是"发明"自身的传统来为自己谋得合法的身份和地位，或者说给受众营造一种"安全感、稳定感和永恒感"。② 其通过旧形势的方式来确认新形势的合法性。而且往往诉诸物质性的力量来确保其得以贯彻执行，即所谓"通过近乎强制性的重复来建立它们自己的过去。"

比如在《维多利亚时期印度权威表象之确立》一文中，芝加哥大学人类学教授科恩一方面论述了在维多利亚时期英国在其殖民地印度，是怎样创造"传统"来使英国人在印度从"局外人"变成"局内人"的。另一方面，如随着世界范围内民族主义浪潮的兴起和大英帝国的衰落，"印度人不再穿西式服装或他们的帝国统治者下令规定的'本土'装束，而是穿家庭纺制的农民服装。团体祈祷会是阐释甘地指示的场所，这样的祈祷会与那种杜尔巴式的政治集会的气氛不同。"③

霍布斯鲍姆认为对传统的"发明"有众多的政治功能：一方面可以增进社会凝聚力并使得特定成员的资格得到确立或象征化；另一方面使制度、身份或者权力关系得以确立或合法化；第三方面可以使信仰、价值体系和行为准则得到灌输和社会化；第四方面可以作为行动的合法性依据和团体一致的黏合剂。它常常成为斗争的真实象征④，即对"革命传统"的维护，即其并非是普通大众的记忆，而是其职能就具有意识形态性的人"所选择、撰写、描绘、普及和制度化的东西。"⑤即历史学家总是"有意或无意地对有关过去的各种意象的创立、破坏和重建作出了贡献，这些过程并不只属于专家调查的领域，而且还属于作为政治行为者的人的公共领域。"⑥

就如在中国古代作为"定亲疏、决嫌疑、别同异、明是非"的"君之大柄也"的"礼"一样，传统的发明需要政治强权的力量来进行保证，礼与罚从来就是相辅而行的，因此一旦政权衰落则导致"礼崩乐坏"。换言之，对传统的确认或重构是一个政治哲学的主题，而非历史学的考据与发掘。一旦当前的政治斗争失败，原有的传统就会被视为"垃圾"而被清理或废弃。而新的传统则可以是"纯粹的幻想与赤裸裸的伪造。文学的幻象被认真地拿来当成权威的论据。"⑦"在那些缺乏传统的地方，他们创造出了一种从未存在过的过去……并在以后的历史中留下了永恒的印记。"⑧原有的传统则被攻击为"道德败坏"、荒谬可笑或直接"被从历史记载中抹掉"或遮蔽起来，其地位被新的神话

---

① 霍布斯鲍姆、T.兰格等：《传统的发明》，顾杭、庞冠群译，译林出版社 2004 年版，第 2 页。
② 同上书，第 193 页。
③ 同上书，第 269 页。
④ 同上书，第 15 页。
⑤ 同上书，第 16 页。
⑥ 同上。
⑦ 同上书，第 46 页。
⑧ 同上书，第 55 页。

制造者和传统创造所取代。①

而在霍布斯鲍姆看来，欧洲近代出现过一次“大规模生产传统”的高潮，而生产的目的则是为了巩固和使人们认同资产阶级新建立起来的“新国家”，正如意大利复兴运动的主要人物阿泽利奥所说：“我们已创造了意大利，现在我们必须创造意大利人。”②“被发明的传统”中，教会的世俗替代物（初等教育）、公共仪式的发明、公共纪念碑的大规模出现尤为重要。当科拉科夫斯基在1986年杰斐逊讲座发表的演讲中说：“我们学习历史，不是为了要知道如何行事，或如何成功，而是要知道我们是谁”时，他显然缺乏霍布斯鲍姆的当代意识和政治敏感性。当然，另一个合理的解释是他已经脱离了马克思主义，投奔到资本主义的阵营中去了。

用吉登斯的话来说，“无论传统是以故意的还是非故意的方式建构出来，传统总是与权力结合在一起的。国王、君主、牧师以及其他人一直都发明传统来适应自己并使自己的统治合法化。”③“传统作为权力合法化的核心，常会与体制、与统治权威发生密切联系。权力的文化网络（杜赞奇语）、政治与象征（科恩语）都是对传统的这一特性的表述。充分意识到这一点，是理解传统与现代性之间联系的关键所在。”④没有政治的向度，我们将迷失于“究竟是我们改造了传统还是传统消融了我们”的循环论证之中。

霍布斯鲍姆认为韦伯式的常规化或科层化（bureaucratization）有致命弱点，因此，社会的迅速转型会削弱旧有的传统，一旦产生旧传统不能再适应的新社会模式时；当这些旧传统和它们的机构载体与传播者不再具有充分的适应性和灵活性的时候，新的传统将得以确立。因此，传统总是具有当下性的特征，即总是取决于新的政治斗争结果，新的正统将会迅速“将自己装饰成为古老的”⑤。即我们总是为了新近的目的而使用旧材料来建构一种新形式的被发明的传统，即实证性的材料取决于历史的积累，而象征性的实践和话语系统则是当下性的。甚至是“通过伪造来创造一种超越实际历史连续性的古老过去”⑥。

坚守传统和再造传统是权力合法性的政治斗争的核心内容，也是意识形态建构现代主义所必不可少的。即作为意识形态功能的传统的发明是实现个体和群体认同的生产和再生产的必要环节。传统的整体实在性比传统并非持续了更久更重要，其与真理的守护者形成了一个文化的结构整体，它是在社会实践上不断地被建构和重新建构的，因而并不存在一种经世不变的固化的传统，如果失去这种动态性，传统就无法参与到当下性的实践之中，从而沦落为外在于我们的遗迹或遗物。

---

① 霍布斯鲍姆、T.兰格等：《传统的发明》，顾杭、鹿冠群译，译林出版社2004年版，第128页。

② 同上书，第342页。

③ 吉登斯：《失控的世界》，江西人民出版社2001年版，第37页。

④ 郭于华：《生活在后传统之中》，《读书》1997年第6期。

⑤ 霍布斯鲍姆、T.兰格等：《传统的发明》，顾杭、鹿冠群译，译林出版社2004年版，第6页。

⑥ 同上书，第7页。

三、资本主义与“传统”

马克思很早便对资本主义消解传统，拒绝超验的神圣和永恒，嘲笑理想主义和英雄主义的利己主义，将一切社会关系纯化为金钱关系的性质进行深刻的分析和批判，并将资本主义的精神本质刻画为：“一切神圣的东西都被亵渎了。”正如伯曼所说，对于现代资产阶级社会的虚无主义力量，马克思的理解要比其他思想家深刻得多。

但与经典马克思主义不同的是，通过《传统的发明》一书的精细论证，霍布斯鲍姆同样改变了我们对现代资本主义通俗理解：其仅仅是传统和神圣价值的破坏者，对于传统的守护漠不关心。但是本质上是“内在的信仰虚无主义”的现代资本主义经济体系总是希望摇身一变，成为传统的“真正信徒”（伊格尔顿）。这样做并非因为市场力量、科技和教育过多侵蚀了传统的文化信仰，以至于资产阶级良心发现，要作出某种补偿和修正。根本原因在于资产阶级发现仅靠市场的强制力量，或者资本主义自身的意识形态：实用主义、物质主义和功利主义已难以推动自身的运行，因为这些都缺乏激励群众的质的情感因素。用伊格尔顿所引纽曼的话来说，便是资本主义的自由主义“过于冰冷而无法动员民众”①。

在齐泽克看来，启蒙使得所谓的理性成为了一种纯粹的“才智”，成了一种操控经验对象的工具，成了一种人性动物的纯粹实用主义的器物；启蒙主义对一切神圣价值的无情诋毁和限制，反而变成了对理性自身的诋毁和限制：启蒙主义的反宗教立场无法解决“它自己的问题，即被绝对孤独所萦绕的主体性的问题”。所以，启蒙的最终结果便成了没有实质内容的主体的绝对独一性，一个完全和实质内容相异化的主体：随着现代性的进步，魅惑世界的魔力永远地丧失了，现实从此变得灰暗。这恐怕也是伟大的康德之所以要在极具奠基性的两大批判之后，再度出手写作《判断力批判》的真正原因：克服“冰冷和无生命特性”的知性原则。“事实证明”，伊格尔顿总结说，在现代资本主义社会中，那个承担着意识形态功能的宗教文化传统“是很难被去除的。”②

根据哈贝马斯等人的研究，启蒙理性一旦取代正统和绝对的地位，便开始将自身与西方的犹太基督教传统进行关联，或者说“发明”了一套全新的犹太基督教传统。在这样的宗教传统中，启蒙理性所宣传的自由、平等和博爱的理念与犹太教的正义伦理及基督教的爱的伦理并无二致。而启蒙最为珍视的自律则与上帝的自我决定、自因等神学教义存在着极深的渊源关系。因此，我们不难理解当代西方启蒙思想家重构道德和理性基础的努力，并非麦金泰尔所误认为其基础和核心仍然是基督教的旧有传统。③ 恰

① John Henry Cardinal Newman, *Apologia Pro Vita Sua and Six Sermons* ,(New Haven,2008),p.216.

② Terry Eagleton *Culture and the Death of God* Yale University Press p.ix.

③ See Alasdair MacIntyre, *After Virtue* (London,1981),p.38.

恰相反,旧有传统必须被改造来适应新的现实。换言之,现代启蒙理性在内核并不反对传统,而是发明自身的传统。

在霍布斯鲍姆认为,事实上,资产阶级比以往任何时代的统治者都更渴望、需要传统,以确保在"持续不断的变化、革新与将现代社会生活中的某些部分构建成为不变的、恒定的"①。因为只有传统才能使资本主义的意识形态日益"变为习惯、自动程序甚至下意识反应。"②正如阿尔都塞所正确指出的那样,作为意识形态的传统,属于象征实践的领域:庆典、仪式、凝聚、团结、规训、秩序等,在宗教和文化的氛围中,一切利益的争斗与统治都被包装成其乐融融的社会团聚。这种新工具也如阿兰·德波顿所说,"有趣、有用和给人慰藉"。伊格尔顿不无讽刺地指出,这"就像你在情绪低落时得到了一个舒芙蕾"。因此,启蒙理性曾经轰向传统的火炮不能仅被视为文化事件,而只能被视作政治事件。比起关注传统本身,启蒙哲学家们更关心的是挑战传统背后的政治权威,在其所代表的政治权威被打倒之后,新的传统被发明出来以维系社会的团结。随着资本主义的深入发展,"习俗"的力量变得日益衰微,传统成了意识形态和权力斗争的主战场。

四、结 论

霍布斯鲍姆在给我们展示了他惊人的洞察力的同时,也呈现了其自身的局限性,比如将"传统"仅仅局限于意识形态的象征实践领域,即所谓的"上层建筑"的领域,而将一般性的惯例和常规视为纯粹技术性的基础,即那些在资本主义的生产过程中需要迅速调整或者是放弃的部分,其特点仅仅是考虑有效和有用性,而不同于传统的形式化和仪式化。换成后结构主义的语言就是"发明传统"是一种话语建构的过程,是"为了相当新近的目的而是用旧材料来建构一种新形式的被发明的传统",因此,"发明传统本质上是一种形式化和仪式化的过程"③。因此,"传统"只有形式的象征实践向度,与现实的实践常常是反向相关的,比如,当没有马的时候,骑兵军官军礼服上的踢马刺才显得更为重要;律师的假发也只有在其他人都不戴假发后,才获得了它们的现代含义。

这种完全忽视政治经济学和生产向度的传统,同时还忽视了马克思另一句忠告:"19世纪的社会革命不能从过去,而只能从未来汲取自己的诗情。它在破除一切对过去的迷信以前,是不能开始实现自己的任务的。从前的革命需要回忆过去的世界历史事件,为的是向自己隐瞒自己的内容。19世纪的革命一定要让死人去埋葬他们的死人,为的是自己能弄清自己的内容。从前是辞藻胜于内容,现在是内容胜于辞藻。"④

① 霍布斯鲍姆、T.兰格等:《传统的发明》,顾杭、庞冠群译,译林出版社2004年版,第2页。

② 同上书,第3页。

③ 同上书,第4—6页。

④ 《马克思恩格斯选集》第1卷,人民出版社1995年版,第587页。

论盐铁会议的四重逻辑[①]

彭新武[②]

内容摘要：盐铁会议上的争论，首当其冲，是社会形势的变化而引发的政策之争。在会议上，以御史大夫桑弘羊为首的政府官僚集团和以贤良文学为代表的民间人士，围绕盐铁官营政策的存废和对匈奴的战略调整等问题，进行了一场精彩而激烈的辩论。该会议从实践上看，反映出当时人们对西汉王朝政策走向的不同认识；而其思想实质则是先秦以来儒法两家的又一场大争论。在辩论中，尽管贤良文学略占上风，但结果却是盐铁政策基本保持不变，专卖制度遂成为日后中国社会的主导经济政策。不过，盐铁会议却是儒家从“缘饰”真正走向主导地位的标志，并由此助长了儒家道德理想主义的兴盛。随着这种道德理想主义在宣帝之后蜕变为脱离实际的“俗儒化”，西汉政权也由此走向衰落。

关键词：盐铁　桑弘羊　儒法争衡　理想主义

发生在西汉中叶著名的盐铁会议，是中国历史上少有的一次“民主议政”的典范，其议题广泛涉及西汉社会生活的方方面面。对此，研究者多有论述，或谓儒法之争，纯儒与杂儒之争，重商与重农之争，国家主义与放任主义之争，或谓政治派别斗争，豪族、商贾与政府之争，众说纷纭，不一而足。上述各种论调虽然各自成理，但仍然不足以涵盖盐铁会议本身的复杂性，需要进一步作出澄清。

一、“国”与“民”的博弈

盐铁会议上的争论，首当其冲，是社会形势的变化而引发的政策之争。

汉初推崇黄老之道、无为而治，终致“文景盛世”。然而，在这繁荣的背后，各种社会矛盾与问题也日渐暴露：其一，奢靡。休养生息带来社会的安定、兴隆，致使“宗室有士公卿大夫以下，争于奢侈”（《史记·平准书》）。其二，无法。无为而治使得国家法令形同虚设，还使得地方豪强势力不断膨胀，社会安全缺乏根本保障：“当此之时，网疏而

① 本研究获教育部“新世纪优秀人才支持计划”（编号：NCET-11-0502）资助。

② 作者系中国人民大学哲学院教授。

民富,役财骄溢,或至兼并豪党之徒,以武断乡曲”(《史记·平准书》)。其三,无君。汉初大封同姓王,导致诸侯日益坐大,从而构成与政府相抗衡的体制外势力。其四,外忧。西汉对匈奴一直采取退居忍让的和亲方针,反而使匈奴侵犯日增。

对于急于“兴作”的汉武帝而言,他所面临的诸侯、匈奴等问题,靠清静无为是于事无补的。董仲舒审时度势,巧妙地用儒家别尊卑、贵礼法的外衣,倡议实现“君权神授”和“大一统”的思想文化,迎合了汉武帝意欲强化君主权力和权威的心理。汉武帝接受董仲舒“罢黜百家,独尊儒术”的建议,开始了“外事四夷,内兴功利”(《汉书·武帝纪》)的“有为”举措:其一,在政治上,以“推恩”的名义将原分封诸王领地“分大为小”,以削弱其实力,此后又用法律手段废除了大批王国和侯国,并设立刺史以加强对地方郡县的控制。其二,在经济上,政府禁止私人铸钱,并实行盐铁官营、酒榷、均输、平准、算缗、告缗等一系列经济措施。盐铁官营、酒榷是指将冶铁、煮盐、酿酒等重要生产部门收归政府经营,禁止民间染指;均输是在各地设置均输官,负责征收、买卖和运输货物,均输官在各地之间贱买贵卖,调节物价,并以之为政府增加收入;平准是指官府负责京城和全国各大城市的平抑物价工作,贱买贵卖,抑制民间投机倒把行为;算缗是对工商业主、高利贷者、囤积商等征收财产税;“告缗”则是对隐瞒不报或呈报不实者,进行惩处。其三,在外交上,西汉政权开始了打击匈奴等一系列大规模的军事行动。

出身商人家庭的御史大夫桑弘羊是执行汉武帝时期经济政策的关键人物,他主管财政40余年,结果出现了“民不益赋而天下用饶”(《史记·平准书》)的场面,从而有力地抑制了豪强大贾,并为对匈奴作战提供了强大的财政支持。然而,盐铁官营等政策不可避免地会损毁诸侯、富商的利益。同时,由于国家常常征发人民无偿从事盐铁的生产、运输,迫使农民纷纷走上逃亡和反抗的道路。而为了保证政策的充分实施,汉武帝一方面强调德教、广施教化,另一方面,以严刑峻法打击诸侯王叛乱和豪强、商贾、农民的反抗,致使刑网密集,酷吏弄法,再加上官员巧取豪夺,致使怨声载道。如果说高祖、文帝、景帝时期以循古节制为特色,武帝时期则以豪奢放纵为表征。汉武帝曾举行封禅,祀神求仙,挥霍无度,官吏们也争相仿效,造成“天下侈靡趋末,百姓多离农田”(《汉书·东方朔传》)。更由于长期的穷兵黩武,使得“天下骚动”,爆发了不同规模的农民暴动。

武帝在世时,他的治国模式、内外政策已受到来自统治集团内持不同政见者的批评。董仲舒批评汉武帝“循而未改”秦的苛政,“争利于下”(《汉书·董仲舒传》)。卜式认为,桑弘羊与民争利,天怒人怨,一次,朝廷因天旱求雨,卜式借题发挥说:“烹弘羊,天乃雨”(《史记·平准书》)。这些事例不是个别现象,而是从民间到朝廷都弥漫着的一股社会思潮。而汉武帝本人晚年对此也深有觉察,为此颁《轮台罪己诏》,意欲对先前政策进行调整:“朕即位以来,所为狂悖,使天下愁苦,不可追悔。自今事有伤害百姓,靡费天下者,悉罢之!”(《汉书·西域传》)然而,武帝在《轮台诏》颁布两年之后(前87年)去世,未能作出实质性的政策改变。年仅八岁的昭帝随即继位,“承孝武奢侈余敝,师旅之后,海内虚耗,户口减半”(《汉书·昭帝纪》)。面对此种形势,辅政大臣霍光坚定实行汉武帝晚年开始的调整政策，发展经济，增强国力，并多次下诏赈贷农民，以缓和社会矛盾。然而，同为辅政大臣的桑弘羊继续沿用武帝前期的财政经济政策，从而引发政策之争。在霍光的授意下，昭帝下诏："举贤良，议罢酒榷盐铁"（《汉书·杜延年传》），并于始元六年（前81年）二月，围绕盐铁官营等问题，展开激烈辩论。这就是历史上著名的盐铁会议。

辩论一方是贤良、文学之士。贤良原为平民或担任过小官吏的知识分子，被官府举为贤良；文学则是来自民间的儒学人士。辩论的另一方是以田千秋和桑弘羊为代表的中央政府官员。在会议上，贤良文学认为，当时实行的盐铁酒榷均输等政策，是造成民间疾苦的总根源，为此力主罢黜，并提出：（1）政府不与民争利，不应直接从事营利性行业，更不应干预控制物质产品的生产和流通，所谓"仕者不穑，田者不渔，抱关击柝，皆有常秩，不得兼利尽物"（《盐铁论·错币》）。（2）最高统治者必须限制膨胀的贪欲，减少宫室园林的修建，节制奢侈消费，"寡功节用，则民自富"（《盐铁论·水旱》）。（3）不扰民。针对当时滥征徭役，提出"上不苛扰，下不烦劳，各修其业，各安其性"（《盐铁论·执务》）。（4）政府官员应为大众谋利益，如处处以谋私利为原则，则危害更深："诸侯好利则大夫鄙，大夫鄙则士贪，士贪则庶人盗"（《盐铁论·本议》）。而以桑弘羊为代表的当权者则极力为盐铁官营辩护：（1）盐铁官营有利于农业生产："盐、铁、均输，万民所戴仰而取给者"（《盐铁论·本议》）。（2）盐铁官营能给国家带来大量的财富，以解决抗击匈奴的巨额军费开支："盐铁之利，所以佐百姓之急，足军旅之费，务蓄积以备乏绝"（《盐铁论·非鞅》）。（3）实行盐铁官营，能从经济上打击富商大贾、地方豪强："笼天下盐铁诸利，以排富商大贾"（《盐铁论·轻重》），并起到调剂物资、保障人民生活必需品的供给："盐、铁、均输，所以通委财而调缓急"（《盐铁论·本议》）。（4）更为根本的，国家只有加强对经济的控制，才能巩固"大一统"的中央皇权，否则，会导致地方势力控制商品交易大权，形成与中央对抗的局面："故山泽无征则君臣同利，刀币无禁则奸贞并行。夫臣富则相侈，下专利则相倾也"（《盐铁论·错币》）。

贤良文学同桑弘羊等政府官员之间关于盐铁专营的存废之争，其分歧显然基于各自不同的政治立场。贤良文学来自民间，"发于畎亩，出于穷巷"（《盐铁论·忧边》），"皆贫羸，衣冠不完"（《盐铁论·地广》），与下层老百姓有着广泛的联系，故而，贤良文学打着"民本"的旗帜，认为应藏富于民："王者不畜聚，下藏于民"（《盐铁论·禁耕》）。而桑弘羊等人的立场是国家本位主义的。这种"国家至上"的观念体现在经济上，就是政府以"强国"为目的，实现利权独断，尤其是全面控制既关系国计民生、又可获暴利的行业，如粮食、货币、盐铁等。为此，他们从坚决维护中央集权和政治稳定的角度出发，指责贤良文学议罢盐铁是"损上徇下"（《盐铁论·取下》），且助长奢侈风气，"故民饶则僭侈，富则骄奢"（《盐铁论·授时》），甚至会威胁到统治，"民大富，则不可禄使也；大强，则不可罚威也"（《盐铁论·错币》）。

如上争论实际上涉及国家利益与民众利益的相互博弈。桑弘羊等政府官员之所以为盐铁专营辩护，基于其维护专制政权的立场，遵循的是先秦法家的思维逻辑——法家主张抑制兼并，打击豪强，以免威胁王权，由政府全面垄断整个社会经济资源和分配机制，一切利达之路皆由国家或君主颁赐，堵塞获取财利的其他所有途径，从而迫使人们俯首听命，即所谓“利出一孔”。不过，有所不同的是，桑弘羊等人试图竭力突破先秦法家的国富民穷、国强民弱的“零和博弈”逻辑，认为盐铁官营既可以增加国家财政收入，又能更好地有益于民生：“有益于国，无害于人”（《盐铁论・非鞅》）。贤良文学的富民主张则来自于孔孟等原始儒家的民本观，坚持藏富于民、民生优先，认为，人民富裕是国家财政的基础，所谓“民用给则国富”、“筑城者，先厚其基而后求其高；畜民者，先厚其业而后求其赡”（《盐铁论・未通》）。

二者试图协调民生需求与国家利益的矛盾的做法，自有其合理性和积极意义。不过，值得注意的是，贤良文学反对“官与民争利”，又不断说要“以礼义防民欲”（《盐铁论・本议》）。所谓“工商盛而本业荒也”（《盐铁论・本议》），实际上是反对民众从事私营小手工业。毕竟，在现实中，能够担负盐铁开采及大规模制造的“民”并不是一般的老百姓，只可能是“豪民”、富商大贾。正如桑弘羊等人所指出的：“夫权利之处，必在深山穷泽之中，非豪民不能通其利”（《盐铁论・禁耕》）。换言之，对于农民而言，他们获取财富的只能是本分地从事农业。因而，贤良文学尽管打着“为民请命”的旗帜，实则主要是主张去除政府对富商大贾、诸侯豪门的经济限制。至于桑弘羊等政府官员实现利益独断的主张，本身就是专制主义的题中之义。总之，在国家利益和民生需求之间，坚持何者具有优先性，就已经决定了对这种矛盾与冲突的选择。说穿了，既然要维护专制集权，就必然会妨害民生。从中国历史的实际演进来看，盐铁官营等政策要么体现为“只许州官放火，不许百姓点灯”的强盗逻辑，要么只能培育出“满嘴仁义道德，满腹男盗女娼”的虚伪文化。

二、本末之争

贤良文学同桑弘羊等政府官员之间关于盐铁专营的存废之争，还涉及对农业与商业重要性的不同认识，即所谓本末之争。

在中国传统农业文明时代，历代统治者都把发展农业当做“立国之本”，而把工商业当成“末业”来加以抑制。因而，先秦诸子无不提倡“重农”，并各自表达了对商业的“敌视”，如孟子斥商人是“贱丈夫”（《孟子・公孙丑下》），荀子认为“工商众则国贫”（《荀子・富国》），商鞅主张“令商贾技巧之人无繁”（《商君书・外内》），韩非则视工商为社会之害，称作“五蠹”之一（《韩非子・五蠹》）。尽管如此，对于法家而言，他们并非完全禁止工商业，而只是为了把人们束缚在土地上，主张由国家垄断山泽资源，把私人经营林、副、渔、猎统统堵住，使农村人口除努力耕织外再无其他出路：“壹山泽，则恶农、慢惰、倍欲之民无所于食，……则必农”（《商君书・垦令》）。从管子推行的“官山海”、商鞅变法中实施的粮食贸易管制和货币控制等举措来看，法家所谓的“抑商”，只是指私营商业，而非官营商业。同样，在汉代，统治者采取了大量措施来抑制商人及商业资本的发展。在高祖时，便“令贾人不得衣丝乘车，重租税以困辱之”（《史记·平准书》）。孝惠帝与高后执政时期，虽然放宽了限制商人的条例，但仍然抑制商人的社会地位，甚至规定：“市井之子孙亦不得仕宦为吏”（《史记·平准书》）。到了汉武帝，对民间商业的打击更是登峰造极，汉武帝所采取的盐铁官营政策，实际上是以官营商业来排斥、打击民营商业。

在盐铁会议上，桑弘羊等人出于对盐铁政策的辩护而打出了“重商”的旗号：“古之立国家者，开本末之途，通有无之用。市朝以一其求，致士民，聚万货，农商工师，各得所欲，交易而退。《易》曰：通其变，使民不倦。故工不出，则农用乏；商不出，则宝货绝。农用乏，则谷不殖；宝货绝，则财用匮。故盐铁、均输，所以通委财而调缓急。”（《盐铁论·本议》）针对当时社会普遍轻视、鄙视工商的风气，桑弘羊主张以发展工商为手段来推动社会经济的进步：“农商交易，以利本末”（《盐铁论·通有》），其基本结论是：“富国何必用本农？”（《盐铁论·力耕》）

桑弘羊虽然主张重商，但从其国家主义的立场来看，实际上只是为官营经济张目，说到底只是一种权力经济，它“排困市井，防塞利门”（《盐铁论·本议》），从而不可避免地会出现以权谋私的现象：“吏不奉法以存抚，各以其权充其嗜欲”（《盐铁论·执务》），导致“因权势以求利者，入不可胜数也”（《盐铁论·贫富》）。为此，贤良文学力主“进本退末，广利农业”（《盐铁论·本议》），认为政府的专卖政策是“与民争利”（《盐铁论·本议》）、“与商贾争市利”（《盐铁论·园池》），不仅违背了“君子谋道不谋食”的儒家传统，更会使民众背弃礼义，产生争夺之心，引发社会动乱：“自食禄之君子，违于义而竞于财，大小相吞，激转相倾”（《盐铁论·错币》）。不过，贤良文学在重农这个根本前提下，也承认工商业自有其重要作用：“故商所以通郁滞，工所以备器械”（《盐铁论·本议》）；农工商是社会分工的必然要求，政府只有任其自由发展，才能互相满足需求：“商工市井之利未归于民，民望不塞也”（《盐铁论·相刺》），“陶冶工商，四民之求足以相更”（《盐铁论·水旱》）。可见，贤良文学所主张的“抑商”，主要是针对官营商业，反对政府垄断经济，而推崇民营经济，坚持自由放任：“山海者，财用之宝路也，宝路开，则百姓赡而民用给，民用给则国富”（《盐铁论·本议》），归利于民：“罢利官，一归之于民”（《盐铁论·能言》）。

可见，桑弘羊等政府官员与贤良文学的根本分歧，在于对官营商业的不同态度。应该说，国家垄断和自由放任，各有其利弊。诚如贤良文学指出的，官营商业的弊端在于：（1）由于垄断经营，致使“盐铁价贵，百姓不便”，以至出现了“木耕手耨”的现象；（2）产品质量差，使用不便：“县官鼓铸铁器，大抵多为大器，务应员程，不给民用。民用钝弊，割草不痛，是以农夫作剧，得获少，百姓苦之矣”；（3）销售中官僚作风严重，毫无责任心，“吏数不在，器难得”，结果农民“弃膏腴之日，远市田器，则后良时”；（4）只此一家，别无分店,“善恶无所择”,官商甚至强迫人们购买滞销的产品:“铁官卖器不售,或颇赋于民”;(5)不讲经济效益,高投入,低产出:“用费不省”(《盐铁论·水旱》)。而相比之下,私营工商业则具有诸多优越性:(1)由于存在竞争,产品价格低廉,“盐与五谷同价”;(2)产品方便适用,适应性强,“器和利而中用”,让农民“置田器,各得所欲”;(3)生产者能做到齐心协力,充分发挥积极性:“家人相一,父子勠力”;(4)生产精益求精,产品质量有保证:“各务为善器,器不善者不售”;(5)经营灵活,送货上门,方便购买者,还可以赊欠,不误农时:“农事急,挽运衍(散)之阡陌之间。民相与市买,得以财货五谷新币易贸,或时贳民,不弃作业”(《盐铁论·水旱》)。当然,私营工商的弊端也是明显的,诚如桑弘羊等人所言,就铁器生产来说,私人生产规模小,资金不足,技术和设备落后,往往出现“铁力不销炼,坚柔不和”(《盐铁论·水旱》)的问题,而官营工商则能较好地避免这一问题。

由上可见,官营与私营各有其利弊,需要进行恰当的结合。从现代社会的演绎来看,自由放任的市场经济模式曾主导了资本主义国家早期的经济发展,但在20世纪20、30年代西方世界经济大萧条之后,主张国家干预经济的凯恩斯主义开始盛行。这种“看得见的手”之所以出现,是因为“看不见的手”具有相当程度的盲目性,完全的自由放任会使市场走向非理性,引来市场的无序和疯狂,导致经济危机,这便是“市场失灵”。因此,政府这只“看得见的手”适时、适当地干预,便可以纠正“市场失灵”,促使市场理性回归,实现市场运行正常。问题在于,既然市场能够“失灵”,那么,政府干预会不会“失灵”?既然运作主体是政府或准政府机构,那么,政府机构就应具备足够的知识、丰富的信息,以及快速的反应体系和敏锐的决策体系,再加上适时的纠错机制。按照哈耶克的理论,知识和信息是高度分散在社会个体的,政府机构获得知识和信息有一个学习和收集的过程,知识和信息往往具有某种滞后性,而政府对信息的掌握又不可能完备。同时,政府机构的反应体系和决策体制服从于政府机构的既定程序,在这种情况下,政府很难及时地进行纠错;等等。在这些约束条件下,政府要非常有效地运作,往往是很困难的。唯其如此,关于“看得见的手”和“看不见的手”之争,现在大多集中在政府多大程度上对经济进行调节和控制,而不是断然地不要政府的调节和控制。历史经验表明,在一国或一个经济体之内,纯粹的“一只手”主义,不能够解决经济运行的复杂问题,只有将“两只手”结合起来,才是有效的选择。

当然,关于这“两只手”的结合,不仅是一个理论问题,更是一个实践难题。国家统一管理和自由放任如果能够相得益彰固然美好,但在具体的现实环境中,二者之间总是充满了复杂的博弈。联系当时的现实来看,贤良文学主张农民、商人各奉其业,自有其合理性,但他们没有看到甚至无视豪民对农民的兼并、掠夺,导致权贵私家势力恶性膨胀,结果通常是“国与民俱贫,而官独富”(《明史·列传第一百十四》)。故而,桑弘羊等政府官员从实际需要出发,主张加强经济的统一治理,借以巩固和增强中央的财力,加强中央集权。然而,这样做,依然存在着一个难以绕过的问题:施行国家垄断,为的是

"富国足用",但有可能削弱民间经济发展的活力,导致"国富民(包括豪民)穷"。更有甚者,如果政府一旦从市场的裁判者转变为市场中的竞争者,就可能会滥用公权力而谋取私利。从中国历史实践来看,政府往往轮番用药,在二者的交替循环中常常陷入"管死放乱"的怪圈。即便在今天,这依然是一个巨大的理论和实践难题。

三、义利之辨

盐铁会议上的这场辩论,表现在价值观层面,实际上正是先秦诸子义利之辨的延续。

贤良文学基于传统儒家"重义轻利"原则,认为盐铁官营恰恰是"崇利忘义",必然会造成社会上唯利是图、见利忘义的贪鄙之风,会将人民引向追逐利益而无视道德的境地:"今郡国有盐铁、酒榷、均输,与民争利。散敦厚之朴,成贪鄙之化,是以百姓就本者寡,趋末者众";而取消盐铁官营等政策,正是为了"广道德之端,抑末利而开仁义"。说到底,贤良文学的主张是让儒学作为意识形态贯彻到具体政策中去的一种努力。然而,这种"开仁义,毋示以利"的崇义贬利思想往往会扼杀包含追功求利的进取精神,甚至变成了"防淫佚、尚敦朴"(《盐铁论・本议》)的安贫乐道,因而其消极意味是十分明显的。不仅如此,贤良文学在理论上把德与利各自的利弊片面化、绝对化,即"导民以德,则民归厚;示民以利,则民俗薄"(《盐铁论・本议》),而忽视了二者的相互助益。对此,桑弘羊等政府官员站在法家的立场予以反驳,指出,追逐利益是人的本性,道德教化需要有一定的物质基础作为支撑,否则"贫贱而好义,虽言仁义,亦不足贵也"(《盐铁论・毁学》)。当然,话说回来,"利"之诉求必须以不违背"义"为前提,尤其对于政府而言。站在今天宪政原则的角度看,政府作为一个公共性的存在,其首要宗旨就是维护公共利益。因而,从这一角度看,贤良文学关于"天子不言多少,诸侯不言利害,大夫不言得丧"(《盐铁论・本议》)的立论,依然具有其价值。

盐铁政策的实质是国家运用行政手段干预和控制社会经济,具有明显的强制性。实施这一政策必然需要以法制做保障,故桑弘羊坚持以法制刑罚作为治理国家的基本手段,且力主重刑密法:"法之微者,固非众人之所知也"(《盐铁论・刑德》)。桑弘羊一派的重刑思想无疑是法家思想之流露,也是武帝以来密织法网、严刑酷罚治国方针的延续。故而,桑弘羊等人与众贤良文学之间的争论自然牵扯到对法家人物的历史评价上,其中对于商鞅的争论尤为激烈。贤良文学认为,商鞅变法把礼仪道德抛在后面,提倡斩首记功,一心追求扩张秦国的疆土,丝毫不顾及百姓的生计,被处以车裂之刑是咎由自取:"卒车裂族夷,为天下笑。斯人自杀,非人杀之也。"(《盐铁论・非鞅》)桑弘羊等政府官员则认为,商鞅志在强国利民,具有远见卓识,站在时代的前列:"夫欲粟者务时,欲治者因世。故商君昭然独见存亡不可与世俗同者,为其沮功而多近也。庸人安其故,而愚者果所闻"(《盐铁论・遵道》);商鞅所以受到攻击,是因为有人对他获得成功的妒忌，"是以相与嫉其能而疵其功业也"（《盐铁论·非鞅》）。

由于法家思想是秦朝立国的基础，故而，对法家认识的评价又涉及对秦朝政治实践的评价。在贤良文学看来，秦朝把重刑峭法、崇利简义作为治国思想，必然导致社会矛盾的激化："商鞅以重刑峭法为秦国基，故二世而夺。刑既严峻矣，又作为相坐之法，造诽谤，增肉刑，百姓斋栗，不知所措手足也。赋敛既烦数矣，又外禁山泽之原，内设百倍之利，民无所开说容言"（《盐铁论·非鞅》）。贤良文学对秦政的批评指责，显然是自汉初以来"过秦"思潮的延续，他们将汉武帝时期的统治状况比之于秦，意在引起人们对秦朝速亡教训的思考和警觉，这对于调整汉武帝时期的穷兵黩武政策自然有着十分积极的意义。但是，贤良文学对秦朝的历史地位与统治政策全盘否定，则有失公允。正如桑弘羊等政府官员指出的，实力是一个国家的立国基础，道德说教是靠不住的，秦朝能够统一中国，就是不断发展国家实力的结果："秦既并天下，东绝沛水，并灭朝鲜，南取陆梁，北却胡狄，西略氐羌，立帝号，朝四夷，舟车所通，足迹所及，靡不必至。非服其德，畏其威也。力多则人朝，力寡则朝于人矣"（《盐铁论·诛秦》）。虽然桑弘羊等人一味宣扬秦朝以法治国、严刑峻法的政治思想具有一定的局限性，也不利于昭帝时期统治政策的调整，但是，他们一改汉代"过秦"旧论，赞扬秦朝统一天下与北击匈奴的历史功绩，认同秦朝采取的政治体制、法治原则与治国思想的合理内涵，则更为符合历史实际。

无论如何争论，盐铁会议的实际结果则是争议双方的相互妥协。由于当时政府的财政主要由专卖收入来支撑，故而桑弘羊等人认为专卖制度"不可废"，但又不能不对贤良文学之士所提出的一些意见做出表示，对贤良文学揭露的"百姓贫陋困穷"的社会现实加以承认，对商人要求分利的呼声做出部分让步。因此，桑弘羊在盐铁会议结束后上奏昭帝："请且罢郡国榷沽、关内铁官"（《盐铁论·取下》），即罢除对国家财政影响不大、对广大人民为害不深的酒类专卖和关内铁官，但盐铁官营政策依然保持不变。这说明，在经济方面，儒家思想没有多大影响力。经济体制和政策的制定，主要遵循法家重利轻义的原则，贵德、重义等儒家原则作为口号喊喊是可以的，但真正面临义与利的选择时，统治者们更为看重的，还是实际利益。

四、理想与现实的纠结

从盐铁会议争论的总体基调上看，二者之间的争执主要表现为理想主义与现实主义的对立。

贤良文学虽然来自于民间，了解民间的现实与疾苦，但是在解决问题的时候并没有实际统治经验，而更多地以所谓夏商周三代为理想的社会蓝本，不考虑时代的现实性，一切论辩的基础则是他们所坚守的儒家王道理想。与之相对，桑弘羊是一位崇尚法治的现实政治家，更多地以政府集团的现实利益为主旨，基于实际的政治统治经验，坚决反对贤良文学带有迂腐色彩的复古主义，表现出强烈的现实主义精神。

这种理想主义和现实主义的对立，在匈奴问题上表现得尤其明显。贤良文学虽然比较深刻地看到了匈奴的游牧特性及根除其危害之困难，也看到了长久用兵持续消耗的严重后果，但是他们在提出关于解决匈奴问题的政治措施时，又一次体现了其理想主义的特质，他们抛出“王者行仁政，无敌于天下”（《盐铁论·本议》），试图以道德对抗、瓦解和替代武力，显然是一种不合时宜的迂腐观点。而桑弘羊等政府官员对匈奴问题的出发点是基于现实考虑的，他们正确地认识到了道德的脆弱性以及保有常态军备、积极加强防范的必要性和重要性，更从内地与边疆的相互依存、唇亡齿寒的关系中，正确认识到边疆安全对于内地稳定的重要性，指出，“是以圣王怀四方独苦，兴师推却胡、越，远寇安灾，散中国肥饶之余，以调边境，边境强，则中国安，中国安则晏然无事”（《盐铁论·地广》）。在当时匈奴遭受屡次打击、疲于应付的情况下，桑弘羊等政府官员认为，应抓住时机，积极扩大战果，以彻底解决匈奴的侵扰问题。盐铁之议的第二年（前80年），出现了燕王旦、上官桀与盖长公主等阴谋反叛事件，桑弘羊牵连被杀。但这主要是政治斗争，昭帝时期西汉帝国的政治战略总体来看更接近桑弘羊的现实主义主张。在桑弘羊以谋反罪被处死仅仅三年之后（前77年），霍光即在西域实施了曾被汉武帝所否定的桑弘羊提出的轮台屯田方案：“昭帝乃用桑弘羊前议，以杆弥太子赖丹为校尉将军，田轮台”（《汉书·西域传》）。

即便如此，儒家理想主义在政治生活中依然颇具市场。汉武帝当年虽然罢黜百家、独尊儒术，但并没有真正将儒家学说定为正统，而是“阳儒阴法”、“内多欲而外施仁义”（《史记·汲郑列传》），可谓“外儒佯宽，内法实猛”。故而，在武帝时期，真正活跃在政治舞台上的却多是法家人物以及一些喜好杀伐的酷吏。而经过这次盐铁会议，以儒学为圭臬的贤良文学获得了“咸取列大夫”（《盐铁论·遵道》）的地位，由此逐渐形成一股活跃的政治势力，儒学也开始摆脱“缘饰”地位，由形式上的独尊转变为事实上的独尊。可以说，盐铁会议正是儒家真正走上政治舞台的一个标志性事件。虽然作为主要辅政大臣的霍光在会后曾多次显露他对贤良、文学的愤怒和仇视：“诸儒生多窭人子，远客饥寒，喜妄说狂言，不避忌讳，大将军常仇之”（《汉书·霍光传》），但他依然在场面上强调“公卿大臣当用经术士”（《汉书·隽不疑传》）。

昭帝之后的宣帝时期，儒家思想进一步得势。史载，宣帝“颇修武帝故事”（《资治通鉴·汉纪十八》），常鼓励儒生上书言事，用吏也多选“贤良”，还将盐铁会议上贤良文学提出的一些意见部分地付诸实行，诸如将公田赋予贫民耕种，对还归的流民租给公田，贷给种子、口粮，免除赋税徭役，降低盐价，整顿吏治，从而极大提升了全社会对儒者的态度。即便如此，宣帝并未忽视法吏对帝国统治的重大作用。所以当柔仁好儒的皇太子劝说宣帝“持刑太深，宜用儒生”时，宣帝便作色回道：“汉家自有制度，本霸王道杂之，奈何纯用德教，用周政乎！且俗儒不达时宜，好是古非今，使人眩于名实，不知所守，何足委任”（《汉书·宣帝纪》）。宣帝的论说，也表明了统治者对儒生、儒学的态度——择利而行，为我所用，并明确表达了对不达时宜、好是古非今、眩于名实的俗儒的藐视态度。不过，自宣帝以下，儒者日益得势，元帝、成帝、哀帝三朝位居丞相者，都是当时大儒，甚至普通官吏中也有不少名儒，道德理想主义由此逐渐压倒政治现实主义，成长为帝国的主导性政治战略原则，儒家经典成为君主治国安邦、人民安身立命的价值原则。

然而，从现实政治来看，西汉政治却日益走向衰败，走向了宣帝所言的“俗儒化”。如果说汉昭帝、汉宣帝还能够维持先前的鼎盛局面的话，相继即位的汉元帝、汉成帝、汉哀帝、汉平帝，则一代不如一代。史载，汉元帝虽然多才多艺，精通书法、音乐，但毫无政治才干。他所用的大臣，多是迂腐的经学家，朝廷上讨论、处理军国大事，只会引用儒家经典语录来判断是非曲直，根本不从实际出发进行决策。元帝时期，由于自然灾害频发，地主豪强势力对财源的侵占，以及土地兼并形势发展，财政收入渐少，为此，元帝不断推行节俭政策，诸如压缩皇室开支，减少宗庙祭祀费用，节约赏赐开支，等等，一时成为美谈。但是，对于豪强和商人的势力，元帝并没有加以约束，以至于豪民坐大，大量小农破产、流亡，帝国政治因此走向失控。到了西汉末年，在商品经济衰退的同时，土地兼并愈演愈烈，农民在天灾人祸的摧残下无以为生，许多人家流离失所，沦为奴婢，社会危机日益深重。王莽正是在这种情况下夺取西汉政权，建立了新莽王朝。王莽深受儒学熏陶，很注意“正心诚意”、“修身齐家”，处处以周公为榜样，言必称三代，事必据《周礼》，企图用儒家经学重建一个理想世界。为了摆脱当时的社会危机，王莽实行了一系列的改革措施。然而，王莽改制的着眼点不是向前看，而是向后看，改革的一切理论根据就是一部儒家经典《周礼》，被史家称为“托古改制”，与时代格格不入，故而最终失败，他自身及整个政权也最终一起葬身于农民起义的熊熊烈火。

西汉虽亡，但专卖制度作为君主对资源的最高垄断权的体现，它与君主制度互为表里，成为后世中国两千年的主导经济政策。自汉武帝以后，历代王朝都把这种利用政权力量来扼制商品经济的发展政策奉为圭臬。在唐代，实行借商、间架税之法；在宋代有经、总制钱；在明代设矿使税监；等等，都是盐铁专营政策的延伸或变种。故而，李贽慨叹道：“盐、铁不可废”（李贽：《史纲评要》），“桑弘羊者不可少也”（李贽：《富国名臣总论》）。不仅如此，随着时代的发展，这种专营禁榷政策还不断扩大，除盐铁外，茶、酒、矾等也成为国家垄断的项目。这种以政治手段将与国计民生最密切的几种工商业垄断起来的措施，加强了集权主义的力量，却破坏了商品的自由流通，从而造成中国自然经济一直占据统治地位、社会长期停滞不前的状况，其影响一直延续至今。

【马哲研究】

马克思、黑格尔和历史方法

肖恩·赛耶斯/文　程瑶/译[①]

内容摘要:作为理解马克思思想的一条重要路径,黑格尔哲学与马克思主义之间的关系却一直富有争议。然而,马克思哲学虽然在根本上迥异于黑格尔,但他们的思想都遵从历史的或辩证的方法。马克思对历史的阐释与黑格尔有着很多形式上的相似之处,但是他在继承黑格尔历史哲学的一些形式特征时,也作出了批判和发展,最终将其转变为历史唯物主义。进步就是马克思发展的一个重要概念,其唯物主义意涵于今日仍然对我们大有启发。

关键词:黑格尔　马克思　历史　目的论　进步

我准备了六节关于马克思历史理论的讲演。有一个主旨贯穿始终:那就是历史的或曰辩证的方法既是马克思哲学(历史唯物主义)的根本,也是正确理解社会的基石。我即将论证的马克思阐释历史的一些主要的形式特征,均来自于黑格尔哲学。当然,马克思主义从根本上殊异于黑格尔,尤其在涉及关于社会理论的唯物主义的内容方面。然而,对于黑格尔及其历史方法的理解关乎对于马克思主义的理解——如马克思对于资本主义的批判,对于共产主义概念的建构。

一、黑格尔对马克思的影响

黑格尔哲学和马克思主义的关系一直以来都是一个富有争议的话题。即使马克思自己曾强调他是黑格尔的拥趸,他早期的追随者中仍只有极少数人承认这一事实。在第一次世界大战中,列宁对于黑格尔的研究使他认识到有关黑格尔哲学的认识对于理解马克思思想的重要性。但是列宁在早期马克思主义者中只是个特例:机械主义和经济主义的解释才更得人心。这种解释在斯大林时期被奉为正统,黑格尔主义的马克思主义者(如卢卡奇、科尔施、葛兰西、德波林、伊里因科夫;等等)几乎不容于世。

黑格尔哲学的影响在马克思早期作品中最为明显,尤其是在《1844 年经济学哲学

① 作者简介:肖恩·塞耶斯,当代英国著名马克思主义哲学家、肯特大学哲学系教授。程瑶,中国人民大学哲学院研究生。

手稿》中。近来有很多争议都聚焦在这些作品中的黑格尔施于马克思的影响,尤其是在异化的概念上。然而,1932年这些作品在莫斯科首印后,被赋予的却多是质疑的眼光。它们通常只被作为马克思年少时期的作品,对其正经的讨论却少之又少。

然而,事态在1953年斯大林去世后的"解冻"时期迅速逆转。马克思早期作品的英文及其他欧洲语言的译本开始出现,在对于被奉为共产主义正统的机械主义和经济主义形式的马克思主义的批判中,它们迅速成为了焦点。在东欧、西欧和美国的很多"人道主义的"马克思主义者中,在与新左派相关联的许多思想家中,这些新显露的马克思思想中的人道主义和伦理的方面,是对自19世纪30年代起就作为苏联和绝大多数马克思列宁主义者主要观点的经济主义和机械主义的马克思主义解读提出异议的绝佳证据,而这些作品也因此广受欢迎。

这些断言也遭到了强有力的反驳。至今为止对其最有影响力的批判来自于阿尔都塞和他所信奉的结构主义马克思主义。这引导许多人将目光从马克思作品中的黑格尔和伦理主题重新转移到其中的政治、经济和历史观点上。然而,在阿尔都塞热切抹去马克思主义中黑格尔哲学的痕迹时,他也陷入了另一个极端——那就是完全忽视马克思早期作品以及黑格尔对于马克思主义的重要性。

对于黑格尔观点的敌意由于随后的一些欧陆哲学分支而持续并增强。受尼采观点影响的一连串后结构主义和后现代主义哲学家们都持续着对马克思主义中黑格尔因素的敌对态度(如福柯、德勒兹、巴迪乌等)。

作为其典型的特征,分析的马克思主义学派同样非常反感马克思主义中的黑格尔主题(当然是在非常不同的立场上)。近些年来这种厌恶在英语世界中产生了巨大影响(如科恩、格拉斯、罗默),这导致了从19世纪60年代起强烈的反黑格尔社会思潮主导着西方哲学,并对马克思主义造成了巨大影响。

也有其他人同样捍卫着黑格尔和人道主义的马克思主义传统——从卢卡奇、葛兰西等人延续下来的传统。①

二、黑格尔的历史哲学

让我们从黑格尔开始,看看马克思如何继承、批判并超越黑格尔哲学。

就像这些哲学家所思考的那样,历史在他们笔下仍然是一个历久弥新的主题。当然,我们不能否认自上古就存在的旧约和史实记载等;但是对于社会发展过程的理论的和理性的回顾、理解以及表述的尝试,仍只是一个兴起于18世纪的较为现代的现象。

历史*哲学*——换言之,即对于历史角色和历史研究的哲学反思——甚至更为新

---

① 例如,马克思与哲学学会(安德鲁·奇蒂、克里斯·亚瑟和我)、托尼·史密斯、保罗·布莱克利奇等。

兴:它由康德和德国唯心主义者所发起。

这即是马克思从黑格尔(和他的传统)那儿继承的主要方法。它涉及以下观点:

> 社会必须被历史地理解和研究:在它的变迁过程和历史发展中。
>
> 我们可以制定出关于历史变迁本质的普遍原理以引导这一研究。

这些哲学家将历史当成一门社会科学以理解不断发展的社会,而并非对历史进行道德判断。他们对其采用了一种恩格斯称之为"科学的"而非"空想的"或者说道德的方法。①

这导致了马克思(和黑格尔)哲学的一个主要悖论。对马克思来说,他确实也对现存社会作出了*批判*。于是问题来了:马克思思想的这些方面如何才能被调和?就像我们将看到的那样,这一问题只有在马克思历史哲学的基础上才能得到一个满意的答复。

1. 理性

黑格尔历史哲学初始的也是最为惊人的命题是:理性统治世界。

黑格尔意指的是全部世界,包括自然界,更不用说人类生活和历史。而他并非仅指世界应是理性的,而是说它实际上就是理性的。

这听起来应被归于最为极端的理性主义和唯心主义,但它并非那么荒谬可笑。在某种程度上,黑格尔意指世界仅如既定规律般变化发展。

在与自然现象关联时,这种说法并不那么富于争议——自然现象遵从于固定规律是自然科学指导性的假设。

在联系到社会和历史时,黑格尔意指社会现象和历史进程并非侥幸和偶然事件,它们暗含规律并可被理性解释。这是一个相当重要的观点,并且极具争议。它意味着社会科学甚至是历史科学的合理性。

2. 进步

对黑格尔来说,历史是理性的也正是基于它是一个*前进的*过程。这种观点的一个说法来自于基督教神学的一个传统部分,并以神圣*天意*的形式出现,上帝决定了世界发展的好的进程。黑格尔坚持他的历史哲学并不诉诸那些神学观点,但是他对于历史进程的解释绝非完全避开了它们。

3. 精神

对黑格尔来说,从涉及精神的发展和实现的意义上来讲,历史是一种进步。

"精神"(Geist)这一术语有着明确的神学内涵,但作为一个哲学概念时,黑格尔是对比于"自然"来定义它。精神是意识和自由(自决)的领域,是人类的领域——对比于无意识,是由外部决定的自然领域。

---

① 引自黑格尔:《〈法哲学原理〉前言》。

对于自然世界,黑格尔赋予其"前达尔文式"的设想。自然中的各种进程仅仅是重复其自身。与之相反,精神是*发展*着的,它有自己的*历史*。精神不仅发展于个体,也发展于社会。当个体不断成长发展,他们变得更加自觉也更加自由。同样的,历史是精神的发展过程。它是精神的实体化,是精神变得更富意识,更加自觉自由的过程。①

特定社会的历史发展(当然,对于黑格尔来说是整个世界历史)是一个统一的过程,受到一个单一原理的控制。

> 一个民族所采取的宪法是同它的宗教、艺术和哲学,或者,至少是同它的种种观念以及种种思想——它的一般文化,形成一个实体——一种精神……一个国家是一个个体的总和,不能只取出一个特殊的方面,虽然是极其重要方面,如像国家宪法方面,而把它单独地加以考虑和决定。②

4. 阶段

黑格尔对于历史进程的阐释有着一个重要的特征,那就是他并非将其看作一个平稳的发展过程,而认为它的发展需经历多个阶段。黑格尔以政治、文化和宗教定义这些阶段。

在黑格尔的纲要中:

> (1)在古代东方专制统治中:只有一个人是自由的。
> (2)在古雅典和古罗马:**一些人**是自由的(它们同样存在着奴隶制)。
> (3)在"日耳曼/基督教的"世界中:**所有人**都是自由的。

这种简单粗暴的方式中蕴含着一个重要的思想:那就是自由在欧洲历史进程中不断发展的观念。这绝非荒谬,甚至造成了相当大的影响。

5. 辩证的发展

根据黑格尔,历史遵循着一种典型的辩证发展模式:通过异化及超越异化的阶段。这些阶段包括:(1)最初的和谐;(2)分化、异化;(3)更高级别的统一(合题)。

(ⅰ)**在历史中**:(1)最初的社会是基于自然(家庭)纽带被联合的社群(部落/宗族)。(2)内部矛盾导致这些社会分崩瓦解——个体成为了自主主体,并与他者及社群存在分歧,这即是分化、异化阶段。(3)黑格尔相信,在现代的自由国家中,个体和社会最终将达成再联合(更高级别,更为具体的联合)。

---

① 黑格尔以亚里士多德的术语描述历史发展:历史发展是精神的*可能性*的实现或者说*实体化*——是从*隐性*到*显性*的发展,是精神从*自在*到*自为*的转变。

② 黑格尔:《历史哲学》,王造时译,上海书店出版社2006年版,第42页。

（ⅱ）**在个体中**：同样存在着相似的发展模式。（1）婴儿是一个自然存在物，“无知的”，仅具有潜在的而非现实的自由。（2）在不断成长发展后，这一个体获得了自我意识和自由。这最终将其引向（3）（既定的）和谐的成熟。

6. 目的论

黑格尔将历史视作有机的成长。他使用了种子成长为大树的意象。

世界历史可以说是“精神”在继续作出它潜伏在自己本身“精神”的表现。如像一粒萌芽中已经含有树木的全部性质和果实的滋味色相，所以“精神”在最初迹象中已经含有“历史”的全体。①

黑格尔对于历史发展持有目的论的观点。“世界精神”的发展有其终结——就意图、命运和目的的意义而言。因历史的既定原理，这一终结从初始便已显露。当全体人类都达到自由自觉，历史便结束于这一顶点。这即是“最终目标/历史终结”。

整个世界的最后的目的，我们都当做是“精神”方面对于它自己的自由的意识，而事实上，也就是当做那种自由的现实。②

对于黑格尔来说，现代资产阶级社会即是此终结。他深信法国大革命后欧洲出现的现代自由国家构成了社会和政治的最高形态。于这自由国家的统一结构中，精神将被完全现实化。

这并不是说黑格尔没有觉察到现代社会的种种问题。他在《法哲学原理》中详细讨论了这些问题。但它们仅被作为资产阶级社会内部问题进行处理，黑格尔并没有正视在此之后的历史阶段。

以上即是黑格尔历史哲学的大致轮廓。它以抽象和总括的形式呈现在《历史哲学讲演录》的前言中，并在讲演录中被极为详细地铺展并阐明。黑格尔这种阐释存在诸多问题，但是历史是人类自由和自觉的发展进程的观念极为重要，并造成了极其广泛的影响，不仅仅是之于马克思。

三、马克思的历史哲学

马克思从黑格尔处继承良多。但在使用黑格尔哲学的同时，马克思也批判、发展并将其转变为历史唯物主义哲学。（来自科恩的）对这一过程的思考非常富有帮助：马克

① 黑格尔：《历史哲学》，王造时译，上海书店出版社2006年版，第16页。

② 同上书，第18页。

思对于历史的阐释与黑格尔具有相似的形式，但在内容上却大相径庭。这里，简短的总结是：

1. 理性

首先，马克思赞同黑格尔在其规律性的意义上将历史视为理性的这一观点。社会的历史发展有其固定模式，因此历史有其理性的原理。对马克思来说，这即是历史唯物主义。

2. 进步

马克思也赞同黑格尔将历史的发展看做一个前进过程的观点。

3. 物质发展

就我们所了解的，对于黑格尔来说，这是精神之自由自觉的前进发展。而与之相反，对于马克思来说，我们物质力量和经济的发展才是发展的首要指标。这是他唯物主义的主要方面。然而，就像我们马上要发觉的那样，他们之间阐释的不同之处并不如我们所描绘的那样清晰明显。

4. 阶段

像黑格尔那样，马克思也相信历史遵循着通过阶段辩证发展的形式。马克思的历史理论有着相似的形式和不同的内涵。

5. 辩证的发展

马克思也经常如黑格尔般将历史发展所经历的阶段描述为：(1)最初的统一；(2)分化和异化；(3)超越了异化的更高级别的统一。

然而，与黑格尔不同的是，对马克思来说，历史的阶段并非为精神的发展所定义，而是由各阶段主要的*物质*生产模式所决定：古代奴隶社会、封建社会、资本主义社会和共产主义社会。

6. 目的论

正如我们所了解的那样，历史对于黑格尔来说是一个有其目的的过程，它意指于其终结，这一终结即是自由社会。法国大革命后欧洲出现的现代自由国家构成了社会和政治的最高形态。于这自由国家的统一结构中，精神将被完全现实化。

当然，马克思批判并驳斥了这一愿景。自由(资产阶级)社会的阶级矛盾将不会于其自身中消解。这些矛盾将最终带来资产阶级社会的更迭，创造出一个更高级的、共产主义的社会形式。

马克思有时会被解读为持有历史目的论观点，并且视共产主义为历史目的论式的终结。我将证明，在很大程度上，马克思的理论并非目的论式的，历史也不存在终结。

四、马克思的唯物主义

以上为马克思历史理论与黑格尔共用的一些主要形式要素。然而，正如我所指明的那样，这些要素在两人的哲学中有着极为不同的内涵。在关于是*何者*在历史中发展和前进这一问题上它们就有着根本的差异——即关于*何者*是历史的“主体”；进而历史阶段因此由*何者*区分。而这些差别从根本上起源于马克思是一个唯物主义者而黑格尔是一个唯心主义者。

当然，这即是马克思如何总结出他与黑格尔的主要差异的。但是从何种意义上来说马克思是一个唯物主义者？沿着这些思路，我们可以清楚地看到马克思和黑格尔于方法上的差别，然而这种差别并非那么容易就能被明确定义，它有着诸多方面。

1. **本体论**

就本体论或者形而上学来说，马克思是否是一个哲学意义上的唯物主义者仍存在诸多争论。这即是说，他在本质上是否持有世界是纯粹物质的或物理的而非理念的这样的观点。这一问题广受争议。

2. **方法**

在《德意志意识形态》中，马克思声称就方法来说他的哲学从根本上即异于黑格尔哲学。在黑格尔的哲学体系中，他声称其开端并不存在“预设”或者“前提”。[①] 而他将以纯粹逻辑和演绎的方法发展他的哲学范畴。

与之相反，在《德意志意识形态》中，马克思声称他将采用一种实证的方法，这种方法始于“真实的前提”：来自于真实的人的行为活动和真实的社会条件。

> 我们开始要谈的前提并不是任意想出的，它们不是教条，而是一些只有在想象中才能加以抛开的现实的前提。这是一些现实的个人，是他们的活动和他们的物质生活条件，包括他们得到的现成的和由他们自己的活动所创造出来的物质生活条件。因此，这些前提可以用纯粹经验的方法来确定。[②]

作为对于黑格尔和马克思方法差异的陈述，以上还尚且粗糙简单。

a）一方面，虽然黑格尔断言他的哲学体系是由演绎生成，但这一点依然值得质疑，尤其是他的历史哲学。黑格尔为了实现其哲学，调用了大量的实证细节，而绝非以纯粹演绎或者抽象的方式发展他的哲学体系。

b）另一方面，马克思对于他的方法是完全实证的说法也同样不尽真实。*纯粹*实证形式是不可能的。知识对于概念的和实证的方面一向皆有所涉。哪怕是最不具有理论经验的历史学家也有必要施加一些概念，就如同黑格尔正确指出的那样。

---

① 或者说来自于一个最为抽象的，简单直接的前提：《法哲学原理》中所提到的抽象的自由，《精神现象学》中的直接意识，《逻辑学》中的纯粹存在。

② 《马克思恩格斯全集》第3卷，人民出版社1960年版，第23页。

就是寻常的、平庸的历史著作家，他也相信，而且自称，他只抱着一种纯粹容受的态度，只致力于事实上所提供的史料——可是他的思想的运用不是被动的。他离不开他的范畴，而且从这些范畴来观察他心目中所见的各种现象。尤其是在居科学之名的一切场合里，“理性”尤其应该清醒着，反省必须活跃着。谁用合理的眼光来看世界，那世界也就现出合理的样子。两者的关系是交互的。①

这对于马克思的方法来说当然也是正确的。的确，就历史分析来说，马克思有着一套尤为系统和复杂的理论和哲学的预设及前提，并以历史唯物主义哲学的形式呈现出来。

就黑格尔和马克思在何种程度上以演绎的形式发展他们的历史阐释而言，其中毫无疑问存在着一个真实的差异。但这绝不是马克思在《德意志意识形态》中声明的绝对的区别和差异。毋宁说这只是程度上的不同，强调时的轻重，而非马克思和恩格斯所描述的突出的差别。

3. 倒置

黑格尔于历史哲学中的唯心主义最为明显地体现在他的历史是“精神”的发展和现实化的观点中。精神的自我发展是历史的前进动力。黑格尔有时甚至似乎暗示精神是某种天意并生成历史。他似乎相信是意识的力量创造出物质的、社会的世界。除此之外，黑格尔以自由和意识于其中的主宰程度作为凭据，将历史划分为各个精神的阶段。马克思批判其为唯心主义者。

不是人们的意识决定人们的存在，相反，是人们的社会存在决定人们的意识。②

马克思声称将颠倒黑格尔的哲学以使其成为一种替代性的唯物主义的理论。他将社会的意识形态上层建筑与其经济基础相区分。经济基础中生产力和生产关系之间的矛盾成为历史发展的动力。历史阶段由其各阶段的主要生产模式所定义。

我的辩证方法，从根本上来说，不仅和黑格尔的辩证方法不同，而且和它截然相反。在黑格尔看来，思维过程，即他称为观念而甚至把它变成独立主体的思维过程，是现实事物的创造主，而现实事物只是思维过程的外部表现。我的看法则相反，观念的东西不外是移入人的头脑并在人的头脑中改造过的物质的东西而已。

将近三十年以前，当黑格尔辩证法还很流行的时候，我就批判过黑格尔辩证法的神秘方面。……在他那里，辩证法是倒立着的。必须把它倒过来，以便发现神秘

① 黑格尔：《历史哲学》，王造时译，上海书店出版社2006年版，第10页。

② 马克思：《〈政治经济学批判〉序言》，《马克思恩格斯全集》第13卷，人民出版社1962年版，第8页。

外壳中的合理内核。[1]

阿尔都塞批判了马克思对自己和黑格尔关系的评语。他声称倒置这一观点来自于费尔巴哈,并在深受费尔巴哈影响的马克思的初始期1844年之后就已被弃置(即使我刚刚的引文是马克思在这之后很久才写就的)。

> 如果谁硬要认为是把思辨哲学倒过来(例如为了从中得出唯物主义),那他就会不自觉地成为哲学的俘虏。[2]

为了彻底拒斥黑格尔的唯心主义,阿尔都塞主张,马克思的唯物主义必须从根本上拒绝黑格尔哲学的"特有决定和结构"。

正如我们所了解的那样,在黑格尔历史哲学中,一个历史时期的方方面面都集中于一个原理(人的精神,根本上是同一世界精神的显现)。根据阿尔都塞,如果我们将其颠倒,并仅仅用一种单一的*唯物*原理(经济或者技术的发展)代替黑格尔唯心的原理——结果将成为一种机械式的唯物主义——一种经济或者技术决定论形式。

对于黑格尔哲学来说,阿尔都塞入手讨论的起点太过简单。[3] 如果黑格尔哲学已沦为一种简单的形而上的唯心主义,那么它的颠倒的确只能得到一种简单的形而上的唯物主义。然而,这不过是将黑格尔哲学滑稽化。黑格尔的哲学是辩证的。他深刻意识到物质因素及其与精神因素相互作用的重要性。黑格尔的精神*只有*通过物质的呈现才得以存在,而它的呈现形式是它本质的必要部分。

阿尔都塞就此开始的黑格尔哲学的思维形象太过于简单化,这导致了颠倒它之所得也过于简单化。黑格尔哲学比阿尔都塞所认为的更加复杂和辩证,而马克思对其颠倒后所得到的唯物主义哲学也同样如此。

简言之,只要黑格尔哲学是辩证的,那么颠倒的观点就无任何不妥,并且对其唯物主义的颠倒因此被作为唯物主义的辩证形式也没有任何不妥。

> 青年们有时过分看重经济方面,这有一部分是马克思和我应当负责的。我们在反驳我们的论敌时,常常不得不强调被他们否认的主要原则,并且不是始终都有时间、地点和机会来给其他参与交互作用的因素以应有的重视。[4]

接着,恩格斯承认了法律、政治和意识形态的(黑格尔称之为"精神的")因素对

---

① 马克思:《第二版跋》,见《马克思恩格斯全集》第23卷,人民出版社1972年版,第24页。

② 阿尔都塞:《矛盾与多元决定(研究笔记)》,见《保卫马克思》,商务印书馆1984年版,第68页。

③ 平心而论,这是对于马克思在《资本论》所使用的观点的引用。

④ 《马克思恩格斯选集》第4卷,人民出版社2012年版,第606页。

于历史发展进程所造成的极为重要的影响；然而，他强调，最强的影响因素还是物质力量。

> 经济状况是基础，但是对历史斗争的进程发生影响并且在许多情况下主要是决定着这一斗争的**形式**的，还有上层建筑的各种因素：阶级斗争的各种政治形式及其成果——由胜利了的阶级在获胜以后确立的宪法等等，各种法的形式以及……政治的、法律的和哲学的理论，宗教的观点……这里表现出这一切因素间的相互作用，而这种相互作用中归根到底是经济运动作为必然的东西通过无穷无尽的偶然事件向前发展。①

基础和上层建筑之间有着交互作用，然而物质力量在其中占据主导地位。这是历史唯物主义的基本原则——正是这构成了马克思哲学的唯物主义形式。

阿尔都塞对这种阐释也作出了批判。据他说，这种说法忽略了“多元决定论”的现象。他强调社会总体的不同方面必须被区别分开：政治的和意识形态的“实践”必须与经济的“实践”相区分。它们有着各自特有的存在，而它们各自不同的发展与其他部分也并没有必然的联系。

> 我们通过最初的分析，可以从马克思主义的整体结构中得出结论：不能在同一历史时代中思考整体的不同层次的发展过程。这些不同“层次”的历史存在不属于同一类型。……我们应该而且可以说：每一种生产方式都有自己固有的、以生产力的发展为特殊标志的时代和历史；都有自己固有的特殊的生产关系的时代和历史；都有自己固有的政治的上层建筑的历史……都有自己固有的哲学的时代和历史……都有一个自己固有的美学生产的时代和历史……都有一个自己固有的科学形态的时代和历史，等等。②

这种阐释的作用是将社会整体的联合分解为仅由不同且毫无关联的各个部分和“实践”组成的复合体。在此基础上不存在一个全体的唯物主义观点。

一种常见的观点是政治和知性的发展独立并区别于经济的发展。这即是资本主义历史学家通常对于发展所持有的观点。然而奇怪的是，将这些观点归结于马克思——因为马克思一向是站在其对立端的。上层建筑的发展最终并不会于经济发展中剥离。相反，在最终审判中，上层建筑依赖于物质和经济基础的发展。这是历史

① 《马克思恩格斯选集》第4卷，人民出版社2012年版，第604页。

② 阿尔都塞：《〈资本论〉的对象》，《读〈资本论〉》，李其庆、冯文光译，中央编译出版社2008年版，第110—111页。

唯物主义的主要原则。阿尔都塞对此观点的否认实际上是对于历史理论中唯物主义的否定。

五、进步的概念

马克思唯物主义于历史理论中的本质，以及它相较于黑格尔哲学的异同，在他关于历史进步的观点中都表现得尤为明显。我将以对于这些问题更为细致的探索来结束这一场讲演。

马克思在他的历史相关的作品中清楚明确地表达出他对于历史进步的信仰。[①] 他对于进步一词的意指，以及他的阐释所导致的一些问题，清楚出现在他《不列颠在印度的统治》一文中。这些是马克思在1853年亟待用钱时写的新闻稿。马克思在其中以一种流行和生动的方式表达了自己的观点，但我们没有理由认为这些文章所表达的观点未经过马克思的深思熟虑。

这些被归为马克思最具争议的文字中。它们不仅引发了一些历史哲学的基本问题，也引发了关于帝国主义和全球化的影响这些在今日仍热议未歇的问题。

马克思的主题是英帝国主义在印度的影响。在英国人到来之前，印度社会传统而缺乏改变。这是关于马克思的“亚洲生产模式”设想的一个例子：一个强有力的中央集权政府维持着公共工程，尤其是水利系统；另有以闭关自守的半自治的小村庄为单位的“村社制度”。经济以当地小规模的农业和手工业，如纺织、珠宝制造为轴心转动。印度在当时以“棉花之乡”所享誉，它向欧洲出口棉花制成品。

英国的统治是极度残酷且具有毁灭性的，马克思对此做了详细的描述。在马克思看来，对这种毁灭性的强调是重要的但却不是首要的，因为英国政府这种（毋庸置疑的）暴行和残酷行为并非主要出于政治因素，物质和经济才是最主要的影响因素。

于英国的纺织厂发展起来的现代大规模生产，用廉价的棉纺织品席卷了印度的市场。这些商品以低于当地生产者的价格出售，暗中破坏着当地的农村经济，并摧毁了印度农村生活的经济基础。

> 这些细小刻板的社会机体大部分已被破坏……这与其说是由于不列颠收税官和不列颠士兵的粗暴干涉，还不如说是由于英国蒸汽机和英国自由贸易的作用。这些家族式公社本来是建立在家庭工业上面的，靠着手织业、手纺业和手耕农业的特殊结合而自给自足。英国的干涉则把纺工放在兰开夏郡，把织工放在孟加拉，或是把印度纺工和印度织工一齐消灭，这就破坏了这种小小的半野蛮半文明的公社，

---

① 例如：1859年《〈政治经济学批判〉序言》——将历史阶段（封建主义、资本主义、共产主义）描述为历史上“时代的演进”。

因为这摧毁了它们的经济基础；结果，就在亚洲造成了一场前所未闻的最大的、老实说也是唯一的一次**社会**革命。①

相似的进程也同样发生在今日。全球化的经济力量、世界市场的发展仍然破坏着亚洲、中东、非洲和拉美当地的传统工业和生活方式。然而，现在情况倒转了过来。中国和印度工业的大规模发展导致了兰开夏郡（英格兰西北部之州）的纺织厂、底特律市的汽车工厂等的大规模倒闭——伴随着对西方社区相似的毁灭性影响。

也许有些人期待马克思完全谴责英国在印度的帝国主义所带来的毁灭性影响；但是马克思对此的回应更复杂。当然他对英国在印度令人震惊的暴行和残忍和对印度经济毁灭性的影响极其批判。然而，他也谈到了英国统治的"双重使命"。他将这种统治的影响视作矛盾的两面。他相信它终将带来积极进步的作用，而并非完全是消极的影响。

英国在印度要完成双重的使命：一个是破坏的使命，即消灭旧的亚洲式的社会；另一个是重建的使命，即在亚洲为西方式的社会奠定物质基础。②

可见，仅有消极而毁灭性的方面尤为明显。然而，马克思期待着"未来的结果"。他预言，贸易的发展将带来印度的铁路建设和更为长远的工业发展。更好的交通设施将最终带来更广泛的政治统一、更好的平等（包括对于种姓制度的削弱）以及教育、民主和出版自由的发展。

马克思的论点是，资本主义将引导生产力的发展，基于此它将生成生产关系和意识形态上层建筑变革的经济条件。这并非它刻意所为。它的控制动力是私人利润，然而作为其非计划性、无意识的结果，它的影响创造出了"新世界诞生的条件"。马克思将之比拟为地质运动的发生方式。纯粹的经济发展仅为更加广泛的社会和政治变革创造出必要的物质条件。这些变革将仅通过有意识的政治运动才会发生。

对于印度……英国工业的破坏作用是显而易见的，而且是令人吃惊的。但是，我们不应当忘记：这种作用只是整个现存的生产制度所产生的有机的结果……这种集中对于世界市场的破坏性影响，不过是在广大范围内显示目前正在每个文明城市起着作用的政治经济学本身的内在规律罢了……资产阶级的工业和商业正为新世界创造这些物质条件，正像地质变革为地球创造了地球表层一样。只有在伟大的社会革命支配了资产阶级时代的成果，支配了世界市场和现代生产力，并且使

---

① 《马克思恩格斯文集》第 2 卷，人民出版社 2009 年版，第 682 页。
② 同上书，第 686 页。

这一切都服从于最先进的民族的共同监督的时候，人类的进步才会不再像可怕的异教神像那样，只有用被杀害者的头颅做酒杯才能喝下甜美的酒浆。①

马克思在1853年写下这篇文章，此时印度还没有发展出任何解放运动的预兆。但是他具有非凡的预知性。1857年，印度爆发了英国（现在仍然如此）称作的“印度叛变”，或被印度誉为的“第一场独立战争”。这最终导致了1948年印度的完全独立。现在，印度迅速成为一支主要的世界经济力量。

进步的含义。对马克思而言，即使是如英国在印度的帝国主义统治那样的毁灭性现象也并非完全消极，它最终同样有其积极进步的方面。

从哪种意义上来说它是进步的呢？伴随着生产力的发展，毫无疑问印度可以看到相当可观的经济发展。对于作为一个唯物主义者的马克思来说，这才是根本的。

但是为何马克思认为这构成了“进步”？不单单是因为印度看到了物质和经济（财富）水平的提高，虽然它们的确是提高了——即不是因为狭隘的物质和经济原因。就像黑格尔并没有主张进步应被纯粹的效益所衡量，或者单纯以财富、快乐或者幸福为依据。和黑格尔一样，马克思特意强调了这一进程中的暴行和苦难。

首先，马克思强调了这些发展怎样为现代社会和政治秩序创造出物质条件，以及它们怎样创造出可以将其引发的受过教育并具有自我意识的民众。

英国资产阶级将被迫在印度实行的一切，既不会使人民群众得到解放，也不会根本改善他们的社会状况，因为这两者不仅仅决定于生产力的发展，而且还决定于生产力是否归人民所有。但是，有一点他们是一定能够做到的，那就是为这两者创造物质前提。难道资产阶级做过更多的事情吗？难道它不使个人和整个民族遭受流血与污秽、蒙受苦难与屈辱就实现过什么进步吗？②

马克思说，传统的“村社制度”的印度社会是印度停滞不前的基础。它是印度人民（1）暴虐的政治体系的基础；（2）不平等和不自由的种姓制度的基础；（3）狭隘的眼界、迷信、对自然力量崇拜等的基础。

从人的感情上来说，亲眼看到这无数辛勤经营的宗法制的祥和无害的社会组织一个个土崩瓦解，被投入苦海，亲眼看到它们的每个成员既丧失自己的古老形式的文明又丧失祖传的谋生手段，是会感到难过的；但是我们不应该忘记，这些田园风味的农村公社不管看起来怎样祥和无害，却始终是东方专制制度的牢固基础，它

---

① 《马克思恩格斯文集》第2卷，人民出版社2009年版，第691页。

② 同上书，第689—690页。

们使人的头脑局限在极小的范围内，成为迷信的驯服工具，成为传统规则的奴隶，表现不出任何伟大的作为和历史首创精神。①

经济的发展使印度人民从乡村式的闭关自守，迷信和压迫中解放出来。它最重要的成果是社会的、人类的，以及黑格尔所称的“精神的”发展。

根据马克思的阐述，印度所发生的这些变革的主要动力，是英国工业的影响所带来的物质和经济的变革。这是历史发展的主要指标。然而，他并不以狭隘片面的经济指标来判定这些变革。因为他坚持这些物质变革无可避免地随附于社会变革，随附于更为广泛的文化、政治、意识形态和“精神的”变革。马克思的阐述中并非没有后面的这些考虑。马克思和黑格尔哲学的差异因此并非是完全的对立相反，而只是程度和强调的不同。黑格尔复杂的和具体的唯心主义被改造为复杂和具体的唯物主义。

迄今为止，我一直在考虑马克思关于进步这一概念的唯物主义意涵。但是马克思描述的全球化进程也引起了大量的政治问题，并与今天仍然密切相关。因为这些进程依然导致大规模的破坏和苦难。许多人质疑马克思认为最终它们的影响也许是进步和有益的是否正确。

正像我们之前了解的那样，马克思对于传统的印度和亚洲社会持有消极的观点。这种观点似乎认为印度传统文化和社会一文不值。马克思将之描述为原始的、停滞的、迷信的、倒退的、守旧的。这种社会中的民众是不自觉和不自由的。他认为印度将受益于西方资本主义式的发展道路。这些观点因其中的“欧洲中心主义”和爱德华·萨义德所称的“东方学”而备受批判。马克思对传统印度社会的确十分批判。他的确推崇现代化、“西方”道路。这个问题在众多受制于全球化影响的国家中成为燃眉之急，在那里，传统主义者与推广现代化者或者说西化派之间存在巨大的鸿沟。这样的鸿沟现在遍布中东，在伊朗、阿富汗、巴基斯坦，甚至仍然在印度都非常明显：于国大党和印度教民族主义的分歧中。

马克思在这些文章中对于这些传统（印度的）社会价值的过分贬低似乎有其重要的真相。马克思至少在这些文章中几乎看不到传统社会的任何价值，并完全推崇现代化的价值。所以他似乎对于这些问题所呈现出来的现实困境视若无睹。然而，他也为现代化的地位给予了恰当的理由。马克思坚持经济发展是社会进步的必要基础，这是他的唯物主义的一种表述。然而，马克思哲学并非片面的经济主义，它并非以片面的方式关注物质和经济因素。相反，马克思的观点是，物质和经济的发展最终将带来精神的发展和人类的解放。即使在资本的统治下，要经过最为毁灭性和残酷的道路才能达到这个目标，其最终的结果仍含有积极的方面。

---

① 《马克思恩格斯文集》第2卷，人民出版社2009年版，第682—683页。

晚年恩格斯的宗教观及其当代启示[①]

臧峰宇[②]

内容摘要:晚年恩格斯对历史唯物主义关于宗教的叙事逻辑加以丰富和展开,呈现了宗教意识形态的历史语境,辩证审视了宗教的无限性与有限性,深入分析了宗教现象产生的原因及其呈现的意义,阐释了宗教的经济基础、社会功能与现实作用。理解晚年恩格斯关于宗教与政权的斗争、宗教存在的长期性以及宗教与社会主义之间关系的论述,对我们合理认识宗教与社会主义社会相协调、相适应的规律,使宗教在构建和谐社会和幸福中国的进程中发挥积极作用,具有深远的启示意义。

关键词:晚年恩格斯　宗教思想　意识形态　现实作用　当代启示

自然中生成了人,人在历史中因其有限性而需要外在于自我的精神依赖,于是就有了关于神的观念。这是历史唯物主义关于宗教的叙事逻辑,马克思在《黑格尔法哲学批判》与《德法年鉴》时期的文本中以这种叙事逻辑开启了解蔽宗教的思想启蒙,将宗教批判视为一切批判的前提。恩格斯始终认同这种叙事逻辑,他在晚年对这种叙事逻辑加以丰富和展开,将宗教视为与哲学和其他思想文化一样的意识形态,在解读这种意识形态的历史与现实的过程中分析其经济基础,把握这种意识形态的社会功能与现实作用。由于辩证审视了宗教的无限性与有限性,深入分析了宗教现象的问题与意义,恩格斯指出宗教存在的长期性和复杂性。这些论述对我们深入理解宗教的本质,研究宗教与社会主义社会相协调、相适应的规律,具有深远的启示意义。

一、历史语境中的宗教及其基础

从宗教产生的历史条件角度看,晚年恩格斯从历史事实层面归纳宗教的现实根基,这种基于历史的判断剥离了很多源自幻想的猜测。他深知宗教对人类精神生活所具有的终极价值,但更看重宗教组织和宗教活动的现实意义,因为承载不同个体精神追求的

① 本文为国家社科基金青年项目“晚年恩格斯重要著作的内在逻辑及其当代意义研究”(编号10XNB064)的阶段性成果。

② 作者系中国人民大学哲学院副院长、副教授。

宗教活动本身毕竟是一种复杂的社会现象。晚年恩格斯面对各种宗教现象,从总体性层面把握宗教的起源及其基础,在回溯历史的过程中形成的问题是:宗教是如何从无到有的?他的叙事方式并非单纯的历史铺陈,而是始终关注宗教起源阶段的现实境遇与历史根由,从而作出这样的规定:"宗教是由那些本身感到宗教的需要,并且懂得群众对宗教的需要的人创立的"。① 这种对宗教创始人的个体精神追求与社会组织能力的规定切中肯綮,从中可见宗教的精神向度与现实基础,在这种语境中展开的分析是较为充分的。

晚年恩格斯在历史语境中解析宗教的现实基础,他的阐释与历史叙事同步展开,因而首先面对的是古代宗教何以产生的问题。恩格斯认为社会政治条件是古代宗教的主要成因,"古代一切宗教都是自发的部落宗教和后来的民族宗教,它们从各民族的社会条件和政治条件中产生,并和这些条件紧紧连在一起。宗教的这种基础一旦遭到破坏,沿袭的社会形式、传统的政治设施和民族独立一旦遭到毁灭,那么从属于此的宗教自然也就崩溃。"②因此,宗教组织必然反映特定历史阶段的社会诉求,解析宗教形成的经济基础是读懂宗教现象之成因的关键,晚年恩格斯认为"宗教感情仍然是这一阶级的社会利益或政治利益的表现",③而农民的利益和教会的利益在历史上是对立的。

晚年恩格斯在概述青年黑格尔派宗教观的过程中对基督教的产生过程有较为详尽的评述。"当时,甚至罗马和希腊,而尤甚得多的是小亚细亚、叙利亚和埃及,都把一堆由各种不同民族的极端粗陋的迷信观念构成的毫无批判的混合物无条件地信以为真,并且用虔诚的蒙蔽和明白的欺骗来加以补充,当时,奇迹、狂热、幻觉、神咒、占卜、炼金术、喀巴拉以及其他神秘荒诞的东西占据着首要地位。早期基督教就产生在这样一种气氛中,而且是产生在特别易于接受这种对超自然事物的玄想的那一类人中间。"④他在这里论述了基督教从早期直到成为世界宗教的过程,不仅提到一些重要的宗教文献,而且对宗教的功能作了简要的评析。值得重视的是,他还阐明了基督徒的最初来源,"正像作为革命因素所应该的那样,主要来自属于人民最下层的'受苦受难的人'。这些人之中都有些什么人呢?在城市里,是形形色色的破产的自由人,……此外还有被释放的奴隶和特别是未被释放的奴隶;……对于这些人来说,绝对不存在任何共同的求得解放的道路。"⑤他们彼此利益不同,却想寻找共同的出路,现实生活中当然不会有这样的出路,如果非要找到这样的出路,那么只能到宗教领域中寻找。

恩格斯从批判的角度分析教会经济生产史,指出引人注目的历史事实,"采用捐

① 《马克思恩格斯全集》第25卷,人民出版社2001年版,第551页。

② 同上书,第555—556页。

③ 《马克思恩格斯全集》第21卷,人民出版社1963年版,第515页。

④ 《马克思恩格斯全集》第22卷,人民出版社1965年版,第533—534页。

⑤ 同上书,第541页。关于这个问题,美国学者斯达克不同意恩格斯的看法,他认为中产阶级是早期基督徒的来源。

赠、勒索、欺骗、造假及其他带有刑事犯罪性质的勾当而巧取豪夺来的教会地产，在短短几世纪间竟然达到了极其庞大的数目，……这些庞大的地产，一部分由教会的不自由的佃农耕种，也有一部分由教会的自由佃农耕种，在非自由人中间，奴隶（servi）必须向主人提供的赋役在当初是没有什么限制的，因为他们并不是有权利的人；但是即使这时，对于定居的奴隶，似乎不久也根据习惯定出了赋役的标准。”①他在叙事的同时对教会土地耕种作阶级分析，还指出捐赠者积极向教会转让土地的两种情况，一是捐赠者终生拥有比捐赠的土地多一倍的土地使用权，另一个则是捐赠者可以获得多两倍的租地，而且这些租地往往是终生的。这样，捐赠土地的初衷是否源于宗教虔信，就是一个值得质疑的事情了，至少其中的经济成因是不能忽略的，利益驱动可能是很多人选择捐赠的始因。

恩格斯是以圣热尔门-德-普雷修道院为例来阐释上述道理的，这个案例后来被他再次提及。他在罗列较为详细数据的同时指出，“这个修道院的地产散布四周，面积极为广大”，“自由的法兰克农民陷入了他们的前辈即罗马的隶农一样的处境。他们被战争和掠夺弄得破产，不得不去乞求新贵或教会的保护，……不过这种保护使他们不得不付出很高的代价。像以前高卢农民那样，他们必须将自己那块土地的所有权交给保护人，再以各种不同的和变化的形式——不过总不外是力役和代役租——从他那里把这块土地作为租地而租回来。……保护人让农民把自己那块土地交归他所有，然后仅仅是再将这块土地交回农民终身使用，这个曾被萨尔维安宣布为背神行为的习俗，如今到处被教会施加在农民身上了。”②可见，教会与农民是对立的力量。这种历史唯物主义的讲述当然是实践先行的，不是宗教观念照亮了现实，而是现实催生了宗教观念。了解宗教的发生发展史，要审视宗教产生的现实基础，也要解读宗教观念的形成过程。

从人们的宗教观念产生角度看，关于自然的知识储备不足，是古人理解天象等自然现象时必然反映的有限性，恩格斯将这种有限性看做宗教观念的生成原点，他认为人们在远古时代“还完全不知道自己身体的构造，并且受梦中景象的影响，于是就产生一种观念：他们的思维和感觉不是他们身体的活动，而是一种独特的、寓于这个身体之中而在人死亡时就离开身体的灵魂的活动。……如果灵魂在人死时离开肉体而继续活着，那么就没有任何理由去设想它本身还会死亡；这样就产生了灵魂不死的观念，……由于十分相似的原因，通过自然力的人格化，最初的神产生了。”③而随着对自然探索的深入，人的有限性必然恒久地走向无限，关于宗教的观念因而必然发生变迁。

随着人们宗教观念的发展，宗教日异摆脱地域的限制，其全球化传播态势使世界宗教的产生成为可能。恩格斯指出佛教、基督教、伊斯兰教是迄今存在的三种世界宗教，

① 《马克思恩格斯全集》第25卷，人民出版社2001年版，第264—265页。

② 《马克思恩格斯选集》第4卷，人民出版社1995年版，第154页。

③ 同上书，第223—224页。

由于相对来说他对基督教最为熟悉，所以论述的笔墨是最为浓重的。他认为“基督教最初的一个革命的（从斐洛学派抄袭来的）根本观念就是，在信徒们看来，一切时代的、一切人的罪恶，都可以通过一个中间人的一次伟大自愿牺牲而永远赎掉。这样一来，以后就没有必要再作任何牺牲，许许多多的宗教礼仪也就随之而失去依据；而摆脱这些妨碍或禁止与异教徒交往的礼仪，则是世界宗教的首要条件。”①这种关于宗教观念的看法实则强调宗教的根本，避免因礼仪的差异而使宗教传播缺乏世界性，也是符合信仰本意的。

因而，分辨并扬弃宗教传播过程中的欺骗成分，是宗教进步的必要内容。恩格斯指出宗教组织的一些惯用的欺骗方式，“自发的宗教，如黑人对物神的崇拜或雅利安人共有的原始宗教，在它产生的时候，并没有欺骗的成分，但在以后的发展中，僧侣的欺诈很快就成为不可避免的了。至于人为的宗教，虽然充满着虔诚的狂热，但在其创立的时候，便少不了欺骗和伪造历史，”但是，“对于一种征服罗马帝国、统治文明人类的绝大多数达1800年之久的宗教，简单地说它是骗子凑集而成的无稽之谈，是不能解决问题的。只有根据宗教借以产生和取得统治地位的历史条件，去说明它的起源和发展，才能解决问题。”②诚然，历史上很多僧侣乃至宗教组织有不端之举，比如用魔术、幻药、假证等骗取信徒的财物，这些被用来质疑宗教的证据实则是宗教发展的阻碍，而且这些手段在现代社会日益失效，所以，宗教对人的需要的真正回应是提供精神依赖的场域，是回复人的信仰本愿，是直指人们超越自我的精神本然。

这种精神本然不是凭空形成的，当然是对人们现实境遇的反映，与人们所处时代的社会状况紧密相关。正如青年马克思指出的，宗教与政治在德国是现实的力量，晚年恩格斯看到，“德国市民阶级完成了自己的革命，由于时代精神的缘故，这个革命是以宗教形式表现出来的，即表现为宗教改革。”③宗教改革体现了时代精神，从根本上反映了市民阶级的现实需要。单向度地批判宗教传播的历史问题，至多只是一种描述，而要解决问题，必须以实践的方式变革宗教的历史形式，正是这种市民阶级的现实需要催生了资本主义精神。正如政治解放将由人的解放取而代之一样，宗教改革不可能是宗教变迁的终点，人在从有限走向无限的途中必然生成更高的精神追求，当然这要经过漫长的历史过程。

二、作为宗教本质属性的意识形态

恩格斯关于意识形态最著名的论述正是在阐释宗教形成史的过程中表达的，他进

① 《马克思恩格斯全集》第22卷，人民出版社1965年版，第536页。

② 《马克思恩格斯全集》第25卷，人民出版社2001年版，第549—550页。

③ 《马克思恩格斯全集》第18卷，人民出版社1964年版，第648页。

一步补充道，“宗教一旦形成，总要包含某些传统的材料，因为在一切意识形态领域内传统都是一种巨大的保守力量。但是，这些材料所发生的变化是由造成这种变化的人们的阶级关系和经济关系引起的。”①恩格斯力图走出旧意识形态的体系化叙事，尽管期间也偶然开启了另一种思想体系，但他对旧意识形态的批判不乏丰富的思想内涵。尤其值得注意的是，他对宗教的阐释与对哲学问题的解析交织在一起，比如关于哲学基本问题与最高问题的论述就是从思考宗教起源的问题开始的，因为“更高的即远离物质经济基础的意识形态，采取了哲学和宗教的形式。”②宗教和哲学同时作为意识形态的形式，二者的关联是密切的，这不仅因为宗教的教义书写与阐释有哲学思想的介入，而且表现在宗教始终是哲学论证的重要对象之一。

从宗教的本质属性角度看，马克思曾以描述的方式表达过著名的“鸦片论”，他还在青年时代对宗教作过这样的概括：“宗教是那些还没有获得自己或是再度丧失自己的人的自我意识和自我感觉。”③这句话显然有青年黑格尔派的痕迹，宗教被看做人的异化状态。恩格斯在青年时代与马克思共同批判的青年黑格尔派哲学家就是以宗教批判著称的，原因在于“政治在当时是一个荆棘丛生的领域，所以主要的斗争就转为反宗教的斗争；这一斗争，特别是从 1840 年起，间接地也是政治斗争。”④可见，青年黑格尔派是通过批判宗教意识形态的政治功能从事政治斗争的，这种斗争方式固然间接，但在当时德国社会也掀起了思想波澜，而对这种思想波澜的重审，实则他们对自身政治立场的确认。晚年恩格斯是明确以意识形态来归纳宗教的本质属性的，与“鸦片论”和“劣质酒论”齐名的“外衣论”实则是对意识形态的形象表达。

马克思和恩格斯在青年时代指出：“宗教本身既无本质也无王国。在宗教中人们把自己的经验世界变成一种只是在思想中的、想象中的本质，这个本质作为某种异物与人对立着。”⑤“既无本质也无王国”恰恰是宗教的本质呈现，如果说将宗教描述为“鸦片”、“外衣”和“劣质酒”，是出于形象的考虑而有利于论战的话，将宗教规定为意识形态则是从历史唯物主义基本原理层面立意的。恩格斯不惜笔墨做过这段论述：“至于那些更高地悬浮于空中的意识形态的领域，即宗教、哲学等，那么它们都有一种被历史时期所发现和接受的史前的东西，这种东西我们今天不免要称之为愚昧。这些关于自然界、关于人本身的性质、关于灵魂、魔力等的形形色色的虚假观念，多半只是在消极意义上以经济为基础；史前时期的低级经济发展把有关于自然界的虚假观念作为补充，但是有时也作为条件，甚至作为原因。虽然经济上的需要曾经是，而且越来越是对自然界的认识不断进步的主要动力，但是，要给这一切原始的愚昧寻找经济上的原因，那就太

① 《马克思恩格斯选集》第 4 卷，人民出版社 1995 年版，第 253 页。

② 同上书，第 257 页。

③ 《马克思恩格斯选集》第 1 卷，人民出版社 1995 年版，第 1 页。

④ 《马克思恩格斯选集》第 4 卷，人民出版社 1995 年版，第 221 页。

⑤ 《马克思恩格斯全集》第 3 卷，人民出版社 1960 年版，第 170 页。

迂腐了。”①人们将宗教作为精神依赖是摆脱现实的理想诉求，而宗教传播则以意识形态来描述彼岸世界，人与宗教的关系在不同的历史时期具有不同的样态，但无一例外都是对经济状况的折射，都以观念的形式反映现实。

宗教始终是一种独特的意识形态，对这种意识形态的发生发展史及其现实存在，应从学术角度而不是神秘的角度加以研究。以有别于神学的方式研究宗教是当今宗教学的科学态度，而这个态度在晚年恩格斯的话语中已经得到了明确的表达：“从历史学和语言学的角度来批判圣经，研究构成新旧约的各种著作的年代、起源和历史意义等问题，是一门科学”。② 尽管这个表述只是限定在历史学和语言学方面，但是这种科学立场对其他学科的启示意义是不言自明的。恩格斯还在 1882 年 12 月 8 日写给马克思的信中说，“神圣的东西最初是我们从动物界取来的，就是动物；相反地，‘人的戒律’在上帝的诫命面前，就像在《福音书》中那样，被看做污秽的东西。”③他从广义自然的视野中把握人的宗教观念，将日益形成的宗教观念视为人的精神产物，符合经济生产生活的历史语境。

从历史唯物主义角度理解关于宗教的语言学研究与从词源学角度理解宗教的原初语义不同，尽管他在青年时代与马克思都受到费尔巴哈的《基督教的本质》的深刻影响，但晚年恩格斯对费尔巴哈宗教观的批判是非常给力的。他指出：“宗教一词是从 religare 一词来的，本来是联系的意思。因此，两个人之间的任何联系都是宗教。这种词源学上的把戏是唯心主义哲学的最后一着。”④这种对宗教观的批判同样与对哲学的批判交织在一起，费尔巴哈的唯物主义哲学之所以不彻底，在恩格斯看来，与这种对宗教的理解有着莫大的关联，因为二者都是典型的意识形态，费尔巴哈之所以没有看到宗教“外衣”的作用，原因在于没有从经济基础角度理解宗教的本质及其功能。

但是，仅从科学层面理解宗教并不全面，这从恩格斯对新教的研究中可见一斑。他在《关于德国的札记》中指出，“德国新教——这是基督教的唯一的值得加以批判的现代形式。……分裂为无数教派的英国新教没有神学的发展，即使有，那也只是每一阶段都以创立一个新教派为形式的一种发展。只有德国人掌握着神学，并且由于这个缘故而拥有批判——历史学的、语文学的和哲学的批判的对象。这种批判是德国的产物，如果没有德国的新教，这种批判是不可能的，然而它是绝对必要的。仅仅用嘲笑和攻击是不可能消灭像基督教这样的宗教的，还应该从科学方面来克服它，也就是说从历史上来说明它，而这一任务甚至是连自然科学也无力完成的。”⑤可见，对神学的批判是宗教学的重要任务，但完成这个任务不是表明一种科学意见就可以完成的，真正的批判必然

① 《马克思恩格斯选集》第 4 卷，人民出版社 1995 年版，第 703—704 页。
② 《马克思恩格斯全集》第 21 卷，人民出版社 1963 年版，第 10 页。
③ 《马克思恩格斯全集》第 35 卷，人民出版社 1971 年版，第 121 页。
④ 《马克思恩格斯选集》第 4 卷，人民出版社 1995 年版，第 234 页。
⑤ 《马克思恩格斯全集》第 18 卷，人民出版社 1964 年版，第 653—654 页。

走进神学思想的深处,这个任务的复杂性不是自然科学可以量化的,要经过漫长的历史过程。

从宗教的意识形态呈现方式角度看,恩格斯将宗教传播视为政治活动的"外衣",他的这种表述是在1850年研究托马斯·闵采尔领导的德国农民战争时最早使用的,他将这种理论视为以基督教为外衣的泛神论或无神论,他甚至将闵采尔从理性信仰出发的政治纲领看做旨在实现平民要求的天才预见,尽管采用了宗教的形式,但目的接近于无产阶级解放与自由发展。这种表述后来又在《路德维希·费尔巴哈和德国古典哲学的终结》中出现3次,在《社会主义从空想到科学的发展·英文版序言》和《论早期基督教的历史》中各出现1次。比如"对于完全由宗教培育起来的群众感情来说,要掀起巨大的风暴,就必须让群众的切身利益披上宗教的外衣出现。"①外衣是主体选择的结果,所以带有目的性。揭穿这种目的的实质,当然是恩格斯的题中应有之义,而研究宗教对现实的反映以及宗教何以反映现实,同样是恩格斯的题中应有之义。

宗教意识形态的形成迄今已经过漫长的岁月并发挥过重要作用,原因在于它与人的精神世界缠绕在一起,人的有限性使这种精神追求在相当长的历史时期都有宗教的影子。中世纪是这种意识形态的顶峰,"中世纪的历史只知道一种形式的意识形态,即宗教和神学"②。如今的宗教意识形态显然不具有唯一性,但这种意识形态的思想功能与其历史性存在并无二致。归根结底,宗教是对人的精神生活的反映,恩格斯说得很清楚:"一切宗教都不过是支配着人们日常生活的外部力量在人们头脑中的幻想的反映,在这种反映中,人间的力量采取了超人间的力量的形式。"③宗教不仅反映了人们的精神观念,而且回应了人们的宗教情感,鼓励了人们的宗教行为。这种对意识形态的反映体现了政治活动的主体覆盖"宗教外衣"的目的性,也体现了宗教信徒因宗教外衣而认同政治活动的选择,从中可见宗教的社会功能与现实作用。

三、宗教的社会功能与现实作用

宗教具有重要的社会功能,在不同的历史时期发挥过重要的现实作用,已经是毋庸置疑的历史事实。晚年恩格斯从宗教与政权的斗争、宗教存在的长期性、宗教与社会主义的关系三个角度展开论述,深刻呈现了宗教之于人类日常生活的重要意义,进而阐述了我们对宗教应有的态度。宗教的现实作用是宗教社会功能的表现样态,宗教的社会功能是宗教现实作用的综合反映,二者内在融会于宗教传播的目的性与人类对彼岸世界的依赖性之间的关联中。

---

① 《马克思恩格斯选集》第4卷,人民出版社1995年版,第255页。

② 同上书,第235页。

③ 《马克思恩格斯选集》第3卷,人民出版社1995年版,第354页。

从宗教与政权的斗争角度看，政教关系始终是政治家和宗教家关心的重大问题，这个问题关系到宗教的发展状态及其对日常生活的现实影响。恩格斯指出，“在几乎整整一千六百年以前，罗马帝国也曾有一个危险的变革党活动过。这个变革党曾经破坏了宗教和国家的一切基础，它干脆不承认皇帝的意志是最高的法律，它是没有祖国的，它是国际性的；它蔓延于帝国各处，从高卢到亚细亚，并且深入帝国边界以外的地方。……皇帝不能再无动于衷地看着他军队中的秩序、服从和纪律败坏下去。他趁着还不太迟的时候采取了坚决措施。……基督徒被剥夺了担任国家职务的权利，他们甚至不能充当上等兵。……基督徒轻蔑地把法律从墙上扯下来，并且据说他们甚至在尼科美迪亚放火烧毁了皇帝当时所在的宫殿。于是皇帝就在公元 303 年用大规模迫害报复了基督徒。这是此类迫害的最后一次。而这次迫害竟起了如此巨大的作用，以致过了十七年之后，军队中绝大多数都成了基督徒，而继任的全罗马帝国君主，即教士们所称的君士坦丁大帝，就把基督教宣布为国教了。”①可见，宗教与政权的斗争是复杂的，斗争的根源并不仅仅是宗教信仰问题，更重要的是宗教与政权在利益分配上发生了难以调和的争端。

因而，宗教与政权的斗争表明宗教有可能为争得利益而发动战争。这个问题从宗教信仰的层面固然可以作出说明，但从历史唯物主义层面说明宗教与政权斗争的经济成因，无疑是基于经验的阐释方案。这个思路在如下论述中表达得更充分，“一切历史上的斗争，无论是在政治、宗教、哲学的领域中进行的，还是在任何其他意识形态中进行的，实际上只是各社会阶级的斗争或多或少明显的表现，而这些阶级的存在以及它们之间的冲突，又为它们的经济状况的发展程度、生产的性质和方式以及由生产所决定的交换的性质和方式所制约”②。更进一步说，只有深刻领悟了宗教的社会功能及其利益诉求，才能读懂宗教的本质，力图超越此岸世界的宗教有很多在此岸世界体现的社会功能，因为追求彼岸世界的人毕竟生活在此岸世界，首先要解决生活中的实际问题。

从宗教存在的长期性角度看，仅仅指出宗教的意识形态叙事不足以解决问题，单向度地取缔宗教活动不仅不能实现宗教的自然消亡，反而会产生相反的结果，甚或因伤害人们的宗教感情而造成社会混乱。恩格斯批判杜林取消宗教的观点，认为“宗教可以作为人们对这种支配着他们的力量的关系的直接形式即有感情的形式而继续存在，只要人们还处在异己的自然和社会力量支配之下。但是，我们已经不止一次地看到，在目前的资产阶级社会中，人们就像受某种异己力量的支配一样，受自己所创造的经济关系、受自己所生产的生产资料的支配。因此，宗教反映活动的事实基础就继续存在，而且宗教反映本身也同它一起继续存在。……当社会通过占有和有计划地使用全部生产

① 《马克思恩格斯全集》第 22 卷，人民出版社 1965 年版，第 611—612 页。

② 《马克思恩格斯全集》第 21 卷，人民出版社 1963 年版，第 291 页。

资料而使自己和一切社会成员摆脱奴役状态的时候（现在，人们正被这些由他们自己所生产的、但作为不可抗拒的异己力量而同自己相对立的生产资料所奴役），当谋事在人，成事也在人的时候，现在还在宗教中反映出来的最后的异己力量才会消失，因而宗教反映本身也就随着消失。理由很简单，因为那时再没有什么东西可以反映了。”①这就是历史唯物主义强调的自然的历史过程，如果宗教存在具有长期性是合理的判断，那么合理运用宗教为社会主义服务就是合理的选择。

关于宗教存在的长期性问题，晚年恩格斯的论述比较充分，他在批判社会民主党关于“教会和国家完全分离”的草案时指出，“国家无一例外地把一切宗教团体视为私人的团体。停止用国家资金对宗教团体提供任何补助，排除宗教团体对公立学校的一切影响。（但是不能禁止它们用自己的资金创办自己的学校并在那里传授他们的胡说。）”②他在给爱德华·伯恩斯坦的信中也指出：“无神论单只是作为对宗教的否定，它始终要谈到宗教，没有宗教，它本身也不存在了，因此它本身还是一种宗教。”③他还批判布朗基主义者用法令来取消神的激进无神论观点，“首先，在纸上可以随便写多少条命令，而这样做丝毫没有保证这些命令的实际执行；其次，取缔手段是巩固不良信念的最好手段！有一点是毫无疑义的：在我们时代能给神的唯一效劳，就是把无神论宣布为强制性的信仰象征，并以禁止一切宗教来胜过俾斯麦的关于文化斗争的反教会法。”④这种认识表明，宗教存在的长期性是历史形成的事实，宗教与社会主义社会相适应符合历史规律。

从宗教与社会主义的关系角度看，宗教与社会主义思想一样具有漫长的历史，但后者以现实的方式使人们走出尘世的苦难。恩格斯在写于逝世前几个月的《论早期基督教的历史》中指出，“基督教和工人的社会主义都宣传将来会解脱奴役和贫困，基督教是在死后的彼岸生活中，在天国寻求这种解脱，而社会主义则是在这个世界里，在社会改造中寻求这种解脱。基督教和工人的社会主义都遭受过迫害和排挤，他们的信从者被放逐，被待之以非常法：一种人被当做人类的敌人，另一种人被当做国家、宗教、家庭、社会秩序的敌人。可是不管这一切迫害，甚至时常还直接由于这些迫害，基督教和社会主义都胜利地、势不可当地给自己开辟前进的道路。基督教在它产生三百年以后成了罗马世界帝国的公认的国教，而社会主义则在六十来年中争得了一个可以绝对保证他取得胜利的地位。”⑤从中可见，宗教与社会主义都渴望超越苦难的现实，但是二者的方式不同；宗教与社会主义都以群众为传播对象，但是二者的目的不同；宗教与社会主义都开启了前进的道路，但是二者的进路不同。

---

① 《马克思恩格斯选集》第3卷，人民出版社1995年版，第667—668页。

② 《马克思恩格斯全集》第22卷，人民出版社1965年版，第277页。

③ 《马克思恩格斯全集》第36卷，人民出版社1974年版，第187页。

④ 《马克思恩格斯全集》第18卷，人民出版社1964年版，第584页。

⑤ 《马克思恩格斯全集》第22卷，人民出版社1965年版，第525页。

晚年恩格斯不仅指出宗教的现实作用，而且表明宗教存在具有长期性是基于历史事实的理性判断，扬弃宗教不是意识形态批判所能完成的。“基督教同现代社会主义完全一样，是以各种宗派的形式，尤其是通过彼此矛盾的个人观点来掌握群众的，这些观点中有的比较明确，有的比较混乱，而后者又占绝大多数；不过所有这些观点都敌视当时的制度，敌视‘当局’。……基督教同任何大的革命运用一样，是群众创造的。”①概言之，宗教是群众创造的，群众是历史的剧作者和剧中人，宗教自然消解的前提是，人们的宗教观念发生变迁，宗教不再是人们的现实需要。

宗教是社会现实的反映，市民社会催生了基督教的现代形态，这个问题在韦伯的《新教伦理与资本主义精神》中已得到详细的理论阐释。但是反映资产阶级社会的宗教能否阻挡社会主义的步伐，则是需要深入解析的重大问题。晚年恩格斯对这个问题的论述是我们不能忽视的，“无论英国资产阶级的宗教愚钝，或是大陆资产者的事后皈依宗教，恐怕都不能阻止日益高涨的无产阶级的潮流。传统是一种巨大的阻力，是历史的惰性力，但是由于它只是消极的，所以一定要被摧毁；因此，宗教也不能长期成为资本主义社会的保护物。如果说，我们的法律的、哲学的和宗教的观念，都是在一定社会内占统治地位的经济关系的或近或远的枝叶，那末，这些观念终究抵抗不住因这种经济关系完全改变而产生的影响。除非我们相信超自然的奇迹，否则，我们就必须承认，任何宗教教义都不足以支持一个摇摇欲坠的社会。”②概言之，反映资产阶级利益诉求的新教抵抗不住经济关系的变化，社会主义是历史进步的潮流，这种潮流必将在宗教中得到反映。

四、晚年恩格斯宗教思想的当代启示

通过重释宗教思想史、解读各种宗教现象背后的经济成因，晚年恩格斯从历史唯物主义角度辩证审视宗教的本质、基础与规律，在历史语境和现实图景中把握宗教的现实功能与社会作用。除了在《反杜林论》、《自然辩证法》、《费尔巴哈论》、《家庭、私有制和国家的起源》这些经典文本中阐释宗教的意识形态性之外，他在《布鲁诺·鲍威尔和原始基督教》、《启示录》、《论早期基督教的历史》等文本中集中阐释宗教特别是基督教的历史与现实，还在《马尔克》、《法兰克时代》、《暴力在历史中的作用》、《卡尔·马克思〈1848年至1850年的法兰西阶级斗争〉一书导言》、《卡尔·马克思〈路易·波拿巴的雾月十八日〉一书德文第三版序言》、《关于德国的札记》、《1891年社会民主党纲领草案批判》等文本中论述了宗教的经济基础及其与政权的关系问题。深入领悟宗教与社会主义社会相协调、相适应的规律，使宗教在构建和谐社会和幸福中国的进程中发挥

① 《马克思恩格斯全集》第21卷，人民出版社1963年版，第10—11页。

② 《马克思恩格斯选集》第3卷，人民出版社1995年版，第402页。

积极作用,需要在晚年恩格斯的相关论述中汲取有益的启示。

首先,深入理解宗教的本质,必须解读宗教存在的经济基础与历史条件。宗教的产生与发展均是所处时代的经济状况的反映,均受到历史条件的制约,冀望彼岸世界的宗教是此岸世界的文化现象。不同的宗教叙事呈现了不同的宗教信仰图景,折射了人们对宗教的不同认知状态,而历史唯物主义对宗教的解析是各种叙事中最值得重视的模式。晚年恩格斯正是秉持这种理路研究宗教的本质规定的,这种理路重视解读宗教的历史演进,对宗教组织的存在方式作经验阐释,深入探究宗教对现实生活的影响,这种本质实则反映了人们精神依赖史的文化谱系,这个谱系浸透着人们的观念和情感,在宗教行为中以"外衣"的方式体现意识形态的功能,从而发挥不可忽视的现实作用。

其次,在解蔽宗教意识形态的过程中理解宗教信仰的本意,实则对宗教作出独特的文化规定。宗教在演进过程中体系化程度日益增强,乃是从教者的宗教观念不断丰富的结果,对来世的展望是超越在世的理想设计,实际上是从教者精神世界的现实反映,同时影响信教者的现实生活。正如晚年恩格斯对文化的意识形态规定,宗教意识形态实则独特的文化样态,中国学者对这个问题的探讨回应了晚年恩格斯对宗教的理解。"视宗教本质为有神论的信仰文化,是中国化马克思主义宗教本质观的核心观点。"①作为信仰文化的宗教在经久的历史岁月中已经内化于各国各民族的习俗之中,是人们祈求美好前景与表达吉祥愿望的文化载体,承受历史洗礼的宗教建筑与文物的文化价值更是毋庸置疑的历史事实。

再次,承载人们精神诉求的宗教发挥过重要的历史作用,具有"群众性、长期性、复杂性、民族性、国际性"②等特征。由于具有这些特征,晚年恩格斯对宗教社会作用的现实阐释值得我们深入理解和认真审视。尽管宗教是虚假的意识形态,但这种意识形态发挥的作用是现实的,"宗教道德中的弃恶扬善等内容,对鼓励广大信教群众追求良好的道德要求有积极作用。宗教通过对信教群众的心理慰藉,对稳定信教群众的情绪、调解信教群众的心理也有积极作用。"③因而,仅仅指出这种意识形态的虚假性无助于从根本上把握这种意识形态的现实作用,为此要研究复杂宗教现象的民族文化根基与国际传播态势。宗教与社会主义都致力于扬弃现实的罪恶与苦难,前者以虚幻的方式逃离现实苦难的笼罩,安慰被压迫生灵的叹息;后者以现实的方式变革苦难的根源,启蒙被压迫生灵拯救自我。单向度地敲响宗教的丧钟已被历史证明为失败之举,只有在"谋事在人,成事也在人"的时候,宗教才能走出人们的视野。而使宗教发挥积极作用,使之与社会主义社会相协调、相适应,符合宗教发展规律,促进社会主义建设,是符合历史规律的合理选择。

---

① 方立天:《论中国化马克思主义宗教观》,《中国社会科学》2005 年第 4 期。

② 参见李维汉:《统一战线问题与民族问题》,人民出版社 1982 年版,第 368 页。

③ 《江泽民文选》第三卷,人民出版社 2006 年版,第 389 页。

综上所述,晚年恩格斯丰富和展开了历史唯物主义关于宗教的叙事逻辑,呈现了宗教意识形态的历史语境。他不仅辩证审视了宗教的无限性与有限性,而且深入分析了宗教现象产生的原因及其呈现的意义,这些问题需要在解读宗教的经济基础、社会功能与现实作用的过程中得到解析。在构建和谐社会和幸福中国的进程中,宗教对人们的精神观念和文化情感仍然具有重要影响,因而需要进一步理解宗教这种信仰文化的群众性、长期性、复杂性、民族性、国际性。解读晚年恩格斯关于宗教与政权的斗争、宗教存在的长期性以及宗教与社会主义之间关系的论述,有助于我们合理认识宗教与社会主义社会相协调、相适应的规律,对我们深入理解宗教的文化价值具有重要的启示意义。

历史唯物主义作为马克思思想的本质命名[①]

罗　骞[②]

内容摘要：文章认为，可以用重新规定的“历史唯物主义”概念作为马克思思想的基本命名，由此贯穿哲学、经济学和政治学学科分化式的解读，揭示马克思思想内在的总体性。在作者看来，通过实践性和社会性的引入，马克思开启了一种后形而上学的思想视域。历史唯物主义作为一种事关人类作为类如何存在并且如何去存在的思想，它本质上是一种批判的哲学，而不仅是一种实证的理论。

关键词：总体性　实践性　历史唯物主义

马克思思想与哲学之间的关系到底怎样一直是争论的焦点。马克思岂不是先于许多当代思想家多次谈到过哲学的终结吗？马克思“哲学的终结”这一论断的真正含义是什么？马克思思想在何种意义上是哲学？这不是一个单纯形式的问题，它不仅涉及对于马克思思想的基本定性，而且涉及对于一般哲学的理解。要回答这两个不同层次的问题，恐怕不仅需要具体细节的研究，更需要的是一种具有本质力量的总体性洞察，一种新的基本原则和基本立场的建构和确立。否则，细节的研究和争论可能会迷失根本的方向。因为“马克思思想是什么”和“哲学是什么”中的“是”并不只是判断，它要有所断定的对象和内容不是自在的事实，而是判断者自为的表达和建构。

一

早在20世纪初，科尔施就在《马克思主义和哲学》中反对将马克思主义阐释为一种实证的科学，而主张马克思主义是一种总体性的、批判的哲学，以此奠定了他在西方马克思主义发展史上的重要地位。“马克思主义是哲学还是科学”这个科尔施问题，成了马克思主义阐释史中一系列争论的核心和焦点。后来，佩里·安德森甚至认为，马克思主义从卢卡奇和科尔施开始实现了一次从政治经济学批判向哲学批判的转向，意识

① 本文是作者为新著《告别思辨本体论——论历史唯物主义的存在范畴》写的序言，该书作为国家社科基金后期资助项目成果已于2014年9月由华东师范大学出版社出版。

② 作者系中国人民大学哲学院副教授。

形态批判和文化批判逐渐成为西方马克思主义的重要主题。在国内,这一问题也引起了理论界的普遍讨论。马克思主义是不是哲学,马克思主义体系中有没有哲学,因此马克思主义哲学这个概念能不能成立?从形式上看,这个问题涉及两层关系,一层是马克思思想体系内部各组成部分之间的关系,另一层是在当代中国哲学学科建制中,马克思主义哲学、中国哲学和西方哲学这种专业分化的合理性及其限度。但真正说来,这不只是学科建制本身的合法性问题,更是从根本上关系到如何总体地把握马克思思想的基本性质,以及如何总体地把握作为人类精神本质性形态的哲学之时代特点和时代命运的问题。

"马克思主义哲学"这一范畴,本质上产生并从属于现代学科建制。它被并置于哲学的专业划分之中,而这种划分首先具有政治和意识形态的历史根源,并不同于其他学科内部的专业分化,比如不同于文学之有时代上的划分和国别上的划分等。这一范畴还以学科分化为前提,将马克思主义思想中的哲学部分同政治经济学和科学社会主义并列起来而成为这个体系的理论基础,马克思主义哲学、政治经济学和科学社会主义大体上被理解为思想基础、原理运用和理论结果之间的线性关系。从学科建制的角度看,这种划分似乎是合理的,它符合现代学术研究和运作的趋势,有利于在学科和专业的分析细化中推进对马克思思想的理解。

不过现在的问题在于,在这种分割中马克思思想的总体性遭到严重损害,各门学科和专业之间的分化日益强化并日渐隔膜。而且,在现实的冲击下,比较现实的"政治经济学"部分和"科学社会主义"部分似乎就要全面地从这一思想总体中衰败脱落了,只有抽象的哲学还保持着某种活力。一般地说马克思的思想主要有上述三个方面的来源,这是不成问题的。但问题是,这三个来源是否还以三个组成部分的方式构成马克思主义的理论整体?我们又如何理解这种整体性,它是由各个部分组成的整体,还是由各种要素内在贯穿地形成的新总体?也就是说,三个思想来源与马克思主义的关系是整体与部分的关系,还是总体与要素的关系?因为我们知道,用一个不是十分贴切的比喻来说,一座大楼的各个组成部分与大楼整体的关系,显然不同于构成大楼的沙石、水泥和钢筋与大楼整体的关系。

我们认为,马克思思想的实质在于,立足三大理论来源——当然也可以说来源不只是这三个,但这三大来源是主要的——将这些不同的学科思想资源作为材料进行综合,相互克服,相互贯穿地形成了一个内在的思想总体。三大来源不是以三个组成部分的方式构成整体,而是有所扬弃地成为新的思想总体的构成要素。这不仅可以从马克思思想的内在逻辑,单从他的写作方式和文本形式上就可以看得出来。因为很显然,马克思的众多文本都很难归类到现代分化的学科之中。我们可以从不同的学科进路对马克思的思想进行研究和阐释。然而,在马克思那里,并没有独立的哲学、经济学或政治学之类的学科,只有一门研究社会历史存在的统一的总体性科学,我们将这一科学命名为历史唯物主义。马克思的政治学、经济学和哲学的研究最终相互扬弃地走向了这一理论总体。马克思绝不是在这些学科领域分别实现了理论的革命而保持和巩固了这些学科的独立存在,而是在新的总体中使这些学科失去了自身的独立存在。从马克思思想中能看到这些学科的因素,但看不到这些学科的独立身影。

然而,现代学科建制和学科研究分工却在瓦解着马克思思想的总体性,在分化的深入中迷失了思想的方向。比如说,马克思主义哲学的思辨化和政治经济学研究的实证化,以及近年又重新兴起的社会主义概念的伦理化都表明了这一点。在这个意义上,我甚至认为,与其说马克思的思想在当代面临挑战,毋宁说是马克思思想的当代阐释面临挑战。这种挑战表明了当代学科建制和专业分化在面临一种强大的总体性思想时显示出来的琐碎,同时也表明精致的细化研究在攀爬思想高峰时的疲软和无力。在这样一种状况之下,"马克思主义哲学"对马克思的专业化解读,大体也只是一种专业之"术",不仅常常同其他学科的阐释相互矛盾,甚至在哲学内部也相互抵牾,难以揭示马克思思想的基本精神和原则。一种伟岸的思想高度在分化的蚕食中无可挽回地流失了。今天,思想的基本任务,恐怕就在于义无反顾地寻求这种总体性,而不是顺应反总体性的呼吁,在对细节的精致追求中迷途忘返。

只要不是以精确性的标准来要求定义,大体可以说哲学就是关于存在的总体性思考。这种总体性不仅是指哲学思维的方法,而且是指向思维建构的对象。哲学总体性地思考存在的总体性。当代专业和学科的分化是对总体性思想的动摇,从而表现为对哲学的动摇,在现代科学的发展中哲学面临的本质性挑战充分地表明了这一点,具体、精确、实证成为现代知识的根本要求。在这一语境中,哲学能不能存在,哲学如何存在都成了问题。如果不能捍卫一种总体性的存在概念,以及总体性的思想方式——二者本质上是一致的,无疑将不会再有哲学,至多留下可以称之为哲学学的学科,哲学变成一种史料学,而不是面对存在的总体性思想。对马克思的哲学阐释,如果没有总体性的视角,就不可能达到马克思那样的总体性高度,因此对马克思的发展和创新就会像对他的否定和批判那样不得要领。马克思思想本身就具有内在的总体性,不从属于当今学科建制中的任何一个部门或专业。它是对社会历史存在的总体性思考。在那里,任何一个部门学科的研究从属于这种总体性要求。因此,它是一种思想,并最终成为一种主义,而不只是实证的知识。实证的知识或科学成不了思想意义上的主义。在此意义上,我们说马克思思想是哲学,而且就其本质来说是真正意义上的哲学。

为了呈现马克思思想的总体性,我们将"存在"这一根本范畴作为哲学地思考马克思思想的关键性切入点。这实际上涉及两个相关的问题。其一,马克思如何理解"存在"。这涉及的是马克思给我们提供了一种什么样的世界观和世界观意义上的方法论。其二,我们又如何从"存在"范畴哲学地理解马克思。这涉及的是我们给马克思思想的阐释提供一种什么样的总体性视域。进行这一课题的目的在于,通过对思想之最初与最高范畴"存在"在马克思思想视野中的这种阐释,揭示马克思独特的"存在论",奠定领会马克思思想的基地,从而为总体性地理解马克思开启某种可能性,由此在理论与现实中重申马克思的当代性和历史性。

我的基本判断是：马克思通过对形而上学的批判走向了一种后形而上学的思想视域。对以资本为基本建制的现代世界进行存在论的批判，构成其理论的直接主题。在此种对社会历史存在的分析和批判中，一方面，传统形而上学在抽象主义基础上形成的本体论哲学及其二元哲学建制被瓦解；另一方面，观念体系的自足性作为“唯灵论”被宣布为“思辨哲学的幻想”。这两者标划出马克思与传统形而上学的鲜明界限。

在历史唯物主义的存在论的思想视域中，实践、生产、劳动、资本、历史等成为基本的存在论范畴，社会性、历史性成为基本的世界观和方法论原则。因此，商品资本而不是理性自由被看成是现代的本质范畴，并作为现代基本的对象性存在形式受到总体性的反思和批判。在这种批判中，德国古典哲学、英国古典政治经济学和法国社会主义思潮成为主要思想来源，真正被内在地贯穿，而不是以三个组成部分的方式并置于马克思的思想体系之中。哲学、政治学和经济学融会贯通的这种总体性，是历史唯物主义显著的特征之一，它在当代学科分化中独树一帜，显示着马克思独特的理论优势和思想高度。这种高度，只有在哲学，即在存在论的基本层面上才能被深刻领会。

以实践范畴为基点，社会性和历史性范畴为特征，马克思对“存在”的分析具有一种特殊的现象学性质。这种存在论的特点和意义，可以在黑格尔精神现象学、胡塞尔意识现象学、舍勒信仰现象学、海德格尔此在现象学的差异中得到领会。虽然专题化的比较研究并不是本课题的任务，但我们的阐释得益于这种领会。相比较而言，海德格尔实现了现象学从意识哲学到存在哲学的关键性转向，成为后形而上学存在论的一个典范。①

但是，我们对马克思的“存在论”指认恰好不是要归并到海德格尔的路线上去，而是要在海德格尔的引领下展开一种批判性对话。它不是走向此在的情绪状态，而是面向广阔的社会历史领域和存在的未来可能性。在这样一种哲学存在论的意义上，在世界观和方法论的意义上，我们将历史唯物主义看成马克思思想的本质命名。当然，这个概念本身要得到一种存在论的阐释和改造才可能担负起如此沉重的内涵！

二

我们知道，“唯物史观”或“历史唯物主义”这个范畴在历史的发展过程中获得了较

① 关于现象学和存在论以及现象和存在概念，在西方有着丰富的思想发展史。对这一历史的追踪和详细考察，不是本书的任务，那将需要一部专门的著作才能完成。海德格尔认为，存在论只有作为现象学才是可能的（关于这一点见《存在与时间》导论中的相关探讨）。这一命题颠覆了形而上学传统中存在与现象的二元论划分。《存在与时间》的出发点是将现象学从意识现象学转变成为此在的基础存在论——亦即是生存论的现象学描述。本书对于历史唯物主义的阐释，目的之一，不过是想在这种生存论/现象学的基础上，引进社会性和历史性维度，让存在论和现象学跨过海德格尔“此在”这道门槛，为一种社会历史的存在论或社会历史现象学成为可能提供前提。至于此种存在论的成形和展开，将有赖于新的研究。

为普遍的规定，它被理解为物质本体论基础上的一种社会历史理论，因此是“部门哲学”。一方面与唯心主义的历史观对称，表明唯物主义地理解历史；另一方面与辩证唯物主义对称，表明唯物主义的原则被运用到了社会历史的领域。在这种理解中，历史唯物主义的“历史”、“实践”等关键性的范畴游离于“存在”概念之外，存在仅仅是指物质，是指具有广延性的实体存在。因此时间、空间、辩证法等范畴是非“实践”的，从而是非历史的自在，是被排除于历史实践之外的自在的绝对客体。历史性的实践只是改变物质的具体形态，而没有改变和创造物质本身，也就是说，物质成了一个抽象的本体论共名。同时，社会历史则被看成是按照绝对的物性逻辑演进的自然过程，它遵循绝对的必然规律，历史唯物主义作为科学就是对这种规律的把握和揭示。

我认为，这样一种“历史唯物主义”概念不是揭示而是掩盖了马克思思想的实质。无论我们如何处理和调节辩证唯物主义和历史唯物主义之间的关系，始终没有触及到前提性的问题：一方面，马克思主义对于物质世界的理解是否在“历史”之外，因此是一种非历史的物质和自然？另一方面，马克思主义对历史的理解是否是在“物质”之中，因此遵循一种自然的物性逻辑？从这样两个问题出发，基本的疑问是，马克思的思想是自然与历史的二元论，还是用物性的原则来吞噬社会历史的一元论？很显然，从马克思和恩格斯的众多阐述中，对这两个问题的回答都是否定的。通过实践的思维方式，马克思既不是抽象的二元论，也不在这种抽象的一元论之中。

马克思和恩格斯多处批评费尔巴哈割裂了自然和历史，因此在历史观上陷入了唯心主义，在自然观上陷入了“自然科学的唯物主义”。费尔巴哈唯物主义原则的不彻底是这种双重意义上的不彻底，而绝不只是说他的唯物主义是对的，只是没有将唯物主义原则贯穿到历史中，因此陷入唯心史观。马克思和恩格斯十分清楚费尔巴哈的这种双重的不彻底，思想的革命就不在于将“物质原则”用于揭示历史，或者用“历史原则”揭示物质，而是在历史实践中看到了二者的统一。历史唯物主义中的“物”，具有一种比喻的意义，绝不意味着自然的物及其物性，而是社会存在，是对象化了的存在活动、存在关系和存在方式，是在自在的物性之中超越物性的实践空间。也就是说，人的意志、情感、认识等精神因素，人们之间以劳动为基础的社会性交往，等等，才是使社会存在之所以成为社会存在而不是自然的物质存在的根本原因。在对象化实践活动中，自然是人化的自然，或者说是历史的自然。物质因为精神的“感染”而缭绕着人性的韵味，而不再是自在的死寂的实存。

当然，社会存在绝不是在物质世界之外，而仍然在这种物质世界之中。只不过，近代唯物主义已经在批判神学唯心主义的过程中确立了唯物主义的根本立场，为历史唯物主义的出场提供了思想前提。正是因为如此，唯物主义不再是历史唯物主义的本质原则，而是它引进精神要克服的对象，就像历史唯物主义同时引进物质原则扬弃了唯心主义一样。《关于费尔巴哈的提纲》第一条鲜明地揭示出了这一点。历史唯物主义是扬弃历史唯心主义和自然唯物主义的真理。历史唯物主义并不停留于两者作为抽象极端的对立,作为历史唯物主义研究对象的社会存在不是纯粹的"物质性"或"精神性"的抽象存在,而是二者在历史实践中的辩证统一。

认识中的、观念中的同一性在实践的基础上发生。这种"实践的统一性"将历史唯物主义同黑格尔思维的同一性区别开来。在黑格尔那里,现实被看成意识和"自我意识"的旋转;这种"实践的统一性"也将历史唯物主义同用"物性"理解人和历史的自然唯物主义区别开了,在那里用纯粹的物质性、自在性理解人和历史。历史唯物主义之"物"本质上不是自然物质之"物",不是本体论抽象意义上的物,而是社会存在。这一范畴既是将社会本身看成存在,也包括被社会中介了的物质存在。

社会存在是与人的存在相关的范畴,与人的实践活动相关的范畴,是内在地包含了精神文化等属人的因素的对象化现实,亦即是客观化了的人的存在关系、存在方式和存在状态。只有在这样的意义上,社会历史才是人的现实,人才是社会的、历史的人。不存在任何一种剥离了文化精神因素的抽象的社会存在,好像社会存在和社会意识之间的关系是两种相互外在的东西之间的关系,在这种关系中社会存在优先,因此具有决定性的作用。问题一定不是这样的。人们的社会存在就是他们生活的生产和再生产,当然包含了物质生活和精神生活的生产和再生产。社会存在与社会意识之间的差别仅在于是对象化了的客观存在,还是纯粹内在的观念,而不是指是否是实体性的、实体化的存在。不论社会存在还是社会意识,都不是任何意义上脱离了对象性关系的抽象"本体",而是现实的、特定社会关系和历史关系中的"存在"。存在范畴因此将从根本上摆脱本体论的抽象,在社会性和历史性的意义上与现象学联系起来了。

历史唯物主义可以看成是一种特殊的、后形而上学的存在论,而不是只一种历史观,尤其不是物质本体论思想在社会历史领域的贯彻。它代表了抽象本体论思想终结之后,存在论最为本质的方向。启用存在论这个范畴来解读马克思的思想,是为了把握历史唯物主义的基本性质和基本意义,赋予历史唯物主义一种总体性的意义,既不再只是马克思主义哲学中的一块,也不只是延续传统哲学的一个形态,而是一种新的思想形态的展露和开启。历史唯物主义被阐释为一种后形而上学的存在论,存在论在社会性和历史性范畴的中介中被阐释为超越本体论和现代存在主义的新哲学,一种关注人类生存和命运的存在智慧。哲学是一种关于存在的总体性思考,不论马克思思想被如何命名,性质上被如何规定,只要它还可以称为哲学,就必定是一种总体性的存在理论和存在思考。

启用存在论这个范畴阐释历史唯物主义,并不意味着危险被降低了,而是可能再次卷入旋涡,它甚至更容易卷入辞源学的琐细争论。我不认为存在这个范畴已经并且只能由存在主义哲学垄断,我的努力恰好是想在存在主义的贡献基础之上,将这一范畴从存在主义的包裹中解救出来。尽管如此,还是给人用海德格尔来征服马克思的印象。同时,我并不是无原则地同意目前关于马克思思想的各种存在论阐释,也许情况刚好相反。但为了免于在问题的外围进行概念之争,我将不以争论的方式对"存在论"这一范畴的使用进行思想史的追溯，也不准备对马克思的各种存在论阐释进行梳理，并由此确立发明权和正统。我的做法是干脆直接进入问题，直接将“存在”范畴作为阐释马克思思想的着眼点。我相信，范畴只有在思想的进展中才能获得生命和意义，而不是被外在地、孤立地规定的。老黑格尔的真理是全体和真理是过程的思想仍然能给予我们足够多的启示。

可以从“存在”范畴哲学地理解马克思的思想，这绝对不是说马克思的思想就无条件地是一种哲学，甚至是一种完善的存在论哲学体系，存在论已经作为体系安然地居住于马克思的著作中了。当然也不意味着我们要建立起一种精致的马克思哲学的存在论体系。毋宁说我们的目的恰好相反，它力图敞开一个被封闭甚至可以说是正在被封闭的思想视域，克服理解历史唯物主义的各种化约论倾向。

我们一直提示，总体性范畴是一个非还原论的概念，由历史中介的具体的总体性同后形而上学的存在论本质地关联在一起，它也从根本上保证了对马克思思想进行阐释的开放性甚至“不确定性”，这也是我们指认历史唯物主义为后形而上学“存在论”视域的用意所在。马克思的思想根本不是一个已经被固定了的无历史的结构，而是立足于历史“能在”的可能性思想。历史唯物主义为社会现象学和历史现象学分析奠定了“存在论”的基础，它要求的是从这个基础出发，而不是滞留于这个基础。通过历史唯物主义存在论视域，我们不仅将存在理解为实践中的能在，而且要将立足于能在的思想理解为可能性思想。

三

我们知道，不是由于马克思在《共产党宣言》中的使用，而是因为德里达 1993 年针对马克思的使用，“幽灵”这个范畴一下子活跃起来，它以隐喻的方式提供了“解构主义”的解释学立场。就其实质而言，在德里达的文本中，作为词干的幽灵突出的是马克思思想演绎的幽灵性，而不是幽灵的马克思身份，这一点往往被人们忽视了。幽灵们在空间中并存，在时间上不断涌现，幽灵的幽灵性就是多样和怪异，也就是无定形的现身，因此就需要辨识，而不是放弃辨识！不同种类的幽灵和同类的幽灵之间的争斗乃是一种自我确证。即使对“正统”、“真神”的诉求就是对拒绝不了的幽灵化的拒绝，我们能找到的只能是自己的神，但有诸神必有诸神之争，这是一种“天命”。

思想体系和文本本身以这种幽灵化的方式存在和现身。马克思也不能逃避这种“天命”。马克思还在世的时候，面对各种对自己理论的误解，就曾经说他只知道自己不是马克思主义者。那么，谁是马克思主义者呢？

固然，有多少读者就有多少种对马克思的理解。但毫无疑问，并不是所有的理解都能成为历史性的“主义”。问题从来不在于阅读和解释的相对性，而在于此种相对流于单纯的任性，“怎么都行”。文本释义学的“视界融合”揭示的是解释或阅读的对象性或客观性,此种对象性或客观性并不是“主观”或“客观”的抽象对立面,它排斥“客观主义”的同时也扬弃纯粹的“主观主义”,从而避免将相对极端化为绝对的相对主义。阅读需要接受某种限制并且必有某种限制。从历史唯物主义的视角来看,这是由历史性决定的。历史中的对象性是普遍性和客观性真实的存在论基础,是认识真理性的土壤,真理的客观性本质上是对象性,是历史性。在这里我们可以看到当代释义学与历史唯物主义方法论的相同。正是在这个意义上,葛兰西指出,“客观的”意味着“普遍地主观”①。

我们明白并且必须明白阐释的限度。研究本质上就是一种阐释,一种理解的阐释,而不是单向的证明和发现。释义学循环讲的就是阅读实践中主客体之间双向的对象化过程。本书不是对马克思著作做一种文本学意义上的逐一解读或考证,也不是事无巨细地触及马克思思想的所有主题,只是力图将“存在”范畴作为阐释马克思的一个,当然是十分重要的一个切入点。因此我们明白自己的限度所在,并且不会自封为绝对。

虽然必要时我们也引用了不少的文献,但读者还是会发现,我的指认更多地具有论断的性质。这是由于所涉及的思想背景广阔,致使我不可能在考据方面过多地用力。有的时候,某一想法虽然可以找到经典或名人的佐证,但我并没有刻意这样做。在我看来,写作的任务不是为读者提供某种知识储备和文献材料,而是提炼思想的成果。材料的阅读和理解应该是作品之外的工作。尽管难免,但说明和佐证性的材料应该尽量少地出现在作品之中。写作毕竟不同于编著。不过,我还是没有真正地做到这一点。从最后的结果来看,对经典作家的引用不是太少,而是太多了。我终于发现,在思想巨人的面前我们还是柔弱到不得不站在他们的后面,落到由他们代言的地步。这就是思想的力量。所谓的超越和创新是何其困难!

还需要坦诚地说明的是,有的时候,某一思想可能不是我最先提出,只要它内在地与我的见解相融合,我也没有费尽心力去做发明权上的考证,我想这一点并不违背人类知识积累的基本规律。我使用的范畴在内涵上往往有自己的特殊规定性,一些基本的命题也要在具体的阐释过程中才能体现出其特定的意义。我的努力是建立在众多理论工作者工作的基础之上,只要对相关论题略有研究的人就不难发现当前的进展和已经取得的成果。因此,无需我在所有的地方都一一指明某种观点的具体归属和发明权,想来这算不上掠人之美或者学术的不诚实吧?如果我们每一步思考都遵循“资产阶级法权”,思想将寸步难行!

另外,我当然明白此项工作只不过是对马克思的一种理论阐释。但是,今天的许多精神精英和专家们真诚地相信:马克思不过是一个理论空疏的鼓动家,不仅理论上十分蹩脚且归于失败,而且源自于他的历史实践冲动也告消退,因而似乎已经不值得严肃对待。在这些人看来,对马克思的肯定性阐释不过是一种辩护,一种20世纪遗留下来的

① 葛兰西:《实践哲学》,徐崇温译,重庆出版社1990年版,第139—140页。

意识形态残遗。出于同这种“失败论”的对抗，今天，我们多少又看到了某种马克思研究热，但这一切是本质性的吗？马克思的费尔巴哈提纲最后一条始终像一条咒语，阴深深地回响在哲学家，尤其是马克思主义哲学家的心间。不能穿透思想硬壳的思想到底是有意义的吗？念及此，我们内心常常纠结不已。

我曾经说过，马克思思想的解读是现代思想界面临的严峻挑战，所以它才被德里达指认为复数的幽灵。一般说来，此种命运也是在所难免的，尤其是如此这般地强调实践并且如此这般地被实践着的思想。不过可以说明的一点是，人们往往忽视了一些常识性的因素，政治更多地是一个技术策略问题。相对于纯粹的理论来说，实践包含了操作性的因素，或者说实践本质上是技术性的。理论与实践的同一性及其程度本身又是实践的、历史的，而不是无时间性中介的辩证抽象。因此，实践的成功或失败并不能直接地说明它所源出的理论或理念的真理性或谬误，反之亦然。理论与实践不能抽象地同一，也不能抽象地对立起来。理论家与活动家在面对对方的时候，应该清晰地认识到自身的边界所在。当然，置身于历史存在的变迁而论及马克思的存在思想，并不只是单纯的理论兴趣，或实践立场，而是对现实存在（作为思想和实践之统一）的一种理论干预。它本质上是理论的，是理论的实践。

【佛教研究】

虎溪不共:慧远的僧伽观

温金玉[①]

内容摘要:慧远是东晋中后期继道安以后中国佛教的重要领袖,是中国汉地佛教早期奠基人之一,他所创立的庐山僧团是汉地教团史上的重要里程碑,其僧制建设思想,为中国僧团提供了新的组织模式。研究其一生对中国佛教的贡献是多方面的,不仅在制度设计层面多有建立,更在王权与法权、三教关系方面有较为深层的思索,他以文明交融的胸襟来看待佛教的中国化,以及异质文明传入后的化中国,于更大范围内对中国佛教早期的运行作了磨合与尝试,一生主张有其坚持,更有圆融,以"内乖天属之重,而不违其孝;外阙奉主之恭,而不失其敬"的理念来高扬佛法与世间法之不二,更以"三十余年影不出山,迹不入俗"的行迹彰显佛法与世间法之不共,其弘法模式对日后隋唐佛教的创业垂统,影响自是深远。

关键词:沙门袒服　礼敬王者　僧伽观

慧远(334—416)东晋名僧,俗姓贾,雁门楼烦人,即今山西省原平市大芳乡茹岳村人。他是东晋中后期继道安以后中国佛教的重要领袖,是中国汉地佛教早期奠基人之一,他所创立的庐山僧团是汉地教团史上的重要里程碑,其僧制建设思想,为中国僧团提供了新的组织模式。在修行理念上,提倡"禅慧并重",并通过结社念佛,寻求与士大夫的交流与沟通。在处理佛教与传统礼制的关系问题上,慧远对王权与教权的协调处理做了有益的探索。

一、慧远研究的问题所在

慧远作为中国佛教早期领袖,更被尊为汉地净土宗初祖,地位甚为重要,如胡适先生曾对慧远有一评价:"慧远的东林,代表中国'佛教化'与佛教'中国化'的大趋势。"[②]荷兰学者许理和教授更认为慧远"开启了中国佛教的新时代。"[③]中外学界对于慧远的

---

① 作者系中国人民大学哲学院教授。

② 胡适:《庐山游记》,见《胡适文存三集》,亚东图书馆1930年版,第248页。

③ [荷]许理和:《佛教征服中国》,李四龙等译,江苏人民出版社2003年版,第283页。

思想已有太多的研究成果，仅专著就有日本学者木村英一所编《慧远研究・遗文篇》（1960年）、《慧远研究・研究篇》（1962年）、田博元《庐山慧远学述》（1974年）、方立天《慧远及其佛学》（1984年）、区结成《慧远》（1987年）、刘贵杰《庐山慧远思想析论》（1996年）、曹虹《慧远评传》（2002年）、李幸玲《庐山慧远研究》（2007年）、龚斌《慧远法师传》（2008年）、张敬川《庐山慧远与毗昙学》（2012年）等，研究论文更是可观。慧远是一个思想家，其所著《法性论》曾被鸠摩罗什赞誉为见识高卓，可惜已佚。所幸他以书信与鸠摩罗什往返研讨义理的《大乘大义章》得以存世流通，显示出当时佛学思辨的水准，让我们见识了慧远思想家的本色。更有《明报应论》、《释三报论》、《辩心识论》、《沙门袒服论》及《大智度论抄序》等文，确立了慧远一代哲人的历史地位。同时慧远又是一个宗教领袖和佛教实践家，其一生最大贡献是创立了庐山东林教团，在这一修行团体中，不仅有义理纯熟、戒律清明的出家众，也有虔诚修道、玄理精良的文人雅士，史称有123人于东林寺同结白莲社共修。所以也有学者认为慧远是一个宗教社会活动家，“慧远乃一佛教运动者，而非一理论建立者”①。团体的运作，终究是依赖于制度的约束，而制度的确立多与戒律与僧制分不开。所以慧远统领着一个庞大的教团，其一生在佛教制度建设方面的努力与尝试，一定多有建树，这是当前慧远研究中尚有探讨的空间。慧远的著述中涉及僧制方面的有《法社节度序》、《外寺僧节度序》、《节度序》、《比丘尼节度序》等，而牵涉僧人的类型及僧服的规定等的论述，有《桓敬道与释慧远书》、《释慧远答桓敬道书论料简沙门事》、《沙门不敬王者论》、《沙门袒服论》等，均为应对世俗人的质疑而作。慧远为之作序之《法社节度》、《外寺僧节度》、《节度》、《比丘尼节度》四书，已佚，序文亦不存，故具体内容也不得而知。所以，我们仅依据目前慧远所存文集对其僧制建设展开讨论。

二、僧伽制度的探索与确立

慧远对僧伽制度的贡献与其师道安一样，一方面体现在推动律典的翻译上，另一方面致力于建立中土僧伽观，来回应当时社会对佛教的质疑与责难。

1. 倾心经律的寻求

慧远出家后，卓然不群，常欲总摄纲维，以大法为己任。针对当时佛教发展状况，常慨律藏未备，遂留意于此。姚秦弘始六年（404年），鸠摩罗什与罽宾国沙门弗若多罗在长安共同开始了《十诵律》的翻译工作。弗若多罗以戒节见称，备通三藏，尤精《十诵》律部。由其诵出梵文，鸠摩罗什转译成汉文，且有“义学沙门”数百余人助译。可惜律文仅译出三分之二时，弗若多罗便去世了。“众以大业未成，而匠人殂往，悲恨之深，有

① 劳思光：《新编中国哲学史》，广西师范大学出版社2005年版，第212页。

逾常痛。"[①]姚秦弘始七年(405 年),"以律藏驰名"的昙摩流支携《十诵律》梵本进入关中。慧远获悉流支善于毗尼,便希得究竟律部,于是又遣弟子昙邕致书,祈请于流支说:

> 佛教之兴,先行上国,自分流以来,四百余年,至于沙门德式,所阙尤多。顷西域道士弗若多罗,是罽宾人,甚讽《十诵》梵本。有罗什法师,通才博见,为之传译。十诵之中,文始过半,多罗早丧,中途而寝,不得究竟大业,慨恨良深。传闻仁者赍此经自随,甚欣所遇,冥运之来,岂人事而已耶。想弘道为物,感时而动,叩之有人,必情无所吝。若能为律学之徒,毕此经本,开示梵行,洗其耳目,使始涉之流,不失无上之津,参怀胜业者,日月弥朗。此则慧深德厚,人神同感矣,幸愿垂怀,不乖往意,一二悉诸,道人所具。[②]

最终,《十诵律》在昙摩流支和鸠摩罗什的共同努力下,成就了汉译本。《高僧传》卷六《慧远传》云:"故《十诵》一部具足无阙,晋地获本,相传至今。葱外妙典,关中胜说,所以来兹土者,远之力也。"[③]道宣律师《续高僧传·卷二十二·论律》中也曾作出这样的评价:"自律藏久分,初通东夏,则萨婆多部《十诵》一本最为弘持,实由青目律师敷扬晋世,庐山慧远赞击成宗。"[④]慧远在很大程度上促进了律典的翻译以及中土律学的形成与发展。

除借助于西域僧人来推动律典的译传,慧远也主动寻求律法,力图促进早期佛教僧团规约制度的建立与完善,早在太元十七年(392 年),慧远慨叹"初经流江东,多有未备,禅法无闻,律藏残阙"[⑤],曾派弟子法净、法领等穿越沙漠雪地,远寻众经,旷岁方反。随后,其所获梵本得以传译。慧远"孜孜为道,务在弘法。每逢西域一宾,辄恳恻咨访。"[⑥]对佛教经典有着如渴临井的期待。他不仅促成《十诵律》的翻译,还请罽宾国沙门僧伽提婆重译《阿毗昙心》、《三法度论》。鸠摩罗什入关,他马上遣书通好。佛驮跋陀罗被摈,慧远欢迎他们师徒 40 余人来庐山,并致书姚主及关中诸僧,言佛驮跋陀罗于律无犯,更请佛驮跋陀罗译出禅数诸经。可以说,慧远对佛典的传译功不可没,从庐山流出之经典竟有百卷之多,"所有经律,出诸庐山,几至百卷"[⑦]。从中反映了早期中国佛教由于经典的不完备,促成了译经事业的兴盛;由于制度的不健全,引发了对于律典戒律的渴求。

---

① 《高僧传》卷二,《弗若多罗》,见《大正藏》50 册,第 333 页上。
② 《高僧传》卷二,《昙摩流支》,见《大正藏》50 册,第 333 页中。
③ 《高僧传》卷六,《释慧远》,见《大正藏》50 册,第 360 页上。
④ 《续高僧传》卷二十二,见《大正藏》50 册,第 620 页中。
⑤ 《高僧传》卷六,《释慧远》,见《大正藏》50 册,第 359 页中。
⑥ 同上。
⑦ 《出三藏记集》卷一五,见《大正藏》55 册,第 110 页上。

2. 以戒摄僧，护持教团

当时专断朝政的桓玄欲让慧远还俗辅政，“玄以震主之威，苦相延致。乃贻书骋说，劝令登仕。远答辞坚正，确乎不拔，志逾丹石，终莫能回。”①面对强权拉拢，世俗诱惑，慧远威武不能屈，富贵不能淫，坚守了自己的信仰。桓玄针对当时僧团伪乱，下令沙汰僧尼，其《与僚属沙汰僧众教》中说：“佛所贵无为，殷勤在于绝欲。而比者陵迟，遂失斯道。京师竞其奢淫，荣观纷于朝市。天府以之倾匮，名器为之秽黩。避役钟于百里，逋逃盈于寺庙。乃至一县数千，猥成屯落邑聚，游食之群，境积不羁之众。其所以伤治害政，尘滓佛教，固已彼此俱弊，实污风轨矣。”②可见当时佛教迅速发展过程中产生的流弊，已然到了为当政者所不容的地步。桓玄还提出具体下令沙汰僧尼的条件，“在所诸沙门，有能申述经诰，畅说义理者。或禁行修整，奉戒无亏，恒为阿练者。或山居养志，不营流俗者。皆足以宣寄大化，亦所以示物以道，弘训作范，幸兼内外。其有违于此者，皆悉罢遣。”③这表明除“能申述经诰，畅说义理者”；“禁行修整，奉戒无亏，恒为阿练若者”；“山居养志，不营流俗者”的三类出家人以外，其他皆应“罢道”还俗。同时桓玄还特别提出“唯庐山道德所居，不在搜简之例。”④表达了他对庐山僧团足够的尊重与信任。慧远回书说：“佛教凌迟，秽杂日久。每一寻至，慨愤盈怀。常恐运出非意，沦湑将及。窃见清澄诸道人，教实应其本心。夫泾以渭分，则清浊殊势。枉以直正，则不仁自远。此命既行，必一理斯得。然后令饰伪者绝假通之路，怀真者无负俗之嫌。道世交兴，三宝复隆矣，因广立条制。”⑤桓玄所欲沙汰的是“虽外毁仪容，而心过俗人”的出家众，他对道风肃然的庐山僧团还是表达了足够的敬意。桓玄的主旨在于将出家众划入世俗传统的臣民系列，制法度，崇礼秩，以建君臣之序。防止僧团中充斥“游食之群”、“不羁之众”，出现“伤治害政，尘滓佛教”的情形。慧远认可桓玄对佛教的批评，也同意对伪滥僧尼的淘汰，但提出了自己的主张与建议。“经教所开凡有三科：一者禅思入微。二者讽味遗典。三者兴建福业。三科诚异，皆以律行为本。檀越近制，似大同于此，是所不疑。或有兴福之人，内不毁禁，而迹非阿练者；或多诵经，讽咏不绝，而不能畅说义理者；或年已宿长，虽无三科可记，而体性贞正，不犯大非者。凡如此辈，皆是所疑。今寻檀越所遣之例，不应问此。而外物惶惑，莫敢自宁，故以别白。夫形迹易察，而真伪难辩，自非远鉴，得之信难。若是都邑沙门，经檀越视听者，固无所疑。若边局远司，识不及远，则未达教旨。或因符命滥及善人，此最其深忧。”⑥慧远认为桓玄的沙汰政策可能过于严苛，恐“符命滥及善人”，并引起惶慌，所以他提出三条补充意见：一是虽非居

---

① 《高僧传》卷六，《释慧远》，见《大正藏》50 册，第 360 页中。

② 《弘明集》卷一二，《桓玄辅政欲沙汰僧众与僚属教》，见《大正藏》52 册，第 85 页上。

③ 同上。

④ 《高僧传》卷六，《释慧远》，见《大正藏》50 册，第 360 页中。

⑤ 同上。

⑥ 《弘明集》卷一二，《桓玄辅政欲沙汰僧众与僚属教》，见《大正藏》52 册，第 85 页中。

阿兰若苦行，但也无犯戒律的兴福者；二是虽不能讲经说法，但能讽诵经典者；三是年事已高，但道心坚固，不犯大过者，这都不应在淘汰范围。"皆以律行为本"是衡量一个合格出家人的总标准，也为在家人如何去看待出家人提供了一个参照系，如此就起到了防止沙汰肆意的作用。这里慧远还特别提到，"若有族姓子弟，本非役门。或世奉大法，或弱而天悟，欲弃俗入道，求作沙门。推例寻意，似不塞其清涂。然要须咨定，使洗心向味者，无复自疑之情。昔外国诸王多参怀圣典，亦有因时助弘大化，扶危救弊，信有自来矣。檀越每期情古人，故复略叙所闻。"①建议桓玄许可本非役门的族姓子弟自由出家，这扩大了佛教的社会影响，使僧团的立世基础更为坚固。最后，慧远还对桓玄进行鼓励赞叹，以外国护法诸王为例，对桓玄寄以护法期许。

3. 袒服之辩

僧人的衣着问题，从佛教初传就一直受到社会的好奇与质疑，中土第一个出家人朱士行曾创"出家服法"，可能就是为了明确出家与在家人的形象识别。这一问题到慧远时变成一个僧俗论辩的焦点。

"袒服之辩"主要发生在慧远与何无忌之间。慧远专门有《沙门袒服论》作说明，此外还有《何镇南难》及《远法师答》两篇书信。慧远在自设问答中提出："三代殊制，其礼不同，质文之变，备于前典。而佛教出乎其外，论者咸有疑焉。"②沙门袒服是否是合乎礼制的呢？

在《沙门袒服论》一文中，慧远从以下几个方面作出了回答：第一，沙门袒服虽是方外之俗，但礼仪制度本是因时因地而设，不应定一唯一标准。现在中国没有朴素的古礼，在异邦风俗中或许可以见到，袒服本身并不能说明其不合礼制："是以天竺国法，尽敬于所尊，表诚于神明，率皆袒服，所谓去饰之甚者也。"第二，分辨贵贱，以生进德尚贤之念。"佛出于世，因而为教，明所行不左，故应右袒。"第三，偏袒右肩，符合人体习惯。"人之所能，皆在于右，若动而不顺，则触事生累。"第四，人的形体有左右，即如理的邪正一样，袒服可闲邪存诚："袒服既彰，则形随事感，理悟其心……是故世尊以袒服笃其诚而闲其邪，使名实有当，敬慢不杂。"③总之，袒服是天竺之古法，"斯乃如来劝诱之外因，敛粗之妙迹"④，如果反对的话，不也是在反对古礼么？

何无忌对慧远大师的《沙门袒服论》的解释并不信服，又写了一篇《难袒服论》。主要思想是两点，一是认为礼俗之设，乃在时而用，并无绝对的左右之顺逆之分。二是老子以凶事处右，吉事尚左，而沙门右袒，恰恰不合中土风俗。为此，慧远再作《答何镇南难袒服论》一文，主要从以下两点作出了回应：第一，"常以为道训之与名教，释迦之与尧、孔，发致虽殊，而潜相影响；出处诚异，终期则同"，二者"自迹而寻，犹大同于兼爱"，

---

① 《弘明集》卷一二，《桓玄辅政欲沙汰僧众与僚属教》，见《大正藏》52册，第85页。

② 《弘明集》卷五，《沙门袒服论》，见《大正藏》52册，第32页中。

③ 同上。

④ 同上书，第32页下。

殊途同归，并无优劣之分。既然无优劣之别，两种服饰又有什么不同呢？第二，世俗礼教与沙门律制不同，世俗之人“咸悦生而惧死，好进而恶退，是故先王即顺民性，抚其自然，令吉凶殊制，左右异位。由是吉事尚左，晋爵以厚其生。凶事尚右，哀容以毁其性。斯皆本其所受，因顺以通教，感于事变，怀其先德者也。世之所贵者，不过生存。”沙门则不一样，“后身退己，而不嫌卑。时来非我，而不辞辱。卑以自牧谓之谦，居众人之所恶谓之顺。谦顺不失其本，则日损之功易积，出要之路可游。是故遁世遗荣，反俗而动。”①再次申明出家人“不顺化以求宗”的理念。出家者本身并不为随顺世情，所以坚持反俗而动。

如果说桓玄沙汰僧团基于出家人的修行操守，那服饰问题反映出的就是出家与在家的形象识别符号。何无忌的责难其实提出一个非常重要的话题，即佛教在传播过程中如何处理顺世应俗的问题。沙门袒服不合中土礼制，如何修正以更适应民俗风情。而慧远首先寻找佛教律制在中国礼法中的根据，同时也更强调沙门袒服的必要性，以及方外之宾的存世价值。沙门服法不仅是世俗人常与出家人争辩的一个话题，也是历代律师所关注的问题之一。

4. 沙门不敬王者

东晋元兴二年（403 年）当时总揽政权的桓玄，在沙汰沙门之后，又下令全国的僧侣必须要向王者敬礼。这道命令引起慧远的反对，致书给桓玄，宣称沙门乃“方外之宾”，不应该向君主礼拜，这就是史上闻名的《沙门不敬王者论》。其实，沙门是否礼敬王者的争论在之前已有讨论。东晋成帝咸康六年（340 年），当时车骑将军庾冰就凭为年幼的成帝辅政而矫诏下令沙门礼敬王者，引起尚书令何充等人反对而作罢。《弘明集》记载：“晋咸康六年，成帝幼冲，庾冰辅政，谓沙门应尽敬王者。尚书令何充等议不应敬。”②何充等人明确提出：“五戒之禁，实助王化。”③后来何充等人专门上书进行申辩：“今一令其拜，遂坏其法，令修善之俗废于圣世。”因为“直以汉魏逮晋，不闻异议，尊卑宪章，无或暂亏也。今沙门之慎戒，专专然及为其礼一而已矣。至于守戒之笃者，亡身不吝。何敢以形骸，而慢礼敬哉。每见烧香咒愿，必先国家，欲福祐之隆情无极已，奉上崇顺，出于自然礼仪之简，盖是专一守法。是以先圣御世，因而弗革也。天网恢恢，疏而不失。臣等慺慺以为不令致拜，于法无亏，因其所利而惠之，使贤愚莫敢不用情，则上有天覆地载之施，下有守一修善之人。”④何充等人具陈佛教无违礼教之实，出家者不仅是专一守法修善之人，更是“每见烧香咒愿，必先国家”的忠良之士。实际上成帝的沙门敬王令因何充等大臣的反对并未能实施。

桓玄在沙汰沙门后，转而注意当年庾冰要求僧人礼敬王者的主张。据《桓玄与八

---

① 《弘明集》卷五，《沙门袒服论》，见《大正藏》52 册，第 33 页上。

② 《弘明集》卷十二，《尚书令何充奏沙门不应尽敬》，见《大正藏》52 册，第 79 页中。

③ 《弘明集》卷十二，《尚书令何充及褚翜诸葛恢冯怀谢广等重表》，见《大正藏》52 册，第 80 页上。

④ 《弘明集》卷十二，《尚书令何充仆射褚翜等三奏不应敬事》，见《大正藏》52 册，第 80 页上中。

座书论道人敬事》一文中记述，他与八座桓谦等人讨论沙门礼敬问题，认为王者有如同天地二仪一般的生生之大德。佛教徒“受其德而遗其礼，沾其惠而废其敬”，于理于情都有违，“既理所不容，亦情所不安”。在《桓玄与王令书论道人应敬王事》中又与中书令王谧进行了三难三答的书信往来，强调“沙门抗礼至尊，正自是情所不安”。最后直接与慧远进行讨论，在《桓玄书与远法师》中要求慧远回答沙门为何可以不敬王，“君可述所以不敬意也”。慧远将这些辩论整理而为《沙门不敬王者论》五篇。针对桓玄提出的“教化应以礼敬为本”、“受王德惠礼应敬拜”观点，慧远作了说明。第一，主张出家乃方外之宾，变俗以达其道。“出家则是方外之宾，迹绝于物。其为教也，达患累缘于有身，不存身以息患，知生生由于禀化，不顺化以求宗。求宗不由于顺化，则不重运通之资，息患不由于存身，则不贵厚生之益。此理之与形乖，道之与俗反者也。若斯人者，自誓始于落簪，立志形乎变服。是故凡在出家。皆遁世以求其志，变俗以达其道。变俗则服章不得与世典同礼，遁世则宜高尚其迹。”①出家者就是超凡脱俗之方外人，与世俗之境界与作为就会有所不同。表现于外在就是服章不与世俗同，礼仪不与世俗同，方能体现出离之气象。第二，出家并不违背忠孝原则。“夫然，故能拯溺俗于沈流，拔幽根于重劫。远通三乘之津，广开天人之路。如令一夫全德，则道洽六亲，泽流天下。虽不处王侯之位，亦已协契皇极，在宥生民矣。是故内乖天属之重，而不违其孝；外阙奉主之恭，而不失其敬。”②佛教主张自度度人，自立立他。所以沙门虽然表面看是成就一己之事业，其实可以惠及六亲，泽被天下。沙门虽然未处王侯之位，但同样以自己的修行有助于王化，恩泽于百姓。在这个意义上，忠孝皆可圆满。第三，“天地虽以生生为大，而未能令生者不化。王侯虽以存存为功，而未能令存者无患。是故前论云：达患累缘于有身，不存身以息患。知生生由于禀化，不顺化以求宗。义存于此，义存于此。斯沙门之所以抗礼万乘高尚其事，不爵王侯而沾其惠者也。”③慧远认为在资生利益方面，可能沙门不如王侯之功，但在消苦解惑的解脱事业上，却有无可替代的功能。所以出家者可以通过教化民众、和谐人群，同样能够增益民生福祉。所以在对出家沙门的社会角色定位上，就应摆脱传统世俗的臣民系列的思维定式，而应确定其为有助王化的“方外之宾”。

慧远认为在家教徒应遵循礼法名教，敬君奉亲。出家修行的沙门则有所不同，应高尚其事，遁世以求其志。从而能够化导世俗，“协契皇极，在宥生民”。佛法与名教的根本宗旨是相通的，“释迦之与尧、孔，发致虽殊，潜相影响；出处诚异，终期则同”。④ 佛儒两者互为补充，相互影响，殊途而同归。慧远这一思路不仅提供了如何处理王法与佛法的关系的途径，且奠定了中国佛教界调和三教的理论基础。

---

① 《弘明集》卷五，《沙门不敬王者论》，见《大正藏》52 册，第 30 页中。

② 同上。

③ 同上书，第 30 页下。

④ 同上书，第 31 页中。

慧远经过与桓玄的往返论说，终于令桓玄放弃迫使沙门礼拜王者的主意，下诏“许道人不致礼”。慧远坚持“沙门不拜王者”这一立场，为佛教保留其出世品格赢得了更大的空间。

5. 严谨持戒

慧远一生持戒甚严，律风清凉。僧传记载：“远神韵严肃，容止方棱。凡预瞻睹，莫不心形战栗。曾有沙门持竹如意欲以奉献，入山信宿，竟不敢陈，窃留席隅，默然而去。有慧义法师，强正少惮，将欲造山，谓远弟子慧宝曰：诸君庸才，望风推服，今试观我如何。至山值远讲法华，每欲难问，辄心悸汗流，竟不敢语。出谓慧宝曰：此公定可讶，其伏物盖众如此。”①没有崇高的品德是无法做到不威而重、不令而行的。“陈郡谢灵运，负才傲俗，少所推崇。及一相见，肃然心服。远内通佛理，外善群书。夫预学徒，莫不依拟。”②能把谢灵运这样的不羁之士征服，可见其德行。所以慧远建立的庐山僧团成为学佛者众望所归之处：“释迦余化于斯复兴。既而谨律息心之士，绝尘清信之宾，并不期而至，望风遥集。”③其影响不仅限于中土，且远及外域，“外国众僧咸称汉地有大乘道士。每至烧香礼拜。辄东向稽首献心庐岳。”④慧远庐山僧团由此成为与长安鸠摩托罗什南北响应的佛教中心，所谓渭滨务逍遥之集，庐岳结般若之台。

慧远对僧团的管理甚为严格，如弟子僧彻，“以问道之暇，亦厝怀篇牍。至若一赋一咏，辄落笔成章。尝至山南攀松而啸。于是清风远集，众鸟和鸣，超然有胜气。退还咨远：律制管弦，戒绝歌舞。一吟一啸，可得为乎？远曰：以散乱言之，皆为违法。由是乃止。”⑤从此小事上可以看到庐山僧团管理的细微之处。

《高僧传》更记载了慧远生死以之的持戒精神。“以晋义熙十二年八月初动散。至六日困笃，大德耆年皆稽颡请饮豉酒，不许。又请饮米汁，不许。又请以蜜和水为浆，乃命律师令披卷寻文，得饮与不，卷未半而终。”⑥尽管佛教戒律有开缘，如《四分律》中就说如所患病只有用酒才能医治者，容许饮用；另对于生病的比丘，是可以吃晚饭的，称为药石。但慧远却坚持不非时食，不饮非时浆。

慧远临终嘱咐门人，露骸松下，“远以凡夫之情难割，乃制七日展哀，遗命使露骸松下。既而弟子收葬，浔阳太守阮侃于山西岭凿圹开冢。”⑦这是慧远最后对弟子们的开示，葬仪既要遵从印度尸陀林葬法，亦照顾弟子们难割的凡夫之情，制七日展哀。慧远在生活中处处可看到印度佛法与中土文化的协调。

---

① 《高僧传》卷六，《释慧远》，见《大正藏》50 册，第 359 页上。

② 同上书，第 361 页上。

③ 同上书，第 358 页下。

④ 同上书，第 360 页上。

⑤ 《高僧传》卷七，《释僧彻》，见《大正藏》50 册，第 370 页下。

⑥ 同上书，第 361 页中。

⑦ 同上书，第 361 页中。

三、结　语

古德赞云："法源滥觞之初，由佛图澄而得安，由安而得远公。"[1]三代相继撑起中国早期佛教的弘传大业。《高僧传》卷八评论师徒三人说："中有释道安者，资学于圣师竺佛图澄，安又授业于弟子慧远，唯此三叶，世不乏贤，并戒节严明，智宝炳盛。使夫慧日余辉，重光千载之下，香吐遗芬，再馥阎浮之地，涌泉犹注，寔赖伊人。"[2]如果说佛图澄利用与后赵统治层的关系，使得正法得立，民听入道，不仅使佛教的弘化取得了国家政权的保护，而且为中国佛教僧团的建立赢得了合法性，更为中国佛教的展开奠定了良好的基础。那么道安就是在僧团成立的基础上确立僧尼规范，开拓了僧团规范的立法权，对中国后世佛教教团秩序的建立，有极大贡献。而慧远对于中国佛教的贡献是多方面的，不仅在制度设计层面多有建立，更在王权与法权、三教关系方面有较为深层的思索，他以文明交融的胸襟来看待佛教的中国化，以及异质文明传入后的化中国，于更大范围内对中国佛教早期的运行作了磨合与尝试，其所创庐山东林教团目标管理及运行模式，对日后隋唐佛教的创业垂统，影响自是深远。

慧远一生有其坚持，更有圆融，在中国佛教史上其"方外之宾"的僧格形象千古独步。《高僧传》赞曰："自远卜居庐阜，三十余年影不出山，迹不入俗。每送客游履，常以虎溪为界焉。"[3]以三十年迹不入俗的山居生活，表达了佛教最本质的出离心。他送客或散步，从不逾越寺前的虎溪。如果过了虎溪，寺后山林中的老虎就会吼叫起来。虎溪成为一种精神坐标，成为一条入世出世间的分隔线，划定了方内与方外的界限，并演绎为一种超凡脱俗的精神象征，化现为维持慧远宗教信仰的僧格符号。佛法的不二性是菩提心，"内乖天属之重，而不违其孝；外阙奉主之恭，而不失其敬"标识着佛法与世间法的相摄相融；而出离心则是佛法的不共性。佛教以其出世品格，重在化世导俗，所以佛教的根本宗旨与社会功能定位是要化世俗，而非迎合世情来世俗化，所谓"佛法是出世间法，不能苟合于世间法"。常言以出世心来做入世的事，其目的在于将世俗生活提升，而非将神圣性堕落。这里所彰显的就是佛教的主体性意识，是其神圣性位格。

民国年间，被世人公推为净土宗第十三祖的印光大师，曾撰《晋初祖庐山东林慧远大师赞》，来颂扬慧远清风明月般的僧格与德音传三千界内的影响，其赞词曰：

肇启莲宗福震旦，畅佛本怀垂方便。

① 《佛祖历代通载》卷六，见《大正藏》49 册，第 524 页中。

② 《高僧传》卷八，《义解・论》，见《大正藏》50 册，第 383 页上。

③ 《高僧传》卷六，《释慧远》，见《大正藏》50 册，第 361 页中。

圆音一阐士归庐，大法将弘神运殿。
一切法门从此流，一切行门从此办。
致令各宗尽朝宗，万川赴海依行愿。

“作为方法的佛教”

——末木文美士的思想探险

张文良[①]

内容摘要:佛教历来被视为信仰对象、研究对象,但末木文美士认为佛教也可以是一种“方法”,即佛教为我们重新思考世界和人生的难题提供线索。在这种方法论的视域中,佛教和传统的佛教学都面临着解体的命运,佛教由所谓“统一的佛教”回归“生活世界”中的现实的佛教;宏大叙事的体系性佛教学回归问题指向的个案研究。末木文美士正是运用这一方法对“他者”、“死者”做了重新考察,显示出这一方法论的有效性。末木文美士的目标是通过这种新的方法论超越“古典佛教学”,建构一种“现代佛教学”的言说体系[②]。

关键词:作为方法的佛教　古典佛教学　现代佛教学　末木文美士

末木文美士[③]是战后成长起来的日本佛教研究专家,也是在当今日本知识界和思想界有相当影响力的思想家。由于其父亲末木刚博是东京大学教养学部教授,是日本最早研究维特根斯坦的专家,所以末木在东京大学求学期间,曾有志于哲学研究,广泛涉猎欧美哲学诸流派。不过,欧美的哲学似乎不能解决他的思想困惑,加之仰慕日本佛教专家田村芳郎先生(1921—1989)的学问,最终他没有选择哲学专业,而转向了佛教学特别是日本佛教的研究。末木文美士的研究可以分为前后两个时期。在50岁之前,包括其博士论文《平安初期佛教思想史研究——以安然的思想形成为中心》在内,都是遵循日本传统的文献学的方法,通过文本分析,对日本古代佛教思想进行梳理。这一时期的代表作是《日本佛教史》。这部著作虽然篇幅不大,但颇有特色,正如其副标题所示,这部著作是“从思想的角度对日本佛教的考察”。由于省去了历史枝节的繁琐叙

---

① 作者系中国人民大学哲学院副教授。

② 本文系教育部人文社科研究一般项目“日本当代的中国佛教研究”(课题号13YJA73000)的阶段性成果。

③ 末木文美士,1949年出生于山梨县甲府市,1978年,东京大学大学院人文科学研究科博士课程毕业,文学博士。曾担任东京大学大学院人文社会系研究科教授,现任国际日本文化研究中心教授。主要研究领域为佛教学、日本思想史,近年则多关注现代哲学和伦理学问题。代表作有《日本佛教史》、《日本宗教史》等。

述，集中于佛教思想的展开，故内容丰赡而有条理，具有很大的思想容量。此书出版之后颇受读者好评，被誉为名著。这部著作出版之后，他又完成了《日本宗教史》的写作。这同样是一部从思想的视角整理日本宗教的著作，显示出作者开阔的思想视野和对日本思想文化的深刻洞察力。实际上，这两部著作已经显示出作者扎实的哲学功底和思想的穿透力，表现出一般的日本学者所不具备的思想家的素养。

在50岁之后，末木文美士的研究领域和研究风格发生了巨大变化，从研究领域来看，他虽然仍然关注日本佛教史和宗教史，但其视野已经扩展到哲学、文学、历史、伦理学等多个领域。出版了《佛教与伦理》、《哲学的现场》、《我的哲学抵牾》（两册）、“近代日本的思想 · 再考”三部曲（《明治思想家论》、《近代日本与佛教》、《他者 · 死者的近代》）。从研究风格来看，他已经超越了传统的文献学和思想史研究方法的局限，更多的是通过对佛教思想的分析、批判，从哲学的层面上对现代思想界面临的诸课题如语言问题、他者问题、生死问题、环境问题等给出自己的回答。在进行这种哲学思考时，佛教虽然仍是其思考的出发点或参照系，但他关注的已经不是具体的佛教文本，而是探讨佛教能够在多大程度上为我们解决现代问题提供思想支撑的问题。由于他将佛教视为一种思想资源，力图通过对佛教思想的批判性考察，发掘出对治现代社会思想问题的路径，所以佛教在末木那里被称为“作为方法的佛教”。用末木自己的话说，“佛教思想不是封闭的、教条化的体系，而是我们思考世界和人生的线索，是开放的方法”①。

与其他宗教一样，佛教历来被认为是人们信仰的对象，那么，末木文美士是在什么背景下将佛教规定为“方法”的？利用这一“方法”末木作出了怎样的哲学思考呢？下面，结合末木文美士近年出版的一系列著作的相关内容，对“作为方法的佛教”的内涵略做考察。

一、“作为方法的佛教”的方法论意义

日本近代的佛教研究是受到西欧的印度学、东方学的影响而发展起来的，所以从一开始就注重语言学和文献学的研究，力图通过佛教文本特别是初期的梵文和巴利文文献的研究把握佛教的真实教义。这一方法的引入对日本近代佛教学的建立影响深远，直到现在仍然是日本佛教研究界占据主流的方法论。但除了文献学的方法，佛教界和知识界还有其他的研究路径。在末木文美士看来，对于佛教这一发源于印度、经过中国和朝鲜半岛而传到日本并渗透日本人生活各个方面的文化现象，存在三种路径或方法去趋近它。

一是信仰的或实践的方法。许多僧侣所著的佛教入门书或修行记、高僧传、灵验记等都属于此类。这些资料对佛教修行的传承、佛教文化的传播无疑具有重大意义。实

① 末木文美士:『思想としての仏教入門』,TRANSVIEW2006年版,第11页。

际上，在现在的图书馆和书店中，这类普及性的读物琳琅满目，其中也不乏优秀之作。

二是历史的或思想史的方法。即基于对历史的正确叙述，力图对佛教进行系统的概括和把握。这种研究方法也分为古典的和现代的两种。关于古典的历史和思想研究，末木举出的实例包括古代凝然（1240—1321）的《八宗纲要》和近代宇井伯寿（1982—1963）的《佛教泛论》。《八宗纲要》中的"八宗"是指日本奈良、平安时代形成的俱舍宗、成实宗、律宗、三论宗、法相宗、华严宗，加上天台宗、真言宗。《八宗纲要》的内容涵盖了八宗的历史和教义，在附录中还包括了净土宗和禅宗的内容，是一部内容丰富的佛教入门书，直到今天仍然是初学佛教者的入门书。

在兼具历史性和体系性，或者兼具学术性和信仰性的研究中，宇井伯寿于 1947 年出版的《佛教泛论》是最知名的一部著作。这是一部厚达千页的大部头著作，其内容从历史的纵轴看，涵盖了原始佛教、部派佛教、大乘佛教；从地域的横轴看，涵盖了印度佛教、中国佛教、日本佛教。作者不满足于对佛教的历史和教义作出客观的描述和概括，而是力图构筑一个逻辑上完善的佛教体系。宇井伯寿的早期研究是传统的文献学的研究，在印度哲学、印度佛教、中国佛教等各个领域皆卓有成就。但宇井伯寿同时又是有着虔诚信仰的佛教徒，所以他在晚年力图超越文献学的研究，构筑一个他心目中的理想的佛教体系。

由于宇井伯寿的语言功底深厚，精通梵文、巴利文、汉文等，又多年从事文献学和思想史的研究，所以《佛教泛论》考证扎实，逻辑性强，内容丰赡，体系完备，不仅是作者本人一生的集大成之作，而且可以说是近代以来日本的佛教实证性研究的集大成。

这种宏大叙事的佛教研究在宇井伯寿这里达到了顶峰，在宇井伯寿之后，再没有出现过如此规模的对佛教整体的体系性论述。在这个意义上说，这种宏大叙事在宇井伯寿这里走向高峰的同时也在宇井伯寿这里走向了终结。因为这种宏大叙事是建立在存在一个超越地域差别、贯穿历史始终的"统一佛教"的信念之上的。但随着后现代性观念的确立，统一的佛教、体系的佛教的观念逐渐崩溃。人们意识到，与其追求统一的佛教体系，不如深入探讨不同民族、不同地域的佛教形态；与其追求一种纯粹的、不含任何思想杂质的所谓真正的佛教，不如承认佛教是有多样形态的，是在与不同文化的相冲突、相交融过程中发展起来的。而对佛教的多样性、融合性的关注，必然导致所谓"统一佛教"信念的解体。

对"统一佛教"的确信，来自于佛教的信仰。在很长的历史时期，有着自觉的佛教信仰的僧侣是日本佛教研究的主力，如东京大学的佛教学教授，从最早的原坦山（1819—1892），到后来的村上专精（1851—1929）、南条文雄（1849—1927）、高楠顺次郎（1866—1945）、井上圆了（1858—1919）等皆为僧侣兼学者。这种对佛教的自觉的信仰，对其佛教研究的影响是显而易见的，即他们都确信存在一种体系化的统一的佛教，并自觉地在理论上探索和构筑这样的体系。从这个意义上说，他们的文献学和思想史的研究都是一种辅助工具，其最终目标都在于借用这种辅助工具构建一种他们心目中的理想的佛教体系。宇井伯寿的《佛教泛论》就是这种实证的研究与信仰的、实践的研究相结合的范例，但如上所述，在当今的时代，这种研究不可避免地成为绝响。

自《佛教泛论》之后，支配日本佛教学术界的方法论是新型的文献学和思想史的方法，之所以说其“新”，是因为它区别于宇井伯寿等将信仰的、实践的研究与实证性研究相结合的路数，而是将两者严格区分开来，追求一种“纯粹的”实证性研究。其基本的理念是在对佛教文献正确解读和分析的基础上，分析佛教思想嬗变的轨迹，找到佛教思想逻辑演进的内在规律。这种方法要求学者既有扎实的语言学、文献学的训练，又要有一定的历史学、哲学的训练。只有兼具语言、历史、哲学的才能，才能取得较大成就。日本现代的佛教研究大家如中村元（1912—1999）、平川彰（1915—2002）、镰田茂雄（1927—2001）等，无不是这种方法论的倡导者，同时也是娴熟运用这种方法而取得卓越成就者。日本战后的佛教研究之所以取得举世瞩目的成就，与这种方法论在学术界占据主流地位有很大关系。

但仔细思考就会发现，这种“纯粹的”文献学和思想史的研究是建立在两种假设的基础之上的。一种假设是研究者是“纯粹的”学问家，可以不带有自己的信仰、自己的立场、自己的偏好进行思考。这种“无立场”的研究被认为是从事佛教研究的前提，也被认为是保障研究客观性的条件。另一种假设是佛教是一种历史上既成的、封闭于过去的历史之中的研究对象。就像考古学家研究木乃伊一样，佛教学者研究过去曾经发生、而现在凝固在浩如烟海的典籍中的佛教思想，从这个意义上说，这种研究可以称之为佛教的考古学。

在末木文美士看来，“客观的”实证性的佛教学研究是现代人文科学不断分化和发展带来的必然结果。这种研究作为人文科学的一个分支，在传统文化的整理和继承方面是必要的，也是富有成果的。但这种研究的前提越来越受到挑战。首先，所谓客观的研究，即研究者完全没有立场的研究只是一种假设，实际上研究者的研究背景、知识背景、成长背景，无论对其问题意识的形成，还是对其研究过程和研究结论都不可避免地产生影响。如在“胡适禅学案”中，同样面对禅宗历史，胡适和铃木大拙所给出的评价大相径庭一样。① 两者的争辩恰恰反映了研究者的文化背景是如何强烈地影响到他们的研究指向和研究结论的。

而第二个假设即佛教是既成的、封闭的体系的假设也存在严重问题。首先，佛教在世界的诸多国家和地区仍然是活着的宗教，在世界范围内拥有数量众多的信徒。佛教在许多方面仍然规范和影响着人们的生活。佛教文献学和思想史的研究，作为一种佛

---

① “胡适禅学案”的称谓，最早是由日本禅宗研究者柳田圣山所提出的，用以表述胡适与铃木大拙之间围绕禅宗史研究思想方法的争论。自20世纪20年代起，胡适与铃木大拙就中国禅学史的问题展开论辩。在1949年夏威夷大学东西哲学会议上，两人直接论辩，夏威夷大学出版的《哲学期刊》上刊发了他们的论点。

教考古学,实际上是把宗教视为一种封闭在历史中的宗教现象去考察,而没有把它看成是活生生的、仍在不断展开的社会存在。这种作为学问对象的佛教是与现实中的佛教相隔绝的。难怪日本学界感叹"日本有佛教学,但无佛教"。① 事实上,不是日本不存在佛教,而是日本学者的研究视野中只有历史中的佛教而无生活中的佛教。

正是在这种背景下,20 世纪 80 年代,松本史朗等"批判佛教"论者对所谓纯客观的、实证性研究的方法论提出挑战。认为作为一个有佛教信仰的佛教学者不应该在研究中耻言自己的信仰,恰恰相反,应该明确地将信仰与研究结合起来,以研究来申明自己的信仰,以研究来确证自己的信仰。从这一立场出发,松本史朗认定"缘起"与"空"是佛教的真正教义,而后来出现的、在中国佛教和日本佛教中影响巨大的如来藏思想"不是佛教"。② 对于松本史朗等人的观点,日本学界多有批评之声,但末木文美士则认为他们的方法论追求有值得倾听之处。他们实际上是对近代以来日本佛教研究界的所谓"客观性"学问态度的一种反思和批判。

针对佛教被封闭到历史中的现状,下田正弘提出佛教研究"回到生活世界"的主张。这一主张分为两个方面:一是通过对近代"佛教学"形成过程的考察,指出作为日本佛教学术研究主流的文献学研究存在着只见历史中的文本,不见现实中的佛教的局限性,佛教学不仅要研究文本中的佛教教理和思想,还应该关注现实生活中的活生生的佛教;二是就文献研究而言,不应该抽象掉文本的历史形成过程和文本存在的社会思想背景,把文本视为没有历史性和社会性的孤立的存在,而应该把文本还原为在具体的历史时空中存在的文本,从历史的、社会的、文化的脉络中把握文本的内容。③

末木文美士认为,松本史朗和下田正弘的研究方法论都有合理的因素,是针对传统的所谓"无立场"的实证性研究的诸多缺陷而提出的对治方案。但"批判佛教"如果仅仅停留在判定什么是"佛教"、什么是"非佛教"的层面上,这种批判的建设意义就非常有限。批判性的研究应该是未来指向的、着眼于开发佛教自身思想潜能的研究。下田正弘的"回到生活世界"的方向并没有问题,问题在于"回到生活世界"之后。即使从文本的世界回到"生活世界",我们仍然面临是完全认同现实的世界还是对其保持一种批判态度的选择。

总之,在末木文美士看来,佛教是日本人每天面对的"生活世界",学者对此不能视而不见。同时,佛教作为一种传统、一种思想资源,绝不仅仅是思想考古的对象,同时可以成为我们思考现代人面临的一系列严峻问题,如环境问题、和平问题、发展问题、平等问题的重要资源。正是在这个意义上,末木提出佛教研究的第三种方法,"作为方法的佛教"。

---

① 前田恵学:『仏教とは何か仏教学はいかにあるべきかか』(『前田恵学集』第二卷),山喜房 2003 年版。

② 参见张文良:《批判佛教的批判》,人民出版社 2013 年版。

③ 参见下田正弘:"〈近代仏教学〉と〈仏教〉"、『仏教学セミナー』第 73 号,2001 年。

二、“反佛教”——佛教与传统佛教学的解体

“作为方法的佛教”意味着佛教不再是信仰的对象，而是变为批判的对象。在这种方法论的视域中，对佛教首先要做的是“解体”作业。这种“解体”包括两个层面的内涵：一是对佛教本身的“解体”；二是对以往的体系性研究的“解体”。

在近代日本佛教研究史中，对“统一佛教”的追求曾是一代佛教学学者共同的学术目标。这种追求背后是所谓佛教一贯论的信念，即认为从释迦牟尼佛创立的印度佛教到中国佛教、日本佛教有一个一以贯之的佛教教理体系存在。学者的研究目标就是整合、复原、再现这个体系。但正如日本学界在探讨近代“佛教”概念的诞生时所指出的那样，我们现在所说的“佛教”概念并不是一开始就存在的。延至近代，原本只存在南亚、东南亚的对佛的信仰活动、中国的藏地、汉地对佛的信仰活动，以及日本、韩国等地对佛的信仰活动，但并不存在统一的“佛教”概念。只是西方的传教士在亚洲诸地考察之后，发现各地的信仰活动都有一个共同的信仰对象——古代印度的释迦牟尼佛，于是，这些信仰活动才被概括为“佛教”。① 所以，与近代出现的大量社会现象一样，“佛教”概念不是本来就有的，而是被“构筑”出来的。而一旦被构筑出来，“佛教”似乎成为既成的、封闭的体系，学者需要做的就是如何在理论上、概念上重构这样的体系。末木文美士认为，佛教体系的重新建构和复原是必要的，对欲了解佛教为何物的入门者来说也是有意义的。但如果我们想把佛教当做一种思想资源来利用和挖掘的话，我们首先需要的就不是“建构”而是“解构”的工作，即不是去搭建一个看似完美的佛教体系，而是将被“统一佛教”概念笼罩下的佛教还原为原初的形态，即“生活世界”中的上座部佛教、藏传佛教、汉传佛教、韩国佛教、日本佛教以及在欧美等地最新展开的佛教形态。研究的出发点，是着眼于特定时空中的佛教形态，对其优劣进行臧否，对其再生的可能性进行探讨。

“解体”的另一个层面的内涵就是对宏大叙事的“解体”。日本的佛教研究也曾追求宏大叙事，其代表作除了宇井伯寿的《佛教泛论》，还有平川彰的《印度・中国・日本佛教通史》等。这些著作利用丰富的文献资料，力图从历史和逻辑两个方面建构佛教特别是大乘佛教的体系，其宏大的视野、超强的思想穿透力和逻辑建构能力都让人赞叹，但这样的工作只能是学术思想发展到特定阶段的工作。正像在欧洲哲学史上除了康德、黑戈尔的哲学体系之外，难再有哲学体系出现一样，宇井伯寿和平川彰之后，日本佛教界也再没有出现过这种宏大叙事的巨著。虽然如此，但对佛教体系完整性的追求，仍然在日本的佛教研究中有强大的势能。如镰田茂雄的《中国佛教史》、木村清孝的《中国华严思想史》、梯信晓的《印度・中国・朝鲜・日本净土教思想史》等。甚至末木

---

① 参见下田正弘：“〈近代仏教学〉と〈仏教〉”、『仏教学セミナー』第73号，2001年。

文美士本人的《日本佛教史》、《日本宗教史》也属于这种体系性的“建构”。这种宏大叙事式的研究工作当然有其价值和意义，但它不能涵盖一切佛教研究。特别是当今面临诸多社会问题需要佛教学者发声的时候，如果只是醉心于文本研究、醉心于体系的建构，那么学者的社会价值和公共性就大打折扣，而佛教作为一种思想资源也就被浪费。

宏大叙事式的研究前提是研究者的价值中立。研究者只需要把历史上的思想忠实地、合乎逻辑地呈现出来即可，需要的是一种事实判断而非价值判断。而如果将研究对象当做“方法”，就必须在进行事实判断的基础上作出价值判断，从而吸收其中的积极的思想元素，拿来为我所用。“解构”意味着研究者的研究立场的重大转变。这种转变不仅表现在研究者与研究对象的关系方面，也还表现在研究者与读者之间的关系上。在实证性研究中，研究对象“佛教”只是学者关注的对象，学者通过研究将“确定的”知识和信息传达给读者。学者与读者类似于一种师生关系，或传道者与信徒之间的关系。而如果研究对象成为一种“方法”，那么，学者与读者就成为一起出发的探险者，虽然学者相对是有经验的探险者，但研究对象对大家来说都是未知的世界，在探险的路上有什么新发现，需要学者和读者共同去探索。末木文美士在《哲学的现场》前言中云，“如果只是追求知识，那么还是不要打开本书为好。只有那些愿意独自踏入困难的思想探险之路的读者，才能和著者一起踏上旅途”。[①] 末木文美士所追求的“作为方法的佛教”，实际上是对传统的研究方式和传统的学问之道的颠覆，它将研究对象、研究者和读者都解放出来，为三者提供了无限的可能性，同时也让三者同时面临无限的不确定性。正是在这个意义上，我们称末木文美士的佛教研究是一种思想探险。

在西欧自柏拉图始，哲学就构成其精神文化的重要组成部分，发展到黑格尔的哲学体系，西方哲学关于存在的形而上学的体系性建构可以说达到了顶峰。之后的哲学家如马克思、尼采、海德格尔等都是在对西欧传统存在论哲学进行解体和批判的基础上展开其哲学思考的。如海德格尔拒绝将自己的工作称为“哲学”，而是称为“向着存在的思考”。日本哲学家、海德格尔研究专家木田元则直接将海德格尔的哲学称为“反哲学”，即相对于欧洲历史上的哲学传统，海德格尔的哲学主题发生了根本性逆转，是对传统哲学的解体和重构。木田元先后出版了《反哲学入门》、《反哲学史》等，“反哲学”成为一时流行的话题。末木文美士从这一概念受到启发，将自己的研究方法称为“反佛教”，因为它同样要求在对传统体系进行“解体”作业基础上进行新的思考。

三、关于“他者”与“死者”——新的方法论的思想试验

方法如果仅仅停留在方法论的探讨是没有多大意义的，只有运用独特的方法去探讨和解决问题，并且卓有成效，才能最终证明一种方法是否是一种好的方法论。如上所

① 末木文美士:『哲学の現場』,TRANSVIEW2012 年版。

述，末木文美士之所以将佛教作为“方法”，不仅仅是着眼于传统学问的“解体”，更着眼于新的理论的“重构”。从末木文美士的一系列著作看，他对日本哲学界和思想界只注重引进欧美的哲学思想，缺乏自己独特的思想建构十分不满，力图从佛教出发，建立一套独立于欧美、以日本为本位的哲学体系和伦理学体系。这就要求彻底改变以往那种唯欧美哲学马首是瞻的态度，在问题意识、逻辑建构、概念体系等方面都走出一条有别于欧美哲学的新路。这对于受欧美哲学浸染一百余年的日本学界来说不是一个轻松的课题，但末木文美士做了大胆的尝试。

其中的一个例子是末木文美士对佛教的“生死观”的关注与现代诠释。本来，无论在古希腊哲学中，还是在中世纪的神学中，“死”和“死亡”都是哲学讨论的中心话题之一。但到近代，随着科学合理主义的流行，对“生”的哲学思考达到全盛，而“死”却被思想家忘却了。科学合理主义主张科学至上，一切均以科学的解释为标准，在此情况下，死后的存在问题，无论是轮回还是极乐往生都被斥为迷信而遭到否定。科学主义另一个特征是对历史进步主义的信仰，认为科学文明的进步将使人类更加幸福。期待死后的来世被认为是逃避和欺瞒，死后的问题连同宗教都受到批判。

哲学也忘却了死亡。康德确立了近代哲学体系，却把不死的灵魂、宇宙的终极原理、神等三个根本问题作为纯粹理性无法解决的问题，排除在哲学思考之外。20 世纪存在主义兴起，海德格尔提出“向死的存在”，雅斯贝尔斯把“死”定位为“人的极限状态”，两者都认为死亡是生存无法到达的，也没有真正把死亡作为哲学的问题。

近代主义思想走到终点，必须改变。而现代的战争、环境问题也让我们不得不去重新思考传统的价值观和思维模式的合理性。比之社会的进步，个人的存在方式更值得我们去关注。而随着现代社会少子高龄化进程的加快，生老病死和生死学成为热门课题。但到此为止的研究，还没有将死亡作为直接的研究对象，还是以“临死”即将死去的人的生活状态为考察对象。末木文美士因此提出能否把“死”直接作为研究对象的问题。

末木文美士在论及佛教面向“死者”的可能性时，是从一首风靡日本的名为《化作千缕风》的歌曲说起的：

> 请不要在我的墓前哭泣，因我不在那里长眠。
> 我已化作千缕风，吹拂在茫茫空中。
> 化作秋天的阳光，普照在广阔的田野。
> 化作冬天的雪花，如钻石般闪闪发光。
> 化作清晨的小鸟，将你从梦中唤醒。
> 化作夜空中的一颗星，守护在你的身旁……①

---

① 《化作千缕风》，系作曲家新井满于 2001 年将美国诗歌“Do not stand at my grave and weep”译成日语并谱曲的作品。2004 年上映的同名电影，此歌作为主题曲被大众所熟知。

歌曲中唱出,死后并不是回归于无,死者仍以某种方式在与我们生者联系着。歌曲中所传达的这种理念,恰恰是佛教中一种根深蒂固的观念。佛教被称为“生死之学”,“生死”本来就是佛教的根本课题之一。而在日本的中世,随着寺檀制度的确立,日本民众的葬礼归寺院办理,死者的墓地也全部归寺院管理,“死”与“死者”似乎与佛教结为一体。由于寺檀制度保证了寺院在经济上有稳定的收入(为死者起“戒名”的“戒名料”、墓地管理费等),僧侣的工作集中在安排葬礼、在“彼岸”和“御盆”等与“死者”有关的节日举办法事,修行热情下降,所以历来有人将日本佛教视为“葬式佛教”,给予否定性评价,甚至将其视为日本佛教堕落的根源。

但在现代人的视野中,“死”与“死者”的意义日益凸显。按照合理主义的思考,“死者”已经是过去的存在,只是存在于生者的记忆中,与生者的生活没有直接的关系。但现代人越来越认识到,“死者”实际上仍然与生者有着当下的、直接的精神联系,他们或者在温情地守护着生者,或者在不断诉说自己的冤屈。如果忘掉“死者”,就会陷入生者的傲慢。这是近代理性主义将死后的世界视为非理性、非科学的世界带来的必然后果。而从佛教的立场出发,我们就可能超越现世主义、唯生者主义的局限,从多元生命形态的立场重新思考人类伦理和道德的缺陷,思考近代以来的理性主义的缺陷,更合理地安排我们的生活。

末木还从“他者”和“死者”的视角,重新讨论佛教特别是大乘佛教的现代意义。在末木看来,大乘佛教的出现,实际上就是要解决“生者”与“他者”、“死者”的关系问题。大乘佛教需要回答佛陀入灭之后,人们如何与已经入灭的佛陀相联系的问题,所以大乘佛教从诞生之初,与“死者”的关系问题就是根本问题。原始佛教以自己开悟为目的,诸如佛陀涅槃之后是否存在等均被视为没有意义而称为“无记”。虽然这些问题,佛陀拒绝回答,但问题本身仍然存在。涅槃特别是“无余涅槃”是怎样一种状态?是全部归于无吗?实际上对这些问题的思考,恰恰是大乘佛教的出发点之一。因为释迦牟尼在婆娑世界证入涅槃,无法再施行救度,因此人们就设想在另一个世界也有活着的佛陀,这就是“他方佛”的观念,其中最具代表性的他方佛就是大家熟知的西方极乐世界的阿弥陀佛。

在日本,影响最大的大乘经典是《法华经》。如日本现存的佛教宗派天台宗、日莲宗,以及新兴佛教团体创价学会、立正佼成会等都将《法华经》视为根本经典。关于《法华经》的现代意义,日本学界也有诸种解说。末木文美士认为,《法华经》的中心课题就是现世的释迦牟尼佛入灭后的问题。在《法华经》的“见宝塔品”中出现的宝塔如来尤其具有象征意义。宝塔如来过去出现在东方宝净国,虽然已入灭,但其肉身仍然留在宝塔中,并承诺必然出现在《法华经》宣讲之处。宝塔如来就是“死者”的象征。释迦佛专程前来婆娑世界宣讲《法华经》,且释迦佛进入宝塔如来的宝塔,与其并排打坐,被称为“二佛并坐”,这是佛教美术作品经常表现的题材。那么,“二佛并坐”的象征意义何在呢?末木认为,这一情节实际上象征娑婆世界的释迦佛与东方宝净国的宝塔如来成为一体,生者通过与“死者”的联系,从“死者”那里获得力量。或者说,佛陀的永恒性是与“死者”相联系的,是与“死者”一体化之后才得以成立的。

末木文美士认为,从终极的意义上说,如果没有与“死者”的关联,“生”就不成立。所以尊崇“死者”,从“死者”那里获得力量,是生者获得更充实的生存所不可缺少的。大乘佛教中的菩萨以自利利他为特征,这是佛教首次把“他者”的原理纳入佛教的体系之中,并将其定位于最根本的原理,而“他者”的终极形式就是“死者”,所以大乘佛教的“他者”原理自然包含生者与“死者”的关系。

进入21世纪之后,随着日本进入超高龄社会(女性平均年龄超过86岁,男性超过80岁),研究临终关怀、死亡的意义、死后的世界等课题的“生死学”逐渐成为显学。在末木文美士看来,在人们开始重新探讨与“死者”的关系时,再次回顾古老的佛教传统,从中可以得到诸多启发。如果我们把传统看成一成不变的教条,传统就成为我们的负面价值,而只有批判地继承,才有可能化腐朽为神奇,从传统的土壤中开出新的精神的花朵。①

四、“现代佛教学”的构筑

末木文美士基于佛教的哲学思考,在日本的知识界和思想界也属于另类的声音。当他的《日本佛教史》和《日本宗教史》等出版以后,由于在读者中产生了一定反响,有记者上门采访。当末木向记者讲述自己的哲学见解时,记者往往会说,“的确很有意思,但恐怕读者难以理解”。在发表的采访记中,果然看不到这些末木本人最得意的见解。在《佛教与伦理》一书的后记中,末木也表达了自己无奈的心境,“我一边进行摸索,一边滔滔不绝地言说,而这些言说又与常识相背离。当说与他人时,人们往往一脸错愕,有时还被人嘲笑、批判。所以我自身对自己的思想没有自信,也不好意思将这些思想讲出来,内心一直处于纠结状态”。②

这并不是偶然的。在日本社会,佛教是信仰的对象,将其视为一种工具、一种方法,简直是对佛教的一种亵渎。而对许多对佛教持批判态度的公共知识分子来说,佛教又是一种完全消极、负面的存在,是应该批判否定的对象,而末木要做的又恰恰是以佛教为出发点,要化传统之腐朽为现代思想之神奇。这在公共知识分子看来,又似乎是缘木求鱼之举。末木的孤独是其方法论的孤独,是一个现代思想隐士必然面临的宿命。

末木文美士将传统的文献学和思想史研究规定为“古典佛教学”,而他所提倡的则是“现代佛教学”。③ 所谓“现代佛教学”不是建立在所谓“现代性”之上的佛教学,恰恰

---

① 参见末木文美士:「死者と向き合う仏教の可能性」、『他者・死者たちの近代—近代日本の思想・再考Ⅲ』,トランスビュー,2010年,第177—193页。

② 末木文美士:『仏教 vs.倫理』,筑摩書房2006年版。

③ 参见末木文美士:『浄土思想論』,春秋社2013年版,第3—12页。

相反,"现代佛教学"是在对所谓"现代性"的审视和批判基础上展开其理论的。因为"现代性"意味着对理性的崇拜、主体与客体相分离的二元思维以及对前近代的思考方式的彻底否定。"古典佛教学"对实证性研究的真理性的信心,实际上也建立在现代性的基础之上。而末木文美士所追求的"现代佛教学"恰恰是对现代宗教学弃若弊履的佛教的思考方式的合理性进行考察,以期找到应对现代社会各种社会难题的方向和路径。在末木文美士看来,流传两千多年、影响日本人生活一千余年的古来佛教,其蕴含的智慧,绝不能在"现代性"的名义下被轻易抛弃。

因为"现代佛教学"力图从佛教的智慧中找到解决当代社会问题的线索,所以这一构想与 20 世纪 60 年代出现的所谓"应用佛教学"在理念上有相同之处。"应用佛教学"与"基础佛教学"相对,是指用佛教的理念和方法讨论心理学、民俗学、社会学、教育学、福祉学、经济学、经营学等其他领域,建立"佛教心理学"、"佛教民俗学"、"佛教社会学"、"佛教教育学"、"佛教福祉学"、"佛教经济学"、"佛教经营学"等学科。关于"应用佛教学",自 1966 年的印度学佛教学会的年会开设"应用佛教学"分会以来,在理论和实践两个方面都取得了很大进展,特别是佛教福祉学已经成长为佛教系大学和短期大学的招牌专业,为社会培养了大量从事社会福祉的人才。

虽然与"应用佛教学"在理念上有共同之处,但从末木文美士对"现代佛教学"的诸种诠释看,两者又有很大不同。"现代佛教学"不是追求佛教与其他学科之间的嫁接,从而催生新的跨学科的研究领域,而是从佛教自身传统中挖掘出现代人有启发的智慧。这些佛教智慧,如果被社会所普遍接受,当然可以为其他学科的建设提供思想营养,但这不是"现代佛教学"研究的直接目标,"现代佛教学"更注重从哲学的层面提炼出佛教带有普遍性的真理。也就是说,"现代佛教学"的学术目标并不在于延展佛教的"外延",而在于重新诠释佛教的"内涵"。

末木文美士的思想探险仍然在进行中,当下正在撰写的著作就是探讨日本佛教的"草木成佛"与现代环境哲学的关系。我们期待着"作为方法的佛教"能够给我们带来更多思想的启发。在《哲学的现场》一书的后记中,末木写道,"或许本书会得到那些所谓哲学专家的冷遇或嘲笑。本书的价值被人们所认知或许需要几十年,也或许会被人们完全忘却、丢弃"。"但本书所提出的问题如果被忽视,那么今后的哲学将不能称之为哲学,哲学只能坐以待毙"。[①] 末木文美士的感慨虽然是针对日本哲学界所发,但对中国的学术界和思想界来说,是否也有值得聆听之处呢?

---

① 参见末木文美士:『哲学の現場』,TRANSVIEW2012 年版,第 232 页。

从李盛铎旧藏敦煌文献论南朝净土教学

——对《敦煌秘笈》羽 271 净土部分的讨论

张雪松[1]

内容摘要：本文就日本杏雨书屋新近公布的《敦煌秘笈》编号羽 271 文献中涉及净土部分的内容进行录文，并结合存世文献，就其思想史意义进行了初步的探讨。

关键词：李盛铎　敦煌秘笈　《义记》　佛无净土义

本人蒙邀参与中国人民大学张文良副教授主持的亚洲研究中心项目课题"日本藏敦煌佛教文献研究——以《不知题经义记》的研究为中心"。[2]《不知题经义记》是日本杏雨书屋新近公布的《敦煌秘笈》中编号为羽 271 的敦煌卷子，此件原为天津大藏书家李盛铎旧藏。按照课题组的分工，本人负责研究该文献中涉及净土的写本内容。

日本杏雨书屋新近公布的《敦煌秘笈》编号羽 271，原为李盛铎旧藏敦煌文献，可信度极高。羽 271 首尾皆残，不知题名，文中称《义记》，当为南齐竟陵王萧子良在 5 世纪末编写的《义记》残卷孤本。本文以《义记》中净土部分为研究对象。以往南北朝净土义理研究偏重北朝，此次南朝净土义理资料的揭示，具有重要的学术价值；通过与东晋南朝传世净土资料相互比对，我们可以发现南朝中期以来，道生主张的佛无净土，疑为僧叡主张的佛与众生各别有土，均不流行。《义记》虽然认为净土非究竟义，但特别强调土为佛化，带有向后世净土信仰理论的过渡性质。

一、李盛铎、羽田亨与《敦煌秘笈》

李盛铎（1858—1937），1889 年殿试一甲第二名（即"榜眼"），授翰林院编修，曾任京师大学堂总办等职。李盛铎原本与康有为一起为公车上书的领军人物，后倒戈荣禄；1898 年署理使日钦差大臣，回国后曾任考察宪政大臣等职。1905 年，李盛铎出任比利时钦差大臣，获英国剑桥、牛津两所大学的名誉博士学位；1909 年回国，后被袁世凯聘

---

① 作者系中国人民大学佛教与宗教学理论研究所副教授。

② 项目批准号：14YYA04；项目来源单位：亚洲研究中心；立项时间：2014 年 1 月。课题组由中国人民大学佛教与宗教学理论研究所张文良副教授、张风雷教授和笔者三人组成。本文为该课题阶段性成果，中国人民大学哲学院硕士研究生甘沁鑫、何松蔚对本文的编辑校对亦有贡献。

为总统府顾问，担任参议院议长等职。1920年退隐。

李家累世藏书，而李盛铎获得大量敦煌文献，民国初年社会上就有颇多传闻：李盛铎是晚清甘督何彦升的儿女亲家，斯坦因、伯希和等外国人劫余的敦煌写卷，因罗振玉上奏学部，被封存送抵京城，到京后先运抵何彦升之子何鬯威家中；李盛铎是何鬯威的岳丈，故两人截取大量敦煌写卷佳品。徐珂的《清稗类钞》"鉴赏类"伯希和得敦煌石室古物条、罗振玉的《姚秦写本僧肇维摩诘经解残卷校记序》，以及饶宗颐的《京都藤井有邻馆藏敦煌残卷纪略》所记"友人张虹闻故京老辈云"，都是讲述了类似的传闻。但据荣新江教授考证："在1910年敦煌经卷从甘肃运抵北京后不久，日本京都大学派遣了内藤虎次郎等五名教员，前往北京调查敦煌文献，在清学部看到约七百卷写经。他们回国后做了一些报导，把一些写本全卷或部分的照片提供给松本文三郎研究。松本文三郎的《敦煌石室古写经之研究》一文中列举了这些写经的名称和有年代写本的题跋，值得特别注意的是，他所提示的写经都是后来著录于《李木斋氏鉴藏敦煌写本目录》的李盛铎藏卷。既然京大教员在学部看到的经卷后来到了李盛铎的手中，可知李氏等人实际上是在经卷入学部后才攫取到手的。"①当时李盛铎从欧洲回国，正在学部任职，故其在学部监守自盗的可能性更大，而且从罗继祖所得吴昌绶《松邻书札》中致张祖廉一札的内容来看，当时清廷还在追查此事，但不久清廷覆灭，此事亦不了了之。

李盛铎所藏这批敦煌卷子，因其中有唐代景教文献《至玄安乐经》、《宣元本经》，故很早就受到中外学者关注。早在1919年，李盛铎就曾有意将其所藏敦煌经卷出售，当年7月2日罗振玉致王国维的信中提到："李木斋藏有敦煌古籍，多至四五百卷，皆盗自学部八千卷中者，已展转与商，允我照印，此可喜可骇之事。弟当设印局印之，此刻且勿宣为荷。"②7月7日王国维给罗振玉回信提到："李氏藏书，诚为千载秘籍，闻之神往……景教经二种不识，但说教理，抑兼有事实，此诚世界宝籍，不能以书籍论矣。"③后罗振玉亲见了李盛铎欲出手的敦煌写本，并于9月17日致信王国维："弟前日往看李木斋藏书，敦煌卷轴中书籍……其可补史书之缺者，有敦煌太守且渠唐光之建始二年写《大般涅槃经》，其《华严经》有《志立（玄）安乐经》及《宣元本经》（其名见《三藏（威）蒙度赞》中），以上诸书乃木斋所藏。渠言潜楼藏本有《刘子》。以上诸书颇可宝贵，恨不得与公共一览之也。"④

李盛铎的敦煌藏卷在1919年并没有脱手，20世纪20年代还曾经向陈垣、羽田亨等人展示过。1928年10月7日，日本京都大学羽田亨教授，在天津英租界黄家园拜会了李盛铎，抄录了《志玄安乐经》，并于次年在日本《东洋学报》刊布，1929年羽田亨教

① 荣新江：《李盛铎藏卷的真与伪》，《敦煌学辑刊》1997年第2期。并参见高田时雄：《明治四十三年（1911）京都文科大学清国派遣员北京访书始末》，《敦煌吐鲁番研究》2004年第7卷。

② 王庆祥、萧文立校注：《罗振玉王国维往来书信》，东方出版社2000年版，第459页。

③ 王国维：《观堂书札》，《中国历史文献研究集刊》第1集，湖南人民出版社1980年版，第37页。

④ 王庆祥、萧文立校注：《罗振玉王国维往来书信》，东方出版社2000年版，第470页。

授的研究被钱稻孙译介到中国。[①] 当时羽田亨追问过李氏所藏《宣元本经》下落时，李盛铎说《宣元本经》放在上海，故此不能向羽田亨展示。[②] 陈垣先生也曾收录过李盛铎藏的《宣元本经》，共十行文字，并提供给佐伯好郎研究。佐伯好郎在1934年的《辅仁学志》中刊布了原文英译及说明。[③]

1935年，李盛铎再次要出手其所藏敦煌文献（李盛铎晚年家势衰落，当时其妾张淑贞又状告其遗弃罪，天津法院判其5万元罚金）。当时胡适曾有意购买，征询过陈垣的意见，8月6日陈垣回信认为，“李氏所藏敦煌卷，据来目，除大部分佛经外，可取者不过三二十卷。普通写经，精者市价不过百元，次者更不值钱，来目索价太昂，购买殊不相宜。鄙意只可抵押，抵押之数，可以到贰万元。”[④]陈垣不同意购买，只建议胡适用2万元接受李氏藏品的抵押。不久后，李盛铎将所藏敦煌写本，“以八万金，售诸异国”。12月15日、21日《中央时事周报》报道了李氏出售敦煌藏品的消息，并刊布了目录（即《德化李氏敦煌写本目录》）[⑤]；而李家出售时曾由李盛铎之子李滂（李少微[⑥]）抄有售出藏品目录（即《李木斋氏鉴藏敦煌写本目录》），现藏北京大学图书馆善本部。[⑦]

---

① 参见羽田亨：《景教經典经志玄安樂經に就いて》，《东洋学报》18—1，1929年8月；钱稻孙节译本，《清华周刊》第32卷第10期，1929年。钱稻孙对日本学者的景教研究十分关注，多有译介。（钱稻孙后因日伪时期做过北大校长，被认为附逆，晚境悲凉，惨死于“文革”初。钱稻孙系出名门，祖父常被误认为大学士翁心存的女婿、翁同龢的姐夫钱振伦；实则，钱振伦是钱稻孙祖父钱振常之兄。钱振常即五四运动中标志性人物钱玄同的父亲，钱三强的祖父；蔡元培是钱振常在绍兴龙门书院时的学生。钱玄同是钱稻孙的本家叔叔，比钱稻孙的父亲钱恂小33岁，关系如同父子。钱恂早年在薛福成、张之洞幕下，后任湖北留日学生监督，是晚清著名外交人物，与维新派、革命派都多有联络；1898年，钱恂在京中尝谓中国必分裂，“如江浙吴楚得为日本所割，为日本臣妾，此大幸也”，为此张之洞不得不为其出面圆场。钱稻孙与鲁迅、周作人亦颇有渊源，钱稻孙祖父钱振常与鲁迅兄弟的祖父周福清是同治十年的同榜进士；解放后钱稻孙尤与周作人友善，成为难兄难弟，坊间流传的周作人晚年各种形状常提及钱稻孙。钱氏在20世纪日本文化界颇有影响。）

② 参见《羽田博士史学论文集》下卷，京都1958年版，第272页。

③ See P.Y.Saeki，“the Ta-Ch’in Luminous Religion Sutra on the Origin of origins”，*Bulletin of the Catholic University of Peking*，9，1934，pp.133-135.

④ 陈垣著，陈智超编注：《陈垣往来书信集》，上海古籍出版社1990年版，第177页。

⑤ 参见《中央时事周报·学瓠》第4卷第48期，1935年12月15日；第4卷第49期，1935年12月21日。

⑥ 李滂（李少微），北京民国大学的目录学教授、著名的考古学家，光绪三十三年（1907）生于比利时，李盛铎第十子，北大藏李盛铎藏书即是李滂1939年以40万元的价格卖出。（李盛铎作为考察宪政大臣，与载泽、尚其亨一路出使日本、英国、法国、比利时等国；在考察日本时，在东京下榻明治天皇的芝离宫，李盛铎与日本女接待人员横沟菊子较好，后在比利时布鲁塞尔结婚，生下李滂。李滂3岁即与母亲失散，其母1914年在日本逝世，李滂在1935年通过艺术家朋友白坚多方打听，并在东京各大报纸招贴寻人启事，才得知此消息，遂著有《李母横沟宜人传略》。据最近孔夫子网拍卖的一本李少微的手稿，有其1948年以后写的履历表，日伪时期历任伪天津县长、伪河北省公署参事、伪燕京道尹、第二战区长官部少将参议、伪津海道尹、伪河北省建设厅长、第二战区中将参议、伪真定道尹、伪真定行政区行政长，真定保安司令及任第二战区正太护路司令（自称是：1937年“任第二战区平津地下上校工作员，旋奉林故主席电令‘力护遗书不择手段’，于是不得已而潜入奸群”），1946年4月17日在太原被捕，1948年10月出狱，解放后情况不详）。

⑦ 李氏所藏敦煌卷子目录，目前已经至少有六个目录，具体情况可参考陈涛：《日本杏雨书屋藏〈煌秘笈〉录与〈（木斋）氏鉴藏敦煌写本目录〉比较》，《史学史研究》2010年第2期。

李盛铎旧藏众多敦煌藏品在其生前，于1935年以八万元的价格卖给了日本人；此后状况一直晦暗不明。1958年《羽田博士史学论文集》首次公布了《志玄安乐经》写本卷首、卷末等照片，[①]说明该写本应被带回了日本。1991年，荣新江教授在京都大学羽田亨纪念馆，发现933张羽田亨生前研究敦煌的文献资料照片上，相当多的李氏收藏印，并与北京大学李氏旧藏目录吻合。1996年，荣新江教授在《海外敦煌吐鲁番文献知见录》一书中公布了这一发现，引起学术界极大关注；同时日本学者落合俊典从京都大学牧田谛亮那里得到了羽田亨的手稿《敦煌秘笈目录》，该目录共著录敦煌文献432号，在与北大李氏旧藏目录对比后，可以印证荣新江教授的基本判断无误，而其公布的首二页的羽田亨《敦煌秘笈目录》手稿，亦见"十三，景教志玄安乐经"[②]。

落合俊典在2000年6月于首都师范大学召开的纪念敦煌藏经洞发现一百周年国际学术研讨会上还披露，1938年到1940年间日本企业家西尾新平在羽田亨（1938年起，任京都大学校长）的帮助下，购得了李盛铎旧藏的432件敦煌经卷。第二次世界大战后期，1945年为了躲避空袭，这些敦煌文献曾被运到兵库县多纪郡大山村西尾新平宅第的地窖中秘藏；战后又被运回日本武田科学振兴财团所属杏雨书屋（财团附属的研究机关）中存放至今。[③] 所幸的是日本武田科学振兴财团杏雨书屋，现在已经决定公布李盛铎的敦煌旧藏，目前已经出版解题目录，并陆续影印推出所有文献的多卷图版《敦煌秘笈：杏雨書屋藏影片冊》（九册）[④]。

李盛铎1937年2月4日去世，当时的民国政府教育部为防止李氏藏书外流，特派北图馆长袁同礼洽谈购买李氏藏书，胡适、傅增湘、徐森玉、赵万里等著名学者都曾参与此事，但不久抗日战争爆发，此事搁浅。1939年李滂将其父李盛铎藏书以40万元卖与北京大学，但北京大学当时并未收购李盛铎的几枚藏书印章[⑤]，李氏藏书印章外流，致使现今无法判断许多图书抄本上的李氏印章是否为李氏亲手所盖，造成弊病。

20世纪40年代初，天津出现了一批伪造的李盛铎敦煌藏品，"1941年辛巳，在天津出现了一批颇像从敦煌出来的草书帖、书籍（如《论语》）、文书等，往往还有李木斋的收藏印。"当时大藏书家周叔弢、赵万里都判定为假，"伪造敦煌藏品还不是唯一的例子。当时天津有一陈某，听说是李木斋（盛铎）的外甥，见过李氏所藏的敦煌卷子。他精于

① 参见《羽田博士史学论文集》下卷，京都，1958年版，《志玄安乐经》卷末照片。

② 参见落合俊典：《羽田亨稿〈煌秘笈目录〉介》，见《敦煌文献论集——纪念敦煌藏经洞发现一百周年国际学术研讨会论文集》，辽宁人民出版社2001年版，第100页。另可参见落合俊典：《李盛鐸と敦煌秘笈》，《印度学仏教学研究》通号104，2004年3月。

③ 参见落合俊典：《李盛鐸と敦煌秘笈》，《印度学仏教学研究》通号104，2004年3月。高田时雄：《李滂と白坚——李盛铎旧藏敦煌写本日本流入の背景》，《敦煌写本研究年报》2007年创刊号。

④ 古泉圆顺、吉川忠夫主编：《敦煌秘籍（影片册）》（全九册），大阪：武田科学振兴财团，2009—2013年；本文讨论的羽271，见《敦煌秘籍》（影片册）第4册，2011年，第155—169页。

⑤ 参见陈涛：《日本杏雨书屋藏〈煌秘笈〉李盛铎藏书印管见》，《北京师范大学学报（社会科学版）》2010年第4期。

书法，所以造了不少假东西卖钱。我曾见过一卷近一丈长的仿隋人写经，若不仔细看，几可乱真……现在流传到海外的所谓索紞写本《道德经》，从字迹上看来，也很可能出自此君之手。"①这里的陈某指陈益安。② 故现今存世称李盛铎旧藏敦煌卷子、盖有李氏藏书章者，不可尽信，例如在学术界享有盛名的《大圣通真归法赞》（"小岛文书 A"）与《宣元至本经》（"小岛文书 B"）自称得自李氏所藏，③但 2006 年洛阳唐代景教经幢发现后，《宣元至本经》的情况也已基本清楚，小岛文书可以判定为伪造。④

日本新近公布的《敦煌秘笈》，属李盛铎旧藏敦煌写本，来源比较清楚，432 件李盛铎旧藏敦煌文献一直整体保存没有打散，可信程度非常高，故本文选择《敦煌秘笈》中羽 271 为研究对象。

二、《敦煌秘笈》羽 271 中涉及净土内容的写本录文

《敦煌秘笈》羽 271 是有 27 页的写本，首尾皆残，不知题名，但文中有"义记第三"、"义记第四"、"义记卷第五"等字样。从现有内容来看，该文献主要记录了南齐永明年间（483—493 年）二十多位著名学僧对法身、涅槃、一乘、十地、净土、金刚心、二谛等佛学概念的讨论。采用问答体，先由一人主讲总论，之后多人向主讲人发问，采取一问一答的方式。在传世文献中，南朝梁昭明太子萧统《解二谛义令旨并问答》、《解法身义令旨并问答》（两文均收录于唐代道宣所编《广弘明集》中）与其体裁相近。

《隋书・经籍志三》载："《义记》二十卷（萧子良撰）。"⑤《法苑珠林》卷一百载："《三宝记》二十卷，《净住子》二十卷，《宣明验》三卷，《杂义记》二十卷，右四部六十三卷。齐司徒竟陵文宣王萧子良撰。"⑥羽 271 怀疑是早已亡逸的南齐竟陵文宣王萧子良主持编纂的《义记》，又称《杂义记》的残卷，这样《（杂）义记》就是该文献的名称，而非是残缺经名的"不知题经"的义记。这一判断对我们认识羽 271 十分重要，说明该文献并非专著于一经或一论的义理讨论，而是未有专宗某经某论的"杂义记"。

羽 271 净土内容主要集中在"义记第三"的后半部分，为方便讨论，笔者先将录文

---

① 参见《周珏良文集》，北京外语教学与研究出版社 1994 年版，第 298—299、303 页。

② 《天津文史资料选辑》第 52 辑，1990 年，第 67 页。

③ 据佐伯好郎称：1943 年 2 月和 11 月，日本人小岛靖从李氏遗产继承人那里购得《大圣通真归法赞》与《宣元至本经》，同年年末将两件敦煌景教文献的照片邮寄给日本学者佐伯好郎博士，佐伯好郎遂将这两件文献命名为"小岛文书 A"、"小岛文书 B"，据称"小岛文书 B"后带回日本，而"小岛文书 A"在 1945 年 9 月从天津撤离时遗失被盗，下落不明。（参见佐伯好郎：《清朝基督教的研究》附录，东京：春秋社 1949 年版）

④ 参见张雪松：《试论李盛铎旧藏敦煌写本中的景教文献：兼谈敦煌唐代汉文景教文献的真伪问题》，上海大学历史系暨宗教与中国社会研究中心联合举办"汉语文献与中国基督教研究"国际学术研讨会，2013 年 6 月 8—9 日。

⑤ （唐）魏征等撰：《隋书》第 4 册，中华书局 2012 年版，第 1010 页。

⑥ （唐）释道世撰，周叔迦、苏晋仁校注：《法苑珠林校注》第六册，中华书局 2003 年版，第 2874 页。

列出：

上定林僧荣法师解净土义

经明净土者，盖是辨栖形之妙域，欲令行因以趣之。土有二种，一者大圣圆应之土，二众生共报之土。圆应土者，若众生行善未纯、未有净报、而资观应而修行者，则现土而栖之。维乃复余二土，弥备而兴，封疆乃是佛应为之，为应土也。众生共报土者，共业之所感也。是众生业所感而称为佛土者，良由物禀化而致之，则土兴由佛，由佛昔有兴土之缘，今得应居其中，为统王之主，以始末不离于佛，故言佛土也。略明报土，大判有三：一禀化情薄，善恶杂受，斯土则秽也；二厌下求上，得天宫壂之处，则与秽殊域也；三禀教观空，未勉于相，情无厌背，故可得之土，同在一处而相无，净秽各别也。故经云："劫火所烧时，我净土不毁"，斯其明矣。

道相法师宠问曰：初地菩萨得土优劣，何如二地以上也？

答曰：初、二住得土一等。何以不以住高下而土优劣？但以业是一等，故土亦等也。

又问：初住与二住，既有胜负之殊，何故土之与业，皆一等也？

答曰：登住以上，空理修心，功德力大，散而不集，不复造得土之行。今所得土，皆是昔住下时曾造业所感住，前业既同，故得土一种也。

又问：此土为欲界系，非也？

答曰：亦欲界系，亦非。语其三灾所不及，不同欲界得报之土。而未勉欲界烦恼业所诟，故亦是欲界所摄也。

又问：已智此土是欲界所系，未知菩萨亦有色界所摄土不？

答曰：亦有也。

又问：住前所造业，得欲界所摄土，云何复得色界所摄土也？

答曰：此菩萨者，在外凡夫时，久远以来，有无量色界业，但烦恼障故，未得为用，今若欲取其此果，为化并伏结，业显即得色界土也。又凡夫蠲士，梵播并旨，定力亦得上生也。

又问：外道谓上地是胜净，故伏结求地，菩萨则不尔，但应任理以去结。今云然伏结求上地，菩萨与外道有何异也？

答曰：菩萨为化转故，求生上地，非言为胜净，故上生所以有异于外道也。

又问：五方便善根所感果，经云得色界报。今菩萨住前之业，亦并是同，何故感欲界所摄土也？

答曰：若在五方便善，得报应同菩萨，但得空无我解，与定理相顺。又行人有背下求上之心，所以得色界报。故经家偏明其得色界义，不说亦能得同欲界土，是摄其一边耳。

冶城智顺问曰：法师云自得法空已来，用此解力，资于有行，劣转胜故。感净土者，寻土是报法，空解之力，性能刻报，云何用刻报法，资成得报之力也？

答曰：所言资者，寻空解非不刻报，但空解昧行于十善力未能积，藉解相道，善业转胜，用此得为相资之力。

又问：邑云藉于空解，用资善业，显招报之功，既力实由当，智空解本，非得报之资。

答曰：由空解未勉于相，用此为资耳。

又问：若解未勉于相，所用为资者，便为资力，在相岂得云空解之力为资也？

答曰：非不由协，相故为资，但非此空解，不生胜善，故言空解得为资也。

又问：若果空解必有资力者，自得真解以上，解应为资，无漏便为造生死之业，岂得言无漏不织也？

答曰：相似无漏，体未勉报，故亦资于有漏。善得真解以上，体能散灭出观，导于有行，皆亦散而不集，如苦集智寄。

天安智藏问曰：云报土同处相无者，以业有优劣不同，故得报土同处而不相关者。未审同是善业，得土相关不？

答曰：相关。

又问：阿鼻狱人，业既同恶，亦应相关，何故身不相关也？

答曰：以恶同是极重，故报不相关也。净土虽同是善得，未能极善。若如诸佛，同是极善无相，故无隔也。

又问：若诸佛同是极善无相，故无隔者，阿鼻狱人亦同是极恶重相，弥应相关也。

答曰：阿鼻以是极恶，故得报无隔，苦之地故，身不相关。若身相障关，则有所隔。若有所隔，便身受苦不遍。故经云："上火彻下，下火彻上，四方交通，同一苦具，无量罪人，身皆遍满，火城同受。"此苦政由恶极故也。

祇桓寺惠令问曰：义云业有精粗，报有净秽，因既有殊，感理隔故，得二土同处，而住相无。业有精粗，土有净秽，诚如来旨，但土是负碍，如何同处而两得相容？

答曰：土虽负碍，本碍于所碍。然我，彼业彼之报土，于我为无；彼无我业，我之报土，于彼为无。故得同处而两不相碍也。

又问：业殊报异，无所简然，但虽于人为隔，而即事有两。既云有两，岂得同处也？

答曰：有本在我，不关于彼，若不关于彼，则于彼不有，彼有于我，亦为不有，故得同处而两不涉也。

又问：二土相无，其义已显，未智胜者能并见秽土与不？

答曰：德行未深，不能并见；高胜大士，乃能并照二土同处耳。

又问：若胜而能并照者，则应见净秽相，净美恶杂乱，何如可分别也？

答曰：当智其相而见，虽同一处，体相自分也。

龙光寺惠生问曰：如来应土是万行所招也？

答曰：若论因果相对感，赵名于至灵，应现无方，是极知之能也。

又问：寻应则必系于极智，何故辨因果相名之理，但言感本而不及末也。

答曰：善感本心，感于灵极，灵极既圆，则能靡不应，应由机感，感自物兴。所以迹之末系在于物，非我因可感也。

又问：若应物之迹，系于彼者，请以譬申，如木有火因，人燧而发，木为正因，人燧为缘，所得火生于人燧，不在于木也。

答曰：火虽由木而生，火与木异，物感本见迹，更无别迹，迹由感而现，故系在于物也。

冶城寺光泰问曰：向释感土之行，皆由顺化，顺化之善，有淳有薄，深浅不同，有三阶之别，淳则感净，薄则招秽，秽净行异，闻于前照。未识净秽名兼，彼何取判？

答曰：土以安身为义，安身之处，精粗两别。精则七珍严丽，粗则参藉沙石。解妙相形，则净秽名生。

又问：夫净秽相殊，若苦乐相求。苦乐不可用由恶感，净秽何以俱藉苦因？

答曰：苦乐既是正报，故其因则别；净秽是依报，依报是资身之具，故皆由善得，以善有胜负，故得净秽耳。

又问：正报依报，理本相关，正既是依家之正，依即正家之依。正既善恶因异，依报云何同善？

答曰：依正二报，非不相关，但正报苦乐体相悬殊，体相悬殊所以不得同因。依报二土，俱能安身，能安身义同，所以同由善感。但善有优劣，故致土有净秽耳。

又问：若净秽不由善恶致别，但善有优劣，故因劣善，报为秽者；苦乐亦应尔，俱由善感，善有优劣，故因劣善报为苦耳。

答曰：不然。苦乐既有违顺之求，故知苦非劣善所得，净秽并能安身，所以其因不异。

又问：夫安身乃是土家之通义，固无侯于善。苦乐有显受之义，亦无当于善恶也。受义既无当于善恶，安义何独侯于善也？

答曰：此安是顺安之安，有宁身之义，不通于免苦之地，所以不同于受也。

又问：经云："心净土净，心秽土秽。"恶云何顺安于身？

答：非不安身，从形净为秽耳。

又问：若相形为净秽同，能安身者，如地狱之中，云何顺安于身，而有为善之所感也？

答曰：今之所言净秽土者，据佛土为论耳。

又问：何谓佛土不当以佛统化之处谓为佛土也？

答曰：土取安身之土，安身之土由禀行佛化修善得此土。土由佛化而得，又府应其中，故谓之为佛土。地狱是厄苦之处，非安身之宅。斯由背化所招，故非佛土也。

又问：三千大千，上至阿迦尼吒天，下至阿鼻狱地，皆是佛之统，若是佛之所统，即为佛土。何必正是善所得之处，谓为佛土也？

答曰：经此说统大化、道所被之处，不论此处，皆是善之所感也。

白马僧宗法师解净土义

夫神所托者为身，身所栖者为土，土之与身，并是报生果报。报之净秽，由其因有胜劣。劣因则感被石沙，胜因则化变七珍。七珍之报，称为净土也。而此七珍，亦有不同，若与彼沙石不相勉离，此杂奢之果，犹为秽境。若如富楼那国，于绝四趣，无复沙石，虽好不杂，乃为净土也。致此净土，亦由善行，善行之要，莫过十善。十善能得土，故即善说土。经云："十善是菩萨净土"，斯其文也。推其观善之由，则功在圣人。故此众生，净国亦谓佛土。

南涧惠隆问曰：七珍之比沙石，实是云净，何以谓之秽也？

答曰：相形之境，未臻净极，故犹为秽。

又问：富楼那国，比此秽故，谓彼为净，亦未勉相形，何得以为净土矣？

答曰：本谓一佛所统，净秽不相杂，而相形者耳。富楼那国纯净不杂，何得阶同他土，共为一秽也。

中兴僧钟问曰：若以佛所统，故同为秽国者，经云："我净土不毁，则此土亦随在。"释迦便应与娑婆国，为秽国，何得谓之净也？

又问①：虽同一统，而其域本殊，殊故为净，不得同此为秽也。

又问：三途在下，人天居上，界域本殊，而谓为同沙石之与七珍，实自共所及，谓异域何也？

答曰：果报殊故，虽同而果报共者，虽异而同。今三途之与人天，共报此土，何得不同为秽国。

又问：日月星辰，可谓报共，镬汤之于天宫，曾不相关，何得共报也？

答曰：此其果异者也。至于火宅既起，竭于焚均，岂非果报同故也。

问曰：若为三灾所及，亦验其同报，故通为秽土者，四禅以上，超彼众灾，应是净因。

答曰：向指处患所及者耳，四禅以上，虽患所不及，而同为一土，则宜犹是秽境。

又问：若以同一土故，净从秽为名者，何不以同一土故，秽从净为名也？

答曰：不可皆类也。其犹净地有草，故谓地为秽，复可以草外有净地乎，草为净地也。

谢等僧最问曰：富楼那国亦有三界乎？

答曰：亦有。

① 依上下文意及一问一答之惯例，此处"又问"应为"答曰"。

又问:彼土既超此秽国,则过人天,何以犹有人天之名也?

答曰:因顺余方,故谓有耳。

三、南朝净土的义理探讨

中国净土宗史的研究,常以后世(甚至是日本净土信仰)来回溯中国早期净土信仰教理和实践,因此特别看重北朝昙鸾之后称名念佛的净土修学,而相对忽视南朝的净土信仰,甚至有海外著名佛教学者认为:“慧远及其直系弟子去世之后,接下来的数个世纪,南方很少听闻有净土修习。”①但即使按照后世比较狭义上的净土典籍《无量寿经》、《阿弥陀经》、《观无量寿经》,以及称名念佛、往生西方净土来看,关于南朝佛教徒的净土修学的记叙还是很多的。②

本文讨论的羽271(齐竟陵王萧子良撰《义记》残卷)形成于南齐永明年间,齐代即有僧侣开始“偏以《无量寿》命家”③,不过还是以兼修者居多。从现有史料来看,齐竟陵王萧子良主要接触的净土信仰者,多为后者。例如《高僧传》载释僧柔,“文宣诸王再三招请,乃更出京师,止于定林寺。躬为元匠,四远钦服,人神赞美,文慧、文宣并伏膺入室。柔秉德居宗,当之弗让,常誓生安养国。每至昃车西次,辄颦容合掌。至临亡之日,体无余患,唯语弟子云:‘吾应去矣。’仍铺席于地,西向虔礼,奄然而卒。”又“度(法度)与绍(法绍)并为齐竟陵王子良、始安王遥光恭以师礼,资给四事。度常愿生安养,故偏讲《无量寿经》,积有遍数。”释宝亮,“齐竟陵文宣王,躬自到居,请为法匠,亮不得已而赴。文宣接足恭礼,结菩提四部因缘。后移憩灵味寺,于是续讲众经盛于京邑。讲……《无量寿》……《弥勒下生》等亦皆近十遍。”④

僧柔是齐代《成实论》大师,与僧祐友善,圆寂后刘勰为其撰碑,《高僧传》所记渊源有自,比较可信。根据《高僧传》诸传记的记载,刘长东教授梳理出僧柔的净土信仰可能远承庐山慧远:“即由慧远而影响于慧义,再由慧义而慧基,又由慧基而影响及僧柔。”⑤竟陵王萧子良所接触的净土僧徒,应与庐山慧远有一定的渊源关系。而宝亮是齐梁间《涅槃经》大师,亦兼讲《无量寿经》,说明齐竟陵王萧子良周边僧徒的净土信仰

① 戴维·柴贝尔(David W.Chappell):《中国佛教的解释阶段》,见[美]唐纳德·罗佩兹编:《佛教解释学》,周广荣等译,上海古籍出版社2009年版,第179页。

② 参见贾发义:《净土信仰与中古社会》,中国社会科学出版社2012年版,第74—83页。

③ 语见(唐)道宣:《续高僧传》卷六“慧超传”,见《大正藏》第50卷,第468页上。日本诸写本(“金刚寺一切经本”、“七寺一切经本”、“兴圣寺一切经本”)亦皆有该句,除“金刚寺一切经本”作“惠超”外,其余全同,见《续高僧传卷四卷六(日本古写经善本丛刊第八辑)》,东京:国际佛教大学院大学日本古写经研究所,2014年,第185页下、第205页下、第226页上。

④ (梁)释慧皎撰,汤用彤校注:《高僧传》,中华书局2004年版,第322、331、337页。

⑤ 刘长东:《晋唐弥陀净土信仰研究》,巴蜀书社2000年版,第83页。

渊源十分丰富。

从现有史料看，主要是以成实师与涅槃师兼修净土而为主，但亦不限于此，例如法度即为三论宗祖师摄山僧朗之师。又“柔（僧柔）有弟子僧绍，亦贞正有学业”①，这里的僧绍恐非沙门，而是当时著名的隐士明僧绍，《南齐书》、《南史》皆由明僧绍传，栖霞山寺即由明僧绍舍宅所建，②唐高宗李治撰有《摄山栖霞寺明征君碑铭》。江总《摄山栖霞寺碑》：“有法度禅师，家本黄龙，来游白社，梵行殚苦，法性纯备，与僧绍冥契甚善。尝于山舍讲《无量寿经》，中夜忽见金光照室，光中如有台馆形象……居士遂舍本宅，欲成此寺，即齐永明七年正月三日，度上人之所构也……居士有怀创造，俄而物故。其第二子仲璋为临沂令，克荷先业，庄严龛像，首于西峰石壁与度禅师镌造无量寿佛坐身，三丈一尺五寸，通座四丈，并二菩萨倚，高三丈三寸……齐文惠太子、豫章文献王、竟陵文宣、始安王等，慧心开发，信力明悟，各舍泉贝，共成福业。”③由此可见齐竟陵王不仅与宣讲《无量寿经》等净土类经典的僧人有密切接触，而且本人也布施阿弥陀佛佛像的建造。

萧子良《义记》编撰于5世纪末的永明年间，这个时间点是值得注意的：(1)首先它早于菩提流支翻译世亲（天亲）《往生论》的531年，因此当时南朝对净土教义的讨论，无论问题意识还是辩论前提，都迥异于北朝昙鸾《往生论注》之后的后世所谓“正统”的净土教理教义。(2)这个时间点晚于中国净土典籍二次较为系统的传译，特别是在通行本《无量寿经》翻译之后。现存藏经中，明确在5世纪后半叶之前已经翻译完成的汉译净土类典籍，署名支谦的《阿弥陀三耶三佛萨楼佛檀过度人道经》、署名支楼迦谶的《无量清净平等觉经》、署名康僧凯的《无量寿经》，但近代以来这三部典籍的译者和具体翻译年代都争议颇多，日本学者在此方面用功最勤。④ 这三部典籍首次著录于梁代的《出三藏记集》，而后世经录亦说法不一。简言之，中国净土类典籍第一次集中传译大约在公元2世纪上半叶，现存支谦翻译的《阿弥陀三耶三佛萨楼佛檀过度人道经》、帛延翻译的《无量清净平等觉经》⑤，即是这次传译的产物。净土类典籍第二次集中传

---

① （梁）释慧皎撰，汤用彤校注：《高僧传》，中华书局2004年版，第323页。

② 参见程章灿：《明僧绍与栖霞立寺史实考——重读〈摄山栖霞寺碑〉与〈明征君碑〉》，《南京理工大学学报（社会科学版）》2003年第2期；慧皎：《高僧传》第三册，吉川忠夫、船山徹译，东京：岩波书店2012年版，第250页注释4。

③ （清）严可均校辑：《全上古三代秦汉三国六朝文》第四册，中华书局1958年版，第4076—4077页。

④ 这方面晚近集大成的著作可以参见香川孝雄：《浄土教の成立史的研究》，东京：山喜房佛书林1993年版。

⑤ 传统上一般认为《无量清净平等觉经》是东汉末年支楼迦谶在东汉末年所译；但现经考订，断定为帛延约在258年所译，参见藤田宏达：《原始净土思想的研究》，东京：岩波书店1970年版，第23—62页。来自龟兹国的帛延有两人：一为三国时到中原洛阳译经，一为东晋时在凉州译经，此处所说为前者，据《出三藏记集》、《高僧传》等史料记载，三国时的帛延又称白延，在曹魏正始末年（249）至甘露年间（256—260）在洛阳译有《无量清净平等觉经》、《首楞严经》等六部经典。（参见尚永琪：《胡僧东来：汉唐时期的佛经翻译家和传播人》，兰州大学出版社2012年版，第53页）此外，亦有学者认为《无量清净平等觉经》的译者为西晋竺法护，相关综述及其讨论，亦可参见香川孝雄：《〈无量清净平等觉经〉汉译考》，《佛教文化》1990年第2期。

译大约在公元5世纪上半叶，402年鸠摩罗什翻译了《阿弥陀经》；《无量寿经》传统上一般认为是曹魏时康僧凯所译，但很可能是佛陀跋陀罗和宝云约在421年所译①；此后不久畺良耶舍在刘宋元嘉年间（424—442）又翻译了《观无量寿经》。《阿弥陀经》、《无量寿经》、《观无量寿经》被后世尊为净土三经，净土三经的传译对净土信仰和净土教义研讨，都具有重要的推动作用，羽271恰是在此数十年后的5世纪末完成的。（3）在净土三经之外，许多重要佛经典籍涉及净土思想的章节，在南朝仍有重要影响，例如《维摩诘经·佛国品》、《妙法莲华经·如来寿量品》等。特别是《维摩诘经》，现存鸠摩罗什、僧肇、道生三家注，其关于净土教理的讨论与羽271的相关论述十分近似，这是我们尤其值得注意的。

羽271中关于净土的讨论，主要分为两个部分：第一部分最为重要，篇幅也最长，是上定林寺僧荣法师阐述对"土"的各种分类，以后问答也主要是围绕净土的分类及其造成这些差别的原因而展开的；第二部分是白马寺僧宗法师讨论净土秽土的关系，并兼及其与报应的关系。

在第一部分中，僧荣首先阐明，土可分为两种：一为佛（"大圣"）为吸引众生修习而示现的应土（"圆应之土"），二为众生的报土（"共报之土"）。而后者又可分为三类：一为众生顺化之秽境；二为众生"厌下求上"而得天宫胜境；三已明佛法，然未免着相，而得净秽无分别之土。

道相寺法宠法师问初地菩萨与二地菩萨所得净土是否相同。僧荣认为初地和二地菩萨所得净土是相同的。因为登地之后，菩萨深明佛理，修行所得，散而不集，不可能再有造土之业行；而菩萨得土，都是源于登地之前造业所感，初地、二地菩萨在登地之前造业并无本质差别，故其得土相同。菩萨所得土，既属欲界，又属色界。因为菩萨所得之土，三灾不及，故不同于欲界报土；但菩萨所得土，也是等地之前欲界业报所感，故亦为欲界所摄。菩萨所得土虽为欲界所摄，但亦为色界所摄，因为菩萨在登地之前，在"外凡"时，亦造"无量色界业"，只是当时由于烦恼业障所碍，不得为用，而菩萨登地之后，化伏烦恼业障，则以往所造色界色显现，故得色界土，菩萨可由定力上生色界土。法宠认为，如此一来，佛教菩萨与化伏烦恼业障求生上地胜净的外道何异？僧荣指出，菩萨求生上地，并为求胜净，而是化转所得。总而言之，菩萨所得土，皆由其登地之前业报所感。菩萨登地之前有未显现的色界业，登地之后显现，故菩萨得色界报土；同时，菩萨登地之前亦有欲界业，故菩萨亦得欲界报土。但因众生有背下求上之心，故经家乍说菩萨得色界报，而略去菩萨得欲界报，只摄一边而已。

冶城寺智顺法师问空解本不得报，而缘何为得报土之资。僧荣认为，空解未免于

① 参见藤田宏达：《原始净土思想的研究》，东京：岩波书店1970年版，第62—77页。此外，不少学者主张《无量寿经》为竺法护所译。辛岛静志新近的研究，提出《无量寿经》为5世纪上半叶所译，见辛岛静志：《〈道行般若经〉和"异译"的对比研究》，见《汉语史研究集刊》第四辑，巴蜀书社2001年版，第324页。

相，可资善业积累，故有显报之功。未得空解，不生胜善，所以说空解为报土之资。但若得“真解”以上，体能散灭不集，不再得土，故真正的无漏不会资于有漏、造生死之业。

天安寺智藏问善业得土，彼此相关，而阿鼻地狱中人为何不相关。僧荣认为，净土虽然是由善业所得，但净土中人不是“极善”，故未达到无相无隔；阿鼻地狱中人，“同一苦具”，若身有所隔，不能“上火彻下，下火彻上”，则受苦不遍。

祇桓寺惠令法师问业有精粗、土有净秽，既然土是负碍，为何能够净秽同处而相容。僧荣认为土虽负碍，碍于所得，彼业彼之报土，于我为无，我业我之报土，于彼亦为无，所以能够同处而两不相害。德行未深者不能一土之中净秽并见，高胜大士能够并照二土同处。

龙光寺惠生问如来应土是否为万行所招。僧荣则强调佛的“极知之能”，人若善感本心，可以感于“灵极”，靡所不应。如来应土，源于机感，机感来自物兴。譬如钻木取火，火由木生，迹由感而显。

冶城寺光泰问顺化感土，分为三阶，顺化之善，淳则感净，薄则招秽，然对于“净秽名兼”该如何认识。僧荣认为土是安身之意，安身之处，有精粗两别，精则七珍，粗则沙石，而净秽名兼则是“解妙相形”。净秽是依报，净秽并能安身，皆由善得；所谓净秽是相对佛土而论。安身之土，皆是禀性佛化而得，地狱非安身之所，背离佛化，非佛土。所以此处说土，无论净秽，皆是善之所感。

在第二部分中，僧宗法师提出身—土关系，如同神—身关系，是果报所生。劣因则感石沙，胜因则感七珍。但七珍与沙石杂，仍为秽境；若如富楼那国，“虽好不杂”，则为净土。致此净土，亦由善行，十善能得此土。由其功在圣人，故净土亦称佛土。

南涧寺惠隆问七珍之地犹可为秽，富楼那国何以为净。僧宗认为：未致极净，犹可称秽，富楼那国纯净不杂，故为净土。

中兴寺僧钟问经云：“我净土不毁，则此土亦随在”，缘何释迦牟尼佛称其娑婆世界为净土。僧荣认为一佛国土内，净秽各别，不可同称秽土，亦有净土在。僧钟进一步追问，若一佛国土，有净有秽，三恶趣与人天同在一土，如何是“共报”？僧荣认为三界火灾，同归寂灭，故果报实同。四禅以上，虽三灾不及，但与火宅，同为一土，故犹是秽境，如净地有草，犹称秽土。

谢等寺僧最问，富楼那国犹有三界乎。僧荣认为富楼那国，因顺馀方，亦有三界人天之称。

由上述分析梳理可知，僧荣等人对净土的阐述，无论何种之“土”，皆是着相，不管是应土，还是哪一等级的报土，都非究竟解脱。佛之“应土”是为吸引众生所立，在众生报土中，即便是菩萨“报土”，亦是菩萨登地之前的业力所感，除色界报外，亦有属欲界所摄。所以净土虽善，未得极善。这与后世对阿弥陀佛净土的认识颇不一致，但与东晋南朝早期义学沙门对净土的看法，颇有渊源可寻。

简言之，东晋南朝前期，对净土的看法大约可以分为三类：(1)众生无土，唯佛有土。隋代净影寺慧远《大乘义章》卷十九引鸠摩罗什的观点:"什公所立:诸佛有土,众生全无;但佛随化现土不同。故《维摩》云:为化众生故,现此土为不净耳。"①吉藏《法华玄论》卷九:"什公以土沙为秽,宝玉为净,明异质同处者,此是迹身净土耳……什公得于迹土,失于本土。"②鸠摩罗什的上述看法,在《维摩诘经》三家注中有不少体现,僧肇也大体近似于鸠摩罗什的看法:"夫以群生万端,业行不同,殊化异被,致令报应不一。是以净者应之以宝玉,秽者应之以沙砾。美恶自彼,于我无定。无定之土,乃曰真土。然则土之净秽,系于众生。"③在鸠摩罗什和僧肇看来,唯佛有真土,众生因其业行所感,而见净秽,"如来所修净土,以无方为体,故令杂行众生,同视异见。异见故净秽所以生,本无其方,佛土之真也"。④ 后世将这种净土观理解为"佛随化现土不同",乃至于批评为仅见"迹土","失于本土"。但实际上鸠摩罗什、僧肇师徒并非"失于本土",而是其"本土"(真土)观念与后世不同。鸠摩罗什尝云:"净国即在此世界。如《法华经·寿量品》中说:此净秽同处,而不相杂。犹如下一器中,有二种食,应二种众生。"⑤其净土即此土的观念,受到法华"性具"思维方式的影响,不可以简单地理解为"迹土"。羽 271 中关于七珍、沙石等许多讨论,都是延续了此一思路,强调业有精粗,土有净秽,二土同处而两得相容。

(2)佛与众生,各别有土。僧肇曾经批评过"或谓土之净秽,系于众生者,则是众生报应之土,非如来土……岂曰殊域异处、凡圣二土,然后辨其净秽哉"⑥的观点。净影寺慧远《大乘义章》卷十九亦提到过类似的观点:"又人复说:佛与众生,各别有土,各别住于自业果故。"⑦吉藏曾祖叙僧叡的五净土学说:"土凡五种,一净,二秽,三不净净,四净不净,五杂土。此之五土是僧叡法师所辨。斯之五土横摄一切土尽。"⑧从望月信亨等学者开始,一般认为僧叡这种净土分类依据的是众生业行,故认为僧肇等人批评的佛与众生,各别有土的观点是僧叡所持。⑨ 净影寺慧远将"佛与众生,各别有土"的观点,列入"昔来诸家",但羽 271 中未见受此观点影响的痕迹。

(3)道生的"佛无净土论"。《高僧传》记载道生立"佛无净土论"⑩,很早就引起学界关注。《宗镜录》卷二一:"《十四科》净土义云:经有恒沙佛国者,皆是圣人接物之近迹,佛实无土。何以明之?夫未免形累者,故须托土以自居,八住已上,永脱色累,照体

---

① 《大正藏》第 44 卷,第 837 页上。
② 《大正藏》第 34 卷,第 442 页上。
③ (后秦)僧肇等注:《注维摩诘所说经》,上海古籍出版社 1990 年版,第 17 页下。
④ 《注维摩诘所说经》,第 17 页下—18 页上。
⑤ 同上书,第 24 页下。
⑥ 同上书,第 17 页下—18 页上。
⑦ 《大正藏》第 44 卷,第 837 页上。
⑧ 《大正藏》第 35 卷,第 4 页下—5 页上。
⑨ 参见刘长东:《晋唐弥陀净土信仰研究》,巴蜀书社 2000 年版,第 66—77 页。
⑩ (梁)释慧皎撰,汤用彤校注:《高僧传》,中华书局 2004 年版,第 255 页。

独立,神无方所,用土何为?而言有者,以众生解微惑重,未堪真化故。以人天福乐引之,令行戒善;或以三乘四果诱之,劝修道品。然涉善之功,自然冥归菩提。因起贪报之惑,故流转生死。实即:土属众生,故无国而不秽;净属于佛,故无国而不净。故经云:'我净土不毁。'此之谓矣。"①《十四科》为道生所作,按其所论,则土属众生,净属于佛,净土只是圣人接物之近迹。八地以上即永脱色累,神无方所,用土何为?净影寺慧远《大乘义章》卷十九:"如生公说:佛无色身,亦无净土,但为化物,应现住于众生土中。如是说者,众生有土,诸佛则无。"②羽271中亦用神—身关系来理解身—土关系,强调土为安身之义。但羽271在佛之"圆应之土"外,认为还存在众生报土,虽然这个报土仍因佛昔有兴土之缘,今为净土统王之主,称为"佛土"。《法华经·寿量品》中说"我净土不毁,而众见烧尽",道生的理解为众生之土秽为劫火烧尽,而佛本无土可烧,故谓"我净土不毁"。羽271中则特别强调同一佛土中净秽各别,"同在一处而相无",所以秽土见烧,而净土不毁。

羽271未提及阿弥陀佛西方净土,而是就学理上探讨一般意义上的净土理论。"净土虽是善得,未能极善",认为净土非究竟义,在这个意义上说,并不与道生佛无净土义全然矛盾,只是表述上不采取道生那样惊世骇俗的方式,在理论上尽量与流行的净土信仰相协调,倡导净土"盖是辨栖形之妙域,欲令行因以趣之。"

虽然羽271极力强调净土与佛的密切关系,但其所论述的佛之净土与后世净土信仰中的极乐世界还是有很大差别的。羽271讨论的佛之净土是善恶各别,"德行未深,不能并见;高胜大士,乃能并照二土同处耳"。但这种善恶各别,又与疑为僧叡的五种净土分类,认为佛与众生各有其土的主张不同,羽271强调净土"功在圣人","净国亦谓佛土","土由佛化而得","安身之土由禀行佛化修善得此土",不同意道生佛无净土或僧叡佛与众生各有其土的观点。面对如来应土是否为众生万行所招的问题,羽271强调"善感本心,感于灵极,灵极既圆,则能靡不应",强调了佛的极致作用。

道生的佛无净土义,主要是强调净土非究竟义。净土非究竟,在东晋南朝义学上,是被普遍认可的,僧肇也曾说过"法身无定,何国之有"。③ 羽271也持有同样看法,只是不如道生那样特别强调,如羽271中云:"封疆乃是佛应为之",而道生认为:"封疆为有,有生于惑;无生于解,其解若成,其惑方尽。"④所以佛无净土,"造于土者,众生类矣。"⑤而羽271则要强调空解为净土的"相资之力",甚至"非此空解,不生胜善"。

综上所述,通过与传世文献的比对,我们可以更加清楚地看到,羽271所表现出来的南朝中前期净土教理内容,主要关系的理论问题不是后世反复强调的如何往生净土,

---

① 《大正藏》第48卷,第533页中。
② 《大正藏》第44卷,第837页上。
③ 《大正藏》第35卷,第19页上。
④ (后秦)僧肇等注:《注维摩诘所说经》,上海古籍出版社1990年版,第18页上。
⑤ 同上。

西方净土为化土还是报土等问题，而是积极探讨一般意义上的净土种类，净土与业报的关系，同一佛土内如何善恶各别，《维摩诘经》的影响非常深刻。同时亦须注意，这一时期的净土讨论，特别强调佛（而非是众生之善业）对于净土的意义，虽然仍不认同净土为究竟解脱，但带有明显的调和性质，存在为向后世净土信仰过渡的可能性。这是我们探讨这一时期净土义理讨论尤其值得注意的。

说一切有部之人性化佛陀与神性化佛陀

唯　善①

内容摘要：说一切有部是印度部派佛教最有影响的部派之一。该部派论师对于佛陀究竟是一位什么样的圣者，不盲目地听信于传说或经典记载，而是通过严密的分析和理性的推理，来获取对佛陀的正确信仰。本文以有部教义从菩萨到佛、从无常色身到永恒法身、从有漏色身到无漏法身以及佛陀的心理状况等四个方面探讨人性化佛陀与神性化佛陀，从而在认识上和信仰上达到一种人间佛陀与超人间佛陀的融合，在教义上既要符合佛陀的缘起法则，同时又要能合理地去解释佛陀的神圣性和超越性。

关键词：佛陀　说一切有部　人性化　神性化　色身　法身

一、从菩萨到佛陀

佛教的创始人，释迦牟尼佛是一位确确实实的历史人物。他是2500多年前的古印度人，出生在今天的尼泊尔南部的巴达利亚（Padaria）毗尼园。姓乔答摩（Gautama），名悉达多（Siddhārtha），这是一个很吉祥的名字，表述一切"义成就"或"事成就"。由于他是释迦族出身的圣人，故而被称为释迦牟尼（Sākyamuni），意为"释迦族的贤人"。"佛"是他出家修道，觉悟了宇宙人生真理，获得了解脱后的尊称。在觉悟成佛之前，他是菩萨（Bodhisattva）。"菩萨"译为觉有情，指追求觉悟的人。悉达多成佛并非一生成就，而是经历多生多世，行菩萨道，修善积德才获得成就。如契经说："菩萨经三劫阿僧企耶，修行四波罗蜜多方得圆满。"②说一切有部（简称"有部"）认为释迦菩萨极精进，超越九大劫，共经历了91劫修习圆满，便证得无上正等菩提③。至今我们在我国新疆及敦煌等地的石窟壁画上还可以看到很多本生故事，这些故事讲述的就是乔达摩・悉达多在觉悟之前，广积善事、累世修行的事迹。而在本生故事中的他被称之为菩萨。

悉达多最后一次投生在印度，在四种姓中属于第二等级的刹帝力种姓或武士阶层的一员。他的父亲净饭王是当时迦毗罗卫共和国的小国王，母亲是摩耶夫人。不幸的

① 作者单位：中国人民大学佛教与宗教学理论研究所副教授。

② 《毗婆沙论》，《大正藏》第27册，第890页下。

③ 同上书，第890页中。

是他出生后的第七天，母亲就去世了，由他的姨母波阇波提把他养育成人。作为王子，悉达多从小受到了特权式的贵族教育，学习了印度传统语言学、吠陀文学、逻辑学、宗教法规、治国术，以及其他的技艺与学科等各类知识。他聪明好学，善于思考，对于宇宙人生的诸多社会现象，都产生过疑惑。

悉达多应当被期许成为一个实干家，度过务实的一生，或者成为一个武士，或者成为一个像他父亲那样的政治首领。悉达多因此会是一个文雅而有教养的年轻人，他熟识贵族风俗与礼仪，他所受到的教育使他能在出家之后，还能与那些国王和朝臣惬意地交往，他出家之前所学的知识也将深刻地影响到他后来所宣说的教义，并为他在其有生之年的传播佛教教义打下了坚实的基础。

虽然佛陀是一位历史人物，但我们无法确切地考察出佛陀降生的具体时间，因为那时古印度人并没有准确的时间观念，因此我们也无法准确地建立一个非常清晰的编年史。考古学家直到大约20世纪才找到证明佛陀真实存在过的具体证据。除了佛教经典所告诉我们的以外，有关佛陀生平的独立证据非常之少，并且那个时期他生活和传教所使用的器物也很少保存至今。对于佛经的记载有关佛陀生平事迹几乎不能提供给我们非常准确的历史事实去建立起一本非常详细的传记，而目前学术界广泛认同的大事年表大致有如下几种。他降生在尼泊尔蓝毗尼（Lumbini），在16岁的时候娶耶输陀罗（Yasodhara）为妻，并为他生了一个儿子罗睺罗（Rahula，意为“羁绊”）。一些资料表明他的儿子降生在他婚后不久，而另一些资料显示他到了29岁才有儿子出世。

他儿子出生之后，他偷偷地追随古印度传统，削发出家，成为一个追寻宗教知识的流浪者。他向知识渊博的宗教师请教，学习身心的修炼法门，过上隐居生活。经过6年的苦苦追寻，他获得了他所追求的觉悟，抛弃了纵欲与苦修的两种极端，走向了不偏不倚的中道。总结了万事万物都是缘起的，而没有单一独立的存在物。一切事物都是遵循“此有故彼有，此生故彼生，此无故彼无，此灭故彼灭①”的法则。佛陀驳斥了创物主，否决了婆罗门教最尊崇的主神大梵天，拒绝了婆罗门的四种姓制度，倡导四河入海，同一咸味②，四姓出家，同为释姓的平等思想，而人之所以有差异是因为每个人的行为或称之为业力所造成的。他觉悟了人生无常，人生是“苦”（违逆、逼迫身心），明白了“苦”的原因和“苦”的熄灭，发现灭“苦”的方法。这就是著名的四圣谛：苦、集、灭、道。所谓道者，就是正见、正思维、正语、正业、正命、正精进、正念、正定。这就是通向解脱痛苦的根本方法。由于佛陀觉悟了宇宙人生的真谛，永远断除了烦恼，成就了无上智能和功德，从此以后他被称为佛陀，佛者觉也。在整整45年的弘法传教生活中，他走遍了印度东北部的城镇和村庄以传播他的教义。在80岁的时候，他因疾病而圆寂，进入了永

① 《杂阿含经》，《大正藏》第2册，第67页上、第84页中至下、第85页；《毗婆沙论》，《大正藏》第27册，第119页中。

② 《中阿含经》，《大正藏》第1册，第476页上；《增壹阿含经》，《大正藏》第2册，第753页上、第658页下。

不轮回的涅槃境界。

由于印度古代缺乏精确的信史，学者们提出关于佛陀生活的年代也众说纷纭。经近代的研究，阿育王（Aśoka）已有相当明确的年代可考，从此尽可能推论出佛陀的生活年代。因为佛教界传说，阿育王是佛灭后多少年登位的，依此可推定释尊在世的年代①，但关于阿育王登位，学者们也有两三年的出入，有说公元前268年，有说是271年登位。目前一般认为佛陀生活于公元前566年到公元前483年，或是公元前563年到公元前483年。然而，最新的研究指出这些年代过早，佛陀可能生活在一个离我们现在更近的时期，也许从公元前490年到公元前410年，或者从公元前480年到公元前400年。②

尽管我们现在不能准确无误地推算出佛陀的履历表，年代学也非真的可以达到能精确无误，因为资料本身就决定了这一时期的所有年代都只能精确到此前十年或此后十年，但这并不会否认佛陀是一位实实在在的人物，不管文献记载如何称呼他，他首先是人，而不是神，更不是虚构出来的教主。斯里兰卡著名的长老罗睺罗博士在《佛陀的启示》（*What the Buddha taught*）第一章开门见山地对佛陀直白地描述：

> 在所有的宗教创始人中，佛（假使我们也可以用世俗所谓的宗教创始人来称呼他的话）只是一位导师，他不自称自己是别的什么[神]，只是单纯的一个人而已。其他宗教的教主，不是说自己是神，就是自诩为神的各种化身，或者自命受了神灵的感召。佛不但只是人类的一员，而且他也从不自称曾受任何神灵或外力的感召。他将他的觉悟、成就及造诣，完全归功于人的努力与才智。人，而且只有人才能成佛。只要他肯发愿努力，每个人本来都具有成佛的潜能。我们可以称佛为一位卓绝群伦的人。因为他的“人性”完美至极，以至在后世通俗宗教的眼光中，他几乎被视为“超人”。③

当然，我们也不可否认，像其他所有的宗教创始人一样，佛陀的形象和特征得到发展，从服务大众的菩萨到自觉觉他，觉行圆满的佛陀；从早期佛教的佛陀到部派的佛陀再到大

---

① 佛陀出生入灭的记载古老的传说有三：(1)说一切有部（Sarvāstivāda）等说，如《十八部论》说，佛灭度后百16年，地名巴连弗，时阿育王王阎浮提。依此说，佛灭于公元前387年；生年80岁，佛陀应生于公元前467年。(2)南传赤铜鍱部（Tāmras/ātīya）的传说，如《善见律毗婆沙》说，阿育王自拜为王，从此佛涅槃已218年。依此说，释尊入灭于公元前489年，生于前569年。(3)清辨（Bhavya）的《异部精释》说，佛世尊无余涅槃后，经160年，俱苏摩弗罗城，达摩阿育王支配帝国。这可能是上座部的传说。依此说，释尊于公元前431年入灭，生于前511年。

② Charles S. Prebish & Damien Keown, *Introducing Buddhism*, Journal of Buddhist Ethics Online Books, 2010, pp.29-39.

③ Walpola Rahula, *What the Buddha taught* , Sri Lanka, 1996, p.1.现有法严译的《佛陀的启示》和郑于中译的《佛法》。

乘佛教的佛陀；从人性化佛陀发展到神性化佛陀；从肉身的佛陀到法身的佛陀等多层次的演变。现在我们就从有部的文献记载来讨论佛陀的形象和品德，从而看到佛陀的人性化和神性化。

二、从无常色身到永恒法身

有部主张佛陀有生身和法身。生身就是指佛陀的色身，法身就是指佛陀的教法与精神，以及他积累的一切功德。关于佛陀色身特征在南北传佛教经典中都有丰富多彩的描述。悉达多从母胎出生就展现了非普通小孩的特征，但也都与普通人一样，他的生命体是父母所生，由四大（地、水、火、风）和五蕴（色、受、想、行、识）组成，具备完美的各个器官，古印度人把这种非常人的身体特征归纳为三十二伟人相和八十种随好庄严。巴利文《长部》（*Dīgha nikāya*）中《种德经》是这么描述的：

> 沙门瞿昙，确实色美容丽、仪容相好如莲花，有殊胜之容色、威严而无卑劣。

《毗婆沙论》也说，"闻释迦种，生一太子，颜貌端正，以三十二大丈夫相，八十随好庄严其身，观无厌足，身真金色，常光一寻，言音清亮，和雅悦意，过妙音鸟，羯罗频迦①。"也有经说，"如来皮肤极细滑，一切尘垢不着身②"。佛陀色身庄严圆满，音声美妙，具有三十二相。据说其他菩萨、转轮圣王、难陀等也都有这样的美好形象。因此，佛陀的形象并不是稀奇独特的长相，以至于在巴利文《中部》（*Majjhima nikāya*）的第140《界分别经》的记载中我们看到，佛陀在陶工的棚屋里与一位从未见过佛陀，但却在他名下出家的年轻人相见时而互不认识。年轻人只听说，他的皈依师是一位名叫乔答摩的释迦种后裔，离开了释迦族做了出家人，已得了阿罗汉果，是一位觉行圆满的尊者，他的声名远扬，但却不知道世尊住在哪里。佛陀也没有透露自己的身份，只是通过向这位年轻人讲法后，他才恍然大悟，真正认识了就在自己身边的佛陀，并请求要正式皈依佛陀，不幸的是他在寻找三衣一钵的途中被牛触撞死了。这也说明三十二相在古印度的长相中比较普通，而非稀有。有关佛陀的身高，律典记载，难陀身高矮佛四指③，比丘们远远地看见难陀走来，误以为是佛，皆起来奉迎，直至走近，才知原来是难陀，甚感惭愧。因此佛制难陀穿黑僧衣。有部认为佛陀除了有三十二相，还有"八十随好，庄严其身，故于天上

---

① 《毗婆沙论》，《大正藏》第27册，第590页中、第889页上。

② 《顺正理论》，《大正藏》第29册，第353页中。

③ 《四分律比丘含注戒本》，《大正藏》第40册，第455页中。参见《四分律行事钞资持记》，《大正藏》第40册，第329页中；《五分律》，《大正藏》第22册，第71页中；《萨婆多毗尼毗婆沙》，《大正藏》第23册，第561页上。

人中最尊最胜。”①龙树菩萨在《大智度论》中就质疑此说，“如汝所信，八十种好，而三藏中无。”②

根据《异部宗轮论》，大众部把佛陀看成是超人，主张：“如来色身实无边际，如来威力亦无边际”③。而有部认为佛身高，如经中所说“身长丈六。”④佛在人间，与常人无异，绝不可能到广大无边无际的地步。佛陀色身所具有的力量，如经说：“菩萨身具那罗延力。”又说佛陀能将一块巨石头，用足指挑置掌心中，然后再抛到空中，又接回来，并用口把巨石吹散，令如微尘。佛陀的力量令大力士惊叹不已，合掌请教佛陀这是什么神力。世尊告曰：“举石置掌，复掷虚空，复还接取，弃之路侧，皆我父母生身之力；以口吹散，令如微尘，是神通力；还合如本，是胜解力。”大力士又惊奇地问佛陀是否有其他的力量能超越世尊的力量。佛答言：“有，谓无常力。”佛告力士：“我父母生身之力，若神通力，及胜解力，今日中夜皆为无常力之灭坏。”这时诸力士闻佛所说，皆于世间，深生厌离，佛便为说，如应法要，令诸力士，及余无量在彼天人，得法眼净，永离恶趣。

根据经论记载，佛陀年老时，其色身也会变老化。佛陀在《长阿含经》中感慨地说：

> 吾已老矣，年粗八十，譬如故车，方便修治得有所至。吾身亦然，以方便力得少留寿，自力精进，忍此苦痛，不念一切想，入无想定，时我身安隐，无有恼患。⑤

佛陀的身体如旧车一样，同样要通过修理治疗才能正常活动，佛陀的身体也会感受到痛苦，但他能通过修习禅定，忍受此痛苦。年老时，所有人包括从预流果乃至独觉都有白发，但佛陀没有白发。因为佛陀在菩萨位时，经历了三大阿僧祇劫，修集种种难行苦行，所起善业，展转增盛，信慧坚固猛利，所以没有“发希、发白、皮缓、皮皱、音声破坏、解支节苦，亦无心乱、渐舍诸根，般涅槃时，诸根顿灭。”⑥

佛陀年至80岁时，在拘尸那的娑罗双树间入了涅槃。至于佛陀的寿命留舍问题，《毗婆沙论》有不同的说法。有说世尊舍第三分寿，或舍第五分寿。说舍第三分寿者，认为佛陀寿量应住120岁，舍去最后40岁，剩下80岁。佛陀应有120岁是因为佛色力（身体的力量）、种姓、富贵徒众的智见胜过其他有情，因此他的寿量也应该超过其他人。说舍第五分寿者，认为佛陀所感寿量应该住100岁，舍去后20岁，剩下80岁。既

---

① 《大正藏》第27册，第890页中。

② 《大正藏》第25册，第255页下。

③ 《大正藏》第49册，第15页中至下；《长阿含》也说“佛告阿难：佛威神不但能动地，二十八天皆为大动，佛但以正心所致。”《大正藏》第1册，第167页上。

④ 《萨婆多毗尼毗婆沙》，《大正藏》第23册，第561页上说，佛衣量。佛身丈六，常人半之。衣量广长，皆应半也。佛弟难陀，短佛四指，衣应减长中，一尺广，中四寸。

⑤ 《大正藏》第1册，第15页中。在巴利文中经典中也几处有相应的文句，参见唯善：《说一切有部之禅定论研究》，中国人民大学出版社2011年版，第134页。

⑥ 《毗婆沙论》，《大正藏》第27册，第202页中。

然佛陀的色力等胜过其他人,而他的寿命就如普通人差不多。经说"舍寿行"者,谓舍去40岁或20岁;"留命行"者,谓留3个月。有论师认为,佛陀是为了避衰老,才舍寿行,但他所化有情事,还没有完成任务,所以再留三个月,如邬陀夷曾经为佛按摩身体,看见佛陀,身相异常,而直接对佛说:"今者世尊,支体舒缓,诸根变异,容貌改常。"当时佛陀的身体就出现了变化,何况佛陀到了80岁高寿年龄?因此,佛陀为了避衰老,舍去本应该活得更长寿的年龄。①

关于佛陀般涅槃之后是"有"还是"无"的问题,佛陀拒绝回答这样的提问。有部给出的原因是因为外道们"执有实我,名为如来",而他们所执着的"我"本来就是没有的。所以外道问,"佛死后为有为无"等,佛陀是这么想的:

> 如是本无今有,实我毕竟无体。若答此我今尚是无,彼当作是言:我不问今有无。若我答言死后有等,便不应理。如是实我今尚是无,如何可说死后有等?所问非有非真非实,不应道理,故佛不答。②

虽然佛陀本人没有回答如来涅槃之后是"有"是"无"的问题,但有部主张佛陀的色身无常,有生灭退减,因为其色身是前世业力的异熟果,是异熟果就必定有衰退,所以尊者邬陀夷言,"今见世尊色力衰减,诸根变异,谓五色根"③。但如来法身(dharmakāya)是恒常不变,不会衰退的。因为"如来生在世间,长在世间者,说佛生身。出世间住,不为世法所染污者,说佛法身"④;"无学成菩提法,即是法身"⑤。佛色身所成就十力、四无所畏、大悲、三念住,十八不共法等无边功德,以及佛陀之教法都属于法身。这里的"法身"就是佛陀的高贵品德和他的教法。有部对佛陀色身无常,法身永恒的理解很符合人性和宗教情怀。色身无常是一个客观事实,世间的万事万物都不能抗拒生灭无常的力量。法身永恒是人向往的目标,人类希望有一个永恒,实实在在的东西存在,虽然佛陀已圆寂,但他的精神不朽,他的教法永驻,这就是神性化佛陀,是超越于人性化之上的一种存在。

三、从有漏色身到无漏法身

"色身"或"生身"就是父母所生的身体,也就是物质结构的色身,为烦恼业果,仍属有漏。而依靠有漏色身,可成就的法身就是无漏的。漏(āsrava)是烦恼的同义词,能把

① 参见《毗婆沙论》,《大正藏》第27册,第657页下。
② 同上书,第76页中。
③ 同上书,第156页中。
④ 同上书,第392页上。
⑤ 同上书,第177页上。

有情控制在生死的轮回之中，或使有情流转在三界六道之中。由于有情相续在六疮门（眼、耳、鼻、口、大小便道）日夜流注，过患漏泄无穷，所以称之为漏。《毗婆沙论》对漏的解释有六种含义：留住、淹贮、流派、禁持、魅惑、醉乱。① 说烦恼是漏，不说为业，因为业有不确定性，有些业可使有情流转生死，还有些业会令有情对治生死烦恼，因此业不能称为漏。其次，业以烦恼作为根本，烦恼不断，绝对不可能舍去业力，所以只有烦恼可称为漏。佛之所以称为佛，是因为他证得圆满福德智慧，已断尽一切有漏，生死已尽。据《杂阿含经》记载：有婆罗门见佛千幅轮相，众好满足，因而问佛：是天耶？是龙、夜叉、干闼婆……乃至人非人耶？世尊告以：天、龙、干闼婆，紧那罗、夜叉，无善阿修罗、诸摩喉罗伽，人与非人等，悉由烦恼生。如是烦恼漏，一切我已舍，已破已磨灭。如芬陀利生，虽生于水中，而未曾着水。我虽生世间，不为世间着。历劫常选择，纯苦无暂乐，一切有为行，悉皆生灭故。离垢不倾动，已拔诸剑刺，究竟生死除，故名为佛陀。②

又说："如来诸漏已尽，无漏心解脱、慧解脱，现法自知身作证，我身已尽，梵行已立，所作已作，自知不受后有。"③

对于佛色身有漏无漏，部派佛教有争论。分别论者和大众部认为佛之色身无漏，而有部认为佛之色身有漏。为了解决这问题，有部首先对有漏与无漏做了多个层次的辨析。

(1)有漏法包括在眼、耳、鼻、舌、身五种感官器官和色、声、香、味、触五种感官相对应的外境，以及意根和意根所对应境界法处的一部分。

(2)有漏法能长养、摄益和任持诸有。

(3)有漏法能令诸有相续，生老病死流转不绝。

(4)有漏法是趣苦集行以及诸有世间生老病死行。

(5)有漏法有身见事，苦集谛摄。

(6)有漏法能令诸漏增长。

那些与上六种意思相反的法就是无漏法，如意处和法处少分，如意处可以是有漏和无漏，若断除烦恼就转为无漏，而法处所摄的三无为法本身就是无漏的，而46种心所法中的10大地法和10善大地法都可以转变成无漏。

---

① 参见《毗婆沙论》，《大正藏》第27册，第243页下至244页中。

② 参见《杂阿含》，《大正藏》第2册，第28页中。

③ 同上书，第187页上至中。

(7)尊者世友认为,"有漏相者从漏生,相是有漏相,能生漏相是有漏相。"

(8)尊者觉天认为,"若法是漏生长,依处是有漏相,与此相违是无漏相。"

(9)大德说曰:"若离此事,诸漏不有,应知此事是有漏相。若离此事,诸漏得有,应知此事是无漏相。"

部派佛教中一些人认为"佛之色身无漏"是因为世尊在经中说:"如来生在世间,长在世间,出世间住,不为世法之所染污"以及佛永断除一切烦恼和习气。因此,如来"不为世法所染污",可知佛身定是无漏。

而有部认为佛陀的色身一定是有漏的,因为"佛之色身从漏生,故说为有漏;能生他漏,故名有漏。"[①]其一,"佛之色身从漏生,故说为有漏"就是"从先时诸漏生故,说为有漏。"[②]这有两层含义:(1)佛陀的色身来到这个世间就是因为有烦恼所引生的,没有烦恼就不可能来到这个世间。(2)佛的生身本身就是由四大五蕴组合。五蕴组合之色身具有生住异灭四有为相,是无常的,也是有漏的。所以佛陀的色身,从出生的那一刹那,就注定了要经历自然规律的长大、变老、生病、死亡等现象。其二,"能生他漏,故名有漏"就是佛陀"自身中诸漏永断,而能增长他身漏故"[③]。这说明佛陀已断了烦恼,但他的色身会使其他人生烦恼。从他人于佛色身生起贪爱等烦恼而言,佛的色身是有漏的。

有部为了证明"佛之色身定是有漏"通过两个途径来证明:一是引经证;二是理证,即逻辑推理。引经证者,如佛经说"无明所覆,爱结所缚,愚夫智者,感有识身。"佛陀是智者,所摄身定应是无明爱果。如果说佛身无漏,即违反经说。又经说:"十处二少分是有漏。"佛色身也是十二处组成,前十处(五根五境)必定有漏,而后意法二处通有漏无漏。所以从此可知佛之色身必定是有漏。理证者,如果佛身是无漏,则"无比女,不应生贪;央掘利魔罗,不应生嗔;邬卢频螺迦叶波,不应生痴;傲慢婆罗门,不应生慢。"[④]有情既然在佛的色身上能引起贪、嗔、痴、慢等烦恼,这说明佛身是有漏的,而非无漏。对于上述分别论者和大众部引用经文"如来……不为世法之所染污",有部认为,如来不为世法之所染污是指佛的法身无漏,而不是生身无漏。所谓"如来生在世间……不为世法之所染污"是不为世间的利、衰、誉、毁、讥、赞、乐、苦八法所染污,佛陀已从世间的八法中获得了解脱。[⑤] 不论佛陀遇到了有利或无利事情发生,佛陀的心情都不会受到任何影响,不会有不高、不下、不欢、不戚心态,也不会有喜、忧、爱、恚的情感波动。世尊如安住在金轮上,不为世间八风所能动。因此,佛之色身虽然有漏,也不会违背如上

---

① 《毗婆沙论》,《大正藏》第27册,第392页中。

② 同上书,第872页上至中。

③ 同上书,第872页上至中。

④ 同上书,第392页上、第871页下。

⑤ 参见上书,第392页上、第872页上。

引经所说。

上述理证是从佛的色身能令他生烦恼来推理的。若按此推理，世间一切事物或有情都可能令他人生烦恼，就是佛陀所说的经典也同样会让某些人生烦恼。同样，佛陀色身能令他人生起烦恼也会引起佛陀是否有获得“无诤”智的质疑，因为住无诤的圣者就不会使他人生烦恼。《俱舍论》解释说：

> 言无诤者，谓阿罗汉观有情苦由烦恼生，自知己身福田中胜，恐他烦恼复缘己生，故思引发如是相智。由此方便，令他有情不缘己身生贪嗔等。此行能息诸有情类烦恼诤故，得无诤名。

佛陀是否住于无诤。若住无诤为什么还会使百千众生因佛身而生起烦恼呢？根据有部的说法，佛也住无诤，但为了教化有情，而不多时住。因为“诸受化者根性不等，或宜慰喻，或宜呵责，或宜称赞。然后入法。彼虽或于苛责等位起贪、嗔、慢。然必因此种诸善根。是故如来舍利子等，虽能恒住无诤行，为化有情而不多住。”[①]因此，佛陀的色身会引起他人贪爱，生起烦恼。释悟殷从缘起相依、相成、相对的世间来说，认识到“能生他漏，故名有漏”也有部分的道理存在。她说：

> 如在团体中，由于个人的烦恼，可能或多或少扰乱了他人，乃至影响整体团体的宁静生活。反过来说，我们若一味归罪于外在条件，忽视自我内心烦恼的清除，又容易产生推卸责任的后果。

从自己影响到他人，也是自己的过失。自己说话令他人不高兴，自己的行为令他人不愉快，自己的外表使他人看了不顺眼，乃至自己的身体令人生起贪欲等，这些都可归咎到自己的不足和不完美。

无常有漏色身与无漏法身有着密切的关系。前者属于人性化佛陀，后者属于神性化佛陀。前者是后者的所依，没有色身的成就，也就不可能有法身的成就。如《阿毗昙毗婆沙论》说，眼根与耳根都可以拥护生身和法身。拥护生身者，眼耳都能庄严身体，回避险恶。拥护法身者，眼根能亲近善知识，耳根从其闻法，并能生正思维，如法修行，断除烦恼，展转证得涅槃。[②] 有了色身才能明了四圣谛，行八正道，入四禅定。又经说，四禅如妙饮食，因为四禅有能任持法身之义，如村民中的诸妙饮食，皆送王城，长养尊胜，如是种种胜妙善根，皆集于禅定中，长养法身，所以说四禅如妙饮食。[③] 在谈到对佛

---

① 《毗婆沙论》，《大正藏》第 27 册，第 899 页下至 900 页上。

② 《大正藏》第 28 册，第 273 页上；《大正藏》第 27 册，第 731 页上。

③ 《毗婆沙论》，《大正藏》第 27 册，第 419 页中；《大正藏》第 28 册，第 314 页上。

供养时，有部认为佛陀的法身功德极圆满，必定不于他受法供养，而佛陀的色身必须接受他人的财供养，如衣食住行等资助。①

四、佛陀在生活中的心理状况

佛证悟之后，彻底断除了烦恼，他的日常生活应该是时常保持快乐幸福的心情，但在经论中记载，佛陀在现实生活中，与平常人似乎一样也会有相似烦恼，他会呵斥不听话的弟子们。如佛世尊诃诸弟子，称言“痴人”。《毗婆沙论》②说佛陀已永断爱恚，对违顺之事能平等看待，拔除了争论之根，消灭了憍慢之本，视诸珍宝犹如瓦砾，于一切法能觉照无遗，无相似爱及恚慢等，因为佛陀已永断除了诸烦恼习气，不像独觉及诸声闻，他们虽断除了烦恼，但还有其他的习气。有部论师认为，

> 声闻独觉慧不猛利，虽断烦恼而有馀习，如世常火，虽有所烧，而馀灰烬。佛慧猛利，断诸烦恼，令无馀习，如劫尽火，随所烧物，无馀灰烬。③

声闻弟子们还有“馀习”，如阿难尊者还有贪爱习者，如毕陵伽筏蹉尊者还有怜诸释种嗔恚习气，对殑伽神说：“小婢止流，吾今欲渡。”舍利子尊者还有憍慢习气，弃掷医药。又笈房钵底尊还有愚痴习，食前咳气，知食未销，不知后苦，而复更食。像这样的例子在弟子们的日常生活中还有很多。

佛陀虽然没有烦恼和其他的习气，而事实上，佛陀有时也会有似爱、似恚、似慢、似痴等言说。似爱言者，如世尊说：“善来，苾刍！能善出家，犹具禁戒。”④似恚言者，如世尊说，“汝是释种婢子，释种是汝大家。”似慢言者，如世尊说，“我是如来应正等觉，成就十力，得四无畏。”似痴言者，如世尊说，“大王！今者从何处来？”告阿难言：“看天雨不？园中何故高声大声？”

佛陀已断除了烦恼和习气，为什么会有这些相似烦恼习气呢？毗婆沙师认为，佛说似爱等语言，是为了护持所教化的福田，为了使听者获取利益。

---

① 参见《毗婆沙论》，《大正藏》第27册，第154页中。

② 《大正藏》第27册，第77页上至中，另见浮陀跋摩共道泰等译：《阿毗昙毗婆沙论》，《大正藏》第28册，第63页中至下。

③ 同上书，第77页下。

④ 佛陀对那些来到他面前想要出家的人称“善来比丘”，此人即得比丘具足戒，成为了沙门。《增一阿含经》(T2.621.3—622.1)：“是时，迦叶将五百弟子，前后围绕，至世尊所，头面礼足，在一面立，白世尊曰：‘唯愿世尊，听我等得作沙门，修清净行。’诸佛常法，若称‘善来，比丘！，便成沙门。是时，世尊告迦叶曰：‘善来，比丘！此法微妙，善修梵行。’是时，迦叶及五百弟子所著衣裳，尽变作袈裟，头发自落，如似剃发，以经七日。”另见《中阿含》(T1.673.1)，《大般涅槃经》(T1.198.2)。

（1）佛说似爱言，是为了使天授（提婆达多之意译）所破苾刍（比丘）[1]，能身心安隐，并除去疑惑。这个故事的产生是由于提婆达多，贪着名利，与佛陀意见不合，带领500比丘分裂僧团，甚至想谋杀佛陀，而尊者舍利子及大目犍连曾经亲近过提婆达多，因受佛陀感化，带领500比丘又回到佛陀身边，但他们深生羞耻，身心战掉，恐惧发抖，又生起疑惑，"我随天授不失戒耶？"闻世尊说，"善来苾刍，能善出家，犹具禁戒。"战掉、疑惑二事皆除。如果佛陀此时不作如是语，他们就会心怀愧恼，吐血命终。

（2）世尊说似恚言，骂庵婆瑟吒（旧译庵婆吒）"婢子"，就是为了摧毁他的憍慢心。梵志庵婆瑟吒，不思量其母出身卑微，而心怀憍傲，障碍了他出家修道之心，当堕恶趣。所以佛陀欲破其憍慢心，骂他婢子，由此憍慢止息，他于第二生，投胎生天，见四圣谛。又由诃骂补色羯罗娑利梵志，令他得入佛法，逮殊胜果。

（3）世尊说似慢言，"我是如来应正等觉"等，是为了令世人不知佛功德，令已知者皈依佛法，修殊胜道行。

（4）世尊说似痴言，"大王从何处来？"是为了打开与王谈话论道的场景。问阿难："看天雨不？园中何故高声大声？"是为了提醒阿难的睡闷之心，希望他保持快乐宁静的心态。

除了上述四点，佛陀还有很多责备弟子的方法，默言不答，反问责骂等方法去教育弟子们。曾经有弟子请求佛陀用梵语讲经说法，佛陀也即刻骂他们"傻瓜"或"痴人"[2]。

上面谈到佛陀有似爱、似恚、似慢、似痴，以及骂人"愚痴"、"傻瓜"等语言表现形式都是一位普通人应有的特征，是佛陀人性化的表现。人在日常生活中都会有喜、怒、哀、乐等各种情感的变化，这些情感变化都是人对周边所发生的人事关系的一种反映，同时也是向周围的人表达自己心情的各种不同的形式，但最主要的还是人内心对事物的反映。这些情感反映是用来表现自己的感受，不同的感受会使个人世界变得丰富多彩。因为佛陀是觉者，永远断除了烦恼，就不应有这些情绪出现，所以有部论师认为，佛陀"如今亲教及轨范师，若有近住依止弟子，起诸过失，便苛责言，'汝为愚痴，不明不善'，世尊亦尔。苛诸弟子，称言'痴人'。……为遮弟子，所起过失，或如父母，遮防子过，有所诃责，皆为饶益，无有恶心，佛亦如是。谓佛所化，略有四种：一宜赞叹、二宜苛责、三宜舍置、四宜因他。"[3]这就是佛陀以师长慈悲之情，因机设教，或爱或恚，或慢或痴，善

---

① "天授曾归依三宝，但还是堕无间地狱，因为他破坏了学处，毁犯了律仪，违越了法则。虽他归依三宝而不为救护，譬如有人，怖畏怨敌，依投国王，请为救护。王谓之曰：'汝若常能不违我法，不越我界，我能为汝常作救护。若违我法，越我界者，我则不能。'众生亦尔，怖畏恶趣及生死苦。归佛法僧若不毁戒，勤修道者便为救护。馀则不尔。"（T27.177.3）

② 巴利义《小品》（Cullavagga，V.33.1）、《四分律》（T22.955.1）、《根本说一切有部毗奈耶杂事》（T24.232.3），《毗尼母经》卷四（T24.822.1，846.3）。

③ 《大正藏》第T27册，第77页下至78页上；《大正藏》第28册，第64册上。

巧方便，责骂犯错的比丘，说此等似烦恼言，皆为有情获利乐，但佛陀内心清净，本无烦恼。

五、结　论

所有的宗教都离不开它的世俗性和圣神性，现实性和超越性。佛陀作为一位圣者，一位佛教的创始人，他的地位、名誉、高贵的品格不是一般普通人力所能及的事，而在后人的佛教文献中，他既有人性化的一面，又有神性化一面。著名的宗教学家，麦克斯·缪勒对佛教的发展有一段很精辟的回应：

> 我们无比幸运，从佛教史可以清楚地看出一部现存的三藏经典形成的过程。我们在这里以及别的地方均可看到，当导师在世期间，没有人要将他的事迹记录下来，也没有人要编一部记述他所说的话语的圣典。他的信徒们跟他在一起就感到满足了，他们很少想到未来，更没想到未来的荣耀。只是当佛陀离开人世以后，他的弟子们才力图追忆他们已离去了的朋友和导师的言行。那时，只要是能增加佛陀荣誉的言论，不论多么离奇，多么不可思议，都被热情地接受下来；倘若目击者大胆批评、驳斥那些毫无根据的言论，或诋毁佛陀至善的形象，他们甚至获得听众的机会都不会有。不仅如此，当出现不同意见时，人们不是根据证据仔细地检验那些意见，而是很快地发明了"虚无论者(nāstika)"和"外道(pāşsaṇda)"这两个名字①。

在阿毗达摩论师中，尽管这些佛教徒也都在维护佛陀的功德圆满和庄严形象，各部派都非常活跃地提出自己的观点和见解，他们会争论不休，甚至展开骂战，说对方是"无知果、黑暗果、无明果"，也有比较温和地用"有说"来陈述对方的不同观点。在《毗婆沙论》中不是没有听众，而是"听众"和"演说者"都希望找出证据和运用推理来说服对方。其中，有部论师就是一派非常理性的佛教信仰者，他们并没有因为经典的记载或是传说而迷惑，而是通过严密地分析和理性的推理，获取对佛陀的正确信仰，认为佛陀的色身有生、老、病、死的特征，是无常有漏的，这符合人应有的特征，也符合佛陀的"缘起法则"。但同时他们也不得不为佛陀的神圣性和超越性，作出合理的论证和解释，因此运用了"法身"一词来解释佛陀的清净无为，法身无漏、涅槃常住等概念。佛陀"苛责"不听话的弟子的言论，都是出于大悲心，如亲生父母严厉对待子女一样，打骂"皆为饶益，无有恶心"。有部的这种解释不仅可用在佛陀身上，而且也可用在任何人的身上，这也从一个方面反映出，有部对曾生活于世间的佛陀的人性特点的肯定。在世俗的宗教信

---

① Müller, F. Max. *Introduction to the Science of Religion* , London: Longmans, Green, and Co, 1899, pp.22-23.

仰中，如果圣者完全与普通凡人一样，虔诚的宗教信仰就难以建立，但佛陀作为人类的一员，他不是神，也没有受到神灵的启示。他的觉悟与成就完全归功于他自己多生多世的努力修行和福智培养。佛陀作为人类的伟大导师之一，虽然他的色身已在两千多前回归大地，他的精神和教法却永远留在人间，照亮着迷惑不悟的芸芸众生。所以在这层意义上，他既具有人性，与一般人一样，要饮食、睡眠、便利，生病后也要吃药，甚至有情绪的变化等特征，同时也具有神性的法身，常住不灭。这就是人性化佛陀与神性化佛陀的完美结合。

参考文献：

1.《大正藏》第 1、2、22、25、27、28、29、49 册。

2. 印顺：《印度佛教思想史》，台北：正闻出版社 1988 年版。

3. 广兴：《人间佛陀：历史佛陀观》，宗教文化出版社 2005 年版。

4. 释悟殷：《部派佛教》（中篇），台北：法界出版社 2003 年版。

5. *Abhidharmakosabhāsyam of Vasubandhu*, 2 nded., ed.Pradhan P., Patna: K.P.Jayaswal Research Institute, 1975.

6. Müller, F.Max.*Introduction to the Science of Religion*, London: Longmans, Green, and Co, 1899.

7. Guang Xing, *The Concept of the Buddha*, RoutledgeCurzon, 2005.

8. Charles S. Prebish & Damien Keown, Introducing Buddhism, *Journal of Buddhist Ethics Online Books*, 2010.

【中外会通】

重新研究《天主实义》的文献来源及成书过程①

梅谦立

内容摘要：本文考证利玛窦《天主实义》的文献来源，其中有罗明坚《天主实录》及范礼安的《日本要理本》。四书五经也作为本书一个具有关键性的来源。另外，从利玛窦的其他著作、书信及回忆录中，我们考证了《天主实义》那些段落对应士大夫的话。如此，我们推出本书在1594—1601年间的成书过程，并且关于1603年的首本和利玛窦在世时间的其他四本作了介绍。如此，我们可以更全面地、更正确地理解利玛窦的创意性。

关键词：利玛窦　《天主实义》　文献来源　成书过程

中国历史学家特别关注晚明史，因为他们看到，在政治的混乱中，社会依然富有生命力。国家意识形态的松弛允许思想的多样化，在“理学”正统之外寻找新的道路。在这样的环境中，我们可以理解为什么来华传教士的新思想获得了许多士大夫的认同。在开始于四百年前的中西思想交流中，利玛窦的《天主实义》是无法忽略的重要著作。关于利玛窦（Matteo Ricci，1552—1610）其人，国内外已有许多传记出版（参考后面的书目），我们这里不必再说，只介绍著作本身。首先要证明这本书跟其他传教士的两本著作（一本在中国，另一本在日本）的关系。接下来，我们要说明利玛窦与士大夫之间的对话构成《天主实义》的重要部分。为了让读者能把握著作的思路，以下简略地介绍它的内容。最后，从今天的利玛窦研究来反思其在中国的影响。

一、罗明坚的《天主实录》与利玛窦的《天主实义》

一直以来历史学家都知道意大利耶稣会士罗明坚（Michele Ruggieri，1543—1607）是第一位在中国大陆定居的传教士，不过，只有最近十几年我们才发现他的巨大贡献。1579年，罗明坚到达澳门，并在1580—1582年期间四次参观广州，最终被允许定居肇庆。在日本的耶稣会士一直保留了他们在西方的身穿黑色长袍的传统，而罗明坚在中

① 这篇文章从《天主实义今注》（利玛窦著，梅谦立注，谭杰校勘，商务印书馆2014年版）中被抽去的。作者系中山大学哲学系教授。

国开始穿和尚的衣服,剃光头,不吃肉。不过,他对佛教的基本信念如“轮回”的批评,使人们不太理解他的基本立场。1583 年 9 月,更年轻的利玛窦被送到了肇庆辅助罗明坚。他们两位共同努力学习中文,并传教,但遭到大多数人的敌视。

1582 年,罗明坚已经写了关于基督宗教的介绍,即《天主实录》。1583 年,两位中国人为其著作梳理文字。① 这样,《天主实录》一卷十六章在得到亚洲耶稣会视察员范礼安(Alessandro Valignano,1539—1606)的批准之后,1584 年 11 月,罗明坚在肇庆出版了这本书,这是欧洲人在中国出版的第一本书。②《天主实录》共印刷一千五百册,传遍了中国、韩国、越南、菲律宾。③ 同时,罗明坚又撰写了更详细的拉丁文版本,标题为“关于神圣事情的真正及简略介绍”(Vera ac brevis divinarum rerum expositio)。④

为了正确地把握《天主实录》的意图,应该要理解“要理本”(catechismus)与“基督宗教的道理本”(doctrina christiana)的区分。按照意大利学者柯毅霖(Gianni Criveller)⑤的说法,天主教区分两种著作:“要理本”针对非基督徒,凭借自然理性谈到信仰的理性基础,如天主的存在、灵魂的永恒、善恶回报等,并且,因为来亚洲的传教士面对不同人群,他们可以用不同的论证说服不同的群体。

与此不同,“基督宗教的道理本”针对天主教徒,是用于教导天主教信仰的重要教条,如“信经”(Credo)、“七个圣事”(sacramenti)、“十诫”(Decalogus),还有重要的祈祷文字(天父经、圣母经等)。这些书在亚洲可以用不同的语言文字表述,不过,在内容上,它们需要非常严格地遵照罗马的官方拉丁版本,不允许有任何改动。

如柯毅霖所说,对于《天主实录》,很难确认它属于“要理本”还是“道理本”,也许因为这种区分还没有完全成立。⑥ 可以说它是一个“要理本”,因为它关于天主、创造、灵魂发挥了富于理性的论证,不过,它也包含“道理本”的成分,因为它提到信经中的许多教条,十诫、受洗圣事等。另外,《天主实录》也具有一定的科学成分,因为它介绍了星球体系。因此,这本书是一个复合之作品,包括三种不同的思想:(1)理性论证或“要理本”;(2)关于教条的介绍或“道理本”;(3)关于欧洲天文学的科学报告。

---

① 这两位受洗入教,并改名为 Paolo 和 Giovanni。参见陈伦绪(Albert Chan),*Chinese Books and Documents in the Jesuit Archives in Rome, A Descriptive Catalogue: Japonica-Sinica I-IV* ,New York:M.E.Share,2002,第 94 页。利玛窦提出只有一个人的帮助。

② 书的标题为:《新编西竺国天主圣教实录》。关于这本书的介绍,参见陈伦绪(Albert Chan),第 90—96 页。我们所用的版本被输入于:*Chinese Christian Texts from the Roman Archives of the Society of Jesus* ,Nicolas Standaert 及 Adrian Dudink 主编,台北利氏学社 2002 年版,第一卷,第 1—86 页。注意把《新编西竺国天主圣教实录》与 1640 年《天主圣教实录》修订本区分开来。

③ 参见陈伦绪(Albert Chan),第 95 页。

④ 罗明坚回到罗马的时候,这本书的摘要被收入:“Catechismi Sinensium capita”,Antonio Possevino, *Bibliotheca selecta qua agitur de ratione studiorum in historia, in disciplinis, in salute omnium procuranda*,罗马,1593 年,上,第 9 卷,第 28 章,第 456—457 页。

⑤ 参见 Gianni Criveller,“Matteo's Ricci ascent to Beijing”,in *Portrait of a Jesuit: Matteo Ricci* ,Macao:Macao Ricci Institute,2010,第 39—76 页;特别是第 53—59 页。

⑥ 参见 Gianni Criveller,*Preaching Christ in Late Ming China* ,Taipei:Ricci Institute,1997,第 91 页。

关于《天主实录》，利玛窦的贡献如何？在一封1584年11月20日致耶稣会总会长的书信中，利玛窦谈到"我们用中文所写的要理本"①。三十年之后，当利玛窦晚年写他的回忆录的时候，他重复了这一点。② 不过，即便利玛窦这样说，他对《天主实录》也只能有极少的贡献，因为这本书出版的时候他在中国只待了两年而已。我们无法把他作为合著者。确实，我们可以推论，他对《天主实录》定稿的贡献在于第四章的一些片段，里面涉及托勒密的太阳体系。这段应该是利玛窦写的，因为与《天主实录》出版时间同年，他所手绘的《坤舆万国全图》上也有相同的表述。③

1588年，罗明坚返回欧洲，试图在罗马组织一个教宗大使团，不过这个计划没有成功。④ 而利玛窦离开肇庆，被允许定居于韶州。在那里，他继续使用《天主实录》来传教。但是这本书混合了三种思想模式——宗教、哲学、科学，不免使读者感到困惑：对宗教有兴趣的人也许认为哲学论证及科学报告是多余的；哲学论证能吸引士大夫，不过那些人无法接纳无根据的教条；同样，对科学有兴趣的人可以满足好奇心，不过，很难接受其宗教部分。《天主实录》的另外一个缺点是中文比较粗糙。在思想方面，《天主实录》也存在矛盾：例如作者自称和尚并且使用佛教术语，不过，他也很严厉地批评佛教！另外，虽然罗明坚提出五伦五常，但他从来没有引用过四书五经。⑤这样也导致《天主实录》出版许多年之后无法吸引士大夫。总体来说，传教策略应该要改变。

1593年，范礼安要求利玛窦撰写新的"要理本"代替《天主实录》⑥，不过，新书要引用中国经典来说服士大夫。在下文中，我们将分析利玛窦在这方面所下的工夫，不过，范礼安的意思很清楚，《天主实义》要专门针对儒家士大夫，向他们提供哲学论证以作为信仰的预备，⑦因此利玛窦大量地使用《天主实录》中的哲学论证。同时利玛窦删掉了教条部分，只剩下耶稣基督的道成肉身之论。

---

① 参见陈伦绪(Albert Chan)，第94页。

② 参见施省三(Joseph Shih)，*Le Père Ruggieri et le problème de l'évangélisation en Chine*，Rome：Pontificia Universitas Gregoriana，1964，第36页。

③ 施省三(Joseph Shih)注意到《天主实录》第四章与《坤舆万国全图》的相似之处，不过，他无根据地推测利玛窦对《天主实录》不仅仅在著作的思路方面，而且在它的结构上有巨大的影响。参见施省三(Joseph Shih)，第37页。

④ 范礼安对罗明坚的语言能力有些怀疑，而更相信原来在罗马向他学习的利玛窦。当罗明坚自己提出了教宗大使团计划的时候，范礼安趁这个机会把他送回欧洲。在1588年11月23日的书信上，利玛窦自己赞成这种决定，因为他认为罗明坚已经太老——那时罗明坚有45岁，比利玛窦年长9岁，还说罗明坚的中文不够好。这样，罗明坚离开中国，再没有回来过。范礼安不仅没有把罗明坚召回来，并且他在亚洲区下命令，不允许罗明坚在欧洲出版作品。参见 Ronnie Po-chia Hsia，*The Jesuit Encounter with Buddhism in Ming China*，in *Christianity and Cultures：Japan and China in Comparison 1543-1644*，Roma，Institutum Historicum Societatis Iesu，2009，第24页。

⑤ 关于罗明坚所使用的佛教术语，参见 Ronnie Po-chia Hsia，*The Jesuit Encounter with Buddhism in Ming China*，第38页。

⑥ 1593年12月10日于韶州利玛窦致耶稣会总会长 Claudio Acquaviva 书信；《利玛窦书信》(*Lettere*)，Piero Corradini 主编，Macerata：Quodlibet，2001，第185页。

⑦ 参见德礼贤(D'Elia)，《利玛窦文献》(*Fonti Ricciane*)第二卷，N.709，第290—293页。

关于传教士身份，利玛窦找到了更好的解决方法。原来，罗明坚自称和尚，不过最终目的就是要用基督宗教代替佛教。1595 年 4 月，利玛窦离开广东，完全改变了罗明坚的策略。他得到范礼安批准之后，放弃了僧服，改穿儒服。跟罗明坚一样，利玛窦仍然严厉地批评佛教，不过，他改变了立场：基督宗教不应该追求争取佛教的下层社会地位，而是要补充儒家。因此，在《天主实义》里，利玛窦变成了一个"西士"。

除了《天主实义》之外，利玛窦还编辑了一个"道理本"，即《天主教要》（1605），这本书补充了《天主实录》的教条部分，在天主教团体内使用。① 另外，针对对科学有兴趣的人，他专门写了科学著作，如《几何原本》等。过去，《天主实录》混合了宗教、哲学、科学，而利玛窦有意要区别地写三本不同种类的书。

虽然如此，《天主实录》对《天主实义》有很明显的影响。后者保持原来的对话录体裁，而且利玛窦使用了《天主实录》的三十多个段落，这大概占到整个《天主实义》的百分之五。我们的版本注释将说明这些，在这里我们仅列举二者相似段落的对应章节：

《天主实义》所使用的《天主实录》段落

《天主实义》	《天主实录》
引	引（3—5）
首篇："天主始制天地万物"［30，31，34，44］，天主特性［52—54］	第一章（9—13）：真有一位天主 第二章（13—19）：天主事情
第二篇：佛教的"空"、道教的"无"、宋明理学的"太极"的错误概念	第三章（19—25）：世人冒认天主
	第四章（25—31）：天主制作天地人物 第五章（31—37）：天人亚当
第三篇："人魂不灭"［133—137，161］ 第四篇：鬼神［186］，对泛神论的反驳［208］ 第五篇：对轮回的反驳［276］、戒杀生的谬说、持斋素的正志	第六章（37—47）："人魂不灭"、鬼神、对泛神论的反驳
第六篇：意、善恶回报、天堂及地狱［388］、炼域［401］	第七章（47—51）：天堂、地狱、炼域
第七篇：性善论、对佛教礼仪的驳斥［497，499，503—506］	第三章（19—25）：对佛教礼仪的驳斥
	第八章（51—57）："天主自古及今止有三次降其规诫"
第八篇：西方习俗、不结婚、耶稣基督来世［580］	第九章（58—61）："第三次与人规诫事情"，包括耶稣基督来世

① 参见德礼贤（D'Elia），《利玛窦文献》（*Fonti Ricciane*）第二卷，N.708，第 289 页。关于《天主教要》，参见 Criveller，*Matteo's Ricci ascent to Beijing*，第 56 页。《天主教要》已经亡佚，不过，1615 年，意大利传教士高一志（Alfonso Vagnone）出版了相同的书，即《教要解略》。参见陈伦绪（Albert Chan），第 101—103 页。

续表

《天主实义》	《天主实录》
	第十章(61—62):与人规诫事情 第十一章(62—67):人当诚信天主实事 第十二之十四章(67—76):十诫 第十五章(76—78):僧道诚心修行升天之正道
圣水[593]	第十六章(78—79):净水除前罪

注:此表的字体按照出版惯例做了改变,《天主实义》与《天主实录》中的加粗楷体表示对应部分;《天主实义》编号按照英译本的段落编号为准;《天主实录》编号按照罗马耶稣会档案馆版本中的页码。

我们可以看出,利玛窦删掉了所有的教条部分,如在七天内天主创造世界;天使冒犯天主;亚当从伊甸园被赶走;人类冒犯天主;天主把律法赐给以色列;耶稣在十字架被钉死;降临地狱;复活和第二次来临。利玛窦也删掉关于十诫的详细介绍,但简略地提到原罪。我们这里并不需要详细地比较这两本书。虽然利玛窦在《天主实录》中采取了许多段落,不过他重新安排了书的结构与论证方式。《天主实录》的前两章以哲学方式证明天主存在及其特性,后面三章转到历史陈述的方式,描述天主如何创造世界等,第七章回到哲学论证,证明灵魂不灭。这样,读者在哲学与历史之间彷徨。即便士大夫可以接受哲学部分,不过,他们很难接纳天主拯救人类的历史部分。因此,在《天主实义》里,利玛窦基本上不谈天主拯救史,只保留了耶稣基督降临的陈述而已。不过,关于哲学论证部分,利玛窦借用了《天主实义》的许多段落。在这个基础上他做了很大的发挥,提高了思辨的成分。

在词语方面,利玛窦也有了很大的改进。比如,在《天主实录》,我们可以看到"天堂"、"巴喇以所"、"天庭"不同的说法,而利玛窦都统一称为"天堂"。① 在《天主实义》里,利玛窦不太喜欢用音译,而更喜欢用意译②。

二、范礼安《要理本》与利玛窦《天主实义》

《天主实录》与《天主实义》差不多间隔了二十年。其中,在日本的经验已经告诉了传教士,他们不应该效法《天主实录》,把理性论证与宗教教条混在一起,而应该有必要分为两个步骤:先要按照理性论证天主的存在、灵魂的存在、伦理规则;只有人们接受这些原理之后才可以告诉他们关于圣经故事及耶稣基督的生活、死亡与复活。传教士在日本花了几十年的试验才设定这种传教策略,不过,这种策略也可以在基督宗教神学里找到根据,因为在教父时期神学家奥古斯丁已经区分了"自然启示"及"历史启示"。第一种启示完全凭人的理性,有普遍性;第二种启示是在历史中发生,特别是在以色列民

① 《天主实录》,第48—49页。

② 在"道理本"上,耶稣会士仍继续使用音译。

族中发生。[①] 1579—1582 年,范礼安在日本写了《基督宗教信仰的要理本》(*Catechismus Christianae Fidei*,亦称为《日本要理本》*Catechismus Japonensis*),那时他意识到传教的第一阶段要从哲学开始。[②] 在同一时间,罗明坚在中国写了《天主实录》,他似乎不知道,或者没有注意到范礼安的新策略;直到 1586 年《日本要理本》在里斯本出版后,也许他才有所了解。利玛窦撰写《天主实义》的时候(1595—1603),情况则有所不同。我们很容易发现,既然范礼安的《日本要理本》明显地分为哲学与教条两部分,当利玛窦写中文著作的时候,他贯彻了范礼安所提倡的区分,撰写了两类不同的著作:针对士大夫他写了《天主实义》,对基督信仰有兴趣的人,利玛窦及其他耶稣会士写了单独的一本《天主教要》(1605),里面介绍信仰教条及重要的祈祷。[③]与《天主实义》不同,《日本要理本》用拉丁文专门给传教士撰写,涵盖了自然启示和历史启示;不过,当传教士给本地人传教的时候,他们必须分两个步骤,并出版两种不同的书,以针对两类不同的读者。

另外,《天主实义》与《日本要理本》在内容上有很多相似之处,下表对照以说明之:

利玛窦《天主实义》(1603)	**范礼安《日本要理本》**(1586)
序	
第一篇:理性方法论,天主存在的证明	序:理性方法论 第一讲:理性方法论,天主存在的证明
第二篇:佛教的"空"、道教的"无"、宋明理学的"太极"的错误	第二讲:日本各个学派的错误
第三篇:灵魂的非物质性及永恒性	第三讲:灵魂的非物质性及永恒性
第四篇:鬼神;三种泛神论	第二讲:三种泛神论
第五篇:关于"轮回"及"勿杀生"的反驳	第四讲:关于民间佛教及轮回的反驳
第六篇:"意"及地狱和天堂存在的必要	第二部第四讲:在天堂的光荣和在地狱的惩罚

---

① 参见 Gianni Criveller,"Matteo's Ricci ascent to Beijing",in *Portrait of a Jesuit: Matteo Ricci*,Macao Ricci Institute,2010,第 54—55 页。

② 范礼安(Alessandro Valignano),*Catechismus christianae fidei, in quo veritas nostrae religionis ostenditur, et sectae japonenses confutantur* [*Catechismus japonensis*],Lisbon: Antonius Riberius,1586;重印:Tennessee: Kessinger La Vergne,2009。1593 年,Possevinus 也再版范礼安的《要理本》,把它放在罗明坚的《天主实录》拉丁文摘要之后:"Qui est de ratione procurandae salutis Iaponicorum & aliorum Orientalium gentium",Antonio Possevino,*Bibliotheca selecta qua agitur de ratione studiorum in historia, in disciplinis, in salute omnium procuranda*,Romae,1593,上,第 10 卷(一共九章),第 459—504 页;第十一章(一共七章),第 505—529 页。关于范礼安的这本书的基本介绍,参见 Josef Franz Schütte,*Valignano's Mission Principles for Japan*,translated from German by John J.Coyne,Saint Louis: Jesuit Sources,1980,第 2 卷,第 67—89 页。

③ 此书已佚,不过,我们可以看到在 1615 年高一志(Alfonso Vagnone)所编辑的《教要解略》。参见陈伦绪(Albert Chan),Chinese Books and *Documents in the Jesuit Archives in Rome, A Descriptive Catalogue: Japonica-Sinica I-IV*,Armonk,NY: M.E.Sharpe,2002,第 101—103 页。

续表

利玛窦《天主实义》(1603)	范礼安《日本要理本》(1586)
第七篇:性善论,对偶像崇拜的反驳,基督宗教的修行	第五讲:外部及内部的教导;偶像崇拜
第八篇:西方的宗教习惯、修道、耶稣基督的生活、受洗	第六讲:基督信仰的权威
	第七讲:创造论,原罪 第八讲:道成肉身 第二部分第一讲:十戒 第二部分第二讲:七个"圣事" 第二部分第三讲:复活及最后审判

注:此表的字体按照出版惯例做了改变,《日本要理本》中的加粗楷体表示在《天主实义》有对应部分。

如此,《天主实义》的前七篇对应于《日本要理本》的前五讲。《天主实义》用中文写,直接面对士大夫,只有第八篇简略地讨论基督信仰。在《天主实义》中,我们可以看到很多段落是利玛窦从《日本要理本》中翻译出来的。学者都忽略了这件事。[①] 两书多有重叠并不奇怪,1593 年,当范礼安吩咐利玛窦重新撰写一本书来代替《天主实录》的时候,他很可能希望利玛窦参照《日本要理本》来写。无论如何,利玛窦也这样理解了,他不仅仿照《日本要理本》的目次,而且还把原书拉丁文大量翻译成中文。

我们现在需要说明利玛窦从在日本的耶稣会士所获取三个重要观念:关于泛神论及一元论的错误、关于人类学的错误、关于寂静主义的错误。

先谈泛神论及一元论。1577 年,在日本的耶稣会传教士加戈(Balthazar Gago,约 1520—1583)首先介绍了佛教的"双重教义"。[②] 按照这种区分,虽然和尚鼓励人们拜佛,但是事实上,他们自己什么都不信,都是匿名的无神论者。[③] 范礼安完全吸收关于佛教的"双重教义"观念,并且在《日本要理本》中,他详细地描述了佛教"内部教义"的四点。我们要分析这四点,并且说明其在何种程度上影响了利玛窦对中国佛教的理解。

按照范礼安,"内部教义"第一点就是:"所有事物的第一原理"(primum rerum omnium principium)是唯一的,却有称谓各异的名字,并且如其陈述,它在各个方面是完美的,富于智慧。"[④]不过,范礼安站在西方宗教哲学的主流思想(亚里斯士德—阿奎那)

① 钟鸣旦很简略地指出这两本书的关系:Nicolas Standaert,*Handbook of Christianity in China*:*635-1800* Leiden:Brill,2001,第 613 页;Nicolas Standaert,"Responses and Reflections",在 Antoni üçerler,*Christianity and Cultures*:*Japan and China in Comparison 1543-1644* ,Roma:Institutum Historicum Societatis Iesu,2009,第 62 页。最近,UrsApp 有更明确的说法,不过,他没有比较这两本书的文字。参见 Urs App,*The Cult of Emptiness*:*The Western Discovery of Buddhist Thought and the Invention of Oriental Philosophy* ,Kyoto:University Media,2012,第 94—95 页。

② 加戈:《日本各派错误综述》(*Sumario de los errores de Japão de varias seitas*),1557 年。

③ 参见梅谦立:《西方人对中国佛教的早期理解》,见《汉语佛学评论》(第二辑),上海古籍出版社 2011 年版,第 210—211 页。

④ 《要理本》第一讲,第 6v 页。本书没有页码,只有张码,我自己加上 v(verso)意指"反面"。

上，认为它并不完美，因为这个第一原理“不理解任何事情，完全居住在安宁中，不关心世界上的任何事情”①。换言之，对范礼安而言，最高的智慧应该是全知。即便西方神秘主义提及了“无知的智慧”这样的观念（如中世纪神秘主义者艾克哈特大师），不过，范礼安还是无法理解佛教的立场，并完全驳斥佛教的“第一原理”。受到范礼安影响的利玛窦同样误会了佛教，他说：

> 人人有是非之心，不通此理，如失本心，宥听其余诞哉？借如空无者，非人、非神、无心性、无知觉、无灵才、无仁义、无一善足嘉，即草芥至卑之物犹不可比，而谓之万物之根本，其义诚悖。[75]

按照士林哲学的类比（analogy），人的特性在上帝那里得到全满。因此，如果佛教的“空”或道教的“无”没有灵才（即理性）或仁义，那么，它们并不美满。利玛窦没有考虑到，“空”、“无”的概念确实试图指示某种超越性。范礼安的思想框架主要面对日本佛教，而利玛窦用同样的思想框架来理解宋明理学的“太极”或“理”的概念：

> 理无灵无觉，则不能生灵生觉。请子察乾坤之内，唯是灵者生灵，觉者生觉耳。自灵觉而出不灵觉者，则有之矣；未闻有自不灵觉而生有灵觉者也。子固不逾母也。[91]

在利玛窦来看，如果“第一原理”不富于理性，则无法理解理性如何能在人类身上突然出现。范礼安也提到了同样的论点。② 在亚里士多德那里，这种因果关系决定了特定的宇宙发生论，之后基督宗教发展到某种创世论，其中严格地区分了创造主（第一因）与创造物（不同的果）。从这个角度出发，范礼安所理解的“佛性”或利玛窦所理解的“理”或“太极”都没有创造性力量。

因为范礼安认为佛教在思想方面有误，所以他使用亚里士多德及阿奎那的思想体系来证明真正的“第一原理”即天主。在第一讲里，他列举了七个论点。③ 在《天主实义》第一篇中可以找到同样的根据，也有同样的例子。比如，利玛窦论述，如同需要一个“巧工”来制作一个“铜铸小球”或一个“宫室”一样，这个世界同样也需要一个设计者，即天主。《天主实义》所提出的这两个例子在细节上与《日本要理本》一致。④ 利玛窦很可能是从《日本要理本》中获得的。

---

① 《要理本》第一讲，第 6v 页。本书没有页码，只有张码，我自己加上 v（verso）意指“反面”。

② 《要理本》第一讲，第 8 页：“Neque ullus id conferre, dareve potest, quod ipse re, aut potestate non habet”。

③ 《要理本》第一讲，第 9—11v 页。

④ 《要理本》第一讲，第 10—11 页。

不过，利玛窦没有死板地模仿范礼安，他重新排列这些根据，分两个步骤：第一，他以三个论点证明天主是人心与宇宙的主宰；第二，他以三个论点也证明天主是创造主。第一种观念比较容易被中国人接纳，不过，中国思想很难接受第二种观念。利玛窦理解到这种困难，因此，他提出了两个层面的论述。可以看出，在《日本要理本》的基础上，利玛窦超越了它，提供了更具针对性的论证。

利玛窦跟范礼安一样，都使用士林哲学的思想框架去理解佛教或宋明理学的“第一原理”。这样的视角导致利玛窦误解并驳斥了这些学说。不过，与范礼安不同，利玛窦阅读了中国经典，从中发现“上帝”观念。在《天主实义》第二篇，利玛窦试图证明古代中国人所相信的“上帝”就是他所谓的“天主”。即便这两种信仰之间有类似之处，但也有很大的差异性。虽然如此，利玛窦的这种附会也完全改变了他对中国思想的态度。在《日本要理本》中，西方的理性变成恐怖的工具，被利用来全面地否定佛教思想。相反，在传教士的所有著作中，《天主实义》是一个转折点，即开创了对本地宗教文化的初步肯定。

对范礼安而言，佛教的“内部教义”的第二点就是：“所有事物的第一、最高原理居于每个事物本身，并且向它们传达它自己本身，使每个事物与第一原理同一。每个事物跟第一原理结合，而当它们消失的时候，它们回归到第一原理。”[①]在第二讲里，范礼安更系统地介绍三种泛神论。同样，在《天主实义》第四篇，为了反驳“天下万物一体”的观念，利玛窦也分析三种泛神论：

> 夫曰天主与物同：或谓天主即是其物，而外无他物；或谓其在物，而为内分之一；或谓物为天主所使用，如械器为匠之所使用。此三言皆伤理者，吾逐逐辩之也。[222]

这里，利玛窦再一次追随范礼安的论述。这里简略地分析这三种泛神论。第一个是从整体的角度来看：如果万物同一，那么，所有事物都有同样的本性。[②] 如利玛窦说：

> 其云天主即是各物，则宇宙之间虽有万物，当无二性；既无二性，是无万物，岂不混淆殺[淆]物理？[223]

与范礼安一样，利玛窦也说明，这种泛神论无法解释事物为何而湮灭，并且导致上

---

① 《要理本》第一讲，第10—11页。

② 《要理本》第二讲，第18页：“Nam si cuncta unum, idemque sunt cùm primo & summo principio, aut hoc est, quia primum rerum principium sit tota ipsa substantia, rerum diversa sibi nomina vendicans, propter varias ipsarum facultates, & dotes, & tunc necesse est, ut multa consequantur absurda: primum, res omnes esse unam, eandemque rem, & non multas & rerum omnium esse unam substantiam, atque naturam。”

帝类似于万物。第二种泛神论不是从整体的角度来讲,而是从各个事物来讲:每个事物都含藏着第一原理,为其提供存在的场所。按照这种泛神论,每个个别事物都是神。对范礼安而言,这种观念在逻辑上不能成立,而且在伦理上无法解释恶的来源。① 利玛窦有同样的论述:

> 其曰天主为物之内本分,则是天主微乎物矣。凡全者,皆其大于各分者也。斗大于升,升乃斗十分之一耳。外者包乎内。若天主在物之内,为其本分,则物大于天主,而天主反小也。万物之源乃小乎其所生之物,其然乎?岂其然乎?且问天主在人内分,为尊主欤?为贱役欤?为贱役而听他分之命,固不可也。如为尊主,而专握一身之柄,则天下宜无一人为恶者,何为恶者滋众耶?天主为善之本根,德纯无渣,既为一身之主,犹致蔽于私欲,恣为邪行,德何衰耶?当其制作乾坤,无为不中节,奚今司一身之行,乃有不中者?又为诸戒原,乃有不守戒者,不能乎?不识乎?不思乎?不肯乎?皆不可谓也。[225]

接着范礼安介绍佛教的第三种泛神论。跟前面两种不同,第三种不是从整体—个体来讲,而是从决定论来讲:世界上只有一个意志来控制一切。范礼安如此讽刺这种观念:"当马走的时候,它被最初原则引导;当房子被烧的时候,它被最初原则所烧;当一个人疯狂的时候,就是最初原疯狂"。② 这种泛神论否定了动作者与受动者之间的区别,使天主成为一切事件的发动者。这种理论否定人的责任。利玛窦也从范礼安处取得这些论点来实施反驳:

> 其曰物如躯壳,天主使用之,若匠者使用其器械,则天主尤非其物矣。石匠非其凿,渔者非其网、非其舟。天主非其物,何谓之同一体乎?循此辨焉,其说谓万物行动,不系于物,皆天主事。如械器之事,皆使械器者之功:夫不曰耜耒耕田,乃曰农夫耕之;不曰斧劈柴,乃曰樵夫劈之;不曰锯断板,乃曰梓人断之。则是火莫焚,水莫流,鸟莫鸣,兽莫走,人莫骑马乘车,乃皆唯天主者也。小人穴壁逾墙,御旅于野,非其罪,亦天主使之之罪乎?何以当恶怨其人,惩戮其人乎?为善之人,亦悉非其功,何为当赏之乎?乱天下者,莫大于信是语矣。[228—229]

在《日本要理本》里,范礼安很明显地针对佛教,不过,当利玛窦在《天主实义》第四篇中反驳"万物一体"观念的时候,所针对的思想并不十分清楚。可以说,利玛窦所批评的包括佛教与宋明理学,因为他认为宋明理学远离了古代儒家,受到了佛教的污染。

① 《要理书》第二讲,19v页。

② 《要理本》第二讲,第20页。

对利玛窦而言,泛神论让创造主与创造物之间的区分消失,使人成为神,这是对天主最大的亵渎。

我个人认为,利玛窦用西方古代哲学的泛神论观念去理解佛教或宋明理学,这并不合适,因为佛教或宋明理学的"万物一体"恐怕不是一个形而上的命题,而主要表示一种互相依赖的关系。另外,佛教的"万物一体"观念与宋明理学的"万物一体"观念也有一些不同,利玛窦过于简单地采用范礼安关于佛教的解释去理解宋明理学。

对耶稣会士来看,亚洲人的最主要观念错误在于他们对神的误解,在人类学方面他们也犯了巨大的错误,在观念上没有很好地把握人的特殊性。按照范礼安的理解,禅宗所谓的"即心即佛"意味着人的灵魂与所有事物的第一原理都一样。① 更细致地说,范礼安这样理解:个人的灵魂并不是永恒的,但是,其内在的第一原理又确实是永恒的;因此,当人们去世的时候,个人灵魂消失了,回归到永恒的第一原理;然而,又由于彼岸没有个人,所以,人们在这个世界所做的一切在来世不受报偿或惩罚。② 也可以说,最终只存在一个世界灵魂。这就是佛教教义的第三点。

范礼安错误地认为佛教让人与其他万物之间的区分消失,使人跟动物、植物或矿物没有本质上的区分。这种理解误解了佛教的原意。不过,正是由于范礼安的这种误解,他才要提倡西方的灵魂学说,把它看为最合理的人类观;反过来,范礼安从他所认为的正当的角度否定了佛教。范礼安明显没有理解佛教的重点,只拿了佛教思想的一点来否定整个佛教。

利玛窦延续了范礼安的误解,以为佛教去除人与万物之间的区分。因此,在《天主实义》第三篇,利玛窦重申了西方的灵魂不灭学说,借取《日本要理本》的许多根据来证明人与万物有本质性的区别:由于灵魂属于精神性,只有人能追求高贵的东西,能理解非物质的东西。③ 利玛窦对佛教的误解也导致他对宋明理学的误解。比如,关于王阳明思想,他在第四篇这样说:

> 体物以譬喻言之,无所伤焉。如以为实言,伤理不浅。《中庸》令君体群臣,君臣同类者也,岂草木瓦石皆可体耶?吾闻"君子于物也,爱之弗仁",今使之于人为一体,必宜均仁之矣。墨翟兼爱人,而先儒辩之为非;今劝仁土泥,而时儒顺之为是,异哉!天主之为天地及其万物,万有繁然:或同宗异类,或同类异体,或同体异用。今欲强之为一体,逆造物者之旨矣。[250]

利玛窦的批评对象是王阳明,不过,王阳明所谈的"同体"主要是从伦理角度来讲

① 范礼安所写的"Soquxin,Soqubut"《要理本》(第5r页),日文是"Sokushin,Sokobutsu"。参见App,第66页。

② 《要理本》第二讲,第6v页。

③ 《要理本》第三讲,第26v—29页。

的，而不是利玛窦所误解的从本体论角度来讲的。跟范礼安一样，利玛窦认为，如果取消人的特性，即一个永恒的灵魂，那么，这将导致人们不怕来世果报。因此，在第六篇的标题中，利玛窦说"死后必有天堂地狱之赏罚"。

我们前面提到了，从西方哲学的思想框架出发，利玛窦肯定了儒家经典中的"上帝"就是西方所讲的"第一原理"。关于人的问题，利玛窦同样在儒家经典中有了很大的发现，即"鬼神"。在第四篇中"西士"与"中士"对话中，"中士"表达他关于鬼神的观念：

> 今之论鬼神者，各自有见。或谓天地间无鬼神之殊；或谓信之则有，不信之则无；或谓如说有则非，如说无则亦非，如说有无，则得之矣。[177]

这三个立场分别为：极端的无神论；心理上的主观主义；无立场的包容。不过，利玛窦反驳：

> 三言一切以攻鬼神，而莫思其非。将排诋佛老之徒，而不觉忤古圣之旨。且夫鬼神，有山川、宗庙、天地之异名异职，则其不等，着矣。所谓二气、良能、造化之迹、气之屈伸，非诸经所指之鬼神也。[178]

如同上文关于"上帝"的论述，利玛窦关于"鬼神"的发现是他思想中的转折点。西方的灵魂与中国古代儒家的鬼神有相当大的差异，不过，利玛窦要把握它们之间的共同点，即人去世之后有某物仍存活。如此，与范礼安不同，利玛窦站在儒家经典的角度去肯定中国的文化宗教。对范礼安来讲，亚洲人对神及人的误解产生了"内部教义"的第三个错误：

> 此生，人们可以达到第一原理的最高点，并且保有常住。通过深思（meditare），他们可以提升到第一原理的最高权威及庄严。当他们认识到事物原理的时候，他们就达到最安宁的生活；他们本身有第一原理。这是人们所能得到的善。除非他们自己思考它并认识它，否则，他们将不断地流转，从一个地狱到另外一个地狱，无法得到安宁。①

范礼安所描述的是禅宗。从基督宗教的角度，人们不能在这个世界上使自己达到完满，而只有在天堂那里人们才能得到救赎。如此，范礼安把佛教理解为一个世俗化的宗教。

---

① 《要理本》第二讲，第6v—7r页。

同样，利玛窦也批评了佛教的修行方式。关于宋明理学的修行方式，情况也许比较复杂。利玛窦确实注意到阳明学对功夫的重视，不过，很可惜他没有进一步去理解它，反而直接提倡基督宗教的修行方式以代替它。利玛窦本身接受了耶稣会的灵修培养，非常重视寻找天主的意志，并执行祂的意志，因此，在第七篇，他所发挥的伦理学包含了显著的目的论。由此，他对儒家传统的"良知"观念表示质疑：

> 孩提之童爱亲，鸟兽亦爱之；常人不论仁与不仁，乍见孺子将入于井，即皆怵惕；此皆良善耳。鸟兽与不仁者，何德之有乎？见义而即行之，乃为德耳。彼或有所未能或有所未暇视义，无以成德也。[436]

总之，我们上面证明，利玛窦来华的时候，他对佛教的理解不是空白的，而是继承了其他耶稣会士在日本传教的几十年的经验。《日本要理本》第一次系统地介绍了日本佛教思想。其中，佛教"内部教义"的四点影响了利玛窦对中国佛教的理解，并且，他也用这种思想框架去理解宋明理学，认为宋明理学是佛教的副产品。在许多方面，利玛窦误解了佛教与宋明理学，并且没有把握到它们之间的差异。不过，在中国晚明时期，对很多人如焦竑（1539—1620）来说，佛教与儒家的边界比较模糊，他们有意地推动三教合一。

不过，与范礼安不同，利玛窦在四书五经中找到了对应"天主"的"上帝"、对应"灵魂"的"鬼神"。虽然"上帝"和"鬼神"与西方思想概念也存在很大的差异，并且它们没有在四书五经中得到完整的理论论证，不过，利玛窦认为，它们完全符合西方哲学和神学的思想体系。这样，在儒家经典中，利玛窦找到一些依据来肯定中国古代文化宗教。

另外，在《天主实义》中，利玛窦没有借用范礼安关于外部/内部教义的区分。在《日本要理本》中，范礼安花了很多篇幅攻击佛教的"外部教义"。在《天主实义》中，利玛窦也批评佛教的轮回观及偶像崇拜。似乎利玛窦自觉地抛弃外部/内部教义这个区分，而代之以他自己发明的古代/近代的区分。只有这样，利玛窦才可以去肯定中国古代思想中的某些部分。

我们这里需要补充说明，《天主实义》并不是第一本以自然理性介绍基督宗教的中文著作。1593年，西班牙道明我会士高母羡（Juan Cobo，约1546—1592）针对马尼拉华侨出版了类似的一本书。在这本书的九章，前三章谈到了天主存在的证明，后六章谈到了宇宙、植物和动物。显然，高母羡打算继续讨论人的灵魂及伦理学，不过，他突然离世，书并未完成。1593年的著作也没有标题，经常以首章标题命名整本书，即《辨正教真传实录》。如同利玛窦一样，高母羡从罗明坚的《天主实录》中也借用了许多部分，吸收了很多翻译概念，不过，他也没有把启示部分放进去。可以说，《辨正教真传实录》是第一本用中文写作的自然神学著作。不过，此书跟《天主实义》有很大的不同，因为它也涉及了很多科学叙述，如天文学。① 另外，高母羡对中国思想的理解往往不如利玛窦，并且在边缘的马尼拉，这著作对中国思想的影响很有限。

三、《天主实义》初稿与利玛窦对四书五经的发现

我们前面看到利玛窦如何吸收前辈耶稣会士的观念，并且“抄袭”了罗明坚《天主实录》及范礼安《日本要理本》的许多部分。毫无疑义，利玛窦很大程度继承了在日本的耶稣会士及罗明坚的思想。国内外大部分学者并没有注意到这一点。不过，我们也不能否认利玛窦的创意。这种创意建立于他个人独特的观察及研究之上，也离不开他跟中国士大夫几十年的交往。在《耶稣会及基督宗教入华》中（*Della entrata della Compagnia di Gesù e Christianità nella China*），利玛窦说明，《天主实义》的写作是为了回答士大夫的问题。②

1593 年，范礼安吩咐利玛窦撰写一本借用儒家经典的著作。范礼安有这样的远见，利玛窦的特殊功劳在于落实这种计划。在《日本要理本》里，范礼安主要针对佛教，而按照范礼安的计划，利玛窦则要针对儒家。显然，利玛窦关于宋明理学的理解还是受到了范礼安错误观念的影响。范礼安主要提及日本佛教在思想方面的不足，而利玛窦要在儒家经典中挖掘某种值得肯定的东西，即真正的一神教思想。

因此，当范礼安吩咐利玛窦撰写新的“要理本”的时候，他同时要利玛窦首先把儒家经典翻译成拉丁文。③ 这样，利玛窦要先学习四书五经，对它们有正确的把握，并且他要系统地研究四书五经跟天主教道理之间的共同点。

在这个基础上，几乎一年之后，于 1594 年 10 月，他在韶州开始撰写新的“要理本”。④ 利玛窦仔细阅读了四书五经，这便使他在《天主实义》里能征引诸多古书：十一条引用来证明中国古人朝拜上帝[第二篇，104—108]；六条来证明中国古人相信灵魂不朽[第四篇，171—187]；四条来证明中国古人相信天堂存在[第六篇，391]。这些引

---

① 关于这本书的中文及英译，参见 *Shih-Lu: Apología de la verdadera religión, Testimony of the true religion*；Alberto Santamaría, Antonio Domínguez, Fidel Villarroel 介绍；Fidel Villarroel 主编 Manila: University of Santo Tomás, 1986 年。

② 利玛窦（Matteo Ricci）：《耶稣会及基督宗教入华》（*Della entrata della Compagnia di Gesù e Christianità nella China*），Macerata: Quodlibet, 2000, 第 136—137 页。

③ 1593 年 12 月 10 日于韶州利玛窦致耶稣会总会长阿夸维瓦（Claudio Acquaviva）；《利玛窦书信》，第 184 页：“视察员要求我把它们[儒家经典]翻译成拉丁文来帮我用中文写我们所需要的新要理本”（Questi anco mi fa il p.visitatore traslatare in latino per agiutarmi di quello in fare un nuovo catechismo, di che abbiamo molta necessità, in sua lingua）。

④ 1594 年 10 月 12 日于韶州利玛窦致耶稣会士高斯塔（Girolamo Costa）；《利玛窦书信》，第 189 页：“我已经开始写一本书关于我们的宗教，完全按照自然理性，使它出版之后可以在整个中国发行”（E cosi cominciai un libro delle cose della nostre fede, tutto di ragioni naturali, per distribuirlo per tutta la Cina quando si stamparà）。

用应该撰于韶州及南昌时期。它们增加了利玛窦论证的说服力，因为利玛窦很正确地显示了那时的中国人关于古代信仰所忽略的历史事实。在第六篇中，利玛窦还要证明，古代君王不仅仅因道德的缘故有所行动，并且他们也注意到外在利益即公共利益[342—350]。我们不能否认利玛窦的解释很勉强，缺乏说服力。即便他在解释经典的时候表现了对中国思想的理解，不过，他也覆盖了西方思想的某些概念，如目的因等。

帮助利玛窦理解儒家思想的第一重要人物应该是章潢（1527—1608）。章潢在南昌东湖附近举办了讨论会。在南昌郊外的白鹿洞书院，他为众弟子讲学；利玛窦在1595年8月29日的书信上有所提及。[①] 章潢属心学一脉，南昌也是那时阳明学的传扬中心之一。在韶州，利玛窦认识了瞿太素（1549—1612），他建议利玛窦要抛弃僧服，改穿儒服。当利玛窦到达南昌的时候，瞿太素把利玛窦介绍给他的老师章潢。瞿太素及章潢对佛教持敌对态度。因为章潢也认为王畿（1498—1583）受到了佛教影响，他对这位阳明学家也有所批评。我们可以推理，在《天主实义》中利玛窦对"三教合一"的批判[508—520]受到了章潢的影响。

即便利玛窦跟章潢都重视儒家经典，不过在他们之间还存在着巨大的争议，即关于天堂地狱的存在。为了说服章潢，利玛窦构建了很详细的论证，证明人的行为都有某种目的[321—378]，并且我们最大的利益就是进入天堂[379—420]。[②] 在他的争论中，利玛窦经常提及他刚学习的四书五经。如此，我们可以看到，《天主实录》的对话比较简单，而在《天主实义》里，在内容方面，这些对话则显示了儒家思想的影响。在形式上，这些对话吸收了耶稣会学校的答辩传统，也吸收了中国书院里的争论传统。

1595年11月4日，他向耶稣会总会长肯定了四书的价值，说："过去这数年，我有良好的教师为我讲解四书；其中我注意了很多段落，它们助于我们自己信仰的事情，比如一位天主、灵魂不朽、圣人的回报等。"[③]从1596年起，利玛窦开始传播他所撰写的《天主实义》初稿。[④] 他同时决定了不再传播《天主实录》，并毁掉了其刻板。1597年，利玛窦用拉丁文撰写摘要，命名为《关于天主的真实论证》（*De Deo verax disputatio*），以

---

① 参见夏伯嘉《利玛窦与章潢》，《文化与历史的追索》，台北：联经出版社2009年版，第731页。

② 《天主实义》的这种论证可以在他的书信中找到。参见1595年8月29日于南昌利玛窦致Duarte de Sande的书信；这封信是用葡萄牙文写的；《利玛窦书信》，第256—257页。

③ 1595年11月4日于南昌利玛窦致耶稣会总会长阿夸维瓦（Claudio Acquaviva）；《利玛窦书信》，第315页："In questi anni passati mi feci dichiarare da bueni maestro oltre il tetrabiblio anco tutte le sei dottrine, e notai molti passi in tutte esse, che favoriscono all cose della nostra fede, come della unità di Dio, della immortalità dell' anima, della Gloria de' beati etc."

④ 1596年10月13日于南昌利玛窦致耶稣会总会长阿夸维瓦（Claudio Acquaviva）；《利玛窦书信》，第337页："撰写已久写的要理本（即《天主实录》）现在校对，但是整个一年都全部停了，因为没时间，忙碌其他事。我希望它比以前的（即《天主实录》）要好得多，并且有些已经看过某些章节的人都鼓励我要出版"（*Vo anco rivedendo un Catechismo che è già molto cominciai; ma tutto questo anno passato stette in silentio per non aver tempo che per mescolare in esso molte sue cose; speriamo che sarà molto migliore che il passato che facessimo, et alcuni, che ne hanno visto capitoli, mi esortano molto a stamparlo*）。

便他能得到耶稣会及教会许可出版《天主实义》这一本中文著作。[①]

由此可知,1594 年 10 月至 1596 年 10 月这两年时间所写的初稿已经包含:第一篇关于天主存在的证明,第二篇的第二部分关于中国古人朝拜上帝的证明[104—114];第三篇关于灵魂不朽的证明;第四篇第一部分关于鬼神的讨论[170—192];第五篇第一部分针对轮回的反驳[258—300];第六篇关于“意”及天堂地狱的必然存在的部分[321—420];第七篇第二部分关于修行的部分及对三教合一的反驳[440—520];第八篇关于基督宗教的组织部分[521—596]。《天主实义》的三分之二在韶州南昌时期已经写了,剩下的三分之一却后来补充于南京及北京。

四、《天主实义》与利玛窦和其他士大夫在南京、北京的对话

在等待教会出版许可的过程中,利玛窦修改了初稿并做了一些补充。在南京,他参加了数场辩论,如 1599 年春天与有名的雪浪洪恩法师(1545—1607)之间的辩论。关于这个辩论,可以在《耶稣会及基督宗教入华》里看到利玛窦相关的笔记,并且在《天主实义》里也存有这个辩论的痕迹,如在第二篇中对于自然创造及太极的反驳[78—98],在第四篇第二部分中对于佛教与宋明理学的所谓泛神论或万物一体的说法的批评[207—255],在第七篇的第一部分中关于人性及意志的讨论[421—459]。[②] 在《耶稣会及基督宗教入华》里,利玛窦说明,在跟洪恩法师辩论之后,他写了一篇论文(un trattato);这篇论文变成了《天主实义》的一个部分。[③] 虽然可以在《天主实义》的许多章节中找到辩论的痕迹,不过,我们不能怀疑利玛窦所指主要是第四篇,因为在那里他处理他与洪恩法师辩论的核心问题,即万物一体。他自豪地认为他打败了洪恩,不过,很可能这位法师并没有被利玛窦的逻辑说服。

1608 年,《天主实义》出版五年之后,利玛窦出版了《畸人十篇》,其中征引他与十个人的对话。这本书跟《天主实义》有很多重叠部分。幸运的是,除了最后一篇之外,利玛窦提到了这些人的名字。这样我们可以确认《天主实义》两个部分的历史处境。第一部分对应 1601 年利玛窦与礼部尚书冯琦(1558—1603)的对话。因为冯琦负责朝廷与外国人的关系,利玛窦的居留证由他发出。跟利玛窦一样,冯琦对佛教保持敌

① 参见 Joseph Sebes,“The summary review of Matteo Ricci's T'ien-chu shih-yi in the Ssu-k'u ch'üan-shu Tsung-mu T'i-yao”, *Archivum historicum S.I.* (Roma, Anno LIII, Fasc.105, Jan-Jun 1984),第 386—387 页。

② 参见利玛窦:《耶稣会及基督宗教入华》,第 314—317 页。另外,据史景迁(Jonathan Spence),利玛窦与雪浪洪恩(即三淮大师)对话的痕迹在首篇(天主存在的证明)、第二篇(对于自然现象的批判)、第七篇(关于人性的讨论)。参见 *The memory palace of Matteo Ricci*, New York: Viking Penguin, 1984,第 255 页。

③ 参见利玛窦:《耶稣会及基督宗教入华》,第 317 页:“Del che il Padre fece un trattato in sua lettera, nel quale con molte ragioni convince esser falsa questa immaginatione et inganno de' Pagodi, e lo pose in un Capitulo del Cathechismo.”

对态度，甚至禁止在考卷上赞扬释迦牟尼。1602年，当他担任礼部尚书的时候，礼部发出逮捕李贽(1527—1602)的命令。在南京，利玛窦跟李贽有些来往。李贽被抓不久之后就在监狱自杀了。① 1601年，冯琦告诉利玛窦他对人生感到很悲观。在《天主实义》第三篇的开头[117—124]，利玛窦把这些话记下来，并且向冯琦介绍基督宗教所提供的安慰，即永生[125—128]。② 利玛窦自己相信冯琦很快就要皈依天主教，不过他的希望没有实现；1603年，冯琦在刚满44岁时去世。

1601年，利玛窦跟南京工部员外郎李之藻(1565—1630)之间开始有来往。在宴会的过程中，李之藻发现利玛窦只吃蔬菜，便向利玛窦询问理由。利玛窦趁机告诉他天主教对受斋的解释。这就是我们在《天主实义》中所看到的论证[302—315]，跟《畸人十篇》的内容几乎一样。利玛窦在其中严格地将天主教区别于佛教，并且很严厉地攻击它。

我们也需要提到翰林院庶吉士黄辉(1559—1621)。这位佛教徒拒绝跟利玛窦见面，不过他获得了《天主实义》的稿子，在上面写下了他的反对意见，并把稿子还给利玛窦，使利玛窦最终可以反驳他的观点。③

另外，利玛窦得到了冯应京(1555—1606)的帮助。1601年，冯应京因攻击一位贪污的太监而入狱。那时，他读到利玛窦的稿子。冯应京在北京入狱三年(1601—1603)，利玛窦去拜访他三次。即便不是基督徒，他仍帮助利玛窦修改了稿子，并且作了序，甚至帮助出版费用。④ 冯应京便催利玛窦尽早出书，不过利玛窦仍在等待印度果阿主教的许可。

五、利玛窦在世时的五个版本

1603年8月22日，在获得出版许可之后，利玛撰写了引论[1—15]。1603年年底

---

① 沈定平认为冯琦在北京受到了利玛窦的影响，使冯琦对佛教产生了敌对态度，并造成1602—1604年间在首都的反佛教运动。参见《明清之际中西文化交流史》，商务印书馆2001年版，第572—573页。但是，李圣华证明，冯琦在认识利玛窦之前已经产生对佛教的排斥态度。与沈定平的观念相反，是冯琦影响了利玛窦，使利玛窦在《天主实义》激烈地攻击佛教。参见《利玛窦与京师攻禅事件——兼及〈天主实义〉的修订补充问题》，《中国文化研究》2009年第1期，第86—92页。其实，利玛窦很早以前就对佛教持敌对态度，在这方面也很可能受到了章潢的影响。在南京，他对佛教有很多批评。因此，我们可以确认，当利玛窦与冯琦在北京见面的时候，他们两位关于佛教的态度是一致的。

② 朱维铮认为这个对话是1602年举行的。参见《利玛窦中文着译集》，复旦大学出版社2006年版，第439页。不过我认为，应该发生于1601年两位认识时。注释中有内部的根据，参见关于文本127条的注释。

③ 参见 Ronnie Hsia, *A Jesuit in the Forbidden City*，第224—225页。

④ 1602年9月2日利玛窦致龙华民的书信"Al p.Nicolò Longobardo S.I.，2 settembre 1602，Pechino"；《利玛窦书信》，第369页："中文的要理本被一位士大夫修订及修改，他是很有学问的学士，我们的好朋友。他不敢改变任何小段文字，除非先跟我讨论"(Il Catechismo in lingua cinese è stato revisto e emendato da un mandarino gran litterato，et amico nostro.Haveva scrupolo di mutar una minima sillaba senza consultar prima meco)。也参见德礼贤(D'Elia)，《利玛窦文献》第二卷，N.710，p.301。冯应京被利玛窦称为Funmocan，即冯幕冈。

或1604年年初,《天主实义》面世,不过发行量只有两百本。1605年,为了在日本传教的需要,范礼安决定在广东重版。1607年,李之藻向利玛窦提出了修改意见。他在得到利玛窦的同意之后,安排《天主实义》在杭州的汪氏祠堂(燕贻堂)第三次出版。李之藻加上了重刻序;汪汝淳负担了出版费用,并写了后序。① 二十余年之后,1629年,李之藻出版了《天学初函》,那时,将《天主实义》1607年版本收入其中。他也把《天主实义》放在更大的框架即"天学"中。这"天学"包括哲学、神学、科学、技术等各门。1630年,艾儒略(1582—1649)撰写了《大西西泰利先生行迹》,其中《天主实义》被称作《天学实义》。②

除了第一、二、三版本之外,利玛窦在世时,《天主实义》再版了两次,不过好像并没有得到他的许可。1607年,翁汝进(1555—1634)在江西再版,周献臣(1565—1652)作序,不过,这个版本已遗失,今只能见到序文。③ 第五个,也是最后一个版本,系1610年利玛窦去世几个月之前,顾凤翔在福建所刻,并作了后序。④

六、《天主实义》各个部分的表格

我重新处理了《天主实义》成书次序,在下面的表格中我尽可能提出各篇章写作的时间及地点,并且提出利玛窦对话的人物。我按照三个标准来整理:(1)文本的内部信息确认写成时间及地点;(2)从利玛窦的其他文献如《书信》、《耶稣会及基督宗教入华》、《畸人十篇》中,推理人物、时间及地点⑤;(3)利玛窦很可能在韶州及南昌期间采用了《天主实录》、《日本要理本》、"四书五经"中的文字。

如此,我们也可以理解在成书过程中所发生的转变。1596年,利玛窦主要主张天主教与儒家之间的融合。这也是夏伯嘉的观点。⑥ 不过,与夏伯嘉不同,我认为,在初稿中利玛窦已经开始批判佛教,在这方面他完全继承了罗明坚及范礼安的观点,并且利玛窦应该认为有必要表现出他的立场。而且,当利玛窦批判佛教的时候,他同时要用他

---

① 冯应京、李之藻、汪汝淳的序被德礼贤(Pasquale D'Elia)翻译成意大利文。参见"Prima introduzione della filosofia scolastica in Cina", *Bulletin of the Institute of history and philology* (Academia sinica)28期,1956年,第141—196页。德礼贤错误地认为他们三位是基督徒。

② 参见艾儒略(Giulio Aleni):《大西西泰利先生行迹》(*Vita del Maestro Ricci Xitai del Grande Occidente*),Stanlislaus Lee、Savio Hon、Gianni Criveller 翻译,Gianni Criveller 注,Brescia: Fondazione Civilta Bresciana,2010,第66段。

③ 关于这个版本,参见 Adrian Dudink,"A previously unknown preface(1607) by Zhou Xianchen to Ricci's *Tian zhu shi yi*", in *Sino-Western Cultural Relations Journal* 1994年第16期,第19—36页。

④ 关于这个版本,参见陈伦绪(Albert Chan),第75—76页。

⑤ 参见林东阳:《有关利玛窦所著"天主实义"与"畸人十篇"的几个问题》,《大陆杂志》第56卷第1期,1978年1月,第26—44页。

⑥ Ronnie Hsia, *A Jesuit in the Forbidden City: Matteo Ricci, 1552-1610*, Oxford University Press, p.224.

刚学习到的古代儒家思想来批判宋明理学思想，不过他那时的论证还不完整，所以他对宋明理学的批判比较简单。后来在南京与北京，他有机会跟佛教徒及宋明理学徒讨论宇宙论、人性论等问题，可以对佛教及宋明理学发挥更深入的批判。如此，1603 年的版本在理论上对佛教及宋明理学的批判是很深入的，不过他在初稿中已经表现出他的基本立场。跟《天主实录》相比，利玛窦的立场比较温和，因为他没有像罗明坚那样，认为不皈依天主教的人一定会下地狱。

引	1—15	1603	北京	与北京的士大夫的对话
首　篇	23—64	1594—1596	韶州—南昌	关于天主存在的证明（采用《天主实录》及《日本要理本》）
第二篇	65—77	1594—1596	韶州—南昌	关于佛教的“空”概念及道教的“无”概念的反驳
	78—98	1599	南京	跟雪浪洪恩关于自然创造及“太极”概念的辩论
	104—114	1594—1596	韶州—南昌	四书五经中对上帝的祭拜
第三篇	117—128	1601	北京	跟冯琦谈话人生观
	129—130	1601	北京	对佛教西方极乐世界的驳斥
	133—138	1594—1596	韶州—南昌	灵魂的三个部分（采用《天主实录》）
	140—169	1594—1596	韶州—南昌	关于灵魂之精神性的六个根据（翻译《日本要理本》）及灵魂不朽的五个根据（参考了《天主实录》及《日本要理本》）
第四篇	170—206	1594—1596	韶州—南昌	以经典及理性论证鬼神存在的根据
	207—221	1599	南京	反对雪浪洪恩关于佛教及宋明理学的“万物一体”说法
	222—257	1594—1596	韶州—南昌	反对三种泛神论（翻译《日本要理本》）
第五篇	258—300	1594—1596	韶州—南昌	对轮回的驳斥
	301—315	1601	北京	跟李之藻关于基督宗教的受斋
第六篇	321—420	1595—1596	南昌	跟章潢讨论“意”、行为的回报、天堂地狱等问题（某些部分采用《天主实录》并翻译《日本要理本》）
第七篇	421—439	1599	南京	反对雪浪洪恩对人性的看法
	440—495	1594—1596	韶州—南昌	修行（某些部分采用《天主实录》）及宗教的唯一性
	496	1599	南京	反对张养默关于佛教天文学的看法
	497—520	1594—1596	韶州—南昌	反对佛教、偶像崇拜（某些部分采用《天主实录》）及三教合一（受到章潢的影响）
第八篇	521—596	1594—1596	韶州—南昌	基督宗教的具体教规（某些部分采用《天主实录》及《日本要理本》）

七、结　论

我的研究有助于重新评估《天主实义》的创意性。这本书的作者很难说是利玛窦一个人的作品，因为他“抄袭了”《天主实录》及《日本要理本》的许多文字及论点，也使用了很多中国士大夫的观点及表述。不过,最大的创意性就是利玛窦在儒家经典中去寻找与西方哲学宗教的共同点,从基督宗教的角度去肯定儒家经典的价值,试图证明了先秦儒家与基督宗教有一个共同的信念。也许从学术角度来看,利玛窦在儒家经典上"附会"了一些外来的新解释,不过,从最终的效果来看,利玛窦的方法开创了中西文化交流的局面。

《论语》的政治理念及其实现方法

大形徹[1]/文　杨冰/译

《论语》是孔子(前551—前479)及其弟子们的言行录。因此记录的都是孔子和弟子们的率直的语言。很难说是系统性的记述。虽然如此,它的内部结构与构成也是经过深思熟虑,并隐藏着编者的意图的。

在孔子的语言中,可以看到他的政治理念。《论语》全篇政出现在31个章节中。其中有齐的景公、季康子、叶公等为政者,及子路、子贡等弟子向孔子“问政”也就是询问政治是什么的内容。仲弓成为季氏之宰,子夏成为莒父宰后也向孔子问政。孔子的回答因人而异。要实现政治理念,首先必须要被选作官吏,然后还要有可以实施政治的官职。

孔子的学校也是学习做官、做政治家所需知识的场所。但只是学知识也很难做官。就像现在的企业面试也是要考察应聘者是怎样一个人物一样。毫无疑问,明确指出怎样的人才是政界需要的是至关重要的。但是,为政者追求的人才也许彼此稍有不同。在臣下有可能谋反的时代为政者最担心的还是自身的安全。富国也是在保证了这个前提下才可以实现。就业谋职最关键的问题是要揣度为政者需要怎样的人才。

这就是不会犯上的、对君主忠诚的人才。

这一点是在孔子晚年的弟子有若的叙述中表述出来的。有若的话出现在《论语》开头学而篇的第二部分。因为孔子的语言必定会被放在首位,所以有若的话实质上是第一部分。虽然《论语》被认为是孔子的言行录,但有若的语言表现的是他自身的想法。

孔子有众多的弟子,如果这些弟子不能够当官吏大臣,孔子的儒学理想也无法实现。这是学习孔子思想、作为私塾之长的理所当然的发言。《论语》实际上就是发表这一观点的著作。

有若的这一观点,被《荀子·臣道》、《礼记》、《孝经》所继承,不断的理论化。

最典型的就是《孝经》中的“君子之事亲孝,故忠可移于君”。以“孝”为基础的儒家家族主义道德观念被联系到了君臣关系上。这个理论换为从君主到臣下的角度进行阐述的就是日本圣德太子的十七条宪法。十七条宪法的“以和为贵”就是受到了《论

---

① 作者系大阪府立大学教授。

语》有若的“礼之用和为贵”的影响。此后出现了“忠于君”、“臣道”这样的语言。

一、犯　上

以“述而不作”①为信条的孔子虽然没有著作，但他的言行被记录下来并收录成书。也许这是孔子自身并没有预料到的。比如他在酒桌上的戏言也有可能被详细地记录下来。比起真挚的话语，那些包含着玩笑的辛辣语言也许更容易留在学生们的记忆里。

因此可以说《论语》的主人公虽然是孔子，但它的作者绝不是孔子自身。《论语》中记录下的很多孔子的语言恐怕孔子本人也没想到会源远流传至今。

这也正是《论语》有意思的地方。但如果把它当作孔子学校的教科书或是陈述政治理念的书籍的话，它也隐藏着小小的危险。

1. 对待君主的态度

《宪问》篇中记录的孔子与弟子子路的对话是这样的：子路问“事君”。子曰：“勿欺也，而犯之”。关键是“犯”这个字和它的意思。金谷治译的《论语》②把这个字读作“犯せ”，译为“违背君主的意志也要上谏”。加地伸行译的《论语》③也读作“犯(いさ)めよ”。这两者都是上谏的意思。

译为“谏”大概是参考了《史记》乐毅列传，“殷之时，箕子不被任用，但他仍犯谏不怠”。④

日语这样翻译也是无可厚非的，但原文毕竟是“犯”。“犯”字所具有的冲击力要比“谏”强烈得多。这里是子路向孔子请教如何辅佐君主，对子路孔子回答“勿欺也、而犯之”。

子路的性格是勇猛果敢的，他自己意识到了这一点。对此孔子也很清楚。所以才会说不要欺骗君主要诚实相待而后“犯”。孔子说的事君就是“勿欺也，而犯之”。

2. 不好犯上

孔子的弟子中也有对孔子的“犯上”的陈述持反对意见、提倡“不好犯上”的人物。他就是有子(前518—?)。有子的语言出现在《论语》学而篇的第二部分。

> 有子曰：“其为人也孝弟，而好犯上者，鲜矣；不好犯上，而好作乱者，未之有也。君子务本，本立而道生。孝弟也者，其为仁之本与！”

---

① 《论语》述而篇，子曰：“述而不作，信而好古，窃比于我老彭。”
② 岩波文库1963年版。金谷治氏的翻译重视传统的读解。
③ 讲谈社现代新书。
④ 纣之时，箕子不用，犯谏不怠，以冀其听。

有子就是有若。孔子晚年的弟子,比孔子年轻33岁。①

学而的开头是

> 子曰:"学而时习之,不亦说乎?有朋自远方来,不亦乐乎?人不知而不愠,不亦君子乎?"

"子曰"表示孔子的语言。孔子的言行录记录的是孔子的语言是理所当然的。但孔子以外的人为什么也被敬称为"子",并在第二部分就出现呢?

称有子、曾子为"子"的人也就是有若与曾参的弟子们,《论语》学而篇正是由他们编撰的②。曾参也被称为"子"。大概双方的弟子都参与了。并且有若的弟子们为了突出自己的老师就把有老师的话放在了《论语》整体的第二部分。

比孔子年少33岁的有若③直到孔子去世也只有40岁出头。据说容貌很像孔子。也有说法是因为这一点他才受到推崇。④ 如果这是事实的话,有若就是不具备实力而被推举上去的。但有若在编撰《论语》的时候被称为"子",这足以说明有若在孔子后继者中的影响力。虽然无法准确知道具体的年代,但与孔子年龄相仿的初期的弟子们都应该已经离世了。总之有若既然被称为"子"就说明他的弟子们参与了《论语》学而篇的编辑。

记录有若语言的这一章乍看给人以向君主献媚的感觉。而且,把孝悌与仁联系到一起的论述也让人觉得牵强。读后印象不好而且很难把握主旨,因此有人说有若在孔子的弟子中不是一个聪明的人⑤。

但这一章在《论语》中起到了非常重要的作用。它是一个重要宣言,旨在否定孔子学校绝对不会教育弟子"上谏甚至可以到犯上的地步",孔子学校绝不是一个危险团体。

编撰者所考虑的本章的读者不是没有身份的人,而是以君主为首的拥有较高地位的人。孔子教团要向这些人推荐自己的私塾里教育过的有实力并且顺从的俊杰。它的对象是雇用弟子们的君主⑥。

---

① 张岱年主编:《孔子百科辞典》上海辞书出版社2010年版,第276页参照有若。钱穆:《先秦诸子系年》,钱宾四先生全集刊行委员会,台北:联经出版事业公司1998年版,第90页:"少孔子十三岁(列传)""或说三十三岁(正义引家语、又论语讉疏引作少四十三岁)"、有年轻13岁、33岁、43岁的说法。有若的字,参照岸田知子:《〈論語〉における名と字と諡》,大修馆、汉文教室197号。

② 《论语集注》的程伊川的说法。参考前文涉及的《孔子辞典》有若。

③ 前文涉及的贝冢茂树《论语》。

④ 参考前文涉及的《孔子辞典》有若。

⑤ 前文涉及的贝冢茂树《论语》,第22页。贝冢原本把此后的有若的文字与中庸的理论相结合,提出"是在形而上学的体系上构想的"。

⑥ 在先进篇"政事:冉有,季路"中冉有、子路与政联系到了一起。子路"季氏之宰(公冶长)"。《史记》的仲尼弟子列传、(清)朱彝尊的《孔子弟子考》、苗枫的《孔子弟子资料汇编》(孔子文化大全编辑部,1991年)对弟子进行了详细考察。

主张“不好犯上”的有若的这一章有缓和孔子“犯上”说法的效果。因此这一章意义重大而且被安排在《论语》的第二部分。有助于让读者产生学习儒教的弟子是“不好犯上”的、“孝弟”的、具有“仁”的特质的。因此才能够代表分为多派的孔子的后继者们的理念在《论语》的第二段登场。

二、《论语》的君臣与忠

《论语》八佾

> 定公问:“君使臣,臣事君,如之何?”孔子对曰:“君使臣以礼,臣事君以忠。”

《论语》中言及君臣关系的不止这一处。“忠”这个字也多次出现,大多被理解为“忠诚之心”。但在君臣关系上出现“忠”这个字的只有这一处。

三、《荀子》的忠

要说有若是一位思想家他留下的言论未免太少了。和他相比荀卿(前313? —前238?)留下了《荀子》这一部完整的著作。其中的君道篇与臣道篇、君道与臣道两篇互补,合二为一地理解更见完整性。由这两篇可以看出荀子是很重视君臣关系的。在这里稍作介绍。

有关君道:

> 上不忠乎君
> 上忠乎君

有关臣道:

> 有大忠者,有次忠者,有下忠者,有国贼者。

《荀子》的礼论中也有“夫忠臣孝子”这样的记述。这里首先承认君臣关系是不可动摇的基准,再把孝子这一父子关系与其相提并论。

四、孝弟也者,其为仁之本与

有若的语言“孝弟也者,其为仁之本与”,把孝弟与仁联系到了一起。这一点在《论语》学而的孔子的语言中就已经提到了。

子曰:"弟子,入则孝,出则弟,谨而信,凡爱众,而亲仁。"

孔子的语言中把"孝"与"弟"作为弟子应有的行为,并与"仁"联系到一起。有子的语言也许是对孔子语言的发挥。提起孝一般会想到《孝经》的作者曾子,但有若对孝也是非常关注的。

五、《孝经》的忠

孝出现在《孝经》里是理所当然的,但孝有时也与忠同时出现。

《孝经》第14章广扬名中这样写道:

子曰:"君子之事亲孝,故忠可移于君。事兄悌,故顺可移于长。……"

在这里《论语》学而中的有子的语言"孝悌"被二分为"孝"与"悌"来使用。很明显受到了影响。虽然"孝悌"本来是血缘关系中通用的道德,但把它推广到了以君主为中心的政治秩序中。对亲人的"孝"变为对君主的"忠"、对兄长的"悌"变为对长者的"顺"。

《孝经》第17章事君说了"忠"与"上下"的关系。

子曰:"君子之事上也,进思尽忠,退思补过,将顺其美,匡救其恶,故上下能相亲也。"

"事君"是"侍奉君主"的意思。在这里,作为论述孝的著作《孝经》没有出现孝,而是"忠"与"上下"这样的语言,表达了君子侍奉"上"的决心。由此可见,也许《孝经》真正想表述的不是"孝"而是"忠"。

六、"和"对日本的影响

"和"的概念在孔子以后的儒家思想中仿佛不是那么重要。但它却出现在日本圣德太子(574—622)的"十七条宪法"的开篇第一句中,这足以说明了它对日本的影响。与"日本"这一国号并列使用的还有在"倭"、"大倭"的基础上衍生的"大和",一般称日本的"和"也受到了日本国宪法的"和"的影响。

十七条宪法的第一条的和第一条原文

一曰:以和为贵。无忤为宗。人皆有党。亦少达者。是以或不顺君父。乍异于隣里。然上和下睦。谐于论事。则事理自通。何事不成。①

这段文字在《日本书记》②推古天皇十二年的章节被引用,在它前面记述了冠位十二个等级。这十二个等级就是大德、小德、大仁、小仁、大礼、小礼、大信、小信、大义、小义、大智、小智十二个儒家道德概念③。目的是通过引进新的原理,取消惯例化的支配体制、结束旧有的豪族世袭支配政治的状况。

很明显十七条宪法的第一条"和"是受到了《论语》学而篇的有子的语言"礼之用和为贵"的启发。

对这一句朱子的理解是"礼之用,和为贵"。

认为"用"不是"以"的意思而是"用"的意思。

圣德太子的解释比朱子早600年。因此它对《论语》的注释也令人深思。十七条宪法把"用"理解为"以",这也许与《礼记》儒行里的"礼之以和为贵"④、把"用"置换为"以"有关联。

《孔子家语》儒行解从篇名来看也是受到了《礼记》的影响。这里出现的"礼必以和"就出现了"以"字。

虽然没有做详细的说明但从整体语境来看,十七条宪法的和的部分受到了有若的语言的影响。而且十七条宪法整体都沿用了有若的思想。

这就是儒家思想的支配原理。因为当时儒教思想是被奉为模范的、中国的理想原理,当时的豪族也是不能违抗的。

因为圣德太子是佛教的虔诚信奉者,所以一般认为十七条宪法一味强调的是佛教。但,言及佛教的只有第二条"二曰。笃敬三宾。三宾者佛法僧也"。

我们可以发现与君臣有关的语言多次出现。简单列表如下:

条	与君、臣有关的语言	备　考
第一条	一曰……是以或不顺君父……然上和下睦……	
第三条	三曰……君则天之。臣则地之……君言臣承。上行下靡……	
第四条	四曰……群卿百僚、以礼为本。其治民之本、要在乎礼。上不礼而下非齐。下无礼以必有罪。是以群臣有礼、位次不乱、百姓有礼、国家自治。	

① 读法参考《圣德太子》,岩波书店。

② 用汉文记录的日本历史的书籍。《古事记》基本也是同时期成立的。《古事记》是用日文写的,而《日本书记》是用汉文写的,由此可见书写者考虑到了东亚的中国及朝鲜也可以读懂的意图。

③ 《日本书记》与《隋书》东夷传、倭国里出现了。《隋书》的排列顺序不同。

④ 包括这一部分的儒行篇的一节"儒有博学而不穷,笃行而不倦;幽居而不淫,上通而不困;礼之以和为贵,忠信之美,优游之法,举贤而容?毁方而瓦合。其宽裕有如此者。"

续表

条	与君、臣有关的语言	备　考
第五条	五曰……臣道亦于焉阙……	
第六条	六曰……其如此人皆无忠于君、无仁于民、是大乱之本也……	
第八条	八曰……群卿百僚……	
第九条	九曰……群臣共信、何事不成。群臣无信、万事悉败。	
第十一条	十一曰……执事群卿……	
第十二条	十二曰……国非二君。民无两主。率士兆民。以王为主。所任官司。皆是王臣。	率土は《诗经》之语。
第十四条	十四曰……群臣百僚无有嫉妬……	

在十七条宪法的十条中,我们可以看到圣德太子要巩固君臣关系这一上下关系的意图。以上的条文中所包含的身份、上下关系的关键词整理如下:

天、地、上、下、位次、礼(4)国家、王、君父、君(2)、忠于君、主(2)、群卿百僚(2)、群卿、群臣百僚、群臣(3)、臣、臣道、王臣

我们可以发现有很多与君、臣有关的语言。而且在这一语境中“礼”也是表现了上下关系的词。《礼记》祭统中有“明尊卑之等”这一语句。它明显地表现了“礼”这个词包含着上下关系。对父亲的礼对叔父的礼对他人的礼存在差异是理所当然的,这才是真正的礼。

冠位十二等级与十七条宪法表现了太子想要摆脱当时豪族政治的心情。它是要从根本上推翻权利构成、身份制社会。然后建立全新的身份制度,以一目了然的、简单明了的形式规定差别,新的顺序决定一切。旧的政治框架中的权利失去了所有力量。

虽然冠位十二等级这一新的框架诞生了,但如果不教育臣下们的认知,这个框架很可能会被他们所颠覆。为了教育他们的认知才制定了十七条宪法。它的内容把君臣关系这一上下关系固定在儒家思想的框架中,论述它是多么至关重要。

君臣关系不是父子关系那样绝对的,而是相对的。回顾一下中国的历史就会发现以皇帝为中心的君主顷刻被推翻的情况并不少。

巩固这个关系的语言就是十七条宪法第二章的“君父”。它是把后天的“君”与臣的关系与血缘纽带的“父”与子的关系模拟重合。《孝经》就是这样把“父”与“子”的上下关系平行转移到“君臣”的上下关系、把二者视为一致的。有关《孝经》我们刚才已经考察过了。

七、结　语

有若是出于让弟子就业的立场肯定君臣关系。圣德太子是出于为政者的立场肯定君臣关系。二者的立场虽有180度的转变,但内容是完全一致的。由此可以从根本上了解儒家思想在政治上是多么的重要。

孔子常提到“政”,在《论语》中也出现过多次。为政者弟子们问孔子“政”是什么,孔子的回答留下了许多精彩的论述。但也留下了我们刚才看到的“犯”这样会引起为政者不安的过激语言。而中和这一过激语言、并让弟子们的就业变得有利的语言就是有若的“其为人也孝弟,而好犯上者,鲜矣;不好犯上,而好作乱者,未之有也。君子务本,本立而道生。孝弟也者,其为仁之本与!”在有若的语言中还没有出现“君臣”、“忠孝”这样的语言。但儒家从“孝悌”推进到“君臣”关系,为“忠孝”理论做好准备。这反映了只有就业成为了官吏、宰相才能够实现理想的“政”这一儒家思想的现实认识。其结果就是中国儒家思想作为封建社会的政治原理长期发挥机能,并起到了一定的作用。

而且它在日本同样有效。日本统治阶层积极引进儒教,是因为已经了解到它在中国起到的实际效果。圣德太子以后江户幕府(1603—1867)启用林罗山(1583—1657)积极采用儒家思想。这时的儒家思想主要是朱子学,对日本的政治教育都产生了极大的影响,对提高日本人的知识水平作出了巨大的贡献。

礼书中的儒学养老思想与理想之治

古藤友子[①]/文　顾春/译

任何人都有生老病死。对于上了年纪的人来说，希望得到家人、社会的关心或许是件极其自然的事。在中国的礼书中便将这种愿望作为一种可能实现的行为加以描述。

《论语》乡党篇有"乡人饮酒，杖者出，斯出矣"之句，表达了行乡饮酒之礼时(后述)，要在执拐杖的长者退场后方可退场之意，体现了尊重老人的态度。那么在中国古代多少岁算是老人呢?《礼记》王制篇中就拄拐杖的老人有这样的解释，50 岁在家中执拐，60 岁在乡里执拐，70 岁在国家执拐，80 岁在朝廷执拐。即 50 岁以上便可视为老人。

本文从《仪礼》、《礼记》中关于乡村养老形态的记载，以及为何会有这一仪礼取向进行详细探讨，试从养老思想思考儒学的理想政治。

一、礼书中的老

《礼记》王制篇关于养老礼有详细的记述。其原则是随着年龄的增长，获得相应的特殊礼遇。例如，行养老之礼的场所，50 岁在乡校，60 岁在国学，70 岁以上在大学，并且这一原则无论天子、诸侯同论。[②]

另外，随着高龄的到来，体力下降，故长者行礼也有一定之规。如 80 岁以上的老者领受君命行一次跪拜之礼，第二次头叩地(这已需要相当的体力)。至 90 岁往上，叩拜之礼由他人代行。[③] 另外，年过 50 岁，可以不再做体力劳动，60 岁可不出战，70 岁可不做接待客人的工作，80 岁可不穿丧服。[④]《礼记》曲礼上篇有记载，服丧期间，穿丧服 50 岁以上者不会使身体衰弱，60 岁以上者也无身体衰退之势，70 岁以上只穿丧服，在家中闭不出门，可以饮酒、吃肉。[⑤] 这是不能由于服丧而衰减了自身生命的缘故。[⑥]

---

① 作者系国际基督教大学教授。

② "五十养于乡，六十养于国，七十养于学，达于诸侯。"朱彬:《礼记训纂》，第 198 页。

③ "八十拜君命，一坐再至。瞽亦如之。九十使人受。"前揭书，第 199 页。

④ "五十不从力政，六十不与服戎，七十不与宾客之事，八十齐丧之事无弗及也。"前揭书，第 201 页。

⑤ "五十不致毁，六十不毁，七十唯衰麻在身，饮酒食肉，处于内"。前揭书，第 36 页。

⑥ "皆为疑死。"前揭书，杂记下篇，第 626 页。

随着年事的增高，饮食也要相应变化。50岁日常饮食要选上等的食材，60岁不可缺肉，70岁一日两餐。80岁要常吃可口的饭菜，90岁在寝室饮食，外出用餐则由他人举餐食用。①

如一家之中有长者则其家人也会受到优待，如家中有80岁的老人，可免除一人的劳役，有90岁的老人可免除一家人的劳役。②

另外，在中国古代人们习惯随着年事增高，为死亡做好准备。譬如，50岁开始衰老，60岁就不思酒肉，70岁不用丝绸的被子就不暖和，80岁要靠别人的体温取暖，90岁即便他人的体温也难以暖身。③ 另外，对于自己的葬礼，60岁用一年时间制作棺材，70岁准备需要花费3个月时间制作的随葬品，80岁准备需要制作一个月的随葬品，90岁则每日修理下葬物品。④ 礼书上记载了年事每增高10年人与周遭应持有的行为及变化。下面就来具体考察关于乡饮酒的养老礼俗。

二、从乡饮酒礼看养老之礼

从"乡饮酒之礼废，则长幼之序失，而争斗之狱繁矣。"（乡饮酒之礼义废弃，则造成长幼之序的混乱，易引起各种争端。）（《礼记》经解篇）⑤的记述考证，乡饮酒礼以长幼之序为尊，其根底是养老的思想。《礼记》王制篇有记载，作为掌管教化民众的司徒一职，选择吉日在乡校召开集会，由耆老讲解乡饮酒之礼，让不听从长辈及年长者规劝的人来学习，通过乡饮酒教化如何尊重老人。⑥

另外，就饮食与礼的关系有如下记载，"夫礼之初，都从饮食开始。"（《礼记》礼运）⑦即饮食之礼是人类各种礼术形成的发端。礼可以分为祭祀先祖、鬼神之礼与社会之礼两大类，饮食礼不论在哪个类别里都占有重要的地位。就养老礼而言，有以酒为主的宴会的燕礼和乡礼，以饭为主的食礼。

《礼记》文王世子篇中对养老礼有如下记载。天子去国学东序，在已逝长老灵位上供奉祭品之后，正确设置三老（三公的隐遁者）五更（卿的隐遁者）群老的席位，并亲自检查酒及饭菜。之后，音乐响起，长者相继入座，天子劝酒，长者受酒后返回座位，乐人

---

① "五十异粮、六十宿肉、七十贰膳、八十常珍、九十饮食不违寝、膳饮从于游可也。"前揭书，内则篇，第424页。本论文未涉及《礼记》内则篇家庭内部对待父母・公婆的养老礼。参见拙稿：《中国古代の飲食文化と礼楽—孝子の三道をめぐって》，见小島康教编：《〈礼楽〉文化—東アジアの教養》，ぺりかん社2013年版，第10—35页。

② "八十者一子不从政，九十者其家不从政。"《礼记训纂》内则篇，第424页。

③ "五十始衰，六十非肉不饱，七十非帛不煖，八十非人不煖，九十虽得人不煖矣。"前揭书，第424页。

④ "六十岁制，七十时制，八十月制，九十日修。"前揭书，第424页。

⑤ "乡饮酒之礼废，则长幼之序失，而争斗之狱繁矣。"前揭书，第724页。

⑥ 前揭书，第190页。

⑦ "夫礼之初，始诸饮食。"前揭书，第328页。

升堂演响清庙的诗歌。长者就长幼进行交谈,并与清庙诗歌的意旨遥相呼应。

之后进行管乐演奏,结束后天子行养老礼以示仁慈。对这些加以详细的记录,是为了"念终始典于学"。(始终都要想到学习)①另外,在《礼记》乐记中,有武王在大学进行上述仪礼的记载。武王对三老五更亲自斟酒上菜作舞,乐记的解释是武王通过这种亲历亲为教育诸侯要尊敬老者。②

下面我们来看看《仪礼》乡饮酒礼篇中是如何记述以时宴饮的礼仪。③

1. 谋宾介、戒宾介(主人乡大夫向70岁以上的长者征求意见,选处士贤者1名为宾,其次1名为介,并告知本人)

2. 设席(正确安置宾、主人、介的席位,着手准备)

3. 速宾(款待宾、介、众宾)

4. 迎宾(迎接宾、介、众宾叩拜)

5. 献宾(主人献宾)

6. 宾酢主人(宾酢谢主人的献酒)

7. 主人酬宾(主人对宾的回敬再敬酒)

8. 主人献介(主人向介献酒)

9. 介酢主人(介回敬主人的献酒)

10. 主人献众宾(主人向众宾献酒)

11. 一人举觶(主人之吏举杯敬酒)

12. 乐宾(为宾演奏乐曲)

13. 立司正(决定司会者司正之职)

14. 司正举觶(司正举杯敬酒)

15. 旅酬(全体众宾开始宴饮)

16. 二人举觶(两名主人之吏分别向宾、介举杯敬酒)

17. 撤俎(撤去盛菜肴的器皿)

18. 坐燕(在席间自由饮酒)

19. 宾出(宾退席)

20. 遵入(作为遵者诸公・大夫进入时所行之礼)

□拜礼(宾与主人叩拜)拜礼

□息司正(主人犒劳司正的辛苦)

---

① 前揭书,第321—322页。"念终始典于学。"

② 前揭书,第586页。

③ 参考朱熹《仪礼经传通解》三册本,北京大学出版社2012年版,第1册,第189—223页。及池日末利訳注《仪礼》Ⅰ—Ⅴ,東海大学出版会,1973—1977年等。关于《仪礼》、《礼记》的记述,见佐川繭子〈中国古代における郷飲酒の概念形成について〉《日本中国学会報》49号,1997年,第15—28页,乡饮酒礼参见王美华(梅村尚樹訳)〈唐宋次期乡饮酒礼变迁的分析〉,《史滴》33号,2011年,第167—204页。山口智也〈宋代郷飲酒礼考—儀礼空間としてみた人的結合の〈場〉〉,《史学研究》241号,2003年,第66—96页。

以上描述了主人乡大夫迎接宾、介、众宾、奏乐、互相敬酒的仪礼。

在《仪礼》中虽无以下描述，但在《礼记》中却有如下记载：

> 乡饮酒之礼，六十者坐，五十者立侍，以此听取政役，成就尊长之序。六十者三豆（高脚木盘），七十者四豆，八十者五豆，九十者六豆，以此尊养老人。人们只有尊敬老者，践行对老年人的尊慕，才能实现家庭的孝悌。在内践行孝悌、在外敬长养老，才能达到德治教化的目的，才能实现国泰民安。所谓孝者，并非家庭中的说教，而要在乡射礼、乡饮酒礼中普及，成就孝悌的道德风尚。①

这里明确记述了乡饮酒礼是为在全民中弘扬养老思想、别长幼之序、辨孝悌之德，以至国泰民安目的下进行的一种仪礼活动。

另外它还记述了孔子的评价，"我看乡饮酒礼而知王道实现之易。"②其理由是针对宾与介、众宾主人采取的不同态度，显示了区别贵贱的道理。众宾按年龄高低从介开始敬酒则说明重视长幼之序的态度。并对此加解释，以酒宴之上遵从长幼之序，人们开怀饮酒无醉酒闹事，这样天下得以长治久安。即通过仪礼践行长幼之序与养老思想得以天下太平，借孔子之言得出结论。

下面我们看看养老思想与孝悌之德。

三、养老与孝悌之德

根据《礼记》记载，古代贤王治理天下心得有五。尊德、崇贵、敬老、慈幼、贵老。尊崇老人是因为老人似自己的父母。在说教要有爱心的时候，从敬爱自己的父母做起，也是为了教导何为与人和睦相处之道。通过教导人要尊敬长者，让人重视听从长者、遵从政命，这些得以在天下普及便能实现统治者的政教（《礼记》祭义）。③《论语》学而篇有若曰，"其为人也，孝弟而好犯上者，鲜矣。不好犯上而好作乱者，未之有也。君子务本，本立而道生。"④意思是对父母及长者存孝悌之德的人，大体做不出以下犯上作乱的事情，统治者以此来寻求天下之治。这与上述《礼记》所记述的内容相重合，要求统治者要从自身践行孝悌，起到示范的作用。

---

① "乡饮酒之礼，六十者坐，五十者立侍以听政役，所以明尊长也。六十者三豆，七十者四豆，八十者五豆，九十者六豆，所以明养老也。民知尊长养老而后乃能入孝弟，民入孝弟出尊长养老而后成教，成教而后国可安也。君子之所谓考者，非家至而日见之也，合诸乡射，教之乡饮酒之礼，而孝弟之行立矣。"朱彬：《礼记训纂》，第875页。

② "吾观于乡而知王道之易易也。"前揭书，第876页。

③ 前揭书，第691—692页。

④ "有子曰，其为人也，孝弟而好犯上者，鲜矣。不好犯上而好作乱者，未之有也。君子务本，本立而道生。"

另外,从年长者的角度考虑,上了年纪便自觉开始做迎接死亡的准备,孩子也会在父母身边开始考虑这些事情。即便是出人头地之人,在历经退职、隐居的经历之后,势必会感受到退下一线的寂寞。

将孝顺父母之心与养老情节相联系,死去的老人通过子孙为其举办的葬礼、宗庙祭祀得以永远地供奉。君子回顾往昔的经历与先祖先宗也是为了归本溯源。君子对父母表达敬长、尊爱之意,尽己所能去筹办祭礼之事,也是为了回报祖父辈的生养之恩(《礼记》祭义)。①

尊长与孝悌之德关联的养老之德,如上所述的礼书中的乡饮酒礼等,正是通过社会性的仪礼成为彰显社会道德风尚的行为。这些礼仪通过不同年龄所对应的具体器物与相应数量、行为,为每一个社会成员提供了简单易懂的实践准则。这显示了儒教中具有实践性的“知”的存在方式。

四、结　语

如上所述,中国的养老思想与孝悌之德相连动,在家庭内部,子女通过葬礼、祭祀先祖得以实现生活中的孝行。在社会,则以乡饮酒礼等礼俗继承尊重长幼之序、社会安宁的品德与愿景。可以想象,理想之治正是通过这样的仪礼来得以实现。

那么为什么要通过仪礼的形式将养老思想渗透、实践到社会和家庭之中呢?礼书特别是《仪礼》中详细记载了关于仪礼实施的顺序。这里所登场的乡大夫与年长者按照赋予的角色在众人面前完成各自的使命。即他们担当一定的角色,通过行动向众人演示仪礼的意图。如果不去问本人我们或许难以揣摩到他们是身心投入到了角色之中,还是单纯地行使自己的使命?但是不置可否的是通过人的实际行动来传达某种诉求的强大感召力。即便只存在于一个虚构的世界,不得不说礼的实践的效果也是无比巨大的。

我向这种至少存继于清朝末年的仪礼制度,或者说改变了形式却依然活在当代的儒教的底力深表敬意。与此相反,对于不具备实现养老思想的具体方法的日本而言,它虽然有敬老日与国民日,但即便在那一天作为一个老年人仍然要在大学里上课。在当代东亚,我认为如何将养老思想与理想之治相联系是今日遗留给我们的重要课题。

① “君子反古复始,不忘其所由生也。是以致其敬,发其情,竭力从事以报其亲,不敢弗尽也。”朱彬:《礼记训纂》,第696页。

古代儒家政治理想的一个侧面
——以上博楚简《武王践阼》为中心

元勇准[①]

本论文通过上博楚简《武王践阼》的政治思想来考察从战国时代到汉代这段时期，儒家所思考的理想的政治观念发生了怎样的变化。

上博楚简《武王践阼》收录在马承源主编的《上海博物馆藏战国楚竹书7》(上海古籍出版社2008年版)之中。由15枚的竹简所组成。据整理人(陈佩芬)所说，原本没有“篇题”，因为《大戴礼记·武王践阼》中有相应的内容，所以名之为“武王践阼”[②]。

其内容分为两个部分：第1号简—第10号简，第11号简—第15号简。整理人将这两部分合起来作为一篇，而复旦大学出土文献与古文字研究中心研究生读书会(以下简称“读书会”)将前部分作为甲本，后部分作为乙本。[③] 本论文也按照这个意见将其分为甲、乙本。对于如此划分的理由，请参照读书会和刘秋瑞、福田一也等人的说明，笔者就不加以详细的论证了。[④]

甲本由周武王和师尚父(吕尚)的问答所构成。内容大致是：武王从师尚父那里听到包含着古代圣王之道的“丹书”的内容，产生谨慎之心，将政治格言刻在各种器物上。乙本由周武王和太公望(吕尚)的问答所构成。内容也是，通过“丹书”听到政治的要点。

内容中除了被儒家推崇为圣人的尧、舜以外，还提到了黄帝和颛顼。令人感兴趣的是，黄帝、颛顼几乎没有受到战国时代儒家的重视，反而经常出现在道家系统的文献之中。

---

① 作者单位为韩国成均馆大学。

② 上博楚简《武王践阼》竹简的长度为41.6—43.7cm，每支竹简的长度都有些差异，在上、中、下三处可见编缀的痕迹。每支竹简上的字数为28—38字，偏差比较大，总字数为491字(包括重文8字)。关于其他形制的仔细内容请参照《上海博物馆藏战国楚竹书7》《释文考释》的“说明”(第149—150页)，本稿予以省略。

③ 参见复旦大学出土文献与古文字研究中心研究生读书会：《〈上博七·武王踐阼〉校读》，复旦大学出土文献与古文字研究中心，2008年12月30日。

④ 参见复旦大学出土文献与古文字研究中心研究生读书会：《〈上博七·武王踐阼〉校读》，复旦大学出土文献与古文字研究中心，2008年12月30日；刘秋瑞：《论〈武王践阼〉是两个版本》，复旦大学出土文献与古文字研究中心，2009年1月8日；福田一也：《〈大戴礼记〉武王踐阼篇の成立—上博楚簡〈武王踐阼〉を手掛かりとして—》，《竹簡が語る古代中國思想(三)—上博楚簡研究》，汲古書院2010年版。

并且还议论了仁和不仁、义、怠、欲、敬等德目。不过这些概念与一般的儒家概念的意义有所不同，有必要深入探讨。

自竹简的照片被公开以来，对于上博楚简《武王践阼》发表了不少的先行研究。然而大部分的研究侧重在文字考释上，对于其思想的研究却寥寥无几。因此，本论文将通过对上博楚简《武王践阼》思想的分析及其在思想史上的照明，获得比现有的研究更进一步的成果。如果这一研究能按照计划进行，就能为理解古代儒家政治思想提供一个新的视觉。

一、上博楚简《武王践阼》释文

甲本

[武]王餌(問)於帀(師)上(尚)父曰:“不晢(知)。黃帝・耑(顓)琂(頊)・堯・堥(舜)之道才(在)虗(乎)?啻(意)幾(豈)喪不可得而計(睹)虗(乎)?”帀(師)上(尚)父曰:[1]“才(在)丹箸(書),王女(如)谷(欲)雚(觀)之,盍𥛚(祈)虗(乎)?𨟻(將)㠯(以)箸(書)視(示)。”武王𥛚(祈)三日,耑(端)備(服)毦(帽),逾(逾)堂(堂)𢾞(階),南面而立,帀(師)上(尚)父[2][曰]:“夫先王之箸(書),不𢍁(與)北面。”武王西面而行,柚(曲)折而南,東面而立。帀(師)上(尚)父弄(奉)箸(書),道箸(書)之言曰:“怠[3]秀(勝)義助(則)喪,義秀(勝)怠助(則)長,義秀(勝)谷(欲)助(則)從,谷(欲)秀(勝)義助(則)兇(凶)。息(仁)㠯(以)㝵(得)之,息(仁)㠯(以)獸(守)之,亓(其)籦(運)百[4][殜(世)],不息(仁)㠯(以)㝵(得)之,息(仁)㠯(以)獸(守)之,亓(其)籦(運)十殜(世),不息(仁)㠯(以)㝵(得)之,不息(仁)㠯(以)獸(守)之,及於身。”武王餌(聞)之忎(恐)傀(懼),爲[5]名(銘)於箬(席)之四耑(端)曰:“安樂必戒。”右耑(端)曰:“毋行可悬(悔)。”箬(席)遂(後)左耑(端)曰:“民之反𠆊(側),亦不可[不]志。”遂(後)右耑(端)曰:[6]“[□]諫(?)不遠,視而所弋(代)。”爲機(几)曰:“皇皇隹(唯)堇(謹)口,口生敬,口生 訽(詬),繇(愼)之口口。”檻(鑑)名(銘)曰:“見亓(其)歬(前),必慮(慮)亓(其)遂(後)。”[7]鑑(盥)名(銘)曰:“與亓(其)溺於人,盜(寧)溺於宋(淵),溺於宋(淵),猶可游,溺於人不可求(救)。”桯(楹)銘隹(唯)[曰]:“毋曰可(何)惕(傷),祀(禍)𨟻(將)長。[8]毋曰亞(惡)害,祀(禍)𨟻(將)大。毋曰可(何)戔(殘),祀(禍)𨟻(將)言(然)。”枳(枝—杖)名(銘)隹(唯)曰:“惡危?危於忿連(戾)。惡迭(失)道?迭(失)道於脂(嗜)谷(欲)。惡[9][相忘?相忘]於貴(貴)富。”卣(牖)銘隹(唯)曰:“立(位)難㝵(得)而悬(易)迭(失),士難㝵(得)而悬(易)隺(外),毋(無)堇(謹)弗志,曰 佘(余)晢(知)之。毋[10]。”

乙本

武王餌(問)於大(太)公𦤎(望)曰:“亦又(有)不浧(盈)於十言而百殜(世)不迭(失)之道,又(有)之虗(乎)?”大(太)公𦤎(望)佮(答)曰:“又(有)。”武王曰:“亓

(其)道可㝵(得)[11]㠯(以)䎽(聞)虖(乎)?”大(太)公䀏(望)倉(答)曰:“身勛(則)君之臣,道勛(則)聖人之道。君齋湎(將)道之,君不祈,勛(則)弗道。”武王齋七日,大(太)[12][公]䀏(望)弄(奉)丹箸(書)㠯(以)朝。大(太)公南面,武王北面而退(復)䎽(問)。大(太)公倉(答)曰:“丹箸(書)之言又(有)之曰:‘志秀(勝)欲勛(則)[13]称(利),欲秀(勝)志勛(則)喪,志秀(勝)欲勛(則)從,欲秀(勝)志勛(則)兇。敬秀(勝)怠(怠)勛(則)吉,怠(怠)秀(勝)敬勛(則)威(滅)。不敬勛(則)不定,弗[14][强]勛(則)桂(枉)。桂(枉)者敗,而敬者萬㭉(世)。吏(使)民不逆而訓(順)埅(成),百眚(姓)之爲(經?)。丹箸(書)之言又(有)之。’”[15]

二、对于“黄帝、颛顼、尧、舜之道”

上博楚简《武王践阼》从武王向师尚父提问“黄帝、颛顼、尧、舜之道”开始。相反今本《大戴礼记·武王践阼》中,在武王向师尚父提问之前,还有向士大夫们提问的内容。而且向师尚父所提问的内容中,只有“黄帝、颛顼”之道,并没有尧舜之道。① 对于出现这种区别的原因和今本为何没有尧舜之道,将在后面进行叙述。

首先有趣的一点是,尧舜之道和儒家文献中几乎未曾提及的黄帝、颛顼之道被罗列在一起。虽然在《史记》中黄帝和颛顼被视为“五帝”,但是实际上在先秦时代的儒家文献中几乎看不到。就是说,先秦时代具有代表性的儒家文献《毛诗》、《尚书》、《论语》、《孟子》、《荀子》中,既没有颛顼,也没有黄帝。其原因不言自明。因为先秦时代的儒家并不认为黄帝和颛顼是他们的圣人。

那么,上博楚简《武王践阼》和今本《大戴礼记·武王践阼》为何要言及黄帝、颛顼之道?如果先说结论:第一,因为《武王践阼》反映了重视古代帝王们系谱的时代状况;第二,因为《武王践阼》的思想中,不但包含着纯粹的儒家思想,还掺杂着其他诸子百家的思想。

首先讨论第一点。在战国末期以后的著作中,可以经常看到罗列古代帝王名字的事例。比如《武王践阼》,按照黄帝、(颛顼)、尧、舜的顺序排列的例子也不少②,儒家文献也能举出《周易·系辞传》、《礼记·乐记》、《大戴礼记》、《春秋繁露》、《汉诗外传》等,其他文献则有《管子》、《庄子》、《吕氏春秋》等。首先在《管子》中,能找出以下的例子。

黄帝·唐·虞,帝之隆也,资有天下,制在一人。(《法法》)

① 今本《大戴礼记·武王践阼》:武王践阼三曰,召士大夫而问焉曰,“恶有藏之约行之行,万世可以为子孙恒者乎?”诸大夫对曰,“未得闻也。”然后召师尚父而问焉曰,“昔黄帝·颛顼之道存乎?意亦忽不可得见与?”

② 因为先秦时代文献中颛顼极少出现,所以下面将以黄帝为中心进行叙述。

黄帝立明台之议者，上观于贤也。尧有衢室之问者，下听于人也。舜有告善之旌，而主不蔽也。禹立谏鼓于朝，而备讯唉。汤有总街之庭，以观人诽也。武王有灵台之复，而贤者进也。此古圣帝明王所以有而勿失，得而勿忘者也。（《桓公问》）

除此之外，《揆度》也罗列了燧人、共工、黄帝、尧、舜，《国准》和《轻重戊》还罗列了黄帝、有虞（舜）、夏后、殷人、周人。一方面，《庄子》中列举黄帝、尧、舜的事例如下：

昔者黄帝始以仁义撄人之心，尧·舜于是乎股无胈，胫无毛，以养天下之形，愁其五藏以为仁义，矜其血气以规法度。（《在宥》）

夫天地者，古之所大也，而黄帝·尧·舜之所共美也。（《天道》）

吾恐回与齐侯言尧·舜·黄帝之道，而重以燧人·神农之言。（《至乐》）

《庄子》中还有《缮性》列举了燧人、伏羲、神农、黄帝、唐、虞，《盗跖》列举了神农、黄帝、尧、舜。而且《盗跖》还列举了黄帝、尧、舜、禹、湯、武王、文王，《天下》列举了黄帝、尧、舜、禹、湯、文王、武王、周公。

《吕氏春秋》的例子如下：

黄帝言曰，声禁重，色禁重，衣禁重，香禁重，味禁重，室禁重。尧有子十人，不与其子而授舜。舜有子九人，不与其子而授禹。至公也。（《去私》）

故黄帝立四面，尧·舜得伯阳·续耳然后成，凡贤人之德有以知之也。（《本味》）

通过以上的事例，可以看出：黄帝比起伏羲、神农等先代的帝王，与后代帝王尧、舜罗列在一起的时候明显要多。《吕氏春秋》、《管子》、《庄子》的这些篇都是在战国末期至汉代制成的①，这一时期都认为黄帝、尧、舜是一个集团。这一集团加上颛顼和帝喾，就成为《史记》的五帝。可以说，五帝的概念产生于战国末期，到了汉代初期得以扩散。战国时代末期，统一的气氛在逐渐增强。统一帝国的帝王要想主张正统性，就需要有一个从古代传到自己的帝王的系谱。《吕氏春秋》的《应同》，《大戴礼记》的《五帝德》、《帝系》，《史记》的《五帝本纪》，《春秋繁露》的《三代改制质文》等都是反映这一时代状况的著作。

战国末期以后的儒家也为了反映这种时代状况，开始在自己的著作中插入古代帝

① 有关《管子》诸篇的成立年代，参照了金谷治的《管子の研究》（岩波書店 1987 年版）；《庄子》诸篇的成立年代，则参照了池田知久的《莊子（上·下）》（學習研究社 1983—1986 年版）。

王的系谱。具有代表性的例子正是《周易·系辞传》和《礼记·乐记》。

> 古者包牺氏之王天下也,仰则观象于天,俯则观法于地,……包牺氏没,神农氏作,……神农氏没,黄帝·尧·舜氏作,通其变,使民不倦,神而化之,使民宜之。易穷则变,变则通,通则久,是以自天祐之,吉无不利。黄帝尧舜垂衣裳而天下治。(《周易·系辞下传》)
>
> 武王克殷反商,未及下车而封黄帝之后于蓟,封帝尧之后于祝,封帝舜之后于陈。下车而封夏后氏之后于杞,投殷之后于宋,封王子比干之墓,释其子之囚,使之行商容而复其位。(《礼记·乐记》)

《系辞传》的文章中,依次叙述了包犧(伏羲)的业绩,神农的业绩,黄帝、尧舜的业绩。而黄帝、尧、舜与前面的包犧、神农不同,三个人同时登场。《乐记》的文章中,黄帝、尧、舜形成一个集团,区别于夏后氏之后、殷之后、王子比干、其子等人。上博楚简《武王践阼》和《系辞传》、《乐记》同样反映了黄帝、尧、舜被整理为五帝的时代状况。由此,文本的成立时期也应当看做是战国末期。

其次讨论第二个问题,即《武王践阼》的思想中,不但包含着纯粹的儒家思想,还掺杂着其他诸子百家的思想。

上博楚简《武王践阼》乙本的第 13 号简—第 15 号简中,有"志胜欲则利,欲胜志则丧,志胜欲则从,欲胜志则凶。敬胜怠则吉,怠胜敬则灭。不敬则不定,弗强则枉。枉者败,而敬者万世"这段文章,与此非常相似的句子可见于《荀子·议兵》。

> 凡百事之成也,必在敬之,其败也,必在慢之。故敬胜怠则吉,怠胜敬则灭,计胜欲则从,欲胜计则凶。(《荀子·议兵》)

《荀子·议兵》中的这段文章所主张的是"敬"的重要性。而这个"敬"接近的不是士大夫应该具备的儒家的德目,而是运用军队的将帅应该持有的态度。就是说,一个将帅为了指挥好兵卒取得战争的胜利,就应该持有"谨慎的态度"。从"敬"与后面的"计"相对应的一点上,也能得到确认。这段文章之后,又说:

> 战如守,行如战,有功如幸。敬谋无圹,敬事无圹,敬终无圹,敬众无圹,敬敌无圹,夫是之谓五无圹。慎行此六术五权三至,而处之以恭敬无圹,夫是之谓天下之将。则通于神明矣。

这与儒家的思想完全无关,议论的是将帅该如何进行好战争的方法。另外《六韬·明传》说:

太公曰,"见善而怠,时至而疑,知非而处,此三者,道之所止也。柔而静,恭而敬,强而弱,忍而刚,此四者,道之所起也。故义胜欲则昌,欲胜义则亡,敬胜怠则吉,怠胜敬则灭。

上文中,"敬胜怠则吉,怠胜敬则灭"与《荀子·议兵》的内容一致。而"义胜欲则昌,欲胜义则亡"一句《荀子·议兵》中没有,反而与上博楚简《武王践阼》甲本中的"怠胜义则丧,义胜怠则长,义胜欲则从,欲胜义则凶"相似。

虽然《六韬》是假托于太公望吕尚在汉代写成的兵书,但是正如大部分的古代文献那样,是编辑古代有关兵法的内容在汉代创作而成的。可以认为,"敬胜怠……"或"义胜欲……"的文章结构是战国末期在议论军事的时候经常引用的兵家格言。这一格言《荀子·议兵》也使用过,《武王践阼》也使用过,汉代的《六韬》也使用过。另外,上博楚简《武王践阼》甲本中出现武王在身边的器物上刻入各种格言的故事,这些格言与荀子思想完全无关。因此,上博楚简《武王践阼》作为一部与荀子无关的思想系统的著作,是儒家吸收其他学派的思想著述而成的。师尚父(太公望吕尚)本身不是儒家人物,而是兵法家的代表人物也证明了这一点。

作为参考,关于今本中没有尧舜的理由,福田一也这样说明:

如甲本中"不知黄帝、颛项、尧、舜之道"列举了黄帝、颛项、尧、舜四个人的名字,但在今本中只看到了黄帝和颛项二人。我想这不是在转写过程中出现的脱误,而是源于以下的几个理由被有意删除的。

如前所述,今本中能看到将乙本开头的提问改为"万岁可以为子孙恒者",编排在甲本开头处的痕迹。然而这句话分明是在世袭这一前提下所说的。因为黄帝和颛项有着祖父和孙子的血缘关系,所以没有任何问题。但是尧、舜是代表禅让的君主,如果彰显他们,就会产生与否定世袭相连的顾虑。为了消除由于插入乙本的文章而产生的这种缺陷,而有意删除了尧舜的名称①。

也就是说,内容转向重视源于血缘的王位继承,所以有意删除了尧舜。而甲本之中已经说:"仁以得之,仁以守之,其运百世,不仁以得之,仁以守之,其运十世,不仁以得之,不仁以守之,及于身。"即包含着重视王朝的继承和存立的内容,所以福田一也的见解不甚妥当。根据上博楚简《武王践阼》甲本,武王对丹书的话感到恐惧,在身边的器物上刻入警戒的铭文。事实上,这些内容与儒家所强调的是有一定距离的。即是说,完全看不到如仁义礼乐、忠孝、忠恕、信义等儒家概念。反而从"皇

① 福田一也:〈『大戴禮記』武王踐阼篇の成立—上博楚簡『武王踐阼』□を手掛かりとして—〉,《竹簡が語る古代中國思想(三)—上博楚簡研究》,汲古書院 2010 年版。

皇唯谨口，口生敬，口生诟"，"与其溺于人，宁溺于渊，溺于渊，犹可游，溺于人不可救。"等句子中可以看出，它更接近于处世术。那么就应该是，因为《武王践阼》的主张与以往儒家一直说明的尧舜之道不符，所以后代今本的编纂者有意删除了"尧舜"两字。

三、"丹书"的性质与"铭文"的政治思想

下一个成问题的是"丹书"。根据上博楚简《武王践阼》，"丹书"是记载黄帝、颛顼、尧、舜之道的书籍，是一部武王需要斋戒祈祷三天（或是七天）才能听到其内容的圣书。（甲本第2号简—第3号简，乙本第11号简—第13号简）而实际上先秦文献中言及丹书的部分并不太多。以下是至前汉时期的文献中，出现丹书的几个事例：

> 及文王之时，天先见火，赤乌衔丹书集于周社。文王曰，"火气胜。"火气胜，故其色尚赤，其事则火。（《吕氏春秋·应同》）
>
> 景公游于纪，得金壶。发而视之，中有丹书，曰，"无食反鱼，勿乘驽马。"公曰，"善哉！如若言，食鱼无反，则恶其鱢也。勿乘驽马，恶其不远取道也。"晏子对曰，"不然。食鱼无反，毋尽民力乎。勿乘驽马，则无置不肖于侧乎。"公曰，"纪有书，何以亡也。"晏子对曰，"有以亡也。婴闻之，君子有道，悬之闾。纪有此言，注之壶，不亡何待乎?"（《晏子春秋·内篇杂上第五》）
>
> 古者至德之世，贾便其肆，农乐其业，大夫安其职，而处士修其道。当此之时，风雨不毁折，草木不夭，九鼎重味，珠玉润泽，洛出丹书，河出绿图，故许由·方回·善卷·披衣得达其道。何则？世之主有欲利天下之心，是以人得自乐其闲。（《淮南子·俶真》）
>
> 四十二年，西伯发受丹书于吕尚。（今本《竹书纪年》）

以上例文中的"丹书"，除了今本《竹书纪年》以外，都是与《武王践阼》的"丹书"无关的书籍。从时代来看，《吕氏春秋》是文王时期，《晏子春秋》是春秋时代齐景公时期，《淮南子》是尧舜时代，都与《武王践阼》完全不同。况且《吕氏春秋》和《淮南子》的丹书是上天所降的祥瑞，所以和《武王践阼》完全没有关系。虽然今本《竹书纪年》的叙述与《武王践阼》的叙述一致，但是文章太短，根本无法知道哪些是丹书的内容。《晏子春秋》的丹书记载着国家存亡的警戒之语，这些警戒之语要挂在显而易见的地方，在这两点上是与《武王践阼》相通的。可是，以上任何一个文献中都没有提到过"丹书"是传述先王之教的书籍。而且从《吕氏春秋》和《淮南子》等文献的性质上可以看出，"丹书"一词本身也不是儒家用语。作为参考，《左传》中也出现"丹书"，但它与本篇的内容没

有任何关系，被用于指称“奴隶文书”①。

被认为是“丹书”教诲的文章中也有各种疑问。首先，作为“义”的相反概念，列举的是“怠”和“欲”。儒家作为“义”的相反概念，举出的是“利”。《论语·里仁》曰：“君子喻于义，小人喻于利。”《孟子·梁惠王上》曰：“何必曰利？亦有仁义而已矣。”《荀子·荣辱》曰：“先义而后利者荣，先利而后义者辱。”可见这里的义是与儒家普遍主张的“义”不同的概念。这个“义”是“怠”（“怠慢”、“怠惰”）和“欲”（“欲望”、“欲求”）的相反概念。意思是说，不怠慢、节制欲求。如果这样理解，这个“义”就是与乙本的“敬”类似的概念。这个“义”具有“要时常小心和节制，不能随心所欲”的含义。所以武王刻入了诸如“安乐必戒”、“毋行可悔”、“皇皇唯谨口”、“毋曰何惕”之类的铭文。给“义”赋予这种含义是以往儒家未曾有的新的倾向，这是在战国末期以后与其他学派的影响关系中所产生的理论。更详细的内容要考察武王所刻的铭文。

一方面，听了“丹书”的话之后，产生恐惧感的武王在身边的器物上刻入警戒的铭文。这些内容与儒家还是没有多大的关联。

“安乐必戒”，“毋行可悔”，“毋曰何伤，祸将长。毋曰恶害，祸将大。毋曰何残，祸将然。”等在《说苑》中可以看到几乎相同的文章。②

> 孔子之周，观于太庙，右陛之前，有金人焉，三缄其口，而铭其背曰，“古之慎言人也，戒之哉！戒之哉！无多言，多口多败。无多事，多事多患。安乐必戒，无行所悔。勿谓何伤，其祸将长，勿谓何害，其祸将大。勿谓何残，其祸将然。勿谓莫闻，天妖伺人。荧荧不灭，炎炎奈何。……夫江河长百谷者，以其卑下也。天道无亲，常与善人。戒之哉！戒之哉！”孔子顾谓弟子曰，“记之，此言虽鄙，而中事情。诗曰，‘战战兢兢，如临深渊，如履薄冰。’行身如此，岂以口遇祸哉！”（《说苑·敬慎》）

这个传说记载了孔子所经历的事情，而“夫江河长百谷者，以其卑下也”的表达方式与《老子》第66章的“江海所以能为百谷王者，以其善下之”具有相同的逻辑构造。这应该是受了道家思想的影响。《老子》所说的“下之”、“后之”，并不是真要放低自己，而是为了站在比别人更高的位置。即是说，放低自己表示谦逊的理由是，如果统治者发挥谦逊之德，有才能的实力者就会蜂拥而至。《老子》的“谦逊”不单是发挥谦让美德的处世术，还是为了有效统治的方法。《老子》第68章的以下文章能够证明这一点。

> 善为士者不武，善战者不怒，善胜敌者不与。善用人者为之下。是谓不争之

① 《左传·襄公23年》：宣子逆诸阶，执其手，赂之以曲沃。初，斐豹，隶也，著于丹书。栾氏之力臣曰督戎，国人惧之。斐豹谓宣子曰，“苟焚丹书，我杀督戎。”宣子喜，曰，“而杀之，所不请于君焚丹书者，有如日！”乃出豹而闭之。督戎从之。踰隐而待之，督戎踰入，豹自后击而杀之。

② 《孔子家语·观周》中也可见到结构几乎相同的文章。

德，是谓用人之力，是谓配天，古之极。(《老子》第68章)

上博楚简《武王践阼》的铭文和《晏子春秋》的例文一样反映了统治者的处世术，而且是受到道家思想影响的处世术。

那么，上博楚简《武王践阼》中为什么这样掺杂着其他学派的理论？这正是反映了战国时代末期的时代状况。面临着战国统一，诸子百家的思想家们各自主张自己的思想与统一帝国的理念相符。他们各自在以自己的主义主张为中心的同时，吸取其他学派的优点，发展自己的思想。韩非子吸取慎到、申不害、商鞅的思想，完成自己的思想体系是其代表性的例子。当然儒家也没有脱离这个时代潮流。以至于汉武帝以后儒教被采纳为国教，儒家与其他学派重复了无限的竞争。在这个过程中，儒家吸取各家的优点，树立了能成为统一帝国之国家理念的理论。可以说，上博楚简《武王践阼》是充分地反映出儒家的这种尝试的著作。

四、结　论

古代儒家在孔子强调“仁”和“礼”以来，都是以孟子的王道政治、荀子的礼治为中心来论说政治理想。虽然孟子和荀子的主张有性善和性恶的差异，但是将本于仁义的德治作为政治理想这一点上具有共同之处。通过以上的论述可以看出，上博楚简《武王践阼》中既没有王道政治，也没有礼治，其主要关注点只是国家的存亡。前汉・武帝时期的董仲舒主张灾异说，而灾异说的主要内容也是关于国家存亡的内容。

这是说明战国末期至前汉初期儒家的关心从强调仁、礼的内在的德目向国家保存这一外在的形态转变的证据。这一时期，儒家的政治思想从追求理想的形态转向接近现实的形态。在这个过程中，从其他学派的主张中找出儒家思想的不足之处，将其运用到儒家的内部。不难推测，这种转变为儒教在汉代占据国教的地位，起到了重要的作用。

上博楚简《武王践阼》是生动再现儒家政治理想的变化过程的资料。但是由于脱离了传统的儒家思想，所以在戴圣编定《小戴记》(即今本《礼记》)的时候没有被选编进去。

最后，对于上博楚简《武王践阼》和今本《大戴礼记・武王践阼》的关联性，福田一也说：“甲本和乙本具有相通的话形，但基本上是两个不同的篇。今本的编者采取的编辑方式是，将这两个系统的传说作为基本素材，主要在甲本系传说的基础上，加入乙本系的内容。只是添加乙本系文章的时候，为了达到整体上的和谐，有略微改动的地方。”①

---

① 福田一也：〈『大戴禮記』武王踐阼篇の成立—上博楚簡『武王踐阼』□を手掛かりとして—〉，《竹簡が語る古代中國思想(三)—上博楚簡研究》，汲古書院2010年版，第288页。

笔者基本赞同这个意见。只是作为今本的素材,除了上博楚简《武王践阼》甲、乙本之外,还会有其他几种资料。出现在今本开头处的“武王践阼三日……”一句,或者记录铭文的器物更多,可能是从至今还未挖掘的其他资料中采集出来的。今后,随着出土文献的不断挖掘,这一点会更加明了。

崔汉绮的气学与政治论

金凤珍[①]

以儒学尤其是朱子学为执政理念的朝鲜王朝(1392—1910)自建立时起存在了518年。期间,朝鲜的官僚阶层和知识分子对作为(性)理学的朱子学(乃至程朱学)十分看重,这是不可否认的事实。然而,这并不代表朝鲜朱子学乃至整个朱子学就是一味地重理、论理的主理之学。朱子学原本是探讨理与气的学问,可能向理学和气学当中任何一个方向发展,因为理与气"相即不离,不即不离""二而一,一而二",所以朱子学也包含主气论和主气的气学。这一点对朝鲜朱子学同样适用。

崔汉绮(1803—1877,号惠冈,明南楼)在理学的基础上提出了气学,是主气性向的儒学学者。这里所说的"在理学的基础上"含有"在理学的范畴内排除了论虚理之学"的意思。他留下了《气测体义》(九卷,1836)、《气学》(二卷,1857)、《人政》(二十五卷,1860)等诸多著作。[②] 从这些著作中可以明显看出,惠冈重视的不仅是气,还有理。尽管如此,惠冈气学含有对主理之学的批判和抵抗,首先,气学这个名称本身就显示出同理学的对抗意识。

惠冈气学排斥作为朱子学"堕落一面"的"无形之理=虚理",是一门以受容并发展心学=陆王学要素的形式建立起来的学问,当中也包括在其影响下展开的明清时期的主气论。[③] 朝

① 金凤珍,韩国北九州市立大学外国语学部国际关系学科教授。著有《东亚"开明"知识分子的四维空间——郑观应·福泽谕吉·俞吉濬的比较研究》(九州大学出版会2004年版),共著《国际文化关系史研究》(东京大学出版会2013年版),《东亚国家主义与近代》(大阪大学出版会2011年版),《与历史的和解》(东京大学出版会2011年版)等。

② 《气测体义》是将同年所作的《推测录》(六卷)和《神气通》(三卷)合作一本出版的作品。本文所使用的惠冈著作集是由大东文化研究院编的《增补明南楼丛书》一—五(서울[韩文]:成均馆大学校出版部,002)。引用他的著作时采用像下面这样简单记述要领的方式来进行。著作的分卷,例如《气学》卷一略记为《气学一》,《明南楼丛书》一则略记为《丛书一》,页数只写数字。《气测体义》收录于《丛书一》、《气学》收录于《丛书五》、《人政》收录于《丛书三》。另外,连续引用同一部著作中的文字时只写出页数的数字。

③ 关于这一点,权五荣的《崔汉绮의学问과思想研究(崔汉绮的学问与思想研究)》(서울:集文堂,1999),第75—78页。权举了明代的罗钦顺(1465—1547)、王廷相(1474—1544)、吴廷翰(1490?—1559)和清代的王夫之(1619—1692)、魏源(1794—1875)为例。关于中国的主气论参照了山井湧他编著的《气的思想》(东京大学出版会1978年版)、张立文编著的《气》(中国人民大学出版社1990年版)、池上正治的《通过"气"读中国思想》(讲谈社1995年版)。

鲜朱子学的主气论也影响了惠冈气学的形成。① 惠冈又引进了西方科学、学问的汉译书和中国人受到其影响所撰写的科学书籍并对它们进行了批判式的受容②，最终形成了由他自己一手“运化”的气学。

惠冈气学最大的关注点在于“运化之气，气之运化”，这种为穷尽运化而生的学问就是惠冈气学。运化有其标准和依据，那就是“运化气之理”。“穷尽运化”当然就是同时穷尽运化之气和理了。只不过在惠冈气学中“格物=穷气”是优先的。惠冈曾说过这样的话：“气明理自明。究理在先，则气隐”（《推测录二》推气测理的“理在气中”，123）。这是由于惠冈对以“穷理”为优先的理学屡屡陷入虚理之学持批判态度，显然在惠冈气学中，穷气和穷理是“相即不离，二而一”的。

像上面所说的，惠冈气学的目标是成为“为天下民生所用，成为四海政治之本”之学问的实学（《气学一》，11）。首先，就“为天下民生所用”这一点惠冈留下了“历数学、物类学、器用学”（《气学一》，16）这样的科学相关著作。例如《农政会要》（23卷，1823—1842），《陆海法》（2卷，1834），《仪象理数》（1卷，1839），《心器图说》（1册，1842），《习算津筏》（5卷，1850），《地球典要》（13卷，1857），《运化测验》（2卷，1860），《身机践验》（8卷，1866），《星气运化》（12卷，1867）等。

其次，作为“成为四海政治之本”的学问，发展出了多种政治论。如，“政教之要略在于统民运化。‘统民运化’要承顺大气运化，推广身气运化”（《气学二》，50），希望开创符合“统民运化、承顺”之道的政治（参考后述内容）。后面将会提到，惠冈写道，官方乃至公众，“人人承顺‘天的运化之气’之理（=道），促使个人（=私）之气互相催化、协动从而产生”③。把这一点移到“为政治之本”上来时，他独特的“公、共”政治论就变得引人注目了。④

本论文首先阐明“运化”的气学，其次把惠冈气学的政治论分为——“统民运化、承顺”的政治论和“公与共”的政治论两个部门分别进行考察，最后探讨从惠冈气学的政治论当中能够学到什么。

一、“运化”的气学

惠冈在《气测体义序》中写道，“天地人物之生皆由气之造化（运化）而来”，“为论

① 朝鲜的主气论始于金时习（1435—1493），由徐敬德（1489—1546）确立，由任圣周（1711—1788）、李瀷（1681—1763）、洪大容（1731—1783）继承展开。权五荣，上揭书，第64—68页。

② 详细参照权五荣，上揭书的Ⅱ—3和Ⅴ，李贤九《崔汉绮의气哲学과西洋哲学》（서울：成均馆大学大东文化研究院2000年版）。

③ 惠冈所说的“公”及“公共”可以称为“理、气的公共性”，不过惠冈站在主气的立场重视乃至强调“气的公共性”（参照后面所述）。尽管如此，朱子学的理气原本就是含有与遍在性、普遍性相关的公共性的概念，在这个意义上，惠冈的“理、气的公共性”本身并不能说是全新的概念。不过需要注意的是要明确惠冈是怎样导出了理、气的公共性的这一问题，这样可以明确惠冈学说的新颖之处和特性。

④ 需要说明的是，本论文中所说的“公共”并不是英语public的意思，而是“public-common”的意思，是“公public和共common”的合成语。需要强调这一点时，用“公、共”来特别标明。

述气之体而著《神气通》,为阐明气之用而撰《推测录》。此二书互为表里,日用常行和涵育发用均舍此二气而不成"。详见(5)的论述。《神气通》的内容由解释天人之气的"体通"、与人体相关的"目通,鼻通,口通,生通,手通,足通,触通"和以人为本的"周通"、"变通"各章构成。在"体通"中,"神是气的精华,气是神的基质"(《神气通三》,31)。"神气"可以视作后面在《气学》中提到的"运化之气"的别名。

那么,"气之体"是什么呢？它指的是由气的造化(=运化)生成的"形体"(=天地人物的有形之体),在《气学》中表现为"气的形质"(《气学二》,54)。只不过在《神气通》中,此处所指的气之形体汇集于多人·一身的形体=身体,关于这一点惠冈是这样表述的:

> 天民(天所孕育的人们)的形体具备诸用,是可通神气的器械。眼睛是显示色彩的镜子,耳朵是听闻声音的管道,(中略)脚是推运身体的轮子,集中于一身。神气则是这一切的主宰者。(《神气通序》,7)

惠冈的"气之体"既非形而上也非形而下,而是形本身。从道器论来看,不是无形之道,而是有形之器(械),这是颠覆了既存儒学的体用论、道器论中的"体=道,用=器"的命题的构想。惠冈的关心点主要在于"虚体"而非"实体"。

则"通"一词作为动词相当于——气之用,而非——气之体,"推测"这一动词也同样相当于气之用。于是正如惠冈所说,《推测录》是"明气之用"的著作。关于"推测"惠冈是这样描述的:"继天而成是性,率性而习是推,因推而准确地量则是测。推与测之门是古来蒸民共依之大道"(《推测录序》,83)①。也就是说,推与测意味着认识过程的两个阶段。

惠冈认为,"仰观天,俯察地,取近处之身与远处之物,依此洞(察)宇达宙"是"推测的宗诠"(《推测录序》,83)。推测的范畴遍及宇与宙的时间和空间。"应推气测理,推情测性,推动测静,推己测人。若推测通达,则推测与流行自然而然与理合一"(同)。这里提到了推测的顺序和方法,值得注意的是"气、情、动、己"是优先于"理、性、静、人"的。惠冈还这样写道(同):

> 天气的流行之理,包含了万物各自的规律,在原(=源)上没有增减。穷尽("格"、"至")此流行之理的则是人心的推测。"推测"虽有善与不善,诚与不诚之别,其本身又不得不是理。流行和推测一旦相符合,理就统一了。

① 令人联想到《中庸》第三十一的"天命之谓性,率性之谓道,修道之谓教"。不过惠冈的论证方法比较特别,他重新解释《中庸》,提出自己的学说。

“穷尽(‘格’、‘至’)流行之理”可以说就是推测的机能(=用)。推测以自身的“善、诚”之理为基准和依据,使自己符合流行之理(=穷尽万物之源的理一),这是推测的目标。

1. 流行之理、推测之理

惠冈认为“理是气的条理。有气必有理,无气必无理”(《推测录二》推气测理的“流行理推测理”,123)。“理是气的条理”(《传习录》中卷)是王阳明的命题,惠冈继而更强调“有气必有理”等观点和“相即不离,二而一”。惠冈还说:

> 理若不在气之先,便也不在气之后。此为天地之流行之理。人心本来就具有推测之能,可以测量“流行之理”的已然,也能测量其未然。这是人心的推测之理。(同上)

流行之理是天地(=气)之理,理气并无先后。尽管如此,长期以来儒学学者之间关于“理先气后”还是“气先理后”一直争论不休。借惠冈之言来说,这些争论不过仅仅是依据“人心的推测”的人为(=伪)产物罢了。不过有一点值得注意,至少在进行推测的时候惠冈采取的是“气先理后”的立场,他曾有言:“流行之理同气无异,然而推测之理与气则相去甚多,故只有推气测理才能达到天人一致”(同上书,推气测理的“推测与气有先后”,123)。

惠冈以“流行之理为天地之道,推测之理为人心之功”,认为“若气之条理为理,则其所指为流行之理。若心在万物之中是为理,则其所指为推测之理”(同上书,推气测理的“流行理推测理”,123)。只有流行之理才是“气之条理”,“天地之道”。与此相对,推测之理则是人心在格物过程中创造的“人为之理”。这样则理分为“流行、推测”两种。惠冈的意图和目的是什么呢?大概在于继承程朱学“理一分殊”的命题的同时,重新质疑其本来性,并以此为依据对“虚理”之学进行批判,确立“实理=实在的气之理”之学吧。

惠冈说:“理必须在气的基础上才能获得认可,但是把气当做理是错误的。反之,舍气求理更是大谬。从万物的一原来说,气是一,理也是一。观察万物的分殊,气是无穷,理亦是无穷”(同上书,推气测理的“理一气一”,123—124)。对惠冈而言,“理一分殊”就是“气一分殊”。正因为理是“气之条理”,所以“实理=实在的气之理”。当然理总是与气同时存在,一起分殊,理与气的同居性(Selbigkeit①)正是“理一分殊”的本

① 海德格尔(Martin Heidegger,1889—1976)为了说明同与异的同居性使用了das Selbe一词。同居性的思考是一切思考的起始,也是最古老的思考方式。海德格尔说人类由于执着于实体论的思考和存在论的思考忘记了思考的同居性结合(“Zeit und Sein” in *Zur Sache des Denkens*,1969),而实际上对同居性的思考在儒教、道教、佛教等东方思想中不仅没有被遗忘,毋宁说得到了发展。关于同居性的思考的详细情况参照金炯孝:《海德格尔与华严的思维》(清溪,20022),第26—30页。

来性。

依惠冈而言，推测之理必须以流行之理为基准（同上书，推气测理的“推测以流行理为准”，128）。即流行之理（=天地之道）是推测之理的依据、基础，在天地万物的“健顺化育”之中①，人无法对其进行增减，也就是所谓不变的、普遍的（道）理。而推测之理自有其“生熟得失”的程度，人能够对其进行裁定、制约、变通，也就是变通、特殊之理。此外，“理学之理，太极之理”等书籍中论及的理也都是推测之理（同）。必须警惕注意的是，如果不以流行之理为基准和依据，则推测之理有陷入虚理的可能。从这里可以看出惠冈针对虚理之学的批判意识。

惠冈针对主理的批判意识更加严厉。“主理将推测之理和流行之理混为一谈，把流行之天理误认为推测之心理，或将推测之心理与流行之天理视作一物。因此天理无法得其纯然，推测也失去真实。就算究尽了天理之原，也不过是获得了推测的虚影”（同上书，推气测理的“主理主气”，130）。主理无法穷尽“天理（=天地、自然、气之理）”，只能追求“心理（=人心、人为、伪之理）”，这种理只是推测的虚影罢了。体现了他对“主理之理学=论虚理之学”的严厉的批判意识。

与对主理的批判性态度相反，惠冈提倡主气。“主气推气测理。所推为流行之理，所测为推测之理。以流行为准绳，则推测不会有误。因为以此推测为方法，流行也会自相吻合，这是推测的实践”（同上）。主气才是穷尽从而领会“天理”的正确的实践推测的方法。众所周知，《大学》中的八条（格物、致知、诚意、正心、修身、齐家、治国、平天下）中第一条是格物。一一格物意味着掌握万物之理，因此通常称作“格物穷理”。而惠冈可以说是通过提倡主气之说使“格物穷气”占据了优先地位，也由此使“格物=穷气→穷气=穷理”这一命题得以成立。

2. 运化之气，气之运化

惠冈在《气学》（和《人政》中）将流行之理用“运化之理，运化气之理”来代替，这不是简单的单词替换，而是表明了他的主气性向的进一步加强。例如他说，“气之条理成为理，条理即为气。‘理’常在气中，随气而运行”。又说此理为“天气流行之理”，又将其用“运化之理”一词来代替（《气学一》，9）。“理在气之中”是他一直以来的观点，值得注意的是“理随气而运行”这句话。这句话可以表明，他的主气已经上升到“气主理从”的境界了。惠冈还说，“气学之论，说以气为体，以理为用，使天人一致，理气结合”（《气学二》，44）②，即提倡“气体理用”。

流行之理随运化之气（=运化的气）而运行（=运化），变成“运化气之理”。

---

① “健顺化育”的出典是《中庸》第一章中“天命之谓性，率性之谓道，修道之谓教”的朱注（朱子做的注释）。其中“性即理也。天以阴阳五行化生（育）万物，气以成形，而理亦赋焉。（中略）于是人物之生，因各得其所赋之理，以为建顺五常之德，所谓性也”。

② 把这句话与王阳明的命题“理者，气之条理。气者，理之运用”（《传习录》中卷）对比来看，可以说王阳明的命题归根结底是在解释“理体气用”。

> 天人的运化之理是有形之理，心中的意思（=推测）之理是无形之理。心之其本来就是运化之物，在大气之运化中各得其所。此运化的几微宛如母子关系，互相呼应、感知。不过，只有有形之理在外已经惯熟了，“心之气”才能在内自发感应“理”，生成形。（中略）经过这样的积累，心中之理变得有形、坚固，从而生出光明。此为运化气之理。（《气学二》，43）。

流行之理是随运化之气运行的有形之理。与此相对，推测之理则是在心中的无形之理。此无形之理与有形之理相互感应，变成“运化气之理”。如“运化气之理”一词字面显示的那样，运化之气要优先于运化之理，因为运化之气是“万物万事之根源①”（《气学一》，23）。

惠冈认为气之性是“活动运化”的，气之情是有“寒热干湿”的，这是与过去的理气论和心性论截然不同的、他独创的学说。例如，惠冈说“气之性是活动运化之物”（《气学序》，3；《气学一》，17），可理解为“气具有贯通物（天地人物）并活动运化之性”，又说，“大气具有活动运化之性，此为天地之性。人与物之气各有其活动运化之性，此为气质之性）（《气学二》，32），把活动运化之性分为天地之气之性和人物气质之性两种。总之，活动运化是天地人物之气的“性”，惠冈又把这种活动运化称作“气学的宗旨”（《气学二》，33）。既然如此，那么也可以把惠冈气学称作“探求气的活动运化之性，并追究其实在有形之理的学问”。从这点意义上来说，惠冈气学是实学（=实理学）。

惠冈在《气学二》中通过多种方式来论证活动运化。比如，“活是生气，活得好则成寿仁；动是振作，动得好则知先后；运是周旋，运得好便适宜；化是变通，化得好，则可开物成务”（《气学二》，45）②。又说：“在人与物的关联问题上，“活仰赖人物的是饮食财用；动仰赖人物的是接济酬应；运仰赖人物的是随时因机；化仰赖人物的是感服和应”（同）。即活的意思是生命性，动的意思是行知性，运的意思是适应性，化的意思是通和性。惠冈气学主要是探究人与物的“生命⇆行知⇆适应⇆通知”的过程之学，也是实学。

惠冈还提到，“从功夫之条理开始分析，活是存养推测，动是健顺日新，运是度量周旋，化是变通和融”（《气学二》，42）③。功夫的意思是“练习、锻炼、训练的积累”，指学问的方法。此为起自一身之心，终于天人事物的学问方法。诚如惠冈所言，“在活动运化上下工夫，才能依一身固有的活动运化承接（承顺）大气的活动运化，使天人一致，贯

---

① 气分为形质之气和运化之气。形质之气是“地、月、日、星等万物的躯与壳”，运化之气是“雨、阳、风、云”“寒、暑、燥、湿”。形质之气是依运化之气“聚而成”之物，其聚散不离“运化之气之自然”（《气学一》，6）。

② 其中开物成务的出典是《易经》（系辞传上，一节），是“开通万物成就天下之事务”的意思。变通是《易经》系辞传下中的用语。

③ 在“活”处，存养是《孟子》尽心上中的语。此处是“存其心，养其性，所以事天也”。“日新”是《大学》传第二章中的用语。

通事物”(《气学二》,42)。也就是说,从存养推测到变通融合为止相互作用的过程就是惠冈气学新提出的实学的方法。

二、“统民运化,承顺”的政治论

1.“统民运化”的政治论

运化可以划分为多种范畴,试将其分为主语型和谓语型来看。先来看主语型的例子。惠冈说,“大为宇宙运化之气,次为人民运化之气,小为器用运化之气”,并把它们称作“三气之运化”(《气学一》,28)。又说,“大有天人运化,小有事物运化,两者之间有人心运化”(《气学二》,39)。总而言之,运化大致可以划分为“天、人、物”这三个范畴。① 在此之下有人的运化和物的运化,这些范畴可以解读为“天、人、物之气运化”。

接下来,谓语型的例子有“活动运化”和“统民运化”②。活动运化具有“活动、运化”的动词性的意思,可理解为运化的别称,或是强调运化的活动性的表达方法。另外,统民运化的意思是“以统民为目的的运化”。统民一词含有“为顺从天人运化的统民”或是“为使人之运化顺承天之运化的统民”的有目的性的意思。统民运化一词后往往跟有“道”字。例如:“若下之民达到上,内外出纳,则上下通达,阻碍全无。则统民运化可自行成道”③(《气学二》,36)。下面是一段引文:

> 政教的要略在于统民运化。统民运化要承顺大气运化,推及身气运化,并且规定政教的范围,立纲明体,分条致用。(中略)依统合之道调节制约不平衡的私我,依统合之义裁御各行其道的私欲。如能安抚私欲成就政教之公明,则可通用于大小。以统民运化之道修身齐家,可得万全之宜。以至于天下,则无不宜之所。(《气学二》,50)

也就是说,统民运化的目的是让身气运化承顺大气运化,顺承之时每个人的私欲都得到了肯定。只不过,私欲必须依据统合的道义受到制约和裁御,所以统民运化之道是必需的。统民运化之道也可以用“治人=政治之道”④来代替。

惠冈还认为“统民运化是气学的枢纽(中心轴)”,说“如果一身运化以统民运化为基准,则必须有进有退。若大气运化能达到统民运化的境界,则没有与之相异,也没有超过它的地方”(《气学二》,50)。“若一身运化不以统民运化为基准,则不能立人道行

---

① 关于三个范畴,惠冈使用了各种同义语。例如,天有“天地万物、天地、大气、神气、宇宙”,人有“人气、身气、万民、万姓、庶民一身、人身”,物有“器用、事物”等。

② 除此之外还有“承顺运化”,这里作“承顺运化”解。

③ “出纳”的意思是下达君上之命,上传臣下之言。

④ 说明统民运化之道时,惠冈频繁使用“治安、治民、安民、为民”之道等词。

政教。若大气运化未达到统民运化的基准，则连建立标准设定范围乜办不到”（同）①。必须达到大气运化的境界，建立自己的标准＝基准、依据，统民运化的宗旨就是所谓的政治论。

后面将会提到统民运化的政治论的主题，那就是使人的运化和其运化之道＝人道承顺天的运化和其运化之道＝天道，换言之，就是让一身、人民运化（之道）承顺大气、宇宙运化（之道）。在使之顺承此两方的运化之时，在其中，间起媒介作用的是统民运化。统民运化虽然可以和一身、人民运化一起可归入人之运化的范畴，但它又是为了使人之运化承顺天之运化（让它成为治人＝政治之道）的媒介的运化。因此惠冈称统民运化为“政教之要略”，“治体的大头脑，用人的大依据”（《气学二》，37）。

2.“顺承”的政治论

人的运化必须承顺天的运化。那么，承顺之后，人的身心会怎样，国家与天下又将怎样呢？惠冈依据《大学》八条进行了如下解说：

> 运化二字贯澈（彻）万善，大则顺应天旋地转的气（之理），小则（符）合应事接物的义。以运化（＝顺应运化）来正心·修身，则天地人物的运转变化之气身心皆可应（感应）。以运化治国平天下，则天气人物的运转变化之气皆可为家国天下所用。（《气学二》，37）

顺应天地之气（之理）则符合事物之义；顺应运化来正心·修生，则运化之气可有身心感知；在此基础上治国平天下，则运化之气可为家国天下所备。

惠冈的运化在《人政》中可分析为“一身、交接、统民、大气”四种运化，依次是“修身、齐家、治国、平宇内之要”，“各自有其大小范围、各自之攸（场所），若顺应大气运化则可成‘善’，可‘一统教化’”（《人政九》教人门的“敷运化平宇内”，174）。此处所提的“善”，“一统教化”指的是人之运化和其运化之道＝人道承顺天之运化＝天道的状态，也可以理解为以此为目标的理念。惠冈说“一身运化承顺统民运化，统民运化承顺天地运化。此为善之道”（《人政十》教人门“人心义理”，194）。其中的“善之道”也可以理解为“承顺天道的人道”。

像这样论及以使人的运化、人道承顺天的运化、天道为目的的治人＝政治的著作是《人政》，《人政》是惠冈气学的政治论。不过，这种政治论的范畴还包括儒教的修己、治人、《大学》八条“修身、齐家、治国、平天下”。换言之，它不局限于现代的政治学，还包含社会学、经济学、教育学等社会科学乃至伦理学和哲学等人文科学。《人政》的正文由“测人门、教人门、选人门、用人门”四个部门构成，四个部门互相之间有内容重复的地方。测人门主要是与“一身与交接”两种运化相关，教人门以下的部门则与“一身、交

① 惠冈将天道解释为“依气化裁御万物”，将人道解释为“以教化导率万民”（《气学一》，8）。

接，统民”三种运化相关。

《人政》的重要主题是通过承顺中获得的统民运化之道。前面已经提到过，统民运化是肩负使人之运化承顺天之运化起到媒介作用的运化。惠冈认为，“道心、义理是天地运化和统民运化之道。”（《人政十》教人门的“人心义理”，194），他向孔孟之教寻求这种统民运化之道。例如，在引用了“仲尼（孔子）祖述尧舜，以文武（周的文王、武王）为宪章。上遵天时，下袭水土”，在引用《中庸》第三十章）的基础上[①]，将前两句解释为“统民运化之道”，后两句解释为“天地运化之道”（《人政十》教人门的“古今道无异”，194），即“孔子之教=统民运化之道”。

惠冈又称，“儒术是统民运化之道”“斯道”（《人政十一》教人门的“儒术”，227）。众所周知，“斯道”指的是孔子推崇的儒教之道。接着，惠冈又将统民运化之道代人孟子的五伦，论述如下：

> 若向天下推广五伦之教，则万国咸和。“使父子间有亲，君臣间有义，夫妇间有别，长幼间有序，朋友间有信”（《孟子》滕文公上）又在下面加上一句“使万民有和”。这样，五伦就可以通行于万民之间，使和能够切实地实现。（《人政十八》选人门的“畎畝教法兆民有和”，390）

需要注意这里的“万国咸和”“兆民有和”两个词。惠冈寻求的统民运化之道实际上并不止于孟子的五伦（和孔子的教诲），而是提倡“万国咸和”，并在五伦之上又添加“兆民有和”。这显示出惠冈把统民运化之道推广至万国万民，使之成为共有之道，并使此教化能够应用于实事的抱负和进取心。

惠冈知“世间的仁义”，弘扬“天下之五伦”，“应迁移身气运化之局量，推广见闻与知识”“使四海为一家，万民为一体”，因此追求舍弃“偏执之心”的境界（《人政十六》选人门的“为民选举在于心”，323）。惠冈说，若“遵循运化则人物相通”，那么“四洲诸国成一家而相通，万亿圣灵成一体而相通，可以成一统之治安”（《人政二十五》用人门的“一有虚实诚伪”，574）。他已经说过“小异乃是风土物产，大同市神气之运化”（《气学一》，22），推行万国兆民的大同论。他所主张的大同，表现为人之运化承顺天之运化，天道与人道一致，实现了“万民咸和、兆民有和”的理想状态，或基于统民运化之道的政治在地球上普遍实现了的世界的和平安宁的状态。

三、“公、共”的政治论

惠冈说“道义者，天下之共公”（《推测录四》，154），这是他的“天下共公之道义”的

---

① 意思是孔子的教化在继承尧舜・文武的人为设定的同时，也是立足于自然世界的法则和立法的。

命题，可以有多种解读，也可以理解为“道义是天下共有之物”。与之类似的句子其实在《朱子语类》里也能见到。例如，“道理是天下公共之所”（卷20，论语二学而篇上）是朱子的“天下公共之道理”的命题。两者的命题虽有微妙的差别，不过有意思的是惠冈使用的是将“公共”两字前后颠倒的“共公”一词，理由尚不明确，可能是要用这个词表明“共先公后”的“共之重视”。不过“共公”和“公共”在意义上并没有太大的差异。

朱子的“天下公共之道理”的命题与道、理的相关概念结合从而生出了多种命题。例如，“道义是公共的无影无形之物事”、“道是物我公共的自然之理”、“道义是众人的公共之底（道义是众人公共底）”（卷52，孟子二公孙丑之上）等。最后的“众人公共”值得注意，因为这可以认为是表达了朱子“公共的民众化”的意志。朱子说过，“道是天下公共，因为自己已经获得，必定要推及别人”（卷118，朱子十五训门人六）。朱子意欲实现“公共的民众化”，即将“天下公共之道理”作为“日用人伦”向民众普及。这一点在惠冈身上也可以看到。

可是，惠冈气学的“公共”乃至“公”具有和朱子学中的同类表达不同的崭新的意义和特点。前面已经提到过，原因之一在于惠冈把“公”乃至“公共”写作“人人承顺天所运化之气之理（＝道），由此每一个人（＝私）的气相互推动协动产出一事”，还在于将这种公共当做“政治之本”来展开他自己的“公、共”的政治论，关于这一点我们可以通过惠冈的“公共政治”来确认。

惠冈尤其强调“共生之义”，比如他说“真正的教学之要对共生之义是有益的”（《人政十三》教人门的“气不明有害”，263），可以看出他自负惠冈气学才是对人们的“共生之义”有益的学问。惠冈还说，要“为共生之义效力”必须懂得“人民是最尊贵的”之一点（《人政二十三》用人门的“为财择人为民用人”，507）。参照惠冈气学的宗旨来看，“共生”含有一起活用“人民之运化气（之理）”的意思，这和他的“共治”构想有关。

1.“公共政治”论

在进入本论之前，笔者想先对中国传统中的公共概念史作一大体概览①。公共一词最初见于司马迁的《史记》，汉文帝寻求超越法规之上的处罚时，廷尉（法务长官）张释之这样回答：“法是天子认为是天下的公共之所的东西。眼下的法度已经是这样了，如果再加重，那么法就无法为人民所信了（法者天子所與天下公共也。今法如此而更重之，是法不信於民也）”（《史记》“张释之冯唐列传”）。法既然是天子＝君和天下之民共有之物，那么就不能对民众施以超越法度的重罚。

例文中的“公共”可以用“君、民共有法＝公”“君民公共”的说法来替代，在此意义上含有君民上下的垂直位相的伦理性和政治性，同时又蕴含着从“天下之民的公共”中

① 详细参照金凤珍：《概念的传统与近代：中国与日本的〈公共〉》，见平野健一等编著：《国际文化关系史研究》，东京大学出版会2013年版。

酝酿出水平位相的伦理性、政治性、开放性和公平性。程朱学的公共指的就是这个。

程朱学依据“理”把儒教理论化,因此“公共”带有强烈的理学的性格。这种理又与“日用人伦”之道相结合,推进大众的伦理化和政治化,这样程朱学就开启了一种公共哲学的领域。毋宁说儒教本来就是一种公共哲学,是程朱学把它活化了。即程朱学“发明”了带有强烈理学性格的“公共”,据此建立了新的公共哲学。前面已经提到过,朱子的“天下公共,众人公共之道理·道义”是其一部分的例证。

朱子还说,“理是天下公共之理,人人都一样,从最初起就没有物我的分别”(卷18,大学五活问下传五章),在宣扬“天下公共之理”的同时还宣扬理的万人具有性。笔者浅见,理内含“天理自然权”(笔者造的词)即自然法性质的人权观念和人类平等观念①,与“公=平分”“平”“均”等概念相结合,生成肯定自我、欲望的契机,又酝酿出使大众作为伦理和政治三体获得关注的机会(后述)。我认为触发这种契机的媒介概念就是“公共”。

其后王阳明随着明代的社会变动对程朱学的一部分进行改造,又意图推动“公共的民众化”加速发展。为此,他恢复虚理用作“日用人伦”之理,试图让学问推广者从士大夫和官僚阶层扩展到民众阶层中去(程朱学的民众化②)。提出“心即理”,提倡“致良知”③,并再一次提出程明道的“天地万物一体之仁”的命题,鼓吹“亲民”。亲民含有向民众开放政治与伦理领域的意思,从而把学问、学术推向公共范畴,意图实现学问、学术的民众化。这表明公共哲学在阳明学基础上诞生了。

阳明学借助“心即理”、“致良知”等开创了“公共的民众化”的新领域,新领域又使开辟通往“民众的伦理、政治主体化”的道路成为可能。不仅如此,阳明学还打开了肯定“私和欲望”的新局面。从此,阳明学以后,“公共的民众化”和对“私和欲望”的肯定一同发展,到了明末清初,应该被肯定的欲望扩展到包含自然欲望在内的人欲和私的占有欲④,其源头当然在于程朱学。前面已经提及,程朱学通过宣传天下公共=万人具有之理生成了人权、平等观念和肯定“私和欲望”的契机,并进一步酝酿出“民众的伦理、政治主体化”的诞生契机。

像上述所示的出现在公共概念史上的变化并不只出现在中国,尽管时期和表现上有差异,在朝鲜也发现了有传统特色的变化。通过惠冈的“公共政治”论可以了解这种

① 详细参照金凤珍:《西欧“权利”观念的需要与变容——俞吉濬と与福泽谕吉的比较考察》(延世大学校国学研究院《东方学志》145,2009年3月),金凤珍:《人权的政治思想:现代人权谈论的争点与展望》(理学舍2010年版)。

② 参照沟口雄三:《儒教道德的民众化路线》,见沟口雄三、伊东贵之、村田雄二郎:《名为中国的视角》(平凡社1995年版)第二章。

③ 王阳明的“良知良能,愚夫愚妇与圣人同”的命题显示了对民众的强烈的重视。

④ 沟口雄三:《中国的公与私》,第13—28、55—67页,背景是理观的变革。借沟口的话来说,理观的变革指“从破除定理的秩序观”向“形而下之理的导出”的变革。参见沟口雄三:《中国前近代思想的曲折与展开》(东京大学出版会1980年版),第二章。

变化的一部分。

惠冈的著作中除了前面引述的“共公”一词是例外之外，没有出现“公共”这个词，可是表达公共含义的词语的例子却不在少数，他使用的公和共两个字本身也多含有公共的意思。可能他了解在中国传统的程朱学和阳明学中出现的公共的概念史上的变化，从而认为没有特别使用公共一词的必要。

惠冈认为“有形的运化气之理”是“人人共依之道”（《气学一》，6）①，即运化之理是人人应该共同顺应承顺的（公＝公共）的道。最终惠冈用“天下、人之公道”来表达“人人共依之道”，这种公道的意思是实践实现“天下、人人之公＝公共”之道。惠冈自己是这样论述的：

> 推一身之私情则统察天下、人之公道，推天下、人之公道则体认天人运化。这才是根源与支流皆完备的公道。（《气学一》，14）

这里的“推私情……体认天人运化”含有肯定“作为私的主体的每一个人的自然的感情”，通过活化其运化气来认知、实践“天下、人之公＝公共之道”的意思。公道的“根源”含有天下、人的运化气之理，“支流”含有私情与其运化气的意思。于是，惠冈的公道就是为了活化“私情”这种心之气的“天下公共、众人公共”之道，同时也是运化气之理。如果承顺这种道、理，则实现调和公道与私情的“公共”和统民运化的政治就成为可能。

“私情”这种情的概念含有所谓七情当中的“喜、怒、爱、乐、哀、恶、欲”，即包含着“个人自然的欲望”，或者可以说，不仅包含着自然的欲望，还包含着私人占有欲等所有人欲（之私）。可以看到，惠冈把每个人的自然的感情和欲望以及作为其主体的“私”视为公（道）的“根源和支流”。惠冈的公（道）由私（之气）共同运作（＝私共）形成，其中连接公（道）根源与支流、起媒介作用的是天下、人的“公共”，这样惠冈的公（道）就含有了公共（和公共之道）的意思。

> 没有比运化之气的公更大的公。帝王得此安天下、人之私情，师长得此和天下、人之私情，众庶得此调节统制家人与乡人的私情。怎么能以独心之得（＝私心之气）强加于民呢？（《气学一》，14）

惠冈气学中最大的公是“运化气之公”，运化气当然是天下和人共有的，是人人可以共享的、天下公共、众人公共（乃至私共）的东西，所以运化之气不仅是公共的，而且

① 《朱子语类》中有“道者，古今共由之理……公共之道理”（卷13，学七力行）这样类似的句子，朱子以理为中心来说明道，与此相对，惠冈以气为中心来说明道。

必须继续公共下去，为比必须发挥心之气，也就是私情。在实践它的过程中需要含“帝王、师长、众庶在内的天下，人都自发地共同参与。换言之，（天下、人之功=公共之道）是在共同承顺运化气之公的过程中获得的，而并非某一个个人自行创造出来的东西，也不能对民=人人强制实施。

惠冈说：“如果不依运化之公道，所谓公心、公事、公论、公举等就会以因袭为公，或是假公济私”（《气学一》，14）。值得注意的是，惠冈并不把公私与善恶简单对应。硬要说的话，“困于因袭的公”是恶，“假公之私”也是恶。为了回避这种恶就必须“以运化之公道为本”。这里所说的“以……为本”可以用“顺承”来代替，运化之公道也可以换作“运化气（之理）之公=公共之道”乃至“天下公共、众人公共”之道。承顺运化之公道就是惠冈的“公共政治”论。

2.“共治”构想

惠冈的“公共政治”论包含有“共治”的构想。“一国之事正应由一国之人（民）共同治理”（《人政十六》选人门的“国心选人”，326）。他构想了国人（国民）共同参政的政治——“共治”。他又在《人政》中论及了“公论、公议、公举、公选”等制度，这些相当于“共治”的制度论。“公论”被视作“国人共推之论（同上）①”。惠冈还将这种“共推”的方法应用于乡村社会的人才选拔。“在乡党（=乡村社会）中，为正风俗立纪纲而共推人”，并据此“教化乡民”（《人政八》教人门的“择用教人之才”，167）。此外，《乡约抽人》（一册，1870，《丛书五》）中还论及了“共治之心”，“众之共治”（315）。

惠冈还将公论表现为“众人之共推论”，说“从万姓中选举出来的人自行处理万姓之事务乃是统民之道”（《人政十四》选人门的“选统人道之人”，282），还说“人之生本来就没有士农工商（=四民）的限制，朝廷也不应该仅仅依据人品的贵贱来取舍”（《人政二十五》“工商通运化”，572）。不问四民的身份，不论是谁，只要人品高贵=有能之才就可以选拔为官僚，这里体现了对“民众的政治主体化、政治参加”的倾向和以此为依据的君民、官民“共治”的构想。朴熙秉对此进行了如下的批评②：

这种构想缓和了当时身份的差别，容许士农工商的身份即庶民阶级的立身，在这一点意义上一度具有划时代的意义。然而，尽管如此，仍然难以说它的前提就是四民平等，或是已经把四民平等纳入了考量之中。

确实，惠冈的“共治”构想不好说是追求“四民平等”的结果，理由在于，首先平等这一概念本身是含有近代性因素的，惠冈不可能以近代的平等概念“为前提”，“纳入考量”。

但是，惠冈的“共治”构想却可以说是追求“四民平等”的，他追求运化的公道。这种公道的“公”意味着“平分”，平分含有“均平、均分”的意思，跟“平等”相比这些概念

① “公论政治”是朝鲜王朝自中期以来的重要政治争论点中的一个。

② 朴熙秉：《运化与近代对崔汉绮罗思想的斟酌》（ドルベゲ），2003年，第120—121页。

更具有现实性和具体性，且其中有让平等这种概念以新形式介入乃至被吸收的余地。总而言之，惠冈的“共治”构想显示了“民众的政治主体化、政治参与”即将“公＝公共”政治的担当者从朝廷＝君、官向民众阶层推广、扩大的倾向。

可以说惠冈的“共治”构想孕育着超越了儒教政治的为民的“人民的，依据人民的，of，by the people”这种民主（政/主义）的倾向，尽管这到底是基于民本基础之上的，仅仅因为这样就批评他的“共治”构想有“共治的局限”则既不正当也不正确。因为这种批判哪怕是以民主作为基准的，却不能说民主就是绝对的基准，需要用相对主义的视角来看待这个问题，民主既不是绝对的共通善（common good），自身也有其界限。与此相关，金容沃把民本译成“pletharchia 多众的支配”，主张“民本是比民本更现实而且更具体，正直的概念”①。且不论是非如何，他的主张有探讨的价值，因为民主和民本具有各自的意义和其各自的局限。

惠冈构思了“共治”，同时又强调治民、安民、教民。朴熙秉对其批判道：“崔汉绮把人民视为指导、教化、统治的对象，这种观点终其一生都没有变化，这是崔汉绮构想的‘共治’的界限。”②但是这种批评具有理论上的飞跃，因为这与惠冈在“视民众为统治对象”和其“共治”构想中“意识到民众是政治主体”这两点并不矛盾对立。这两点在惠冈的政治论和“共治”构想中是相互补充的逻辑关系。换言之，惠冈考虑的是“在治民、安民、教民的同时施行共治，共治的同时又施行治民、安民、教民”。朴熙秉的批判基准也是民主，民主政中，民也“作为政治主体的同时也是统治对象”。

包括惠冈的“共治”构想在内的“公共政治”论和“民、人人之公”相结合了。他的政治论的意思在“公道与公心意味着承顺运化之气。天道与天理也意味着承顺运化之气。测此四者（公道、公心、天道、天理）皆可以总括为公之一字”（《人政五》测人们的“公是顺气”，93）这句话中含蓄地表达了出来。这里所说的“公”可以用“公共”来代替。四者和运化之气都是“天下公共，众人公共”。可以说，他的政治论的终极目标在于实现“承顺运化气之公和公道的人政”即“仁政”（《人政十五》选人门的“以选人知公与仁”，314）。如果匆忙下结论断定惠冈的“仁政”没有与民主政/主义结合并超越它的可能性，就是陷入了近代主义的独断行为。

四、结 语

惠冈气学不是为了与西方现代接轨而诞生的产物，而是从朝鲜的“朱子学的民众化”和“民众的儒教化”的传统中产生的多种学问中的一种形态，当然它含有一定程度

① 崔济愚：《プレタールキア的新世界》，金容沃译注，トンナム2004年版，第43页。

② 朴熙秉：《运化와近代》，第123页。金容沃从另一个不同的视角将惠冈的人政解释为“人之政 Government by Man”，阐明惠冈“作为儒家的伟大和局限”。金容沃：《惠冈崔汉绮与儒教 再论“气学”与“人政”》，서울：통 나무 2004年版，第38—39页。

的近代性。比如，惠冈对西方科学技术的关心和相关著作都表现出了向近代靠近的意志。他的"公共政治"论中的"共治"构想也可以视作是其中一个例子。① 这些例子也可以说是朝鲜的传统与西方的近代相遇时引起的"异种交配(hybridization)"——的无数种可能态中的一部分。②

因此，所谓的近代性其近代伴随着与传统的异种交配，也就是以传统作为基础的近代(性)。这里值得斟酌的不仅是惠冈气学中的近代要素，还有"反近代(anti-modernity)"和"超近代(overcoming modernity)"的要素。比如惠冈气学虽然重视科学，这种科学和偏离了伦理/道德的近代科学并不一样，是基于伦理/道德基础之上的科学。③ 此外，从"万国咸和，兆民有和""四海一家，万物一体"的命题可知，惠冈气学的政治论已经超越了一国主义和民族主义，含有跨国(trans-nations)要素，孕育打开东西方调和、融合的局面的新的可能性。

惠冈论及"打开门庭(=门户开放)"(《人政十三》教人门"气不明有害"，263)，并说"两国人相遇时应互相彼此参互，随机应变"(《承顺事务》对远国人以承顺，341)，即提出了诸国人的"参互"论和"临机应变"论。惠冈还说："中国和西方应互相取对方的善法，西洋善法若在中国行使则应有损益，中国善法若在西洋实行则亦有其变通。这是统一后的四海中的顺承之事"(《承顺事务》中西通用气数道理，《丛书五》343)，显示了(由中国代表的)惠冈摸索东方和西方相互引入彼此的善法的变通之道这一事实。这里所说的"法"可以理解为以政治为首的经济、社会、文化等所有部门的制度和方法。

像这样，惠冈的"统民运化、顺承"之道和东方·西方的二分法及二元思考没有关系，而是"众人公共，天下公共"之道，换言之，是应从日常世界扩展到全世界的在"GRNL(global/regional/national/local)"的范畴内实行的"公共的且普遍"之道。可以说惠冈借此描写了以从人的生活世界到国家、地域乃至世界范围的时间和空间为媒介的GRNL次元的公共性，并在这种公共性的基础上展开了"公共政治"论。

可是，惠冈气学的政治论在朝鲜从古代走向近代的过程中成为了一个"未完的契机"，也正因为是"未完的契机"，则更有必要让它在超克以欧美为中心的近代主义——

① 惠冈是生活在"西洋近代(文明)"(也)涌入东亚的"西势东渐"的时代的人，也是关注并了解"西洋近代"的"开明"知识分子中的一人。当然，在清国和日本已经早于朝鲜出现了和他一样的"开明知识分子"，其中清国的"开明"知识分子的出现与惠冈的气学和政治论的形成可以肯定有知识上的关联(影响关系)。注2中提到的魏源可说是其先驱者，此外也和其继任者"变法派"官僚和知识分子的有关联。在"变法派"中还有议会制度的导入论者和"君民共治，君民共主"论者，例如洋务官僚冯桂芬(1809—1874)，张树声(1824—1884)，薛福成(1838—1894)和条约港知识分子王韬(1828—1897)等人。两方的知识关联将成为今后的研究课题。

② 关于传统与近代的异种交配，参照金凤珍：《东亚"开明"知识分子的思维空间》，九州大学出版会2004年版，第5页。

③ 参照金凤珍：《新儒学与科学》，《东洋文化研究所纪要》第141册，2001年3月。

重新解读、重新对其意义提出质疑和在现代政治论的修正和开发问题上得以运用，同时在它的延长线上重新质疑儒教传统所具有的意义，使其正统的遗产再生、焕发生命力，批判地分别审视东亚传统和近代，不仅启发政治观，还启发人类观、文明观中的新观念和新视点。

日本式经营的管理哲学探析

李　萍[①]

内容摘要：是否存在"日本式经营"，学术界尚未有定论。第二次世界大战后持续成功的日本企业在理论和实践上确实表现出许多具有共性的地方，从而与英美形成了鲜明的对照。日本式经营不仅受到现代理性主义的影响，也直接承继了日本自身文化传统和哲学思想原则。通过对日本式经营的管理哲学分析，不难发现日本式经营的提出加深了人们对如下重要哲学命题的认识，包括现代社会交往的性质、我们—他们意识、一元化技术主义世界等。

关键词：日本式经营　管理哲学　管理认识论

围绕日本式经营（the Japanese management model），学术界存在许多分歧。一些学者（Abegglen，1958；Cole，1972；Hatvany and Pucik，1981；England，1983；Manchus，1983）强调了日本式经营的社会学和组织行为学方面的特点，以后又有人聚焦于日本企业的外部结构和内部运行（Dunphy，1987；Ito，1995；Lin and Hui，199）以及影响日本企业的经济政策（Aoki，1988；Aoli and Dore，1994），进入新世纪以来对日本企业作出组织理论解释的论著（Aoki，2001；Hall and Soskice，2001）不断推出。笔者认为，日本式经营是一种比较管理学或者更准确地说比较管理文化层面的概念，泛指一类具有群集共性的经营方式，具体体现在提倡长远目标、注重"软"因素的作用、具有深厚的科学实证基础（尤其关注现场和现实）这样三个方面。"日本式经营"的提出加深了管理哲学的问题意识，丰富了管理认识论的研究论域。

一、日本式经营的争论焦点

在众多有关日本式经营的争议中一个焦点问题就是"日本式经营"确有所指吗？有一些学者基于管理认识论的普遍主义立场主张：管理学知识是一个完整的系统，具有科学实证的有效性，它是在符合特定学科范式的规则下形成的，不受特定国情或民族文化传统的制约，即便存在具体管理实践上的差异，那也只是实施策略上的技巧略有不同

---

① 作者为中国人民大学哲学院教授。

而已，并非本质上的差异。在普遍主义者看来，并不存在管理学上的西方模式和日本模式之分，各国实践上的不同无非是一中的多，揭示出其本质的仍然是一而非多。

不可否认，在方法论上，普遍主义往往表现出受人尊敬的严谨性，因为它不允许例外，普遍主义所建构出的知识体系在逻辑上更不易撼动。然而，普遍主义的预设存在一个根本性疏漏，它只是自我封闭的内在推演体系，由分析的命题或内涵式的判断组成，普遍主义在纯粹人文学科，如文学、哲学、宗教等领域可以畅行无阻，因为纯粹人文学科所提供的知识可以是思考者在大脑中进行的思想构造之产物，普遍主义假说可以自圆其说。但在以实证方法为基础、以实效为目标、以实用为标准的管理学中，普遍主义就捉襟见肘，难以招架了。根本的问题还不在于普遍主义用错了地方，而在于普遍主义将各个具体学科的有效知识概念与哲学一般认识论中的真理概念混同起来。就人类的认识能力而言，世界是能够被认识的（客观世界的可知性），人的认识可以通过去粗存精、去伪存真的反复过程而不断接近真理，然而，各个具体学科的有效性知识只具有特定适用性，存在严格的条件限制（已有知识的有限性），并不能将这样的知识由此及彼地无障碍类推开去，管理知识同样也存在生成、适用等方面的阈限。

在现有的管理学理论中，科学主义流派或者说科学管理理论持有的是极端普遍主义立场，行为主义流派大抵算温和的普遍主义，组织文化流派及其管理理论才完全摆脱了普遍主义，在“文化”、“价值”等概念下引入了无法公度、不可量化的因素，公开表达了特殊主义的态度。“日本式经营”正是在这一认识论前提下提出来的。众所周知，组织文化流派的四部奠基性代表著作（《Z 理论——美国企业如何迎接日本的挑战》、《日本组织管理艺术》、《组织文化》、《成功之路》）都是在对日本经营的总结以及日美、日欧的对比中写成的。“日本式经营”并非只是对日本这一特定经济体的承认，相反，它主要是对迄今为止的科学管理理论的挑战，代表了管理理论出现了新的哲学转向，即日益承认并公开支持特殊主义原则、地方主义知识（这些知识通常是局部、边缘性的，未曾在西方世界通行）的有效性。①

从经常呈现出来的内容上看，日本式经营的本质并非西方人熟知的投资方导向，也非管理者导向，更非员工导向，而是市场导向，但此时的市场并非消费者、股东为主体的实义市场，而是“市场占有率”这样的“名义市场”，这又可以被理解为企业的社会声誉，所以，日本式经营的本质通常被视为是一种准社会导向，即企业当年度的财算或股东回报都不被重点考虑，而追求长远、整体的社会评价。正如有学者所指出的，“在美国的高级管理人员的公司目标中，投资回报远远地高居首位，其次是股东的资本收益。与此相对，在日本，据援引资料，主要的目标是扩大市场份额，其次是投资回报和公司的新生

① 具有讽刺意味的是，日本式经营之所以成为了西方模板之外的典范也是因为战后日本企业经营的成功。日本被选择，就像今天中国正在受到高度关注一样，其背后的思维方式是支配现代西方文明的效用主义、理性主义、目的论之类的观念。

产率。股东的资本收益排在最低位置,几乎没有哪个日本管理者把它作为其公司的重要目标。”①

如果说“福特方式”是美国经营模式的标本,那么,“丰田方式”(或者又叫精益生产方式、看板生产方式、准时生产制等)就是日本式经营的代名词。“丰田方式”以丰田汽车公司的高度精确化、自动化和各个环节的无缝衔接而著名,它几乎成为零损耗、零误差、零次品的化身。丰田公司的合理化程度达到了极致,它从最终销售端往上倒推并重组、整合相应部门、相关环节,将包括供应商、零件生产商、零售商在内的整个系统全部加以分解、量化、优化,创造出无与伦比的高效、低耗、便捷的全流程。丰田公司是日本式经营的样板,但不是全部。这里又涉及了日本式经营的另一个争议焦点,那就是日本式经营是一(丰田为唯一标杆)还是多(与丰田不同的诸多形态的并列)?

实际上,在日本,以丰田为代表的超大型企业或跨国企业虽然利税高、产值大,但却只占整个日本企业数的很小一部分,无数毫不起眼的中小企业②同样构成了日本经济的主要支柱。这就不难理解,日本地方政府总是更多关心小企业,不断推出各种“地方企业振兴计划”、“商业街发展计划”、“小企业支援方案”等各种激励措施,因为这些小企业、微小企业像毛细血管一样分布在日本各个城镇,绝大多数当地就业人口被它们吸纳,这些小企业又是怎样经营的呢?它们也是日本式经营的试验场吗?

丰田的成功在其卓越的企业制度的安排,因其置于行业翘楚的地位,它可以成为制度乃至重要规则的制定者,它所设置的制度体系自然是以丰田利益最大化为宗旨,许多具体制度不可复制,更难以移植,这些当然也不可能在小企业得到落实。但不能忘记:丰田的卓尔出群完全是市场竞争的结果,丰田只是一家上市公司,并非官方背景的国企,它完全置身于充分竞争性市场环境中。令人困惑的问题在于:为什么无数小企业甘于成为丰田的下承包企业、听命于丰田呢?这恐怕不得不追溯日本现代化进程的社会发展模式了。日本总体上是通过内部改良方式启动现代化进程的,早期的市场主体包括转型的武士、前朝的商人、开明的地主、先觉先行的知识分子等,可以说都是那个时代的社会精英。他们不仅快速成为经济弄潮儿,而且率先垂范地在民众中传播了实业报国、经济成就同样是立身出世等新观念。企业家特别是大企业家稳固地成为了国民效仿的榜样,日本传统“村”的从众心理平行地转移到对工商业贤达者的敬仰。直至今天日本工商界领袖和他们所领导的企业仍然受到日本国民无比的尊崇,大企业对小企业的支配、小企业对大企业的依附有着特定的社会心理的有力支撑。

然而,这并不等于说日本式经营在日本现代化之初就出现了,更不意味着日本式经

---

① 迈克尔·L.格拉克:《联盟资本主义——日本企业的社会组织》,林德山译,重庆出版社2003年版,第32—33页。

② 一般而言,大企业指资本金为10亿日元以上的企业,大企业的全国员工数在20世纪80年代和21世纪初均为700万人。小企业指资本金在1000万日元以下的企业,小企业的全国人员数在20世纪80年代约为1000万人,21世纪初为600万—700万人。

营是少数卓越企业家刻意谋划和事先设计的结果，相反，日本式经营是在无数先行者的试错中积累、沉淀下来的，经过了几代人的持续努力才缓慢成型。正是日本的现代化道路和社会文化、国民心理为日本式经营投下了背景基调，日本式经营不仅促成了日本企业的成就、经济的崛起，而且具有社会结构、社会交往、社会整合等方面的特殊作用，它是日本现代化的产物，同时它也深刻影响到日本现代化的实际状态。可以说日本式经营是多中的一：它反映了企业所处的总体国民状况，众多日本企业人士分享了共同的经济价值、市场准则和雇佣习惯等，同时它也是排他性的，它镶嵌于日本经济政策和官、政、财三者牢固的内部关系之中，是无法移植到其他社会体制的，所以，即便小企业无法在制度上全盘模仿大企业，但同样具有共性的经营方式，即经营目标上的科学理性化追求、组织沟通上的软因素作用和企业的社会性——长远目标的设置等。

日本式经营的实践者主要是那些企业领袖，包括大企业的创始人、资深管理者和重要的工业（企业）、经济（生产力）等相关领域的协会负责人。企业高级管理者的作用无论如何估量都不过分。虽然人们经常提到日本企业的“禀议制”，它重视员工参与，但员工参与只是补充，提供的只是决策的素材或备选方案，普通员工绝不是最终的决策主体，松下幸之助对此就有很好的解读，他说：“在任何情况下重要的一点是，虽说要集思广益，但必须首先要有坚定的主见或者说自己的主体性。”①显然企业领袖才是掌舵人。企业创始人和高层管理者身临其境，成为日本式经营的身体力行者，这并不难理解，相关重要协会及其负责人的高瞻远瞩、持之以恒的努力也是不可忽视的。这一点常常被局外人忽视。例如，将日本式经营归结为“三种神器”（终身雇佣、年功序列、企业内工会）而向境外广泛宣传的首先是日本经济协会；推动全面质量管理在日本全国开展的是日本生产力中心；率先致力于构建新型劳资关系的努力也最先始于经济同友会这一经营者个体为会员的经济协会。在催生日本式经营的过程中扮演了重要角色的还有：日本行业基准协会、日本科技联盟、日本管理联盟、日本中部质量控制联盟等难以计数的民间组织、行业协会。

二、日本式经营的哲学基础

经营管理学的理论基础通常是古典经济学，但与特定时代（如20世纪初期、20世纪50—60年代）或特定国家（如美国、日本）相关的经营管理模式在形成、发展过程中就不仅受到经济学理论的影响，更直接受到本地、本族的哲学背景的深刻影响。大体说来，构成日本式经营的哲学基础有两个：其一是对人的存在及其处境的认识，这反映了经营中的文化因素；其二是对人的行为及其规范的认识，这反映了经营中的理性因素。

对人的存在及其处境给出怎样的说明，这不只是学术圈内的学术问题，它与生命的

---

① 松下幸之助：《实践经营哲学》，滕颖编译，中国社会科学出版社1989年版，第97页。

意义、人的使命等精神追求相关,同时也是任何文化传统所要着力解决的问题。从出世/入世、实然/应然这样两个层面来分析,日本传统和中国都属于入世主义,但日本选择了实然性的自然主义立场来解释人的存在及其处境,而中国则确立了应然性的道义主义立场。德川时代出现的日本国学正是用自然主义立场来批判当时的中国儒学,由此开启了近代日本人的身份认同和日本文化独特性的探求过程。

对人的存在及其处境的自然主义解释,产生了重要的现实后果:其一是对人的现状的原样接受。这很近似于西方存在主义"存在先于本质"的主张,在对人的存在作出定性、意义说明之前首先是无条件地照单全收,不加善恶评价、不做好坏甄别。被日本人称为"经营之神"的松下幸之助,其成功的法宝就是洞悉人性,并将他所认识到的人性当做经营活动需要满足的对象,他这样说道:"人的欲望的本来面貌是生命力的表现!因此,它本身不是善恶问题。应该认为它是一种力量,是先于善恶的东西。"①其二是将非理性的因素,如情感、心情、心迹等内容置于同理性一样重要的地位。这似乎中和了非理性主义与理性主义势不两立的局面,避免了各自走向极端的最坏后果。这就不难看到如下景象:在今天的日本高度发达的科技文明成就与香火旺盛的寺庙神社同时并存;企业内对效率、科学的极致追求和对员工、顾客心情的考虑兼容不悖。

日本学者尾渡达雄指出,普通日本人的生活方式表现为心情主义。心情主义就是去掉私心,促成自己与他人之间自然而然地达到沟通,人与人之间实现整体的融合。②日本近代著名的国学家本居宣长也曾指出,中国儒学所宣扬的仁、义、礼、智是人为的扭曲,而非人性的自然流露,只有"人之情"才是实情。他所理解的"人之情"指的是未被社会玷污的"婴儿之心",换句话说,就是未受"天理之辩"误导的"赤子之心",即没有伪诈、没有修饰的人心的本来存在方式。为了达到这样的"人之情",就要不断剥离社会化了的因素,方可还原到未受理性影响之前的状态。在日语的表达中,表示意志的词する常常用于自谦,而表示自然而然的词なる则用于敬语,这似乎反映出日本人思维中这样一种倾向:自然而然、非人为雕琢的东西是可取的,理应受到敬重。洞察人情并以此而行动,就是日本人理想中的"好人"或"有心之人","好人"并非独善其身的人,而是时刻揣测对手,并以对手的心理感受去行动的人。但是,自然而然并非"无为",其中也包含了主观的努力,只是这种努力不是有意识为之,而是利用或展示存在自身所本来具有的特性,也就是顺势而为。正像日本当代思想家相良亨指出的"'自然而然'并不排除'尽心',在'尽心'中也承认'自然而然'地活动。仔细考虑一下就知道,唱歌也是'尽心'的活动,'尽心'本来是与所谓的'作为'相区别的,它只是在极力排除设定标准

---

① 松下幸之助:《实践经营哲学》,滕颖编译,中国社会科学出版社1989年版,第22页。

② 参见尾渡达雄:《伦理学与道德教育》,东京:以文社1989年版。

而行动的方式中存在。"①在崇尚"自然"或"自然主义"的名义下，其实仍然作出了某种主体性的选择，即用己心去迎合对方，迎合共处的人际、人情要求。美国人类学家本尼迪克特将多数日本人表现出的这种心情主义、自然主义倾向归结为日本文化的"耻感意识"。耻感是面对他人时己方的失态所显现出来的窘迫，是因他人的在场，通过他人的眼而反映出来的自己以及对这样的自己的意识。这样的自己不是内在的、自我性的，相反，它是情感式的、相对性的存在概念。

对人的行为及其规范的认识是力图发现"规制"的简便法门并为实现全面的"规制"而提出指导思想和具体的方法、策略。从这一意义上说，对人的存在问题的回答提供了"道"，对人的行为问题的解决则给出了"术"的引导。中国传统思想大多集中在前者，儒家尤其如此，对后者的强调十分不足，以至于到了近代也无法在社会动员、国力组织、企业发展上有所积极的作为。日本则不同，对人的行为及其规范的认识得到了特别强调。在传统社会，这一点通过武士道、禅宗所倡导的身心控制而得到落实，在现代社会则集中表现在企业内的文化建设、员工塑造上。日本社会生活中各种名义的"运动"（例如清除垃圾运动、保护河流运动、学校营养午餐运动、本地商业振兴运动等等）也起到了这样的作用，这些运动既不同于集权国家的群众运动，也有别于民主国家的草根运动，它通常由民间组织或政府某个具体职能部门发起，通过层层动员，由邻里组织和公民个体自愿参与为主，但因前期动员广泛、目标积极正面，很多人受到感染而参与其中。至今日本各地的很多传统节日、庆典其实不过源于十几年或几十年前的一些地方运动，长久坚持，年年操办，就成为了当地的"新传统"。

这样的行为—规范意识也有传统文化的渊源。在日本神道的创世纪神话中，人不是被神创造出来的，而是神生出来的子女，人与神的关系属于有血缘的亲子关系，即神人相续、圣俗相关。而且日本传说中的诸神并没有明确的善恶属性，神的地位和威望主要依其生命力而定，神主要是力量的化身，而非道德品格的载体。即便在今天的日本，对人的评价通常较少从道德层面作出简单的、具有明确好或坏性质的结论，他们更乐于从具体的行为、性格、处世方面去给出评价。换句话说，现实的规制及其后果要比形而上的道义追问更受日本人青睐。

日本现代企业作为营利性实体组织已经高度科学化、专业化，所以，企业内的人、财、物的配置不再依靠个人的任性，而是落实在各种明确、形式化的制度。日本企业内的人员关系、组织文化、价值分享都有稳定的制度依托。有所不同的是，西方企业几乎全部采纳正式制度，而日本企业为非正式制度留下了充足空间。"从严格的意义上说，日本企业以非正式的就业保障对它们的内部劳动力市场做了强有力的保证，而从宽松的意义上讲，企业和雇员享有一种社会的共同命运。在日本，经营活动的很大一部分是通过基于长时期的相互作用中的社会结构的人们之间的关系来进行的，而不是通过正

① 相良亨：《日本人的心》，东京大学出版会1984年版，第230页。

式的角色和责任定义来进行的。”①这种差别来自于各自迥异的传统思想基础。

三、日本式经营的哲学命题

日本式经营向我们提出了当代社会某些迫切的问题，这些问题的表现是多种多样的，它的解决恐怕也是没有终结的。

首先，是人的交往与场域、空间的关系问题。交往问题是近代工业文明的重要主题，也是市场条件下人的主要存在状态，黑格尔和马克思都曾探讨了这一问题。哈贝马斯在回应后现代主义的批判中对现代性作出了新的思考，提出用“交往理性”来界定人的现代处境。当代社会由于组织的巨大化和知识的高度分化，个人的力量正在变得越来越微弱，人际之间的熟悉度在下降，人对社会的依恋也由此减少，出现了现代社会中的交往异化。哈贝马斯主张用商谈，特别是重新确认商谈规则、语言意义和符号价值来唤起有深度的交往行动。在哈贝马斯的视野中，人的局限性得到确认，并被设定为亟待解决的问题点来构建其理论，可见，哈贝马斯总体上仍然属于治愈式的哲学体系，要对异常的社会、平庸的公众作出诊断，开出药方，从而将它们重新引向正道前程。

但日本式经营所蕴含的交往理性却是在严格受限的场域内进行的，这样的场域因其范围明确、交往人群有长久互动经历而结下了深度的情感，或者说生长出“信任、微妙性和人与人之间的亲密性”（大内语），它不依托于交往理性，而主要表现为无法复制、不可类推的非理性的因素，这一方面化解了理性主义组织令人厌恶的外表权威，组织的专业性分工和效率化追求被掩盖，表面上看盛行的是人情脉脉的需要—被需要、需要—被满足的场景；另一方面它也深化了场域内特定人群的交往深度和广度，促成了交往者之间、交往者与交往平台（理性组织）的高度融合。

面对特定的人群或具体的组织，我们所要谈的交往究竟是普遍主义的交往理性还是特殊主义的场域交往？无疑，普遍主义的交往理性具有理论上的简洁、明快和力量，但它有多大可能的实现几率？特定人群实际确立起的更可能是特殊主义的场域交往，但我们应在多大程度、什么意义上承认和接受特殊主义的场域交往呢？不加批判、任由发展的特殊主义场域交往很可能成为民族主义、激进主义的温床，这必将对人类文明、人类价值追求的事业造成极大破坏。

其次，是我们—他们意识。日本的战后民主化进程加速了社会流动，也打破了社会分层的隔离。借助“学历—升迁”通道和“蓝领白领化”两项措施，日本企业内的人员日益均质化。日本国民间的认同感得到增强，“我们意识”更加明确，但远未被根除的“场所—资格”体系仍在日本社会形成了各种边缘化的“他们”，如社会领域中的“部落人”、

① 迈克尔·L.格拉克：《联盟资本主义——日本企业的社会组织》，林德山译，重庆出版社2003年版，第269页。

企业中的非正式员工都是真实存在的“他们”。

被人们津津乐道的日本企业文化通常包括了企业内氛围、精神风貌、交往礼仪等内容，这些内容又落实到员工参与、内部升迁、多功能化等具体经营手段，所以，日本企业文化与日本式经营紧密相关。外表相似的日本企业其实都是非常不同的，如三菱、住友、三井、索尼等都各有显著的企业文化和各自的经营体系，实质都是市场利益的追逐者。因为要实现经济合理性，如果没有员工的高度忠诚心是无法实现的。在保持自身文化和特性的名义下，企业内的价值观、观念共识等得到了积极肯定，但这是以维护管理者、所有者利益为前提的，因为日本式经营主要是惯例而非法律的明文规定。日本式经营中的诸多制度并不直接保障员工的权利，一旦遇到经济危机，一旦出现劳资冲突，受到侵害的首当其冲仍然是普通员工，而员工因平时缺少专业技能的磨炼，更多的是以“企业一员”方式存在，失业后他们将变得一无所长，很难再就业。可见，“培养优良员工”、善待优秀员工等都是服务于企业而非员工的利益。普通员工无疑是资方、企业的“他们”。

日本式经营所倡导的“和”其实质是在分别、对立“我们”与“他们”的过程中完成的。日本企业文化的核心或者说日本企业对“软”因素的强调，其实质无非是企业的经济合理性，即最终追求企业最大利益。“日本的公司通过增强雇员们忠于公司的感情和给雇员提供广泛的训练来加强自己。因此，在雇员们一旦以这种方式被团结在一起的公司里，即使是从另外一个公司招募了一批天才的人员，也几乎不存在他们可以起积极作用的余地，而公司也不愿意摧毁已存在于公司雇员中的这种团结。公司雇员之间的和谐，以及他们对公司的献身被认为是重要的，而公司雇员之间的竞争则不被看重。”①在团结、和谐的名义下，不仅公然允许对“他们”（下承包的小企业、本企业的临时工、女性等）的不公平对待，而且所维护的“我们”也只是企业（集团）这样的金主的利益。

最后，技术主义世界中多样性是否可能？日本式经营似乎给了人们一个惊喜：不同于英美的经营不仅是可能的，也是有效的；甚至还可以进一步推论：资本主义体系、市场运作模式也可以是多种形态的。在技术统领一切、效率成为压倒性评价原则的时代，多样性仍然是可以想望的。然而，事实并不如此乐观，日本式经营的核心无非是近现代以来通行于全球的分工、市场、交换法则的产物，若不是首先将自身纳入到世界市场竞争并采取完全近似的、被西方证明有效的理性化管理制度、企业体系，日本的经济不可能发展，日本企业的竞争力也就丧失殆尽，更遑论日本式经营，换句话说，日本式经营只是在宏观制度背景下的微观调整，切不可夸大日本式经营的独特性和普适性，更不可由此否认传统经济学、古典管理学的基本原理和主要推论的有效性。

---

① 森岛通夫：《日本为什么“成功”——西方的技术和日本的民族精神》，胡国成译，四川人民出版社1986年版，第276—277页。

即便有一些日本学者极力鼓吹日本式经营的独特性和通用性，但实际的日本企业经营者所作的只是西方同行同样的工作：了解市场、关注现场、预测可能的消费趋势等，所以，“正如美国的观察家对实行即时组织生产方式的日资汽车公司一线工人指出的那样，日本式的多能技工的操作循环是用泰罗的管理手法逐一加以分析的划一的简单劳动的密集连环，最大限度地减少了干活停手的时间。或许应该说，正因为简单劳动简单得不需思考，它们合并到一起就构成了‘多能技工’的工作。同样的情况在一般行政人员和女职员的身上也发生着，他们应付着基本上没有中断过的文件和顾客。”①日本国内的市场竞争或者日本企业间的竞争也不是什么更高阶的竞争，“日本的竞争并不是异质间的竞争，而是几个同类的或相互类似的并存事物，彼此之间激烈竞争的同质间的竞争。这种竞争越激化，两者的组织、活动内容互相就越接近，从而，同质间竞争的色彩也就越浓厚。”②总之，笔者认为，日本式经营虽然存在，但它的认识论意义远远大于它的本体论意义。

---

① 熊泽诚：《日本式企业管理的变革与发展》，黄咏岚译，商务印书馆 2005 年版，第 161 页。

② 林周二：《经营与文化》，杨晓光、李聚会译，三联书店 1992 年版，第 93 页。

从西方文化的大背景看维特根斯坦哲学

李文倩[①]

内容摘要:本文之总体思路,是将维特根斯坦放置于西方文化的大传统中,考察其思想的内在张力。雅典与耶路撒冷间的现代之争,在维特根斯坦身上,有生动而极富张力的体现。为醒目计,我们提出两个维特根斯坦的区分,即犹太人维特根斯坦和哲学家维特根斯坦。深入考察发现,两个维特根斯坦之间,有冲突亦有互动。逻辑与罪之紧张关系,构成了维特根斯坦思想之内在张力的两极;尽管到了后来,这一冲突有所缓和,但这并不意味着张力的消失。

关键词:维特根斯坦　传统　张力　逻辑　罪

在一般的理解中,人们认为分析哲学的研究方法,是通过语言的逻辑分析或以概念分析的方式,来解决相关的哲学问题。分析哲学的研究,始终强调从问题出发,并力求对问题进行解决,而不甚关注历史。当然,也就不可能认为哲学即哲学史。因此,分析哲学即使在讨论前辈哲学家的思想之时,也较少注意历史的维度,而更多地是共时性的分析。分析哲学的这样一种研究方法,因其显而易见的优点,而被当代哲学界的许多哲学家所采用。

对早期分析哲学家而言,他们不仅较少关注以往的哲学史,而且也不太关心分析哲学自身的发展史。但这样一种状况,自20世纪60—70年代以来,随着分析哲学作为一种哲学思潮走向低落的过程,而有了一定的改观。人们不仅开始研究分析哲学总体的发展史,而且开始将各分析哲学家与历史上的哲学家进行比较研究,人们由此发现,分析哲学的产生和发展,有其历史的根源。

对单个分析哲学家而言,他们的思想,也往往受到自身传统的深刻影响。即使像维特根斯坦这种极具创造性的哲学家而言,亦没有例外。关于维特根斯坦的哲学思想,在半个多世纪以来,人们以不同的研究方法,从不同的角度进行了广泛而深刻的研究。从21世纪这十多年以来,这种研究的方法和角度,呈现出更为多样性的态势。[②]

---

① 作者单位:四川师范大学文学院。

② 张学广:《新世纪国际维特根斯坦哲学研究趋向概述》,见中国现代外国哲学学会分析哲学专业委员会编:《中国分析哲学·2012》,浙江大学出版社2013年版,第240—272页。

从本文的角度来说,我们对维特根斯坦哲学思想的研究,主要是想将其置于一个大的思想传统之中,考察其思想的内在张力。在关于维特根斯坦的研究中,江怡曾指出:"这里存在一个研究背景问题,即把研究对象置于何种文化或思想传统之中。"①在我们这里,这一问题仍是重要的。但不同之处在于,江怡所勘定的解释框架,是将维特根斯坦放在欧陆哲学与英美哲学之间,并将其视为一个桥梁性的人物。但江怡的做法,主要考虑了小传统的影响。而在我们这里,则想将维特根斯坦放置在雅典与耶路撒冷之争这一大的西方传统之中,考察其思想之中的内在冲突。

我们深知,这样一种比较宏观的背景性研究,并不能替代对维特根斯坦哲学思想的细部分析。但这样一种研究之所以有意义,是因为我们相信,哲学在一定程度上,有其文化依赖性。维特根斯坦曾说:"我相信,假如有人要喜爱一个作家,那么他一定也得喜欢作家从属的那种文化。"②在这里,维特根斯坦指明了文学所必然具有的文化依赖性。而对于哲学来说,相对于文学,这种文化依赖性的确要弱很多,因为哲学的本性更多地要求其追求某种普遍的东西。但尽管如此,哲学亦在一个较弱的意义上,存在某种程度的文化依赖。因此,我们考察一种哲学及其文化传统之间的关系,就并非毫无意义。

而且,对于中国学者而言,这样一种考察更有其特殊的意义。因为我们已经看到,在比较哲学的视野中,有一些学者将维特根斯坦与中国传统思想进行了比较研究,得出了一些初步的结论。这样一种比较研究,当然有其重要意义;但我们也看到,有一些所谓的比较研究,只从某一文本中的个别片断出发,以论证自己想要的结论。而没有考虑到哲学思想的内部结构,亦较少注意不同哲学家所属的文化传统,其实有相当大的差异。因此,我们认为,比较哲学研究的前提,是对各比较对象本身有较为深入的理解;而这样一种理解,就既有文本层面上的,亦有文化传统层面上的。

一、雅典与耶路撒冷

从一个极宏阔的角度出发,人们认为,两希文明整体性地塑造了西方文化。希腊的城邦雅典,是哲学的诞生之地。在雅典,自由民们生活在高度民主的政治制度下,他们热衷于公共事务,喜欢就自然和社会问题进行辩论。这样一种整体性的文化气氛,孕育出了哲学—科学的传统。人们普遍地推崇理性,认为对整个世界图景的勾画,不能再像神话或传说那样,讲一些无所凭据的故事,就能轻易俘获人心。耶路撒冷则深刻地塑造了西方文化的信仰之维。与雅典人对理性的高度推崇不同,发端于耶路撒冷的宗教信

---

① 江怡:《维特根斯坦:一种后哲学的文化》,社会科学文献出版社 1996 年版,第 1 页。

② [英]维特根斯坦:《维特根斯坦笔记》,[芬]冯·赖特、海基尼曼编,许志强译,复旦大学出版社 2009 年版,第 144 页。

仰,则认为来自上帝的启示才是最重要的。而所谓的理性,则不过标志着人的堕落。就此,俄国思想家舍斯托夫指出:“希腊‘真理’与圣经‘启示’的基本对立即在于此:对于希腊人来说,认识树之果乃是一切未来时代哲学的源泉,同时也是一种解放的力量;而对于圣经来说,它是奴役的开端,标志着人的堕落。”①

简而言之,在西方文化的历史上,雅典与耶路撒冷之间,既有激烈的争斗,亦有妥协和融合,它们共同塑造了今日西方文化的整体格局。但这样一种表述方式,是从某种整体性的角度出发的。而在某个具体的思想家那里,他对此问题的看法,则要复杂很多。而且,在不同的思想家那里,他们的价值立场存在极大的差异。甚至有思想家认为,雅典与耶路撒冷之间,不可能也不应当和平共处,而必须认信某一方为终极真理。调和与妥协,都是不可能的。

比如舍斯托夫就曾指出:“在耶路撒冷和雅典之间没有、也不应当存在和睦共处。来自雅典的是理性真理,而来自耶路撒冷的是启示。启示不能容纳于理性真理的范围之中:因为启示会摧毁它们。启示不害怕理性真理:它用自己的威严‘它不羞愧、绝对可信’(non pudet,procsus credibile)和一切定然(cektllm)的胜利完成来回敬它们一切‘羞愧、无用与无能’(pudendum,ineptum et impossibile),我们开始觉得通常的思维范畴是一层浓密大雾,遮掩着软弱无力和虚弱有病,然而大家认为这是威严和不可战胜的虚无。”②

在这里,我们可以清楚地看到,在舍斯托夫的眼中,通常的思维范畴,即理性,不过是一层浓密大雾,掩盖着我们精神生命中的虚弱和病态。而之所以有此看法,是因为在舍斯托夫看来,我们生命的所有价值,只能来自于神圣的启示之光,除此之外的所有辩解和回护,都不过是想掩饰我们虚弱无力的精神绝症。毫无疑问,舍斯托夫的发言,坚定地站在宗教信仰的立场上。如此看来,则正如维特根斯坦所认识到的:“假如基督教是真理,那么所有涉及它的哲学著作都是谬误。”③

在宗教与哲学之间,前者是神圣的,而后者是世俗的,甚至就是无神论的。雅克·德里达在《信仰与知识——纯然理性界限内的宗教的两个来源》一文中认为:“海德格尔不仅仅很早并且多次宣称哲学原则是‘无神论’的,哲学的观念对于信仰是一种‘荒诞’(至少反而亦然),而一种基督教哲学的观念与‘方的圆’同样荒谬。”④在这里,德里达不仅借海德格尔之口指明哲学是无神论的,而且认为从宗教信仰的角度看,哲学的观念是一种荒诞的不可思议。因此,“基督教哲学”这一提法本身,就如“方的圆”一样荒

---

① [俄]舍斯托夫:《雅典与耶路撒冷》,张冰译,上海人民出版社 2004 年版,第 247 页。

② [俄]舍斯托夫:《旷野呼告 无根据颂》,方珊、李勤、张冰等译,上海人民出版社 2004 年版,第 153 页。

③ [英]维特根斯坦:《维特根斯坦笔记》,[芬]冯·赖特、海基尼曼编,许志强译,复旦大学出版社 2009 年版,第 141 页。

④ [法]德里达、[意]瓦蒂莫主编:《宗教》,杜小真译,商务印书馆 2006 年版,第 79 页。

谬。关于基督教哲学是否可能，不是这里考察的重点，但我们至少由此可以看出：在西方思想的内部，有哲学家认为，宗教与哲学之间，存在极大的差异，以至于从根本上讲，是不可调和的。

关于哲学的世俗品性，还有一种说法认为，哲学不过就是"世俗哲学"的简称。保罗·蒂利希在《艺术与绝对现实》一文中指出："世俗哲学通常被简称为哲学，世俗艺术通常被简称为艺术，而以神圣之物和绝对现实的直接象征为对象的哲学和艺术则被称之为神学和宗教艺术。"①在这里，保罗·蒂利希对世俗哲学与神学，做了清楚的区分。

哲学所追求的理性品格，要求其在方法论的层面上，为其所持主张提供严格的论证。甚至有学者认为，论证是哲学的本性。而在更深的层面上，论证之所以重要，是因为在哲学家看来，我们只有从一个真的前提，通过合乎逻辑的推理，才能得出真的结论。而哲学所追求的，正是真之价值。因此，尽管神话、传说以及史诗等，均不乏诱人之处，而且一般人也很愿意相信这些东西；但在哲学家看来，无论这些东西如何诱人，它们是否是真的，这一点却无法得到有效的保证。在这个意义上，哲学对论证的依赖或看重，正体现出其对理性之真的热切追求。

但从宗教的角度看，信仰是被给予的，它超越理性，无关论证。在上帝是否存在的问题上，克尔凯郭尔在《哲学片断》一书中说："假如上帝不存在的话，那当然就不可能去论证它。而假如他存在的话，那么要去论证他的存在就显得愚蠢可笑。"②同样的道理，在最深层的信仰之中，论证亦是无用的。谢尔兹指出："在最深的层次上，需要的不是证明或论证，而是一种虔诚或信仰。"③这里的区别在于，证明或论证活动，其实是我们哲学—科学工作的一部分，它之所以必要，是因为它能有效消除我们理智上的怀疑。但宗教信仰与此不同，它无关怀疑，唯凭确信；信仰者所信仰的对象，是独一的绝对存在者，它不可见，亦不可怀疑，而"必须以实践的方式认信他"④。赫尔德曾指出："宗教并不需要支持或反对的论证。毋宁说，它要求的是用心遵从不可违背的职责、我们最内在生命认信的真理。宗教不是对有疑问的事物做探究；毋宁说，它是践行无可怀疑之事。"⑤

从这个角度看，有学者认为，信仰才是我们内心最深刻的部分，而理性不过是一种表面的展示。詹姆斯说："非推理的直接确信是我们内心的深刻部分，推理论证只是表面的展示。本能是领导，理智是随从。"⑥在这个意义上，关乎最原初的信仰问题，理性

---

① 刘小枫选编：《德语美学文选》下卷，华东师范大学出版社2006年版，第143页。

② ［丹］克利马科斯（克尔凯郭尔）：《论怀疑者》，陆兴华、翁绍军译，上海人民出版社2006年版，第106页。

③ ［美］谢尔兹：《逻辑与罪》，黄敏译，华东师范大学出版社2007年版，第55页。

④ ［德］洛维特：《世界历史与救赎历史：历史哲学的神学前提》，李秋零、田薇译，三联书店2002年版，第190页。

⑤ ［德］赫尔德：《反纯粹理性：论宗教、语言和历史文选》，张晓梅译，商务印书馆2010年版，第78页。

⑥ ［英］詹姆斯：《宗教经验种种》，尚新建译，华夏出版社2008年版，第54页。

是完全无用的。理性只有辩护性的意义。詹姆斯进一步指出："理性从来不曾产生信仰；现在，它亦不能为信仰担保。"①"企图用纯理智的过程证明直接的宗教经验所揭示的真理，是绝对没有希望的。"②

事实上，有学者认为，宗教信仰在根本上是一种情感。詹姆斯说："宗教实质上是私人的，个人的，始终超越我们的表达能力。尽管由于人性使然，总有人跃跃欲试，企图把宗教的内容注入哲学的模子，但是，这些尝试永远是次生的过程，绝不能增加原来宗教情感的权威，也不能保证它们的真实——人们的尝试正是从这些情感中获得刺激的，而且，他们的认信无论多么热忱，都是从这些情感中借取的。"③克尔凯郭尔则进一步指出，宗教信仰是一种激情，他说："信仰是人的最高的激情。"④说信仰是一种激情，则意味着其无关乎理性，因此也就不存在是否合理的问题。这样一种观点，与德尔图良认为信仰不过是一种荒诞的思想，有内在的一致性。维特根斯坦在其笔记的多个地方，曾指出宗教信仰是一种激情，这样一种观点，大致可能是受到克尔凯郭尔思想的影响。

以上简述表明，从西方文化的大传统出发，我们大致可以认为，雅典代表哲学—科学传统，而耶路撒冷则代表宗教信仰传统。但自现代以来，因为近代科学所取得的巨大成就，使雅典传统逐步占据了绝对主导性的地位。这样一种貌似合理的趋势，却在 20 世纪造成了巨大的灾难。因此，面对科学问题，维特根斯坦发出呼吁："人必须醒过来表示惊奇——也许各民族的人都该如此。科学是重新使人入睡的途径。"⑤而且，他还指出，科学所内在具有的那种乐观主义精神，并不能确保现代人免于因巨大灾难而带来的恐惧。

面对现代科学问题，维特根斯坦求助于宗教而非哲学，尽管这有可能并不能解决所有问题。Stanley Rosen 就此指出："重申一次，维特根斯坦从现代科学的自然概念起步，如果我理解正确的话，他试图通过宗教而非通过哲学理论弥补其缺陷。换言之，语言的日常分析结果根植于沉默中，而非根植于更多的语言中，因为后者只能被恰当地用于描述和表达事实（包括经验），因而是用以表达相对价值，但不能用以表达伦理学或宗教这些绝对价值。维特根斯坦的语言治疗指明耶路撒冷对雅典的胜利。"⑥

---

① ［英］詹姆斯：《宗教经验种种》，尚新建译，华夏出版社 2008 年版，第 316 页。

② 同上书，第 331 页。

③ 同上书，第 312 页。

④ ［丹麦］克尔凯郭尔：《恐惧与颤栗》，刘继译，陈维正校，贵州人民出版社 1994 年版，第 93 页。

⑤ ［英］维特根斯坦：《维特根斯坦笔记》，［芬］冯·赖特、海基尼曼编，许志强译，复旦大学出版社 2009 年版，第 10 页。

⑥ 张志林、程志敏选编：《多维视界中的维特根斯坦》，郝亿春、李云飞等译，华东师范大学出版社 2005 年版，第 201 页。

二、两个维特根斯坦

考察维特根斯坦与耶路撒冷之间的关系，首先要求我们对维特根斯坦的宗教信仰问题给出回答。这一问题或可简述为：维特根斯坦是一个基督徒吗？这样一个看似简单的问题，放到维特根斯坦那里，却变得复杂起来。非常明显的是，无论我们对此问题回答“是”或“否”，似乎都有简化问题之嫌。有关此问题，大致有这样一些相近却又不同的说法，人们认为维特根斯坦是：(1)神秘主义者；(2)基督徒，而非基督教徒；(3)没有宗教信仰，但有宗教思想；(4)一个有宗教气质的人，他渴望获得宗教信仰，但最终没有成功；(5)深刻的悲观主义者；(6)有一些非正统的宗教思想，对宗教怀有最深的尊敬；(7)性格形式中有宗教倾向；(8)神秘的有神论者；(9)现实的无神论者；等等。

以上种种说法，均有文本上的支撑。在下面的论述中，我们将有选择性地引述部分文本，对以上说法进行稍微细致一点的分析，以加深我们对此问题的理解。

关于维特根斯坦是一个神秘主义者的看法，最早来自罗素。韩林合也认为：“由于维特根斯坦认为存在着这样的体验状态，并且认为对人生而言只有这样的状态才具有最终的意义，因此他坚持着神秘主义；由于他认为自己曾经具有过这样的体验，因而我们也可以把他称作为神秘主义者。”①的确，在维特根斯坦那里，神秘主义既是一种非常特殊的体验，更重要的是，它又与我们人生的意义相联系。1915 年 5 月 25 日，维特根斯坦在其笔记中如是谈论神秘主义：

> 对神秘事项的渴望源自于如下事实：科学无法满足我们的愿望。我们觉得，即使所有可能的科学问题都悉数获得了解答，我们的问题还完全没有被触及。当然，这时恰恰不再存在任何问题了；恰恰这就是答案。②

在这里，我们可以清楚地看到，维特根斯坦对神秘事项的关注，源于科学在根本的意义上，无法为我们的人生提供意义。在维特根斯坦早期哲学的框架中，人生意义的解决，必定在科学之外。而在科学之外的东西，我们无法对其进行有效的言说，在这个意义上，它是神秘的。

关于维特根斯坦的基督徒身份，徐志跃指出：“在宗教维度，维特根斯坦本人非常接近于是个‘跟随耶稣的基督徒’（他对学生讲过‘某种意义上，我们是基督徒’，但他不是归属任何教会的基督教徒）。”③而且，维特根斯坦一生中放弃巨大财富和各种机会，

---

① 韩林合：《〈逻辑哲学论〉研究》，商务印书馆 2007 年版，第 705 页。

② ［奥］维特根斯坦：《战时笔记：1914—1917 年》，韩林合编译，商务印书馆 2005 年版，第 163—164 页。

③ 徐志跃：《维特根斯坦〈杂评〉的汉译及其宗教思想》，《世界哲学》2004 年第 1 期。

去乡村担任小学教师的经历，也被人认为是对耶稣行为的效仿。但认为维特根斯坦不是一个基督教徒，是因为他虽然出生不久即在天主教堂受洗，却在他之后的人生岁月中，几乎未参加过任何教会活动。

说维特根斯坦没有宗教信仰却有宗教思想，基于维特根斯坦本人的一段著名的自述。1949 年，维特根斯坦在跟他的朋友朱厄瑞的谈话中，曾表达过这样一个观点："我虽然不是一个宗教信徒，但是我禁不住从宗教的观点看待每一个问题。"①从这一表述看，维特根斯坦虽不是宗教信徒，但比一般的宗教信徒，具有更加深刻的宗教信仰。马尔康姆评论道："考虑到这一切，可以肯定正确地说，维特根斯坦的生活强烈地具有宗教思想和宗教情感的特征。我倾向于认为，与许多正确地认为自己是宗教信仰的人相比，维特根斯坦纳具有更加深刻的宗教信仰。"②

而第四种意见，可见于普特南对维特根斯坦宗教信仰问题的评论。普特南说："我认为维特根斯坦本人并未曾成功地恢复他浸染于其中的基督教信仰，尽管对他而言，它总是他可能加以恢复的可能性"。③ 他进一步评论道："在我看来，他似乎在一定程度上渴望获得宗教信仰，但没有获得；在谈话中他将自己描绘为具有'宗教气质'。"④这里的理解，在某一层面上，揭示了维特根斯坦在宗教信仰问题上的实情。

第五种意见来自马尔康姆。而第六种意见，则认为维特根斯坦虽对宗教抱有极深的尊敬，但他的宗教思想却是非正统的。格雷林评论道："然而他的宗教观点不是正统的，到底是什么信仰他也从未讲出。在他的著作中透露过一些与此相关的暗示。"⑤说维特根斯坦的宗教思想是非正统的，在我看来，其中的关键之处在于，他对宗教信仰、人生意义的思考，立足于现代性的普遍的人类处境，而不仅仅是一种简单的对传统的继承。从这个角度出发，我们可以说他是非正统的；但也正是这种非正统性，触及了现代人普遍的信仰危机问题，从而对之后的神学产生了巨大的影响。

第七种意见来自冯·赖特，他在《维特根斯坦传略》一文中指出："我认为性格的严肃性有两种形式。一种是执着于'坚定的原则'；另一种是出自一颗炽热的心。前者与道德有关，而后者我认为比较接近于宗教。维特根斯坦对于责任的考虑有一种锐利的甚至痛苦的敏感，但是他个性中的真诚和严格，更多地是属于第二种情形。"⑥按照冯·赖特的观点看，严肃的性格一是执着于坚定的原则，这一思路大致属于康德的实践哲学；而所谓"坚定的原则"，即相当于康德的道德律令。但维特根斯坦性格之极端的严肃性，却与康德的道德律令无关，而是源自于他那痛苦而敏感的心灵。

---

① 转引自韩林合：《〈逻辑哲学论〉研究》，商务印书馆 2007 年版，第 756 页。

② 转引自涂纪亮：《维特根斯坦的宗教情怀》，《开放时代》2001 年第 5 期。

③ [美]希拉里·普特南：《重建哲学》，杨玉成译，上海译文出版社 2008 年版，第 152 页。

④ 同上书，第 174 页。

⑤ [英]格雷林：《维特根斯坦与哲学》，张金言译，译林出版社 2008 年版，第 2 页。

⑥ [美]诺尔曼·马尔康姆：《回忆维特根斯坦》，李步楼、贺绍甲译，商务印书馆 1984 年版，第 16 页。

关于第八、第九种意见，来自中国学者王志成。他认为从宗教哲学的立场看，“前期的维特根斯坦是一个神秘的有神论者”[①]。而“晚期的维特根斯坦是一个现实的无神论者。”[②]这样一种解读方式，基于传统的对维特根斯坦哲学前后期的划分。但如果将这样一种划分，套用在维特根斯坦关于宗教信仰的思考上，则是错误的。因为在维特根斯坦那里，他对此问题的思考，是终生一贯的[③]，根本不存在所谓“前期”和“晚期”之别。

讨论到这里，我们既可进入本节标题所示问题，即所谓两个维特根斯坦的划分。事实上，两个维特根斯坦的说法由来已久，人们有时将其分别标识为维特根斯坦Ⅰ和维特根斯坦Ⅱ。而更普遍的说法，是前期维特根斯坦和后期（或晚期）维特根斯坦。前期维特根斯坦的代表性文本，即《逻辑哲学论》；与此相对应，后期维特根斯坦的代表作品，是《哲学研究》。这样一种划分，基于对维特根斯坦哲学的一种理解，即他的前后期哲学，存在某种巨大的断裂，甚至可以说是两种不同的哲学。尽管当代学者对此问题仍有诸多争论，但维特根斯坦哲学的分期问题，并非本文关注的重点。不过，我们至少可以明确，所谓前后期的划分，对考察维特根斯坦的整体思想，是远远不够的。

基于本文的立场，我所谓的“两个维特根斯坦”，即犹太人维特根斯坦和哲学家维特根斯坦。正如读者所见，这一划分的基本前提，基于我们对西方文化大传统的一种理解。抛开内容方面的理解不谈，仅从形式的角度考虑，命名也往往是必要的。正如维特根斯坦所言：“从事哲学的时候对自己说，命名就像给一样东西贴标签——这经常证明是有裨益的”。[④]（§15）原因在于，一种命名或区分的提出，可以醒目地标示出那些我们在以往的讨论中所忽略掉的东西。具体到维特根斯坦身上，通过这一区分，我们可以较为深入地讨论其思想之中的内在张力。

维特根斯坦作为哲学家的身份，无需多论。而他作为一个犹太人的意义，则需要多说几句。传记作家在论及维特根斯坦家族时说：“无论怎样同维也纳中产阶级融合，无论怎样脱离自己的出身，他们仍然——在某种神秘的意义上，是‘彻头彻尾的’犹太人。”[⑤]具体到维特根斯坦本人那里，关于犹太人的问题，他在笔记中多有讨论[⑥]。在其中的一个段落中，他为犹太人提出这样的辩护：“犹太人在西方的文明中总是被不恰当的尺度衡量。许多人可以看得很清楚，在西方人的意识中，那些希腊的思想家既不是哲学家也不是科学家，而从前的奥林匹亚运动会的参赛者们也都不是运动员，与任何西方人的职业不相适应。这一点跟犹太人一模一样。拿我们（语言）中的用语作为唯一的

---

① 王志成：《论维特根斯坦的宗教哲学思想》，《浙江学刊》1994年第2期。

② 同上。

③ 参见拙文：《哲学是一种祈祷》，《文景》2012年第10期。

④ ［英］维特根斯坦：《哲学研究》，陈嘉映译，上海人民出版社2005年版，第10页。

⑤ ［英］瑞·蒙克：《维特根斯坦传：天才之为责任》，王宇光译，浙江大学出版社2011年版，第5页。

⑥ ［英］维特根斯坦：《维特根斯坦笔记》，［芬］冯·赖特、海基尼曼编，许志强译，复旦大学出版社2009年版，第4、21、22、31—32、33、35、36、37页。

标准，我们便经常不能公正地对待它们。所以有一段时期，他们不是被过高地估价，便是遭到低估。”①这在一个意义上，表明维特根斯坦对其犹太人身份的主观认同。

而且，更重要的意义在于，维特根斯坦的犹太人身份，对其哲学研究亦有深刻影响。比如关于语言问题的关注，就与这一身份有关。有研究犹太文化的学者指出：“在现当代西方学者对语言问题的关注中，胡塞尔、卡西尔、维特根斯坦、斯泰思等犹太哲人的思考占有突出的地位，这也许与犹太人传统性的、强烈的语言意识不无关系，因为如果说对于一般操用本民族语言的普通人而言语言的不透明、语言的困惑是单层次的话，那么对犹太人而言，由于其民族母语的变异、对异族语言的借用等则使得他们的语言困惑变成了一种双层的困惑，因而犹太人对语言问题可能有着更为敏锐、深刻的感知。”②

犹太人对语言问题的深刻敏感，与他们的生存处境息息相关。在以色列建国之前，犹太人没有自己的祖国，漂泊似乎就是他们的宿命。这样一种无家可归的生存处境，几乎是现代人之生存的一个恰当的隐喻。犹太人没有自己的家园，因此在艰难的生存斗争中，他们似乎并不能只看重地方性的知识和价值，而更被要求掌握普遍性的东西。一种语言肯定是不够的，他们在多种语言的碰撞中，深刻体验、思索语言之中所隐藏的秘密。而金钱其实也是这样一种具有普遍适用性的东西，因此为犹太人所格外看重。

但犹太人思维中的普遍主义倾向，一方面在学术、经商等方面取得巨大成功的同时；另一方面也给他们带来了杀身之祸。鲍曼指出：“最要命的怀疑通过犹太人一个明显的倾向而得到断然的确认，即他们对‘人类价值’、‘人本身’、普遍主义以及其他同样失去号召性的、因此是不爱国的口号有令人愤怒的偏好，并倾向于在此偏好中体现出他们外在于国界的地位。”③尽管如此，在一个意义上，我们仍不得不说，犹太科学家、哲学家所创造出的知识和思想，有力地形塑了我们对现代世界的认知和想象。

三、逻辑与罪的张力

罗素在其自传之中，有一段关于维特根斯坦的生动描述：

> 他常常在每天晚上午夜的时候来看我。然后，像一只处于令人不安的沉默状态中的野兽一样在我的房间里踱来踱去。这样的状态能持续三个钟头。我曾经问他：“你在思考逻辑还是在思考你的罪孽？”“两者”，他回答道。说完后继续踱来踱去。我不愿向他说已经是睡觉的时间了，因为我和他都觉得，在离开我后他会自杀。④

---

① [英]维特根斯坦：《维特根斯坦笔记》，[芬]冯·赖特、海基尼曼编，许志强译，复旦大学出版社2009年版，第27页。

② 刘洪一：《犹太文化要义》，商务印书馆2004年版，第301页。

③ [英]齐格蒙·鲍曼：《现代性与大屠杀》，杨渝东、史建华译，译林出版社2011年版，第70—71页。

④ 转引自韩林合：《〈逻辑哲学论〉研究》，商务印书馆2007年版，第694页注释①。

在相当多的学者看来，这段描述之所以重要，是因为它以极简洁的形式，勾勒出了维特根斯坦思想的整体肖像。逻辑与罪，正是维特根斯坦思想的两个核心主题。逻辑是显在的，罪则是内隐的，而且，在维特根斯坦思想的深处，罪比逻辑占有更重要的地位。因为，逻辑不过是解决罪的问题的一种手段。但无论如何，他将逻辑与罪结合起来思考的方式，的确相当奇特。传记作者指出："他的逻辑和他对自身的思考是'对自己的责任'的两个方面；这一热忱的信念必定要对他的工作发生影响。最终它发生了影响——使他的工作从弗雷格和罗素一脉的逻辑符号系统分析，转变成我们今天看到的奇特混血：把逻辑理论和宗教神秘主义如此这般地结合在一起。"①

我们的考察，只能从比较显在的一个方面，即从逻辑的方面入手。"逻辑"是一个比较含混的概念，人们在不同的语境中、在不同的意义和层面上使用它。但这并不表明它没有一个大致的规定。我们先来考察一下它的词典意。一外国哲学词典的"逻各斯"词条有如下解释："希腊语 logos 一词，亦作 Logos，音译有'逻各斯'，有'理性'、'理念'、'词'、'谈话'等意，该词源出希腊语 Legein，意为'说'（to speak）。在哲学上涵义丰富，大体有以下含义：任何讲的或写的东西，包括虚构的故事和真实的历史；所提到的和价值有关的东西；与感觉对立的思想或推理；原因、理性或论证；事物的真理；尺度，完全或正当的尺寸；对应关系、比例；一般的原则或规律；理性的力量；定义或公式。"②

从本文的视角看，这样一种关于"逻辑"的大致规定，从词源的角度，即可见其来源于古希腊，归属于雅典传统。而且，无论是传统哲学，还是现代哲学，都和逻辑有密切的关系。只是传统哲学依赖于传统逻辑，而现代哲学更多仰仗现代逻辑。维特根斯坦关于逻辑的思考，正如他自己所说，受惠于弗雷格和罗素，而这两位，分别是现代逻辑的创始人和重要的奠基者。因此，维特根斯坦对逻辑问题的思考，亦是从现代逻辑的角度出发，来力图解决相关的哲学和人生问题。有学者指出："被认为属于分析哲学的那些哲学家很少有人像维特根斯坦那样把哲学问题与人生问题紧密地联系起来；而维特根斯坦却把充满技术语言的分析哲学思考当成解决人生问题的一种手段。对他来说，人生问题也许是唯一值得真正关注的问题，哲学思考的价值则是派生的。"③

维特根斯坦对哲学问题的关注和解决，始终与逻辑相关，只不过到了后来，这里的逻辑变成了语法。而之所以如此，与其所处时代有关。冯·赖特在《20 世纪的逻辑和哲学》一文中指出："20 世纪哲学最突出的特征是逻辑的复兴以及它在哲学的整个发展中扮演着发酵剂的角色。"④他进一步指出："逻辑是我们这个时代的哲学的独特标志。"⑤而在罗素那里，他认为哲学的本质即逻辑。

---

① ［英］瑞·蒙克：《维特根斯坦传：天才之为责任》，王宇光译，浙江大学出版社 2011 年版，第 119 页。

② 冯契主编：《外国哲学大辞典》，上海辞书出版社 2008 年版，第 60 页。

③ 黄敏：《分析哲学导论》，中山大学出版社 2009 年版，第 127 页。

④ 冯·赖特：《知识之树》，陈波编选，三联书店 2003 年版，第 146 页。

⑤ 同上书，第 158 页。

下面我们具体考察一下维特根斯坦对逻辑性质的认识。在《逻辑哲学论》中，他这样写道：

我们为了理解逻辑所需要的“经验”，不是某物是如何如何的，而是某物存在：但这恰恰不是经验。

逻辑先于任何经验——某物是如此这般的。

逻辑先于关于“如何”的问题，而不先于关于“什么”的问题。(5.552)①

一个逻辑命题不仅必须不被任何可能的经验驳倒，它也必须不被任何可能的经验确证。(6.1222)②

命题5.552，如果只从中文翻译来理解，有些地方可能不是很清楚。为什么说逻辑所需“经验”，不是某物是如何如何的，“而是某物存在”？问题的关键，出在这里的“存在”一词。事实上，与“而是某物存在”所对应的英文是 but that something is，我们因为把 is 翻译为“存在”，使问题变得不清楚了。在维特根斯坦那里，至少在这段话中，意思其实比较清楚，即逻辑无关乎经验的内容，而只关乎某物之所“是”；且这里的“是”作为一个系词，表明逻辑只与推理的形式有关③。命题6.1222更清楚地指明，逻辑与经验无关。

维特根斯坦接着指出：

我们说过，在我们使用的符号中，有些东西是随意的，有些东西则不是随意的。逻辑只表达后者，这就意味着，逻辑领域不是我们借助记号来自由表达的地方，而是绝对必要的记号自身表现其本性的地方。(6.124)④

因而在逻辑中绝不可能有出乎意料的东西。(6.1251)⑤

逻辑与经验无关，因为经验的东西总是带有某种偶然性。而正如上面两节引文所表明的，在逻辑中，没有任何随意的或出人意料的东西。逻辑只考虑必然性的东西。而逻辑的这样一种绝对的、无任何例外的情形，正类似于上帝的意志。谢尔兹指出：“从现存最早的笔记开始，维特根斯坦就把逻辑形式(及后来的语法形式)当成是类似于上帝意志的东西，于是，逻辑提供了绝对的，可用来衡量我们的‘罪’的标准。”⑥而且，在

① [奥]维特根斯坦：《逻辑哲学论》，贺绍甲译，商务印书馆1996年版，第83页。

② 同上书，第92页。

③ 笔者此处所作分析，受到王路先生相关论著的启发。

④ 同上书，第93页。

⑤ 同上。

⑥ [美]谢尔兹：《逻辑与罪》，黄敏译，华东师范大学出版社2007年版，第4页。

维特根斯坦那里,他对上帝的理解更接近于《旧约》中的描述。而这,恰与维特根斯坦的犹太人身份紧密相关。谢尔兹指出:“这不是和蔼可亲的父亲式的上帝,而是一个立法者,是可怕的、苛酷的、人类无法理解的、犹太先知的上帝。这个上帝审判个人、城邦和民族,以不可解释的方式任意地毁灭或保留它们。在逻辑语法不可测知的作用方式面前维特根斯坦所感到的局限性与依赖性中,在他所理解的这个世界的偶然性和无价值性中,可以发现可畏的审判的踪迹。”①

逻辑之绝对必然性的本质性特征,决定了它内在的有限性。在一个意义上说,逻辑是狭窄的。但这似乎并非逻辑最主要的问题。黄敏不赞同谢尔兹通过上帝勾连逻辑与罪的努力。在黄敏那里,所谓原罪根植于逻辑的内在结构之中。他在《维特根斯坦逻辑的原罪结构》一文中指出,思想的“有限性不是原罪所在,有限性与思想的自主性相加,才是真正起作用的原罪结构。理解这一点的思路是这样的:思想的自主性意味着思想不受其他东西的限制,思想就其自身而言是无限的,因此思想本身就要越界,思想注定要对自己作恶。这就是逻辑的原罪。”②

思想的自主性决定了它具有一种越界的冲动,这在维特根斯坦那里,表述为思想对逻辑和语言界限的冲撞。这样一种不受约束的“咄咄逼人”,正标识出思想的骄傲本性。而在耶路撒冷的传统之中,骄傲是极大的罪行。因此,在我看来,黄敏的上述解释,的确有一种逻辑上的自洽性,而且在一定意义上也相当有道理。但我们却不能因此否认维特根斯坦思想与传统之间,有着千丝万缕的联系,尽管这样一种联系,可能并不是一种单纯的继承。

到了 1937 年,维特根斯坦在其笔记中写道:“在我们对话的过程中,罗素经常要叫喊:‘逻辑是地狱!’这完全表达了我们在思考逻辑问题时具有的感觉。那是指,它们巨大的困难,它们的坚固和光滑的性质。”③逻辑的坚固和光滑,正好标识出它严格的规定性和与经验无关的特征。而逻辑是地狱的比喻,表明逻辑所加之于思想的痛苦,以及一种想要逃离的愿望。维特根斯坦在《哲学研究》中写道:“越细致地考查实际语言,它同我们的要求之间的冲突就越尖锐。(逻辑的水晶般的纯粹原不是我得出的结果,而是对我的要求。)这种冲突变得不可容忍;这个要求面临落空的危险。——我们踏上了光滑的冰面,没有摩擦,因此在某种意义上条件是理想的,但我们也正因此无法前行。我们要前行;所以我们需要摩擦。回到粗糙的地面上来吧!”④(§107)在这里,维特根斯坦呼吁摆脱逻辑的紧箍咒,而更多关注语言的实际用法。

---

① [美]谢尔兹:《逻辑与罪》,黄敏译,华东师范大学出版社 2007 年版,第 49 页。

② 中国学术论坛:http://www.frchina.net/data/detail.php? id=18947。

③ [英]维特根斯坦:《维特根斯坦笔记》,[芬]冯·赖特、海基尼曼编,许志强译,复旦大学出版社 2009 年版,第 52 页。

④ [英]维特根斯坦:《哲学研究》,陈嘉映译,上海人民出版社 2005 年版,第 54 页。

四、结 语

通过如上分析,我们可将维特根斯坦思想之内在张力简述如下。从西方文化的大传统看,雅典与耶路撒冷的现代之争,在维特根斯坦身上有着生动而恰切的体现。因此,如果我们着眼于维特根斯坦整体性的思想结构,就不能只对其哲学进行单纯的考察。本文提出"两个维特根斯坦",即犹太人维特根斯坦和哲学家维特根斯坦的区分,当为此问题的深入考察,提供了一个基本的框架或标识。在维特根斯坦思想的内在结构中,逻辑与罪之间,构成了一个尖锐的冲突。逻辑的绝对性,正如上帝之绝对意志,在它之下,思想对逻辑和语言之界限的冲撞,正表明其骄傲的本性,而这正是一种极大的罪行。到后期维特根斯坦那里,思想与逻辑之间的尖锐对峙有所松弛,但这绝不意味着两者之张力的消失。

【书评与报告】

《史论拾零》:哲学大家的历史随笔

杨　哲[1]

在《我的人生之路》一书中,陈先达教授写到自己一生在马克思主义研究领域中有两次变化:第一次是由马克思主义基本原理的研究转向马克思主义发展史;第二次是写作方式由长文转向随笔,“我想,能不能有另外一种写法,写自己稍微熟悉的、在实际生活中摸得着的、有真情实感的东西?我想可以。于是我尝试写短的、自己有点真实感受的、小块的东西”[2]。就是这些“短小的东西”在陈老师的笔耕不辍中汇集成了6卷本的哲学随笔,2013年北京师范大学出版社推出的《史论拾零》便是该系列的最新成果。如何理解哲学随笔中的史论,如何拾零书中“短小的东西”,如何看待哲学的随笔写作,这是本文要谈的问题。

一

1950年到1953年,陈老师在复旦大学历史系学习,无怪乎他曾笑侃《史论拾零》作为六本随笔的殿后之作,也算是回到了六十多年前的老本行。严格说来,“回到老本行”的说法并不准确,在多年的马克思主义哲学求索中,陈老师与他的老本行从未远离。在1987年的专著《走向历史深处:马克思历史观研究》中,历史观是研究的对象;从1997年的《漫步遐思》开始,读过的书、看过的新闻、听说过的故事……这些鲜活的历史经验成了灵感的源泉。无论是鸿篇巨制、长篇论文,还是短篇随笔,“都是着眼现实,不是纯概念式的”[3],现实的延展构成历史,历史的片段即是现实,因而“历史”的身影始终或隐或显地贯穿于陈老师的思考和研究中。

如果说历史在先前的写作中主要充当了研究对象和灵感源泉,在《史论拾零》中,历史也是、更是哲学的思考路径和表述方法。“当我看到学术界为某个概念式的问题争得不可开交时,总是会涌起一种想法:何不求助于历史呢? ……历史对脱离历史的抽象哲学概念具有天生的‘敌对’性。”[4]在该书收录的92篇随笔中,上部的38篇文章借

---

① 中国人民大学哲学院博士生。

② 陈先达:《我的人生之路——陈先达自述》,中国人民大学出版社2014年版,第207页。

③ 同上书,第209页。

④ 同上书,第219页。

助辛弃疾的《南乡子》、司马迁的《史记》、丧权辱国的中国近代史、苏联的改革与解体……揭示出"任何没有可能得到历史证明的范畴和概念都是悬在思辨太空中的'死魂灵'"①,从而批判了西方思辨的历史哲学。下部的54篇文章则采集从古代罗马到当代欧洲、从儒家经典到寻常琐事中的诸多案例,为抽象化表述的历史唯物主义注入具体内容,让"经济决定论"、"普世价值观"、"永恒正义说"、"普遍人性论"等对马克思主义的诘难不攻自破,朴实却可信地阐明了马克思历史观的基本概念。因此书名《史论拾零》之"史"便有两层含义:一是指代作为写作对象的历史观,二是指称作为写作方法的历史学。

在哲学随笔系列的6部作品中,《史论拾零》是最具历史感的一部,历史不是哲学发展的背景板或者可有可无的解释工具,历史感也不是哲学家朦朦胧胧的感性体悟,而是真正哲学思考所必需的基本素养。在《历史观与历史研究》一文中作者便提请我们"普通的哲学工作者"注意:"懂点历史对我们是极其必要的。没有历史知识和历史感,哲学最容易陷于思辨,而历史知识是医治抽象思辨的良药。"②即使是最善用抽象概念的黑格尔,也从未忽略对鲜活历史的尊重,伟大的历史感恰是黑格尔思想方法的基础③。马克思更是终其一生都重视对历史学的研究和写作。马克思在大学期间研究了路德维希的《近五十年》和兰克的《德国史》,在撰写毕业论文期间摘录了关于古希腊罗马哲学思想史的笔记,长达四十年的《资本论》写作也离不开经济史的研究。逝世一年前"马克思还认真阅读德国历史学家施洛塞尔的《世界史》(18卷)、博塔的《意大利人民史》、科贝特的《英国和爱尔兰的新教改革史》、休谟的《英国史》、马基雅弗利的《佛罗伦萨史》、卡拉姆津的《俄罗斯国家史》、赛居尔的《俄国和彼得大帝》、格林的《英国人民史》并写下大量批注"④。马克思还尝试以多种历史观指导自己的历史学研究,写作了如《家庭、私有制和国家的起源》的宏大叙事、《路易·波拿巴的雾月十八日》的微观史研究,还有以编年体例呈现的《历史学笔记》。

《史论拾零》采用"历史学解历史观"的致思进路和写作方法不仅出于作者的专业兴趣,更是现实和理论的要求:抽去历史内容的单纯概念必然是僵死空洞的,不过是披着普遍适用外衣的文字游戏;缺乏概念提炼的零散经验注定是短视狭隘的,只能是笼罩着神秘光环的纯粹偶然。

二

正如书名所提示的,作者对历史观的审理,是以"拾零"来实现的。所谓历史观,即

① 陈先达:《我的人生之路——陈先达自述》,中国人民大学出版社2014年版,第220页。
② 陈先达:《史论拾零》,北京师范大学出版社2014年版,第30页。
③ [德]马克思:《政治经济学批判》,人民出版社1955年版,第179页。
④ 陈先达:《史论拾零》,北京师范大学出版社2014年版,第28页。

关于社会历史的总的看法和根本观点，自然而然，对历史观的分析和评判则需要借助某种全景式的呈现和本质性的概括，否则，何谈"总的"和"根本"。而"拾零"在日常语境中则多指对零散化经验和片段式体悟随意地、四处地采撷和捡取。那么，史论何以拾零？纵览全书，作者主要借助单一议题的统领、历史经验的征引和散文风格的活用来"拾零论史"。

就第一点而言，只需翻阅该书目录便可一目了然。全书的92篇文章皆以短小、明确的标题统领，除了《鱼失水则死，水失鱼犹为水也》、《盖棺未必定论》、《治鱼还是换水》等8篇文章以隐喻或者指代的修辞手法拟定标题，其余84篇都使用了估量短语（形容词—名词结构）、并列或转折性名词短语以及态度明确的陈述句或反问句作为标题来对文章内容和主题进行最直接、简洁的概括，例如《历史的道德评价》、《历史事实与历史细节》、《创造性发展不是简单重构》等等。针对每个短篇，作者拟题精当，确保了有限篇幅内对每个议题的有效展开与适度深入；对于各篇之间的顺序先后，也非随意为之，尽管目录中没有标明，但细心的读者不难发现作者围绕历史观的最基本概念，有意将议题接近的短篇组织在一起，上部的38篇文章依据历史的研究与书写、历史的功能与评价、历史的进程与历史中的个体这三个专题前后衔接，下部的54篇文章基于什么是历史唯物主义、历史的规律、历史形态与社会结构三个专题进行了编排。因此，尽管作者从零散议题拾起，但全书形散神聚，在一笔一墨的轻巧随意之间，史论的整体风貌和全局气象已然凸显。

对历史知识和生活经验的旁征博引是本书的另一显著特色。历史研究的通俗性和现实感，也一直是作者晚年学术写作中所致力追求和辛勤实践的。在哲学随笔系列第一部《漫步遐思》首版"前言"中作者写道："经常听到年轻人说'变个活法'，我想，文章是不是也可以'变个写法'？即使是哲学的难点、疑点或争论不休的问题，也应该放下架子，写得通俗点、活泼点。"①作为哲学随笔系列的一贯特色，通俗性和历史感如果说在前五部作品中只是作为一种文风而被加以强调，那么在这本史论中，则作为历史观研究的法则受到尊奉，因为"对历史的研究必须有历史感和现实感，没有历史感，历史就没有真实性，是虚假的历史……没有现实感，就没有历史研究的目的性和真实性，是没有意义的历史。"②没有通俗性和历史感的历史观也就成了不接地气儿的神圣之物，这也正是作者在上篇中所着力批判的思辨的历史哲学。以《五人墓碑记》解释英雄史观，以拿破仑的征战阐明黑格尔的绝对精神……作者对古今经典和中外案例的巧思妙用在书中随处可见。在哲学与生活的水乳交融中，陈老师淡泊豁朗的生活态度和博大敦厚的人文积淀也得以流露，更让文章在可爱可信地论史之外余韵悠长。

史论得以拾零的第三个要素是散文风格的运用。"散文化"是贯穿陈老师哲学随

---

① 陈先达：《漫步遐思》，中国青年出版社1997年版，第1页。

② 陈先达：《静园夜语》，中国人民大学出版社1998年版，第171页。

笔系列十分鲜明的特点。在本书中,“散文化”不仅意味着一种随笔或者小品文的写作模式,赋予本书随意自然、质朴踏实的文字风格;更作为一种研究方式,关乎作者对历史观的最本质思考。作为一名马克思主义哲学家,哲学与生活的辩证关系是陈老师学术研究中最基本的信条,即对马克思主义哲学实践性、革命性和科学性的探寻和秉持。哲学的任何提问、思考和解答都离不开生活,个体的鲜活经验必然包含着哲学运思的引线。如同散文的写作源自一呼一吸间的用心体贴,哲学的研究也必然起于一点一滴的生活实践。作者认为哲学写作要从生活中发现问题而非在文献中发明问题,不对生活经验有着熟识深察和自觉反思,历史观必然沦为思辨的,“书斋里的哲学家”说出的也只能是佶屈聱牙的生硬道理了。只有四处采撷,随心拾取,才能将历史经验自然流淌为历史观念的表达,引起读者对马克思主义哲学思想的共鸣。

三

从《漫步遐思》开始,陈老师在十五年间陆续出版了《静园夜语》、《哲学心语》、《回归生活》、《宜园杂论》和《史论拾零》。这6本书皆由多篇短文组成,论理深入浅出,行文清新质朴,一字一句仿佛随作者心思所及之处自然流淌,学界和读者普遍将此6部作品视作一个整体,代表了作者晚年在哲学思考和表述上的转向,并冠之以“哲学随笔”的雅号。

哲学随笔,顾名思义,是对哲学的随笔式表述,或者说以随笔的风格写作哲学。对于这个称谓,陈老师本人也是认可的,在其最新出版的自述中,作者将从长文向随笔的转变视为其马克思主义研究生涯中的两大转变之一,坦承晚年“虽不时写点长文,但更痴迷于随笔”①。还将自己的哲学随笔总结为灵感式的、源自心得的感悟,目的在于形成作者和读者心灵之间的对话,发挥启迪智慧的作用,不至于一堆文字最后自说自话,因而随笔相较于论文,尽管主题一样,但写法不同,风格也不同。

为什么要以随笔的风格写作哲学?作者认为“写作风格并不仅仅是个人爱好问题,涉及‘文风’和传播马克思主义的效果”②。谈及文风,似乎是一个文学的范畴,实质上,文风就是语言的风格和思考的姿态,有表达就有文风,因此哲学写作也有文风。哲学的文风大致分为两类:哲学理论的写作多呈现出理性、严谨的风格,例如原创性哲学概念的阐释、对他人哲学研究成果的呈现、宏大哲学体系的创建等,通俗易懂相比于论说清晰、论证完整来说是等而次之的追求。而哲学思想的写作多呈现出感性、随意的风格,例如对人生和世界的感悟、对根本性问题的求索、对生活智慧的升华等,源于作者真情实感的思想如何流畅自然地延续至读者是写作首要考虑的。

---

① 陈先达:《我的人生之路》,中国人民大学出版社2014年版,第207页。

② 刘建军:《陈先达教授和他的哲学随笔》,《北京高等教育》1999年第9期。

写作对象和写作风格之间的对应并非不可移易，两种写作风格的差异也不是泾渭分明：哲学理论并不需要由论文来写，哲学思想也不是定要随笔式的表达，柏拉图的对话体、奥古斯丁的忏悔录、卢梭的漫步遐想、蒙田的随笔全集……以及现今常见的哲学访谈录、对话集、通识性哲学史读物，读者不会否定这些写作呈现了哲学理论，但也很难说呈现出的全是哲学理论。当哲学家的写作风格超出了读者惯常的阅读期待，这种落差所营造的陌生化和新奇感势必影响读者对写作内容的意会。文风并非蛋糕上的糖霜，仅仅起着修饰作用，它已经融入蛋糕本身了。就此而言，陈老师的哲学随笔关乎文风，更关乎马克思主义哲学在中国的传播。

要想理解马克思主义哲学在中国的传播，就必须理解马克思主义哲学的类型、功能和面貌。自 1899 年 2 月李提摩太和蔡尔康的《大同学》一文将“百工领袖著名者，英人马克思也”①引荐至中国，马克思主义哲学的类型、功能和面貌不断被改写、被塑造：作为政治口号和革命先导的教条化马哲，被锁进辩唯—历唯框架的经院化马哲，被言论商贩兜售于图书市场的庸俗化马哲……陈老师在哲学随笔中对马克思主义哲学现实性的强调、对随笔式哲学表述的追求，便是对艾思奇所开拓的哲学大众化和通俗化的体认和延续。

1932 年，艾思奇开始在《中华日报》发表哲学短文。1934 年，他接手《申报》“读书问答”专栏的组稿，在一年左右时间里，参与答疑读者关于哲学、社会、人生方面的困惑 1800 多次。后来该栏目被编入李公仆主编的半月刊《读书生活》，此后艾思奇先后发表了 24 篇哲学讲话，于 1936 年 1 月结集为《哲学讲话》出版。今天广为人知的《大众哲学》便是《哲学讲话》于 1936 年 6 月第四版刊印时的书名。② 艾思奇写作《大众哲学》的 20 世纪 30 年代，正值“文艺大众化”、“社会科学大众化”和“历史大众化”等口号风行于中国思想界之时，《大众哲学》以通俗易懂的语言、贴切平实的故事，深入浅出地阐明了马克思主义哲学的原理，以祛魅和去神秘的哲学写作率先回答了哲学与大众化的关系问题：哲学应该大众化，哲学可以大众化。在 1783 年 8 月致伽韦尔的信中，康德针对其时流行的“通俗化”呼声，提醒人们：“缺乏通俗性是人们对我的著作所提出的一个公正的指责，因为事实上任何哲学著作必须是能够通俗化的，否则，就可能是在貌似深奥的烟幕下，掩盖着连篇废话。”③这也是常常被陈老师拿来教导后学的例子，他在自述中称艾思奇的著作和文章为自己的老师，更以“通俗活泼”要求自己的写作。

早在 20 世纪 90 年代，陈老师有感于其时哲学的经院化让哲学离“我”太远、离大

---

① 1899 年 2 月到 4 月，上海广学会主办的《万国公报》在第 121 期和第 123 期分别刊登了英国传教士李提摩太节译、蔡尔康撰文的《大同学》一文的第一章和第三章，在第一章中首次提到“其百工领袖著名者，英人马克思”并误译为英国人，又在第三章中提到“试稽近代学派，有讲求安民新学之一家。如德国之马客思，主于资本者也”，这里的英人马克思和德国之马客思为同一人。

② 参见郭建宁：《马克思主义哲学大众化的当代思考》，《河北学刊》2005 年 5 月。

③ ［德］康德：《康德书信百封》，李秋零译，上海译文出版社 1992 年版，第 86 页。

众太远,强调要让哲学从哲学家的书斋里走出来,马克思主义哲学家不能是沙漠里的高僧,于是有了 1997 年哲学随笔的首次尝试《漫步遐思》,开始了哲学大众化和通俗化的新的探索。今天,哲学无用论、多元真理论、历史虚无论大行其道,马克思主义的价值正消解在话语操控者对历史事件的断章取义、时髦学术明星对马克思文本的肆意利用和图书商人对哲学的庸俗性消费中,陈老师以历史观的随笔式书写重申马克思主义哲学中的现实感与实践性,于是有了哲学随笔写作十五年后的汇力之作《史论拾零》,朴实却坚定地表达了哲学在今天依然需要大众化和通俗化的诉求。

《史论拾零》中的历史随笔都篇幅不大,说理质朴简洁,文笔清新亲切,鲜见哲学概念的累叠、专业术语的罗列,对历史经验和切身体悟的拾零取代了对宏大叙事和统一逻辑的追随。寥寥千字,哲学大家的思想风范、淡泊学者的社会担当还有一位耄耋老人的人生智慧,已然融会贯通、跃然纸上。在该书的后记中,陈老师以温馨可爱的笔调记录了老伴儿对他废寝忘食写作的"怨言",每每读到此处,老师勤恳地迈着步子、四处采撷、集攒智慧的画面仿佛就在眼前。

资本时代的青春想象

黄志军[①]

内容摘要:青春不仅仅是一个时间概念,在本质上,它是一个生命概念。在生产性阅读中,《青春就是真理》和《中国女工》显示了关于青春的两种叙事:一种是关于规训和教化的叙事,青春在个体的特殊性被陶冶成社会的普遍性过程中终结,是一种规范性的叙事;另一种是关于体验和抗争的叙事,生命体验要高于深刻真理,对真理的抗争要高于对真理的臣服,是一种现实主义的叙事。在后一种叙事的意义上,相对于古典的青春来说,资本时代的青春就是一种神话,它主要体现在对青春的称谓和关于青春的逻辑中。于此,摆在我们面前的任务是要继续追问谁的青春,如何理想?

关键词:青春　真理　叙事　资本　理想

程广云教授和夏年喜教授共同合作撰写了《青春就是真理》,与主题相契合的是该书由中国青年出版社出版。尽管在青春与青年之间存在着相当的理论距离,但在现实中,青年是青春的表征,青春是青年的标志,二者无疑具有相当高的契合度。当我第一次接触本书的时候,一种要阅读下去的冲动便油然而生。为何有这种"油然"的感觉?细细想来或许有以下方面的缘由:一是惊讶的感觉。程广云和夏年喜教授在2013年出版此书时都已年近半百,为何他们还对"青春"如此着迷!? 以至于要"不遗余力"[②]地将自己对青春的理解和想象传递给读者;二是疑惑的感觉。程广云和夏年喜都是哲学教授,专攻领域分别是马克思主义哲学和逻辑学,一方面,他们的合作到底能够产生什么样的"火花",以致感动"青春"? 另一方面,无论如何界定青春,在现实的时间之流中,青春对于他们来说早已远去,那么他们对青春的理解能否跨越时间的界限,呈现一种让我或我们所感动的青春想象?

从阅读理论来说,带着惊讶与疑惑的阅读是一种最具生产性的阅读,此时读者与作者,或许还有与其他读者和作者便能身处其中,激发想象,建构不同体验、不同文本和不同处境之间的关联,从而生产出一种新的文本与思想。事实上,生产性的阅读又是层次最高、难度最大的一种阅读方式,所以很后悔当初因为"冲动"而许诺为它写一篇评论。

---

① 作者单位:首都师范大学政法学院。

② 按照程广云教授在"后记"中的表述来说,这本书的思路在15年前就已经形成了。

简言之，这确实是一件不容易，甚至是一件“吃力不讨好”的事情。更何况在阅读与写作之间还存在着一段极其神秘的旅途。是的，要打破这种“神秘”！于此，在生产性阅读中，一是我需要寻找与该书能够形成互文性阅读的文本，二是我要将自身对青春的体验置入写作当中。于是，香港科技大学潘毅教授的《中国女工：新兴打工主体的形成》一书开始映入我思考的视野，而我也将伴随书评的写作开始重新建构自身对青春的理解。我以为在这两个维度当中，《青春就是真理》一书的思想及其价值应该能够得到建构。

一、关于青春的两种叙事

黑格尔曾言：对同一句格言，年轻人所理解的意义，总是没有饱经风霜的老年人所理解的广泛和深刻。在认识论的意义上，饱经风霜的老年人自然比年轻人对真理有着更为全面和深刻的理解，但是在存在论的意义上，即使那饱经风霜的老年人说出自己所理解的全部真理，依然不能代替或遮蔽年轻人的理解，或者说，年轻人获得对真理的深刻理解也必须像老年人曾经经历的那样，去历练、承受痛苦。于是，饱经风霜在年轻人那里，只是一段故事、一种想象。他们要获得对世界的真理性理解，就必须“跳进”这现实世界，在纵身一跃的那一刻向真理敞开自身。

从这个意义上说，我认为关于青春的叙事有两种：一种是关于规训和教化的叙事。在这种叙事当中，青春在个体的特殊性被陶冶成社会的普遍性过程中终结。于是，普遍性便是青春的真理。这也就是黑格尔那句名言所隐喻的东西，老年人高于年轻人的道理便在于普遍性要高于特殊性。另一种是关于体验和抗争的叙事。在这种关于青春的叙事中，生命体验要高于深刻真理，对真理的抗争要高于对真理的臣服。它所要彰显的是关于青春个体抗争的故事，关于青春个体体验生命的旅程，至于是否达致真理那是最为次要的事情。在这个意义上，可以说抗争就是青春的真理。

《青春就是真理》的副标题是：“生命走出晦暗之境敞开自身”。与副标题中这个颇具海德格尔语法风范的句式一样，该书是以哲学叙事的方式来表述青春道理的。简单来说，是对青春的一种哲学思考。著者主要是以“谈”的方式对青春进行反思和批判的，涵盖了谈意义、谈价值、谈励志、谈休闲、谈爱情、谈居家、谈境界、谈修养等 15 篇。从该文本对青春的叙事来看，我认为它讲述的是关于规训与教化的青春道理，是对青春的一种规范性理解。在著者看来，青春作为青年人天然应有的生命状态，可以被表述为简单性原则、纯洁性原则、独立性原则、创造性原则，即青春是以单纯性和创造性为原则的生命表现。从这种原则化的阐释来看，与其说著者是对青春概念做抽象概括，不如说是在划定青春的边界。在边界的划定中，著者对青春的想象开始被建构起来：它应该是充满了意义的生活状态，它应该是关于价值创造的生命表现，它还应该是善创业、会休闲、能居家、有修养、够境界的生命存在等。

尽管在哲学道理与青春故事之间，著者小心翼翼的平衡着对青春的原则化阐释与个人想象之间的关系，但从整个文本对青春的理解框架来说，青春在那里是值得被规训和教化的生命状态。无论是“谈亲情”“谈友谊”，还是“谈爱情”“谈交际”，事实上著者是在以一种符合美好景象的普遍性状态来规范和注释青春状态。在著者追求“美好青春”的过程中，青春个体被想象成一种充满理性和智慧的存在。在那里，他们须懂事物、明道理、谙人情。换句话说，这种对青春的规范性理解，是从事后思索出发的，是从道理出发的一种解释框架。当然，这也与著者以哲学的方式诠释青春的思路是一致的。这一点，与《中国女工》从个体的体验出发建构关于青春的想象恰恰形成鲜明的对比。

巧合的是，《中国女工》也有一个副标题：新兴打工者主体的形成。尽管该书不是专门叙述青春的著作①，但是我想任何一个读者都能在其中建构起自己对青春的想象。当然，这种想象首先来源于著者对青春的一种社会学建构。简言之，在关于青春的论域中，与其说《中国女工》是一本关于中国社会裂变进程的社会学著作，不如说是一个描写当代中国年轻人青春抗争的故事性文本。在该书中，著者描述了中国农村年轻女性（18—25 岁）成为“打工妹”的过程。她把“打工妹”这类中国独特的青春样本，置于国家、跨国资本以及家庭父权制的三重张力中来理解。潘毅指出，中国在新的国际分工中扮演着“世界工厂”的角色，在这里，“跨国资本向中国的转移，不仅因为这里有廉价的劳动力和土地，同时还因为这里有大量勤劳、温顺并且受过良好教育的女工，她们更愿意每天埋头苦干 12 个小时，她们更能顺应精益生产方式的要求，并且她们还是全球化产品的潜在消费者。”②在资本、国家和父权制家庭的交错背景下，“打工妹”这类青春的独特主体在当代中国获得了普遍性意义，因为在潘毅看来，“打工妹主体的形成是一个双重过程：一个是使个人不断走向孤立的个体化过程，另一个是形成某种中国社会所特有的群体形态的过程”③。在这里，打工妹这类具象化的青春样本开始得到建构。自然，这类特有的青春群体形态，不仅仅属于打工妹，也属于打工仔，或者处于类似环境中的所有年轻人。这是我们思考中国式青春不能忽视的因素。

具体而言，对她们的教育、爱情、家庭分工、就业以及婚姻选择的理解，就不是一种规范性的，而是一种现实主义的。在这里，青春意味着抗争，是对资本掠夺、流水线枯燥作业、工厂强制监督的抗争，是对父权制家庭、农村传统习俗及规制的抗争。“梦魇、尖叫、晕倒、痛经、自我的内部分裂、劳动反抗、怠工、逃跑、请愿以及罢工等都可视为抗争行为的点或线，它们共同构成一幅抗争的图画，并且必将直接向权力与支配发出挑战。”④至此，《中国女工》为读者呈现了一幅关于青春的颠覆式图像，它以一种被支配却又充满破坏力的形象出场，可以说，它是资本时代对青春真实存在形态的体验性

① 据作者之言，该书是一部关于打工者主体的权力、欲望与抗争的民族志研究专著。

② 潘毅：《中国女工》，任焰译，九州出版社 2011 年版，第 4 页。

③ 同上书，第 10 页。

④ 同上书，第 197 页。

叙事。

如果说《中国女工》所叙述的是一场关于体验和抗争的青春故事，那么在我看来，《青春就是真理》所讲述的便是一段关于规训与教化的青春道理。在这两个文本里，故事中有道理，道理中亦有故事。前者的叙事是从故事到道理，后者则是从道理到故事。无论如何，他们对青春的想象，在各自的叙事中显露出差异，前者是现实主义的，是颠覆式的想象，后者则是浪漫主义的，是规范性的想象。

二、资本时代的青春神话

从读者的角度而言，《青春就是真理》向我们呈现了一种青春真理，那就是青春要充满意义、创造价值、追求境界、勤于修养等。在这个意义上，《青春就是真理》所呈现的是一幅具有古典意义的青春图像。温文尔雅、内涵修养、分寸有度是这种古典青春的表征。恢复古典的青春概念在当代无疑是有指向的。这一点，就《青春就是真理》出场的时代背景而言，是恰当而且必要的，因为这是一个资本的时代。在这个时代中，青春本身就是神话！与《青春就是真理》不同，《中国女工》所反映的恰恰是一幅资本时代的青春图景。在那里，青春充满了悖论、荒谬和无奈。所谓青春的意义、价值、境界、修养在资本控制的时代，将要全部被重新评估。然而，青春在这个时代展现了它可贵的一面，即抗争、不屈服、具有破坏力，对现存秩序构成挑战，是未来世界不可或缺的力量。

其一，资本时代下的青春称谓。从对青春的称谓来说，《青春就是真理》保持着一贯的古典意味。虽然著者以青年人标识青春的存在，但是它也强调青春本身是一种生命状态，"青春是最有活力、最富张力的生命。青春是富有尊严、自由、欢乐的生命。青春是生命的极致。"①仅从字面意思来看，这有点像打了鸡血似的某种流行的关于成功学的读本。但是，这显示了著者本身对待青春的严肃态度和认真精神，以及对青春的敬畏之心与怀念之情。在这种古典的理解中，青春往往在"少年出英雄""后生可畏""八九点钟的太阳"等称谓中，被贴上朝气、活力、正义的单纯性标签。在这里，青春尽管有过度被理想化的嫌疑，但是正如著者所言，不单纯则不青春。

与此不同，《中国女工》把在城市工厂从事劳动的年轻女性称为"打工妹"，与此相对应一般把这样的男性称为"打工仔"。"打工"是《中国女工》的核心概念之一，与"雇佣工人"的称谓不同，打工妹和打工仔所指向的更多的是资本时代中的年轻人及其性别特征。这一点，与古典的青春称谓有实质性差别：一是它突出性别特征，细化了对青春的识别。当然，这种细化是资本的产物，正如潘毅所言："生产机器的微体权力对平凡的身体没有兴趣；它只对特殊的身体，即女性的身体感兴趣。因为女性的身体通常被

---

① 程广云、夏年喜：《青春就是真理》，中国青年出版社2013年版，第5页。

想象为更加驯服、更加忍耐,并且更加适合于工厂机器。"①还有一个因素是,女性在资本追逐利润的过程中,被想象成价格更加便宜、更加容易管理和控制。在此,资本将青春的性别特征剥离开来,可以说对青春称谓做了精致化的处理。二是它区分了不同青春群体。在古典的意味中,英雄少年、可畏后生等才是青春的代名词,继而青春在"伟人"和"英雄"的传记中才被浓墨重彩的提及,简言之,这里的青春指向比较单一。而在资本时代,青年人被区分出了不同群体,也有多样性的称谓。在资本追逐利润的生产环节,他\她们被称为"打工妹"、"打工仔";在消费环节,他\她们被称为"腐女"、"屌丝"、"白富美"、"高富帅"或"富二代"、"负二代"。在这里,青春的单纯性原则成为一种神话;在这里,遗产、权力、财富不可避免的为古典青春注入了解构性"毒药"。

其二,资本时代下的青春逻辑。从《青春就是真理》对青春的界定来说,它也是反抗资本时代的一种表征。它所要确立的是关于青春的素朴想象、崇高理想和价值规范。从这个角度而言,这种崇高是对资本时代下青春概念的反叛。从其思想的内在逻辑来说,《青春就是真理》所采用的是个体逻辑,即它是沿着"修身、齐家、治国、平天下"的"内圣外王"之道,将青春设定在了个体生存、个人价值、独立劳作、独善其身等方面。无疑,在最美好的设想当中,青春就是属于个体的青春,青春就是这样一种意识自身、陶冶自身、解放自身的真理。这也就是著者所说的青春的创造性原则。这种青春犹如项羽凭借硕壮身体、高超骑术、盖世武功而独闯天下,而非像刘邦那样深谋远虑、运筹帷幄而决胜千里。在这个意义上,项羽是最后一个个体意义上的英雄。自《孙子兵法》后,这种英雄难觅其影。

《中国女工》对当代中国"打工妹"这类青春样态的理解不是个体性的,而是一种在资本、国家和家庭父权制交互背景下的复杂性理解。换句话说,它采取的是一种社会逻辑、总体逻辑。指出这一点,是非常有必要的。正如著者明确提出该书的主要问题是:"在中国追求现代性和全球化的变革时期,个体的社会地位与打工者主体的地位发生了怎样的变化?国家社会主义与资本主义的关系混合体到底对个体提出了怎样的要求?而且,将会出现怎样的新主体、新身份认同以及新的权力——抗争关系?"②从资本的逻辑来说,它具有强制性和趋同性特征。在中国传统的伦理秩序中,家国同构的体系对于年轻人的引导、教化和规训都有着强烈的儒家因素。但是,当中国加入国际资本分工的体系后,资本与国家、与父权体制开始纠缠在一起,因而理解或叙述当代中国人的青春时不可避免地要考虑这诸种因素,尤其是资本的因素。从这个意义上说,关于青春的想象过于单纯则是不妥当的。在《中国女工》中,"打工妹"的"自我塑造技术"即是来源于资本的控制,从全景敞视的监督、无处不在的工厂守则,到劳动作息时间表,无不是资本对年轻人的塑造。这种塑造,是她们关于青春的残酷记忆。此外,她们对父权家

---

① 潘毅:《中国女工》,任焰译,九州出版社 2011 年版,第 15 页。

② 同上书,第 7 页。

庭的抗争、对自身身份的认同都浸透着资本的诱惑与控制。在这里,青春在支配与抗争之间才显露出其真理性。从而所谓青春的活力、生命力,亦即它所代表的新生事物、它所内涵的创造性、抗争性,仅在个体逻辑上是无法理解的,还需要在更为深刻和复杂的社会逻辑中方能得到理解。

由此,古典的青春意谓在资本时代中显然已成为一种不折不扣的神话。但需要指出的是,在对青春的规范性理解和体验性理解之间不存在孰高孰低的区分,无论是《青春就是真理》,还是《中国女工》,在我看来,事实上都是在试图为青春这种特殊性的存在寻找一种合理的解释和归宿。只不过,在青春理想和青春现实的书写上,两者的平衡点不同,前者是侧重理想的哲学分析,后者则是侧重现实的社会学考察。哪种书写更具力量,我想读者定会根据自身对青春的切身领悟作出判断。

三、谁的青春,如何理想?

弗兰西斯·培根曾言:知识就是力量,福柯也曾说:知识就是权力。那么,在这种逻辑中,谁先达致对事物的认识,谁便先拥有对事物的解释权和处置权。问题的关键在于,要先形成对事物的知识,即要先达致对事物的真理性认识。从这个意义上说,培根的《论人生》是一种知识论的,他以哲学的方式书写着对"人生"的真理性认识。在这条线索上,程广云和夏年喜教授所著的《青春就是真理》是一种向近代生命哲学范式的回归。

自然,这种回归是现时代的回归,它与这个时代有着高度的契合,又有着高度的分裂。一方面,所谓契合便是在被资本撕裂的社会存在中,我们仍需形而上学的思想自身。所谓精神家园的建构,在这里便是要建构一种人们普遍向往、接纳和承认的理想。对于青春理想的建构也是如此。没有形而上的维度,对青春的理解是苍白的。另一方面,所谓分裂就是这个资本时代的青春现实依然是神话,那个对谁都适用的青春理想遮蔽了千差万别、千奇百态的青春者,于是所谓单纯性和创造性原则就会被解构的只剩下没有原则的"原则"。如果可以,我宁愿把《中国女工》就看成是这样一种社会分裂状态下解构青春的叙事。它残酷,但真实!它痛苦,但警醒!它也是论说青春的别样版本。

借此,回到"谁的青春"话题上,才能更有力的思考"生命走出晦暗之境"这样一个存在论"命题"。在存在论的意义上,青春也需要走出晦暗之境。言外之意,在现时代,青春是一种被遮蔽的存在时态。这种被遮蔽的青春时态,就我所感知到的,至少有以下几类青春须值得关注:一是如《中国女工》所描写的工厂中"打工妹"们的青春,与此类似,还有打工仔们的青春;二是农村里留守青少年的青春;三是处于应试教育阶段的青少年之青春;四是那些处于单亲家庭中青少年的青春;五是那些官二代、富二代和穷二代青少年的青春;等等。这些划分没有固定的标准,事实上,也不存在区分所有青春的统一标准。但如果有一个理解框架的话,我愿意将这些青春理解为是置于资本时代条件下的青春样态，无论是打工妹，还是留守青少年，无论是富二代，还是穷二代的青春。至于应试教育阶段和单亲家庭中的青春样态也应该在资本条件下的社会结构变迁中加以理解，因为教育理念及其分工、家庭观念及其构成无不受着资本的强烈影响。这是这个时代每一个青春者的共同特性。但就青春的反思和批判来说，区分不同的青春存在样态，无疑是必要的，因为不同的青春存在形式有着不同的青春理想，或者说它们承载了不同的青春内容。

这种各异的青春理想或许是《青春就是真理》所忽略的东西。著者在该书的结束语中写道："希望每个青年人首先青春化自我，然后青春化每个人，让春风吹拂每一寸光阴，让朝霞普照每一寸土地，让青春感动所有的人心。青春万岁！"①然后接着以李大钊的《青春》一文作为全书论述的结尾。自然，著者以热血注青春和李大钊寄予的青春理想有着情感上的一致性，它们代表着纯洁、蓬勃、热血。青春在这里意味着变革，意味着冲破旧篱藩的力量，意味着美好，甚至是一种被寄予一切理想的存在。纵然，理想在本质上就是那个被想象、被追求、尚未存在的东西，因而青年对未来的想象主要来自于成年人及社会环境的赋予，这里有规训、有教化、有引导，但终归是一种抽象的存在。对于李大钊来说，他知道那时的青年应该追求诸如民主、科学、自由以及国家富强等理想。在那时，青春理想与社会理想的一致性就是对共产主义的追求。这是革命年代的青春，正像电视剧《激情燃烧的岁月》、《血色浪漫》所展现的青春一样，让人感动。这样的青春之所以让人感动，是因为我们这个时代患上了青春"贫血症"，青春岁月变成了"青葱"岁月；之所以让人感动，是因为这些青春理想与社会理想的一致！换言之，她\他们所失去的和要追求的与当时社会所失去的和所要追求的具有一致性。进言之，当社会理想离散、游移的时候，青春理想在哪安放呢？可以说，当代青春理想的游移与社会理想的游移具有定向关系。诸如富二代与穷二代的青春理想，留守、单亲家庭少年与"正常"青少年的青春理想，打工妹、打工仔与受过良好教育者的青春理想，这些各异的青春理想就是这种游移的时代表征。即使青春理想与社会理想具有一致性，它们之间的差异也不应该被这种一致化所遮蔽。

如果"青春就是真理"是一个真理的话，那么尊重这时代里不同的青春理想，并且让它们各自有一种合宜的归宿，则这种真理就是青春的。在这里，生命之青春将走出晦暗之境，并且向真理敞开自身。

① 程广云、夏年喜：《青春就是真理》，中国青年出版社 2013 年版，第 178 页。

乱花渐欲迷人眼

——2013 年中国网络文化发展现状与趋势调查报告①

常晋芳 等②

内容摘要：网络文化是近年来随着互联网等新媒体的普及而兴起的新兴文化形态，网络文化研究已经成为哲学和文化研究的新兴前沿领域之一，加强网络文化建设，建设网络强国，已经成为我国的国家战略。本报告以马克思主义哲学和网络文化理论为指导，总结和分析了网民对 2013 年中国网络文化发展的现状和趋势的看法，重点是网络民意的代表性和真实性、网络言论自由、网络谣言、网络反腐、网络安全、网民价值观等，并据此提出加强网络文化建设的建议。

关键词：2013　网络文化　调查　微博

网络文化是近年来随着互联网等新媒体的迅速普及而兴起的新兴文化形态，网络文化研究已经成为哲学和文化研究的新兴领域之一，加强网络文化建设，建设网络强国，已经成为我国的国家战略。据权威报告，截至 2014 年 6 月，中国网民达 6.32 亿，互联网普及率达到 46.9%，接近总人口的一半。③ 据某国际市场研究公司 eMarketer 报告，预计 2014 年全球互联网用户总数将达 28.9 亿人，在全球人口总数中所占比例首次突破 40%。网络文化已经越来越从支流变成主流，从边缘走向中心。为更好地了解我国网络文化发展的现状与趋势，推进网络文化研究和建设，中国人民大学"人文北京建设中的网络文化发展战略"课题组于 2014 年 1 月进行了一次问卷调查。主要对象是以北京市的高校师生、企事业单位职员、公务员等为主的网民，共发出问卷 1100 份，收回有效问卷 1011 份。在此基础上，对调查数据进行统计分析和理论解读，撰写了本报告。

---

① 本文系中国人民大学科学研究基金项目"人文北京建设中的网络文化发展战略"（项目号：12XNQ044）、国家社科基金重大项目"中国特色社会主义文化发展道路研究"（项目号：12ZD001）的阶段性成果。

② 常晋芳，中国人民大学哲学院、马克思主义哲学研究中心副教授，硕士生导师，哲学博士，主要研究方向为马克思主义哲学、全球化与信息网络问题、社会发展理论。本文参与撰写者有郭清飞、蒋晓龙、蔡少佳，曾东辰、秦小婉等对问卷调查亦有贡献。

③ 中国互联网络信息中心：《第 34 次中国互联网络发展状况统计报告（2014 年 7 月）》，www.cnnic.net.cn。

一、调查对象的结构与特征

1. 调查对象的结构

性别结构:男性 507 人,女性 504 人,比例几乎相同。

年龄结构:18—29 岁的网民占 82%,30—44 岁占 13%,18 岁以下和 45 岁以上很少。这既反映了网民的年龄特征,也是受本次问卷调查的范围所限。

学历结构:研究生及以上占比 53%,大学本科及专科占比 39%,本次调查对象的主体是大专及以上学历人群。

职业结构:占比最大的是高校师生和企业员工,相加超过 85%。

2. 行为特征

使用网络的历史时间:比例最大的是 6—10 年,占比 48%;其次是 1—5 年,占比 29%,表明调查对象的上网历史时间较长。

平均每天上网时间:3—5 小时的人数最多,占比为 42%;其次是 1—2 小时,占比为 30%,表明调查对象每天上网时间比较多。

3. 常用的网络服务(多选)

按照选择人数的多少依次排序为:新闻资讯、读书学习、网络交往、搜索导航和娱乐休闲等。

二、调查对象对网络文化热点问题的看法

本次调查的重点是网民对网络民意的真实性和代表性、网络言论自由、网络实名制、网络谣言、网络反腐、网络安全等网络文化热点问题的看法。

1. 对网络文化的总体评价

46%的人认为网络文化总体感觉好多于坏;29%的人认为总体感觉良好;总计 75%对于网络文化的评价比较好,只有 12%的人认为网络文化不好。

2. 对网络文化的积极作用和消极作用的看法(多选)①

调查对象对于网络文化的积极作用的选择比较平均,70%的人认为加强信息交流和优化资源配置,57.6%的人认为全面拓展和丰富个人生活,54.7%的人认为促进民主法治和政治文明,52.1%的人认为创造经济效益促进经济增长,43.9%的人认为弘扬和繁荣多元价值与文化。这体现出网络文化影响的全面性和广泛性。

调查对象对网络文化的消极作用的看法,68%的人选择缺乏法律道德规范、网络安全问题严重;67.4%的人选择虚假信息泛滥、损害健康文化环境;47.1%的人选择虚化

① 本报告的多选题采取原始数据统计,各项选择比相加可能大于 100%,下同。

和侵蚀个人生活、不利于全面发展；34.5%的人选择加剧了经济泡沫、网络产业缺乏核心竞争力。这表明虚假有害信息泛滥和网络安全问题严重是当前网络文化建设面临的最大问题之一。

3. 网络民意的代表性和真实性

68.3%的人认为网络民意基本真实，基本代表社会民意的主流和多数，5.0%的人认为网络民意完全真实，是社会民意的全面而真实的代表；20.8%的人认为网络民意基本不真实，只代表社会民意的支流和少数。绝大多数（73.5%）网民对于网络民意的代表性和真实性持肯定态度。

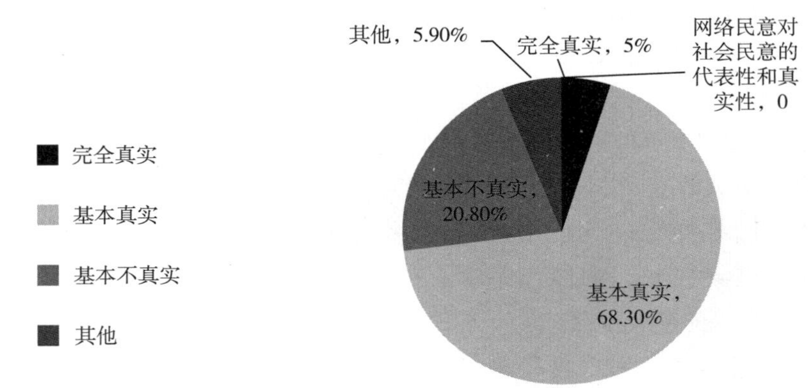

图1　网络民意的代表性和真实性

4. 对网络言论自由的看法

网络是一把双刃剑，既为人们行使言论自由提供了更好的平台，又为谣言和有害性信息的传播和泛滥提供了便利。网络言论自由不可能是为所欲为，而必须有规则有底线。2013年8月，国家互联网信息办主任提出网络言论应坚守“七条底线”，即法律法规底线、社会主义制度底线、国家利益底线、公民合法权益底线、社会公共秩序底线、道德风尚底线和信息真实性底线。① 如图2所示，网民认为最重要底线按照所占比重排序为，法律法规>公民合法权益>信息真实性>道德风尚>社会公共秩序>其他。这表明，进一步建立和健全网络法规，依法保护网民的合法权益，惩治网络谣言，弘扬网络正能量，是保障网络言论自由和健全网络环境的最重要举措。

5. 对网络谣言的看法（多选）

网络谣言主要涉及社会问题、公众人物、个人信息，在网络水军的推波助澜下，网络谣言呈现为裂变式和病毒式传播，影响广泛而恶劣。53.2%的人认为网络谣言泛滥的主要原因是造谣成本低，惩治力度弱；52.2%的人认为网络谣言危害网络秩序和环境，损害主体公信力；37.3%的人认为网络谣言是目前社会问题在网络上的正常反应；

① 《国信办主任鲁炜与网络名人座谈“七条底线”不可触碰》，http://news.xinhuanet.com/local/2013-08/13/c_125157321.htm。

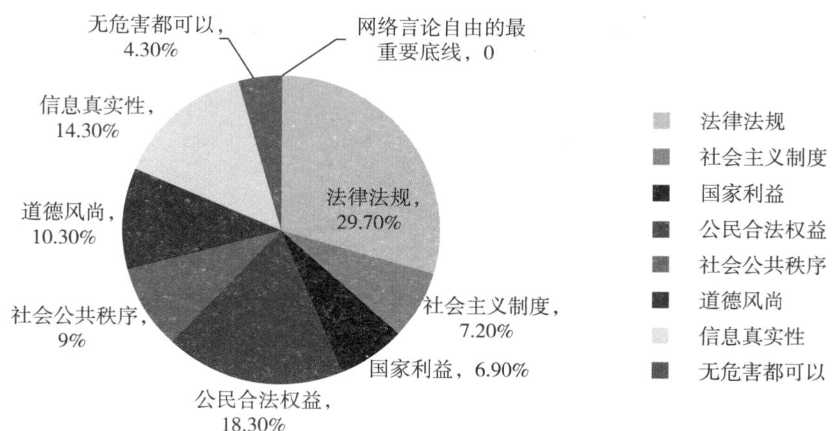

图 2　网络言论自由的最重要底线

35.3%的人认为网络谣言成因复杂，应具体分析，不必反应过度；32.0%的人认为主要原因是当前网民的整体素质不高。

2013 年政府加大了对网络谣言的惩治力度，网民如何看待政府加强惩治网络谣言等有害现象的做法？18.7%的人坚决支持，认为网络谣言太猖狂，早该严惩；52.2%的人有条件支持，认为要同时保护好网民合法权益；20.8%的人担忧，认为惩治网络谣言有被公权力滥用的危险；5.5%的人基本反对，认为惩治网络谣言是公权力对言论自由的侵犯。这表明如何做到既依法严惩网络谣言，同时又保护好网民合法权益，是惩治网络谣言的难点。

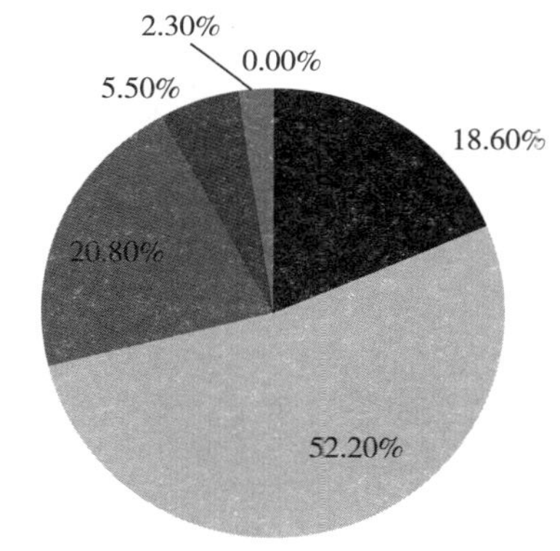

图 3　如何看待政府加强惩治网络谣言等网络有害现象的做法

6. 对网络实名制的态度

匿名的网络环境容易带来言论自由的滥用，滋生网络谣言、网络水军等现象，网络实名制正是规范网民的言论和行为、净化网络舆论环境的重要举措。网民如何看待网络实名制？61.9%的人有条件支持，认为应同时保护个人隐私和言论自由；16.9%的人反对，认为网络实名制会严重侵害网民隐私和言论自由；11.4%的人完全支持，认为网络实名制有利于网民承担相应的义务和责任；9.8%的人无所谓，认为网络没有绝对的安全和隐私。这表明，高达78%的网民虽支持网络实名制，但也担忧网络实名制对个人隐私权和言论自由的影响。

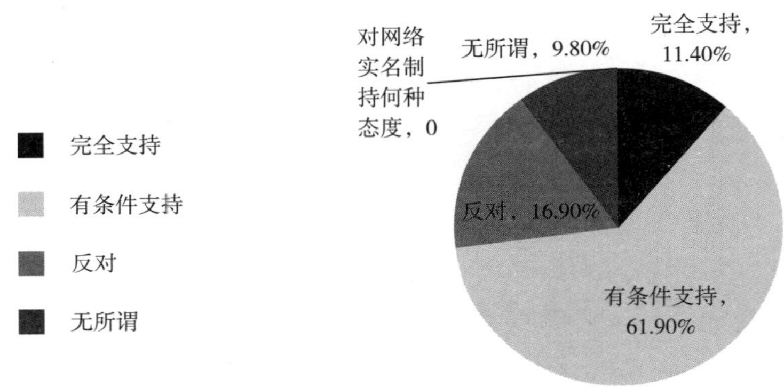

图4　对网络实名制的态度

7. 对网络反腐的看法（多选）

网络反腐具有独特优势，发挥了积极作用。27.8%的人认为网络反腐成本较低、力度较大、效果较明显；25.2%的人认为网络反腐更有利于监督公共权力、促进民主法治；24.3%的人认为网络反腐有效整合民生民意民智、利于上传下达；21.1%的人认为网络反腐信息更真实、速度快、范围广、影响大。

然而，目前的网络反腐也存在诸多不足。27.5%的人认为网络反腐易被人利用，侵害他人合法权益，网民自发的人肉搜索对腐败的曝光作用很大，但这种人肉搜索往往会对他人的隐私权和其他合法权益造成严重侵害；27.1%的人认为网络反腐易引起非理性言论，误导舆论走向；25.3%的人认为网络反腐信息真假虚实难辨，可信度不高；18.8%的人认为网络反腐具有偶发性，难成常态和长效机制。

8. 对网络安全的看法（多选）

对于如何加强网络安全建设，调查对象偏向于采取多元的手段，选择“政府完善法律法规，加强监管”、“企业加强自律，不得侵害滥用用户信息”和“网民提升网络安全素质和技术”三者几乎持平，对网络安全问题的解决基本持乐观态度。也有少数人将网络安全视作是社会问题，认为网络安全问题不可能得到彻底的解决。

三、调查对象的微博应用及对微博的看法

微博是一种基于用户关系的交互式、快捷性信息平台。微博、微信文化已成为网络文化的越来越重要的组成部分。

1. 2013 年微博发展概况

CNNIC 的最新报告显示：截至 2014 年 6 月，我国网民中有 43.6%的人使用微博。本次调查显示，36.0%的用户频繁使用微博，44.8%的用户偶尔使用微博。

2. 微博文化的利弊分析

微博有哪些优势（多选）？75.3%的人认为是信息量丰富，传播速度快范围广；48.9%的人认为是交互性强，有利于人与人的交流；40.1%的人认为是自主性强、是全面的自媒体平台；38.5%的人认为是易用性强、功能多样、使用便捷。

微博发展面临的最大问题是什么（多选）？63.1%的人认为是水军泛滥、操纵舆论；57.5%的人认为是谣言和有害信息泛滥；40.4%的人认为是隐私权和信息安全；23.6%的人认为是用户自由和权利过度；22.1%的人认为是用户自由和权利不足。

3. 微博的社会功能

用户使用微博的目的，主要集中于关注参与社会问题、休闲娱乐和个人交往，占比分别为 36.5%、34.4%、22.8%。

对微博社会功能的认知（多选），67.3%的人选择“微博是个人工作生活交往的自媒体”，麦克卢汉曾预言“人人皆媒体”的时代即将到来，微博正是这种自媒体的典型代表；39.9%的人选择“微博是不同阶层和价值观群体的黏合剂”，不同阶层、身份背景、价值观的群体可以通过微博无障碍交流；39.5%的人选择“微博是社会矛盾问题的导火索和放大器”，微博比主流媒体更迅捷、更大众化、更自由，可以使社会矛盾和社会问题得以公开充分讨论，有可能使其激化和放大；38.9%的人选择“微博是政治经济社会文化发展的助推器”；37.0%的人选择“微博是社会矛盾问题的虚拟安全阀”，微博对社会矛盾和社会问题的公开讨论可以促进矛盾的化解和问题的解决，可以促进政府、社会和民众的有效沟通，可以起到虚拟安全阀的作用。

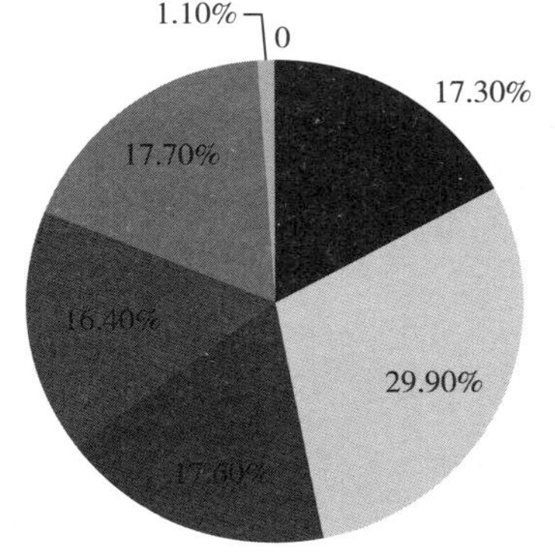

图 5　对微博社会功能的认同度

4. 如何看待“五毛”、“公知”、“美分”、“体制婊”等群体及其言论

在网络特别是微博上，有一些戏谑化的群体称谓，如“五毛”、“公知”、“美分”、“体

制婊”等，它们虽不是严谨的学术概念，但在不同程度上表达了现实社会不同阶层和利益群体的意见和价值观。所谓“五毛”是对受官方雇佣或指导的网络评论员的蔑称；“美分”是对为西方敌对势力服务的中国人的蔑称；“公知”即“公共知识分子”，原意为有专业知识并参与公共事务的知识分子，在网络中有些贬义化，指那些非理性地参与公共问题、只批判无建设、利用社会问题实现政治目的的学者和媒体，有些“公知”的口头禅是“定体问”（“一定是体制问题”）、“这国怎”（“这个国家怎么了”）、“我们在呼吁言论自由，你丫闭嘴”、“民主之后杀全家”等；“体制婊”指体制内的一些人一边享受着体制内的既得利益，一边又以反体制姿态而谋取利益的两面派。“五毛”与“公知”互相妖魔化、自我妖魔化，公信力缺失，责任感缺乏。

30%的调查对象认为，这些群体是现实社会的不同阶层和利益群体在网络上的代表；26%的人认为，这些群体是被标签化、妖魔化、戏谑化，不严谨、不客观；23%的用户认为，这些群体都有存在的理由，只要合法合规，权益都应得到保护；10%的人认为，这些群体的言论激化，分化了网络舆论和价值观的矛盾冲突；6%的人认为，这些群体的言论是现实社会民意和价值观的真实有效表达。可见网民对这些特定网民群体的看法比较复杂。

四、调查对象的价值观

1. 网民自我认同的政治立场

调查问卷不涉及对左中右等政治立场的学术讨论，也不必过多考虑社会主流观点，只反映网民的自我理解和自我认同。如图 6 显示，36. 6%的人认同左（左和中左）的立场，30. 1%的用户认同右（右和中右）的立场，其中两个极端“左”和“右”都比较少，中左和中右占多数，33. 3%的人选择“不确定或其他”，或不愿意透露或不确定自己的政治立场。这一数据具有多大的代表性和普遍性，尚待进一步研究。

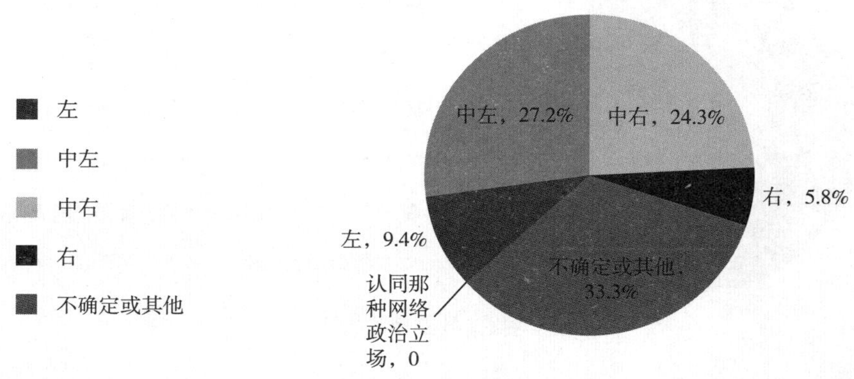

图 6　网民自我认同的政治立场

网民是多元主体的集合,网民的群体性特征是自由、开放、多元、大众化,但呈现出日益分化乃至对立化的趋势,也存在大量负面现象:自由不承担责任,开放不一定宽容,多元没带来和谐,大众化也没有解决精英的权贵化与草根的民粹化的对立。原因在于个体主体性的不恰当张扬(有时过度,有时不足)和整体主体性(公共性)的缺失。有些网民"只站队不站对",党同伐异,出现凯斯·桑斯坦所说的"群体极化"现象。网民的价值分化和极端化会不会消解网络文化的公共性,关键在于能否建立公正合理的网络文化秩序。

网民的分化集中表现在国家认同与阶层认同(中西、左右矛盾)上,具体标准有,标准1:对中国/西方、社会主义/资本主义的认同,集中表现在对中国现行体制和意识形态的认同;标准2:对权力、资本和民众关系的态度以及对自由、公正、民主等政治价值的认同。

根据这些标准和马克思主义阶级阶层分析方法,网民在价值观和意识形态上大体可以分为以下几种:

体制派:实用主义和功利主义较强,为了党和国家的利益,什么思想、主义、意识形态有用就用什么,试图搞左右平衡。

传统"左"派:传统马克思主义者,体制内外都有,又分为毛(泽东)派与邓(小平)派,其中也有全面否定改革开放、主张重回所谓经典社会主义老路的极左。

新"左"派:近年来,一些学者和思想文化界人士致力于对新自由主义全球化的批判,对苏东剧变带来的社会灾难的反思,对中国市场化改革中出现的负面问题的反思,被称为"新左派"。他们与老"左"派在如何看待现有体制和意识形态方面又有分歧。

极右西化派:代表少数官僚买办资产阶级的新自由主义与新保守主义者,最极端的被称为汉奸买办"带路党",主张全盘西化和全盘私有化,甚至成为西方发达国家的附庸。

传统右派:代表民族资产阶级、中小资产阶级的传统自由主义者。他们在价值观和意识形态上与极右西化派相似,但在维护国家民族核心利益方面又与其不同,不甘于做西方发达国家的附庸,一部分可称为右翼民族主义。

泛爱国主义者:即所谓"自干五"("自带干粮的五毛")的中间派。他们维护中国整体利益,反对西方霸权,反对极"左"极右"公知",其左翼同新老"左"派接近或融合,其右翼同传统右派、民族主义者接近或融合。"工业党"是"自干五"的分支,他们明确主张产业决定论反对制度决定论,主张中国发展的唯一正确道路就是通过工业化、信息化、现代化以实现强国富民,一切制度和意识形态都应为此目标服务。

这些政治思想派别在对权力、资本与民众的关系问题上有重大分歧乃至对立。权力(政府)、资本(企业)与劳动(普通民众)的关系是当代中国社会结构层面最核心的关系,改革开放以来呈现出日趋复杂的格局。三者关系的理想状态应当是:政府管制资本,资本服务民众,民众监督政府。一种极端是所谓"苏联模式",政府权力独大,控制资本和民众;另一种极端是所谓"美国模式",资本独大,控制政府权力、剥夺民众。

而当代中国在此问题上的基本态势是:权力缺乏有效制约和监督导致的权力腐败,资本恶性膨胀导致的财富两极分化,两者对普通民众利益以及社会整体利益造成不同程度侵害,再加上国际垄断资本集团对中国国家利益的侵害更多地转嫁到中国普通民众身上,中国很多普通民众在不同程度上受到三种强势力量的侵害。这是当代中国社会矛盾的重要根源,是很多中国民众在国家经济发展、个人生活水平提高的情况下,幸福感和安全感没有得到相应提升的重要根源。

对此问题,思想界和意识形态领域出现了重大分化。某些左派主要批判资本对民众的剥削、对政治的渗透,批判两极分化,主张公正共富,但却试图用政治权力来控制资本,对权力态度暧昧,对权力的腐败和不公缺乏有效批判,极端者迷恋专制集权模式;某些右派主要批判政治权力,主张西方式的自由民主和市场化、私有化,而对于资本态度暧昧,甚至成为资本的代言人,其理想是"把权力关进笼子里,钥匙交给资本家"。而一些中间派既主张公正共富,又主张民主自由;既反对权力腐败,又反对资本控制,却左右为难,作用有限。

2. 网民的价值观现状

图 7 显示,网民认同率排行前三位的正价值是:自由、公正和民主,其他比较认同的正价值还有:和谐、爱国、平等、诚信、包容、实事求是、创新等,由于调查对象主要在北京,与社会主义核心价值观和"北京精神"("爱国、创新、包容、厚德")基本吻合。

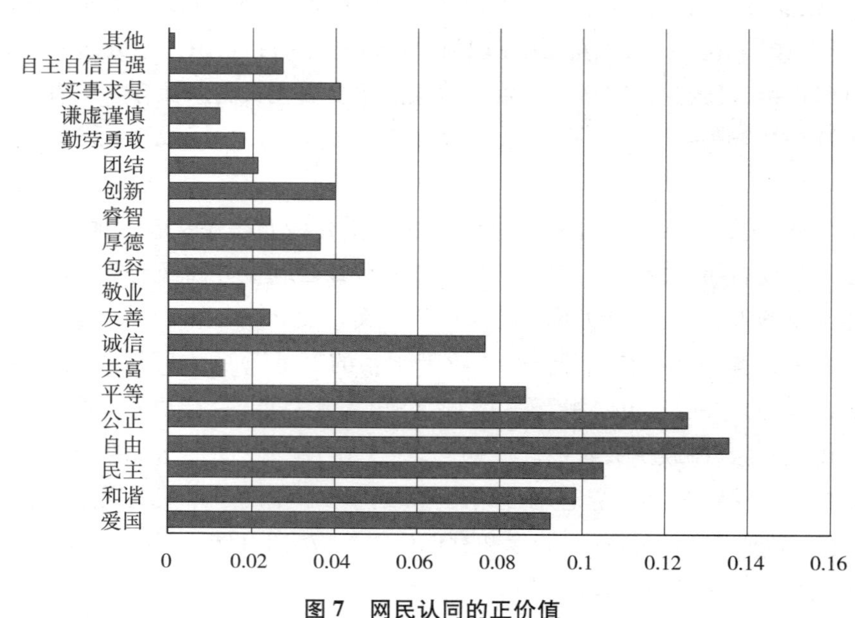

图 7　网民认同的正价值

而网民不认同的负价值中(如图 8),第一位是卖国求荣,这明显偏向于国家社会层面,其次才是造谣诽谤、损人利己等偏向个体生活的负价值。

对于传播和弘扬网络正能量和正价值的最重要途径，网民认为主要是“发展网络教育，提高网民整体素质”（38.5%）和“加强网络监管，引导社会道德风尚”（35.2%），但对“依法依规遏制网络负能量、负价值”认同最少，这反映了网民对政府的网络监管行为的矛盾心态，之前的调查对象对于网络实名制的态度也印证了这一点。

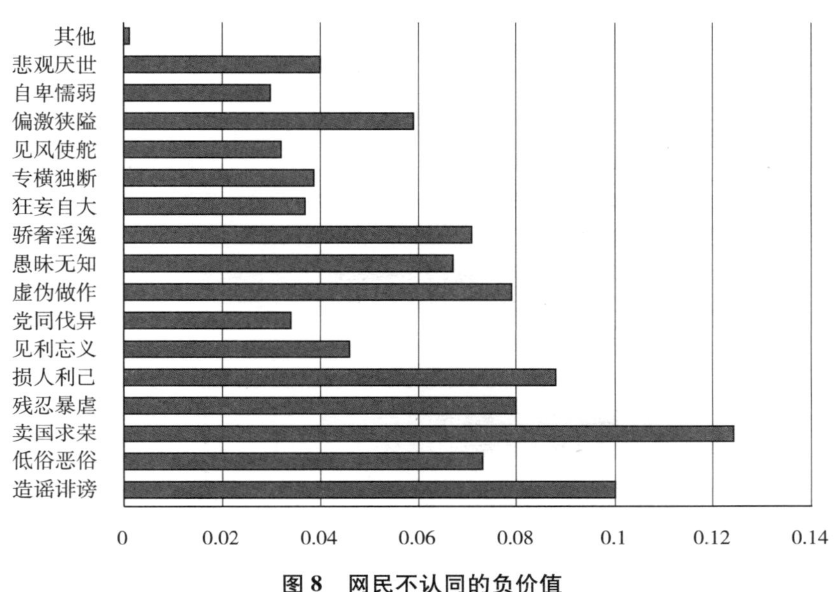

图8　网民不认同的负价值

3. 网民认同和不认同的社会思潮

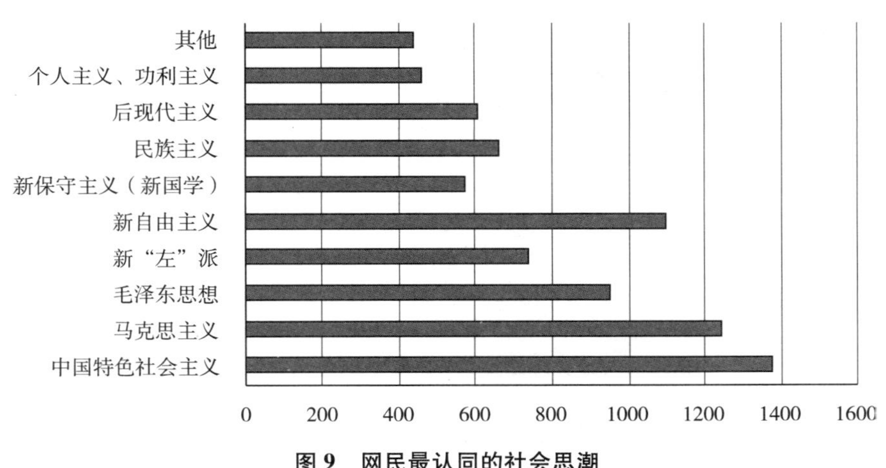

图9　网民最认同的社会思潮

网民最认同的社会思潮（如图9），前三位是中国特色社会主义、马克思主义和新自由主义，中国特色社会主义和马克思主义是中国的主流意识形态，这两个思潮也是不认同度最低的。新自由主义思潮在改革开放后的经济领域和思想文化领域影响很大，在最不认同思潮中处于中等。新自由主义的对立面新左派认同度次于新自由主义，不认同度排第二位。

网民最不认同的社会思潮(如图10)是个人主义和功利主义,其他思潮的不认同度差别不大,这表明网民对于社会思潮认同的模糊性,只对直接而明显的具有危害性的思潮有所防范和反对。如图11所示,网民将恐怖主义视作是最具破坏性和危险性的社会思潮,这表明网民切身感受到恐怖主义的严重社会危害性。极左思潮和极右思潮也被许多网民视作是最具破坏性和危险性的社会思潮,这表明网民期望社会的稳定发展,不愿走"老路"和"邪路"。

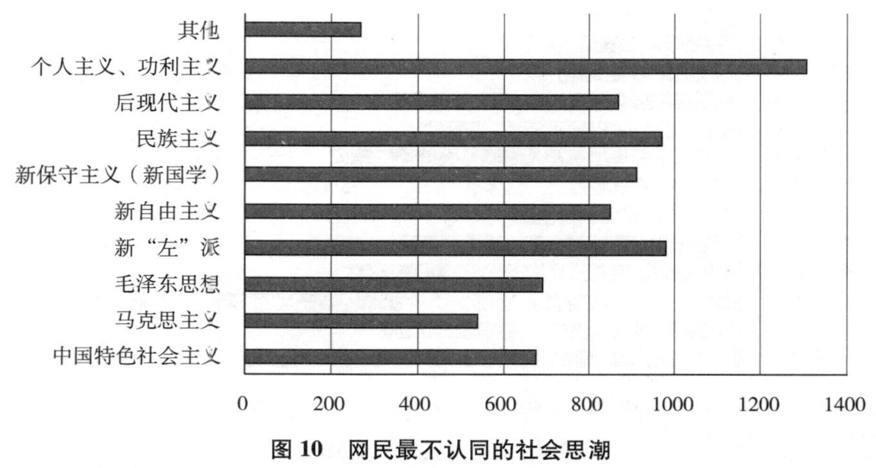

图10 网民最不认同的社会思潮

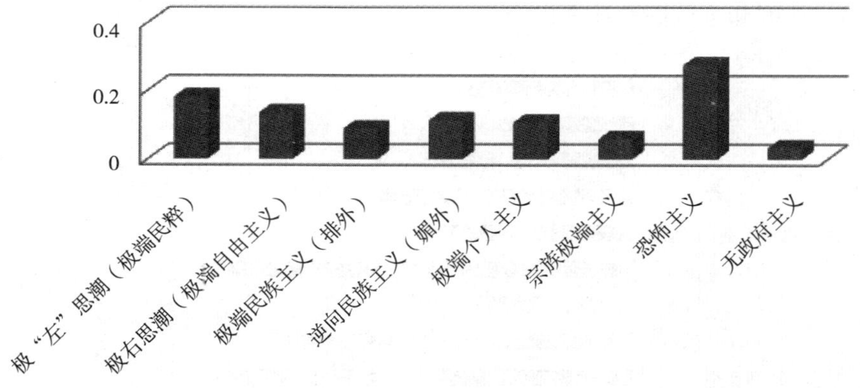

图11 网民认为最具破坏性和危险性的社会思潮

总之,网民价值观的最明显特征是认同价值模糊化和反对价值清晰化,这点启示我们,网络文化建设和管理应当在坚守底线、整治极端思潮的基础上宽容不同价值观,合理引导网络舆论,"硬的更硬"、"软的更软"。

4. 国际网络文化的冲突和斗争

对于国际网络文化的冲突和斗争,如图12所示,支持"主权国家应该坚决维护网络主权"的虽然最多(26.2%),但也有很多网民将国际网络文化的冲突和斗争视作是"不同文明交流过程中的正常现象”(26%),以及“经济文化全球化进程的必然后果”,甚至还有很多人认为“人权高于主权,应放松网络监管”。这表明调查对象的网络主权意识虽有但很单薄,中国维护网络主权和安全,提升网络文化软实力和国际影响力,任重道远。

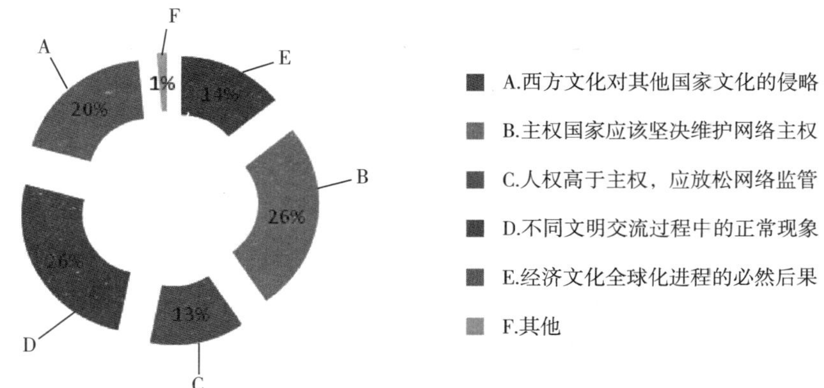

图 12　如何看待国际范围内网络文化的冲突和斗争

5. 网络热点事件和语言

调查对象关注度排名最靠前的三个网络事件是:四川雅安 7.0 级地震、斯诺登与美国棱镜门计划和中国 H7N9 禽流感疫情,这三个事件的共同特征是:直接与国家稳定和普通民众生活有关,基本属于负面极端事件,民众对事件的价值评判基本趋于一致。而复旦投毒案、薄熙来案、李天一案等社会性、政治性案件关注度也比较高。

调查对象认为 2013 年最热门最有价值的网络新词,前五位依次是:土豪、我伙呆、高端大气上档次、人艰不拆、何弃疗。百度贴吧列出 2013 年十大网络新词:感无言、何弃疗、壕做友、上头条、人艰不拆、我伙呆、高大上、逼格、查水表、捡肥皂。①《咬文嚼字》编辑部总结出 2013 年十大网络流行语,分别是:中国梦、光盘、倒逼、逆袭、女汉子、土豪、点赞、微××、大 V、奇葩。② 一则网贴总结了 2013 年网络流行语顺口溜:

高端大气上档次,土豪我们做朋友。
小伙伴们都惊呆,臣妾根本做不到。
不明觉厉女汉子,十动然拒绿茶婊。
妈妈再打我一次,爸爸你要去哪儿?
火钳刘明广场舞,十面霾伏何弃疗?
大妈攻陷华尔街,帮着汪峰上头条。
点赞逗比蛇精病,喜大普奔捡肥皂。
不作死就不会死,转发五百闹太套!

---

① 参见 http://tieba.baidu.com/mo/q/topic_page/196_1。
② 参见 http://culture.people.com.cn/n/2013/1218/c87423-23878528.html。

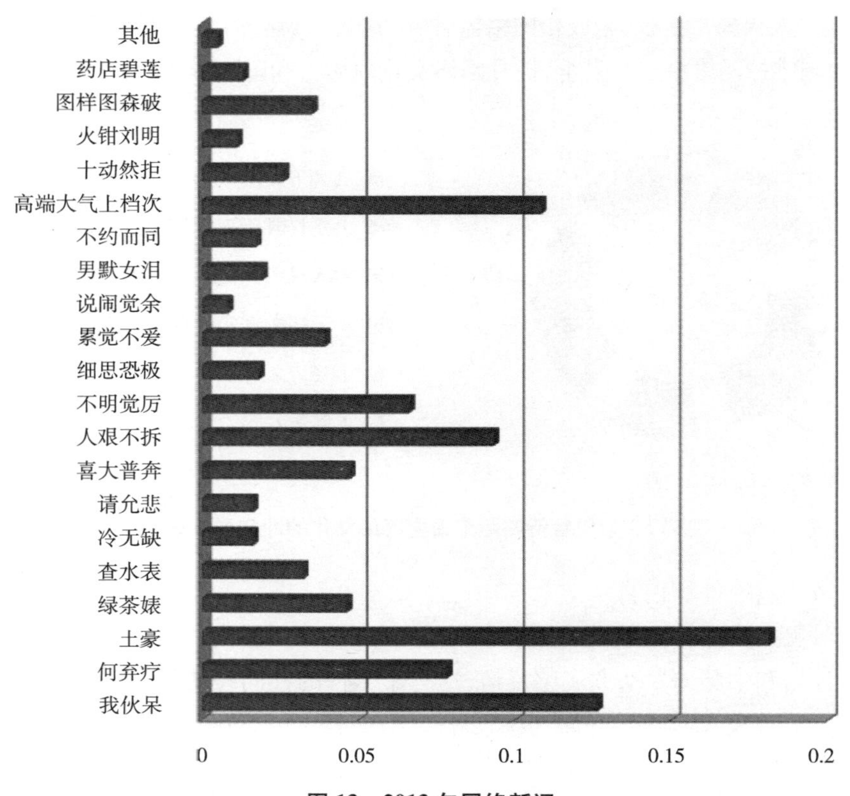

图 13　2013 年网络新词

2014 年网络新词还未全面统计，比较热门和有趣的有：不作不死（no zuo no die）①、you can you up、no can no BB（你行你上、不行别嚷）、你懂的、蛮拼的、萌萌哒、且行且珍惜、我也是醉了、APEC 蓝、“蓝翔体”（那么问题来了，＊＊＊哪家强?）、“注音体”——丧（gan）心（de）病（paio）狂（liang）、深（xi）表（da）遗（pu）憾（ben）等。

首先，网络新词很多具有反讽、调侃、粗俗和幽默的意味。“土豪”是讽刺那些有钱又喜欢炫耀的暴发户，由此衍生出“土豪，我们做朋友吧”，表明普通网民的复杂心态：对自我现状和两极分化的不满和无奈，对权贵阶层的羡慕嫉妒恨。其次，网络新词虽然表面上不雅粗俗，但在深层次上表明网民对于社会问题和矛盾的独特认知，只是暂时找不到解决问题的办法而产生一些迷茫和无奈情绪，这种情绪如果加以合理引导能够成为解决社会问题、缓解社会矛盾的正能量。最后，网络新词是网络文化的新生现象，也有一个大浪淘沙、优胜劣汰的过程，我们既不必过度追捧，也不必嗤之以鼻或恐惧抗拒，应该给予足够的宽容和规范。

① 有人还据此作了对联。上联：No zuo no die why you cry，you try you die don't ask why，just do it！不作不死别见怪，你作你死你活该，随便作！

五、加强改善网络文化建设的建议

用一个词来概括2013年的网络文化，未免稍显武断，但至少可以说明一定问题。如图14所示，调查对象使用最多的词是“乱”，其他频度较高的词“杂、多元、丰富、热闹、混乱”等基本与“乱”相近。网络文化所呈现的“乱”象正是社会现实的反映和网民对社会问题的感受和思考，特别是迷茫和浮躁心态，这种心态易被蛊惑而成为社会的负能量，但幸运的是，这种迷茫中透露出的更多是期待而不是失望，对2013年网络文化的概括除了“乱”外，还有“好”、“赞”、“繁荣”等褒义词，这表明多数网民对网络文化的未来寄予乐观期待，这种期待对于推动网络文化建设有积极作用。

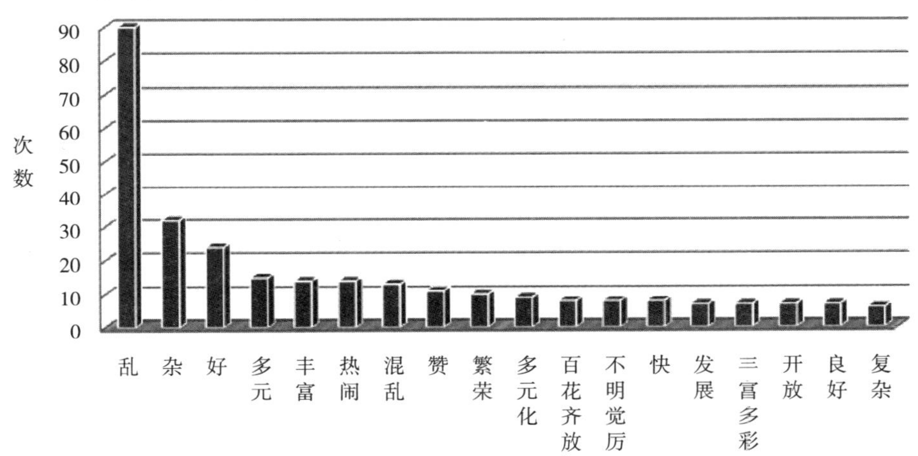

图14 用一个词来概括2013年的网络文化

2014年是中国接入国际互联网20周年，经过20年的高速发展，中国的网络文化已经从支流变为主流，从边缘走向中心。中国无疑已成为网络大国，但远远不是网络强国，这主要体现在：(1)网络核心技术不强，网络主权不足，网络安全问题严重；(2)网络监管能力不强、效果不好，网络法规和网络伦理有待进一步完善；(3)网络文化供给能力和创新能力不足，不能满足广大网民的健康文化需求；(4)网民的素质有待进一步提升。

对加强和改进网络文化建设的建议，多数调查对象主张政府部门、网络企业和网民的共同参与，并把加强网络安全技术研究与攻关作为重点。当前中国的网络文化的主要矛盾是，一方面，少数网民的言论和行为丧失基本的底线和责任，非但无助于其自由的真正发展，而且破坏公共秩序、危害社会和谐和国家安全；另一方面，政府对网络文化的不当监管造成个人权利、公共秩序和政府权力的冲突。政府的网络文化管理行为常常处于尴尬境地，很容易在两个极端之间摇摆：一管就死，一放就乱，该管的没管好，不该管的乱管，该宽容的不宽容，该强硬的不强硬。党的十八届三中全会《决定》明确提出，要坚持积极利用、科学发展、依法管理、确保安全的方针，加大依法管理网络力度，完善互联网管理领导体制。2014 年 2 月 27 日，中央网络安全和信息化领导小组成立，习近平总书记担任组长，这表明我国在信息化国家战略和建设网络强国的道路上迈出了重要的一步，体现了中国在保障网络安全、维护网络主权、推动信息化发展的坚强决心，标志着我国从网络大国加速向网络强国挺进。

我们认为，今后中国网络文化建设应当着重解决三大问题：首先，应当从法律和伦理层面上明晰网民、网络组织、政府三方各自的权责界限，明确该做什么，不该做什么，坚持什么，反对什么，提倡什么，批评什么，容许什么，禁止什么；其次，在个人言论自由与公共利益、网络的自律与政府的管理、网络的多样化与意识形态主旋律、网络开放与网络安全之间保持适度的张力和平衡；最后，政府要提升网络文化管理能力和水平，管好、管对、管适度，监管与服务并重，既要传播正能量，又要遏制负能量，更要接受广大网民的监督和评价。政府还要统筹协调全国网络安全和信息化重大问题，在国际网络文化和意识形态斗争领域，要提高战略意识、风险意识和底线意识，主动积极维护国家和民族的根本利益，提升文化和意识形态软实力。

总之，网络文化建设极端重要，正如习近平总书记所指出的："没有网络安全，就没有国家安全；没有信息化，就没有现代化。"①网络文化建设又非常复杂艰巨，对网络文化建设中出现的问题要有充分认识，困难要一个一个克服，问题要一个一个解决，做到"足疾而步稳"，自信坚定而又理性务实地推进和改善网络文化建设。

2013 年的网络文化现状虽然"乱花渐欲迷人眼"，但是面向未来，我们"乱云飞渡仍从容"。

---

① 习近平：《没有网络安全就没有国家安全》，http://news.sina.com.cn/o/2014-02-28/011929582778.shtml。

责任编辑:洪　琼

图书在版编目(CIP)数据

哲学家·2014/中国人民大学哲学院编,姚新中主编. -北京:人民出版社,2015.7
ISBN 978-7-01-015039-0

Ⅰ.①哲…　Ⅱ.①姚…②中…　Ⅲ.①哲学-文集　Ⅳ.①B-53

中国版本图书馆 CIP 数据核字(2015)第 155174 号

哲学家·2014

ZHEXUEJIA 2014

中国人民大学哲学院　编　姚新中　主编

人民出版社 出版发行

(100706　北京市东城区隆福寺街 99 号)

北京中科印刷有限公司印刷　新华书店经销

2015 年 7 月第 1 版　2015 年 7 月北京第 1 次印刷

开本:787 毫米×1092 毫米 1/16　印张:20.5

字数:420 千字

ISBN 978-7-01-015039-0　定价:66.00 元

邮购地址 100706　北京市东城区隆福寺街 99 号

人民东方图书销售中心　电话 (010)65250042　65289539